JN409779

여성철학 개론

여성철학 개론

황필호 지음

철학과현실사

머리말 : 꽃과 별의 만남

모든 꽃은 아름답다. 호박꽃까지도 아름답다. 사랑도 아름답다. 첫사랑뿐만 아니라 짝사랑까지도 아름답다. 그러나 모든 꽃은 곧 시들게 마련이다. 화무십일홍(花無十日紅)이다. 사랑도 곧 사라지게 마련이다. 사랑하다가 헤어지기도 하고 죽음 때문에 헤어지기도 한다.

모든 꽃은 땅 위에 핀다. 공중에 매달린 꽃은 진짜 꽃이 아니다. 사랑도 지상(地上)에서 일어난다. 영원한 사랑은 이상일 뿐이다. 그리하여 어느 시인은 “백년을 가는 사람 목숨이 어디 있으며, 50년을 가는 사람 사랑이 어디 있으랴?”라고 말한다.

별은 하늘에서 빛난다. 맑게 개인 날 밤에는 언제나 빛난다. 별은 땅에 있지 않고 천공에 달려 있다. 철학은 빛나는 별이다. 지상의 현실보다는 하늘의 이상을 비쳐주는 밤하늘의 별이다. 마음의 검은 구름이 없는 사람은 언제나 바라볼 수 있는 별이다.

그러나 지상의 꽃과 밤하늘의 별은 고요한 밤에 은밀한 언어를 속삭인다. 별을 보지 못하는 꽃과 꽃의 향기를 외면하는 별은 외로울 뿐이다. 이와 마찬가지로, 사랑과 철학은 서로 만나야 한다. 철학이 없는 사랑은 곧 사라지게 마련이고, 사랑이 없는 철학은 지적인 자위 행위일 뿐이다.

이 책은 아름다운 꽃과 빛나는 별에 대한 책이다. 아름다운 꽃과 같은 사랑과 빛나는 별과 같은 철학의 만남을 시도한 책이다. 정열적으로 사랑하면서도 자신의 철학을 가지려고 애쓰는 사람들과 철학을 하면서도 사랑을 잃지 않으려는 사람들의 길잡이가 되기를 바란다.

여성에 대한 경제적, 정치적, 사회적, 문학적, 종교적 접근은 있어도 철학적 접근이 없는 우리나라의 여성학계에 조그만 보탬이 되면 좋겠다. 일반 독자뿐만 아니라 여성학의 교재로 사용할 수 있도록 풍부한 각주와 특히 '생각해 볼 문제들'을 덧붙였다.

원래 이 책은 '황필호의 여성철학 시리즈'의 첫 번째인『철학적 여성학』이라는 제목으로 종로서적에서 1986년에 출판되어, 그 후 줄곧 스테디 셀러의 자리를 차지해 왔다. 이제 이 책을 바탕으로 해서 처음부터 다시 쓴 완전한 개정판으로 다시 독자에게 선사한다. 제목을『여성철학 개론』으로 고친 이유도 여기에 있다. 사랑과 철학이라는 두 마리 토끼를 잡으려는 모든 현대인에게 조그만 도움이 되기를 바란다.

2006년 6월 1일

又空 황필호 씀

■ 차례 ■

Ⅲ. 귀중한 보석, 여성에 대하여

Ⅳ. 빛나는 별, 철학에 대하여

Ⅰ. 아름다운 꽃, 사랑에 대하여

1. 너를 통하여 세계를 사랑한다

– 사랑의 종류

1. 그 중에 제일은 사랑이라

인류의 역사는 사랑의 역사다. 모든 인간은 사랑하고 사랑받기 위하여 삶을 영위한다. 그리하여 우리는 "나는 생각하기 때문에 존재한다"는 데카르트의 명제 대신에 "나는 사랑하기 때문에 존재한다" 고 말할 수 있을 것이다. 물론 단세포 동물이 아닌 인간은 여러 가지를 추구한다. 명예를 추구하고, 권력을 추구하고, 금전을 추구한다. 그러나 그 중에서도 가장 귀중한 것은 사랑이다. 성서는 이렇게 말한다.

> 내가 만약 외국어를 배우지 않고서도 말할 수 있으며, 천지간에 있는 모든 언어를 말할 수 있으면서도 다른 사람들을 사랑하지 않는다면, 나는 오직 시끄럽게 떠들어대는 것뿐이로다. 내가 만약 예언하는 재능이 있어서 미래에 일어날 모든 일을 알며, 모든 것에 대하여 모든

> 것을 알면서도, 다른 사람들을 사랑하지 않는다면, 그것이 무슨 소용이 있겠는가? 비록 내가 산을 옮길 만한 신앙의 재능이 있다고 해도, 사랑이 없다면 아무런 소용이 없느니라. 만약 내가 가진 모든 것을 가난한 사람들에게 주고, 복음을 전파하기 위하여 산 채로 화형을 당하면서도, 다른 사람들을 사랑하지 않는다면, 그것은 아무런 가치가 없느니라. (…) 그러므로 항상 있어야 할 것은 믿음과 희망과 사랑이지만, 그 중에 제일은 사랑이라.[1]

우리는 믿음의 중요성을 잘 알고 있다. 특히 친구나 애인 관계에 있어서 가장 중요한 것은 우선 상대방을 믿을 수 있는 신뢰심이다. 상대방의 인간됨에 대한 근본적인 믿음이 없다면, 그들의 관계는 진정한 관계가 될 수 없을 것이다. 또한 우리는 희망의 중요성도 잘 알고 있다. 상대방이 비록 현재는 별로 큰 사람이 아니더라도 앞으로 더욱 성장할 수 있다는 희망을 가져야 한다. 희망이 없는 사람과의 관계는 일시적으로는 지속될지 모르나 조만간 깨어지고 말 것이다.

그러나 뭐니뭐니해도 인간 관계에서 가장 중요한 것은 사랑이다. 사랑이 없는 믿음과 사랑이 없는 희망은 결국 이기적인 관계며 상대방을 나의 목적의 수단으로 삼는 관계일 뿐이다. 그리하여 성서는 사랑이 없기 때문에 믿지 못한다고 말한다.[2] 이렇게 보면, 사랑이란 단순히 믿음과 희망과 비슷한 또 하나의 덕목이 아니라 믿음과 희망을 훌륭한 덕목이게끔 해주는 근본적인 의미 부여의 역할을 가지고 있다. 그리하여 힌두교는 사랑을 깨달음에 이르는 길이라고까지 말해왔다.

그러면 사랑이란 무엇인가? 우리는 언제나 사랑이 무엇인지 알고 있다고 생각한다. 그러나 막상 사랑이 무엇이냐고 물으면 쉽게 답변할 수 없다. 이것은 마치 성 아우구스티누스가 평소에는 시간에 대하여 모든 것을 알고 있다고 생각하다가도 막상 시간이 무엇이냐고 물으면 답변할 수 없다고 말한 경우와 다름이 없다.[3] 물론 과거의 문학가, 예술가, 철학자, 과학자들이 수많은 사랑의 정의를 내렸다. 그럼에도 사랑은 아직도 수수께끼로 남아 있다. 어느 유명한 문인이 사랑을 정의하기가 너무 어려워서 "사랑이란 사랑하는 두 사람간의 관계"라는 동어 반복의 명제를 발설한 이유도 여기에 있을 것이다.

시간의 신비
사랑의 신비

사랑이란 무엇인가? 사람들은 사랑이란 말하는 것이 아니라 느끼는 것이며, 따지는 것이 아니라 행동하는 것이며, 자신도 모르게 열병과 같이 나타났다가 열병과 같이 사라지는 것이라고 말한다. 다시 말해서, 사랑이 무엇이냐고 질문하는 것 자체가 한심한 일이라는 것이다. 그러나 사랑이 정의할 수 없는 것, 말할 수 없는 것, 논리적으로 설명할 수 없는 것이라는 표현도 또 하나의 말이 아닐 수 없다. 그러므로 만약 인간이 감성적인 면과 논리적인 면으로 구성되어 있다면, 우리는 사랑을 느끼려는 욕망과 더불어 사랑을 설명하려는 욕망이 있을 것이다. 그런 뜻에서 사랑에서 가장 본질적인 것은 직접 느끼는 것이지만 한 번 따져볼 만한 가치가 없지는 않다.

사랑이 무엇이냐는 질문은 당연히 어떤 종류의 사랑이냐에 따라서 답변이 다르게 마련이다. 하느님이 존재하느냐는 문제도 어떤 속성을 가진 하느님을 논의하느냐에 따라서 다를 수밖에 없는 경우와 같다.[4] 그리하여 나는 이 글에서 먼저 사랑의 종류를 살펴보겠다.

물론 사랑의 종류도 그 기준에 따라서 다르게 마련이다. 관계의 질적인 면으로 보면 진정한 사랑과 거짓된 사랑, 성숙한 사랑과 유치한 사랑, 완숙한 사랑과 풋사랑, 사랑과 동정, 인간적인 사랑과 욕망적인 사랑, 목적으로서의 사랑과 수단으로서의 사랑으로 나눌 수 있다. 그리고 우리는 언제나 두 번째 것을 진정한 사랑으로 착각하기 쉽다.

사랑의 범위도 누가 누구를 사랑하느냐에 따라서 굉장히 넓어질 수 있다. 우선 사랑하는 주체를 인간 중심으로 생각해 보면 인간에 대한 인간의 사랑, 동물에 대한 인간의 사랑, 식물에 대한 인간의 사랑, 자연에 대한 인간의 사랑, 종교적 실재에 대한 인간의 사랑이 있다.

나는 이 글에서 사랑을 인간에 대한 인간의 사랑으로 한정하여 그것을 부모와 자녀의 사랑, 동성간 및 이성간의 친구적 사랑, 동성간 및 이성간의 낭만적 사랑의 세 가지로 구별하여 생각해 보겠다.

2. 부모와 자녀의 사랑

자녀에 대한 부모의 사랑은 무조건적이다. 부모는 훌륭하고 아름다운 자녀이기 때문에 사랑하는 것이 아니라 단순히 그들의 자녀라는 한 가지 이유로 뜨거운 사랑을 준다. 자녀는 단순히 존재한다는 한 가지 사실 때문에 부모로부터 무한한 사랑을 받는다. 그리고 부모의 이와 같은 사랑은 후천적으로 노력해서 얻은 것도 아니고, 의도적으로 생산한 것도 아니며, 인위적으로 통제할 수도 없다. 지나친 부모의 사랑이 도리어 자녀를 타락시키고 자녀의 성장을 방해할 수 있는 이유도 여기에 있다. 마치 자녀를 그들의 신체의 연장(延長)으로 생각하여 그들이 젊은 시절에 하지 못했던 모든 것들을 — 피아노, 웅변, 태권도, 서예, 기타, 가야금, 꽃꽂이, 영어회화, 컴퓨터 등을 — 강요하는 경우가 여기에 속한다.

그러나 에리히 프롬(Erich Fromm)은 자녀에 대한 부모의 사랑 중에도 어머니의 사랑과 아버지의 사랑은 전혀 다르다고 말하고, 전자는 무조건적이지만 후자는 조건적이라고 주장한다.

> 어머니의 사랑은 본질적으로 무조건적이다. 어머니는 새로 태어난 아이가 어떤 조건을 충족시켰거나 특별한 기대에 맞게 살기 때문이 아니라 단순히 그녀의 자녀이기 때문에 사랑한다.
>
> 아버지와의 관계는 전혀 다르다. 어머니는 우리가 탄생한 집이며, 그녀는 자연이며 땅이며 대양이다. 그러나 아버지는 그런 자연적인 집을 대표하지 않는다. 그는 새로 태어난 아이와 몇 년 동안은 별로 특별한 관계를 가지고 있지도 않다. 이 기간 동안 아버지의 중요성은 어머니의 중요성과 비교가 되지 않을 정도다. 아버지는 자연적인 세계를 대표하지 않지만 인간 존재의 또 다른 측면을 대표한다. 아버지는 아이를 가르치고 이 세계로 들어가는 길을 보여주는 사람이다.
>
> 이러한 아버지의 기능은 사회 경제적 성장과 밀접한 관계가 있다. 사유 재산이 존재하고 또한 그 사유 재산을 상속할 수 있는 사회에서, 아버지는 그의 재산을 상속할 아들을 찾는다. 그의 상속자가 되기에 가장 적합하고, 그와 가장 비슷하고, 결과적으로 그가 가장 좋아하는 아들을 찾는다. 그러므로 아버지의 사랑은 조건적이며, 그 원칙은 "네가 나의 기대를 충족시키고, 너의 임무를 잘 수행하고, 나와 비슷하기 때문에 나는 너를 사랑한다"는 것이다.[5)]

프롬은 어머니와 아버지의 차이를 너무 과장한 감이 없지 않다. 우리는 주위에서 무조건적인 아버지의 사랑을 쉽게 볼 수 있기 때문이다.

그러나 자녀에 대한 부모의 사랑이 결국 부모를 완전히 떠난 하나의 독립체로 양육해야 한다는 그의 주장에는 만고의 진리가 담겨 있다. 부모의 연속체가 아닌 독립체, 부모와는 전혀 달리 생각하고 행동할 수 있는 자유인, 스스로 행동하고 스스로 책임질 수 있는 지성인, 이것이 바로 자녀에 대한 부모의 진정한 사랑의 목표일 것이다. 그리하여 레바논의 시인 칼릴 지브란(Kahlil Gibran, 1883-1931)은 「자녀에 대하여」에서 "너의 자녀는 너의 자녀가 아니다" 라는 유명한 말을 남겼다.

가슴에 아이를 안고 있는 여인이 말했습니다. 자녀에 대하여 말씀해 주십시오.

그러자 그는 이렇게 말했습니다.

너의 자녀는 너의 자녀가 아니다.

그들은 위대한 생명의 아들딸이라.

그들은 너를 통해서 나왔지만 너로부터 나오지 않았도다.

그리고 비록 그들은 너와 같이 있지만 너에게 속해 있지 않느니라.

너는 그들에게 너의 사랑을 줄 수 있으나 너의 생각은 줄 수는 없느니라.

그들은 그들 자신의 생각을 가지고 있기 때문이다.

너는 그들의 육체를 보호할 수 있으나 그들의 영혼을 보호할 수는 없느니라.

그들의 영혼은 네가 너의 꿈 속에서도 방문할 수 없는 내일의 집에 거주하기 때문이다.

너는 그들과 같이 되려고 노력할 수 있지만 그들을 너와 같이 만들려고 노력하지 말라.

삶이란 뒷걸음질하지도 않고 어제에 머물지도 않기 때문이다.

너는 너의 자녀라는 살아 있는 화살을 날리는 활이다.

활 쏘는 분은 영원의 길 위에 있는 과녁을 보며, 그분은 그분의 화살이 멀리 빨리 날도록 힘껏 활의 시위를 당기느니라.

활 쏘는 분이 너를 굽히는 것을 즐겁게 받아들여라.

날으는 화살을 사랑하시는 활 쏘는 분은 역시 견고한 활도 사랑하시느니라.[6]

이렇게 보면, 자녀에 대한 부모의 사랑은 모든 종류의 사랑 중에서 '가장 슬픈 사랑'이다. 동성간이나 이성간의 사랑은 시간이 지남에 따라 점점 가까워질 수 있다. 그러나 자녀에 대한 부모의 사랑은 결국 자녀를 멀리 떠나보내는 사랑이다. 특히 어머니의 경우는 문자 그대로 육체적으로나 정신적으로 한 사람으로 시작하여 완전히 두 사람으로 변하는 사랑이 아닌가.

자녀에 대한 부모의 사랑에는 아무런 조건이 없다. 특히 어머니의 경우는 더욱 그렇다. 우리가 일상적으로 "여자는 약하지만 어머니는 강하다"고 표현하는 이유도 여기에 있다. 이 무조건적인 사랑을 통해서 결국에는 '타인'을 만드는 것이 진정한 부모의 사랑이다. 그리하여 어느 시인은 어떻게 자녀를 양육하겠느냐는 질문에 대하여, "이 아이가 커서 중대한 문제에 대하여 고민할 때, 부모를 의식하지 않고 스스로 결정하도록 기르겠다"고 답변했다고 한다.

아이는 성장해야 한다. 어머니의 자궁으로부터 나와서, 젖가슴으로부터 나와서, 언젠가는 '완전히 떨어진 인간'이 되어야 한다. 여기서 어머니 사랑의 본질은 자녀의 성장을 도와주는 것이며, 자녀의 성장을 돕는다는 것은 자녀가 그녀로부터 떨어지도록 원하는 것이다. 여기에 바로 어머니의 사랑과 이성간의 사랑의 차이가 있다. 이성간의 사랑에서 떨어져 있던 두 사람은 하나가 된다. 그러나 어머니의 사랑에서 하나였던 두 사람은 서로 떨어진다.

어머니는 자녀가 떨어져 나가는 것을 용인할 뿐만 아니라 진실로 원하고 도와주어야 한다. 이 단계가 바로 어머니 사랑의 가장 어려운 과제며, 모든 것을 주려는 능력과 이타심을 필요로 하는 단계며, 사랑받는 자녀의 행복 이외에는 아무것도 바라지 않는 단계다. 또한 이 단계에서 많은 어머니들이 어머니의 과업에 실패한다.

나르시스트적이고 지배적이고 소유욕이 강한 여인도 그녀의 자녀가 어릴 때는 '정다운 어머니(affectionate mother)'로 남아 있을 수 있다. 그러나 진실로 사랑하는 여인만이 — 받는 것보다 주는 것을 더욱 행복하게 여기며, 그녀 자신의 인생에 단단히 뿌리를 내린 여인만이 — 아이가 떨어져 나가는 과정을 도와주는 '사랑하는 어머니(loving mother)'가 될 수 있다.

이런 뜻에서, 자신을 위해서는 아무것도 바라지 않으면서 자라나는 자녀만을 위하는 어머니의 사랑은 아마도 지상에서 가장 성취하기 어려운 형태의 사랑일 것이며, 모든 어머니는 그의 어린아이를 사랑할 수 있다는 점에서 가장 속기 쉬운 형태의 사랑일 것이다. 그러나 바로 이러한 어려움 때문에, 그녀가 진정 사랑할 수만 있다면, 그녀는 사랑하는 어머니가 될 수 있다. 다만 그녀가 그녀의 남편, 다른 사람의 자녀들, 모르는 사람들, 모든 인류를 동시에 사랑할 수 있다면.

이런 사랑을 할 수 없는 여인은 그녀의 자녀가 어린 한에 있어서는 '정다운 어머니'가 될 수는 있지만, 자녀와 떨어지는 테스트를 견딜

수 있고 또한 떨어진 다음에도 계속해서 사랑할 수 있는 '사랑하는 어머니'가 될 수는 없다.[7]

그래서 우리는 모든 어머니는 정다운 어머니가 되지만 모든 정다운 어머니가 바로 사랑하는 어머니가 되는 것은 아니라고 말할 수 있다. 그러면 부모에 대한 자녀의 사랑은 어떤 속성을 가지고 있는가? 다시 프롬의 말을 들어보자.

아이는 어머니의 아이이기 때문에 사랑받는다. 그는 아무런 힘이 없기 때문에 사랑받는다. 그는 아름답고 사랑스럽기 때문에 사랑받는다. 어머니가 그를 필요로 하기 때문에 그는 사랑받는다.

이것을 더욱 일반적으로 표현하면 이렇다. "나는 나이기 때문에 사랑받는다(I am loved for what I am)." 혹은 더욱 정확히 말하면, "나는 존재하기 때문에 사랑받는다(I am loved because I am)." 그러므로 어머니에게 사랑받는다는 이 경험은 수동적이다. 사랑받기 위하여 내가 할 일이라고는 하나도 없다. 어머니의 사랑은 무조건적이다. 내가 해야 할 일이란 그저 존재하는 것 — 그녀의 자녀로 존재하는 것 — 뿐이다. 어머니의 사랑은 축복이며 평화다. 그것은 아이가 획득하는 것도 아니며, 받을 자격이 있어야 하는 것도 아니다.

이러한 어머니의 무조건적 사랑에는 부정적인 요소도 있다. 그것은 받을 자격이 있어야 하는 것이 아닐 뿐만 아니라 획득할 수도 없고, 생산할 수도 없고, 통제할 수도 없다. 만약 사랑이 있다면 그것은 축복이며, 사랑이 없다면 삶의 모든 아름다움이 사라진 것과 다름이 없으며, 이 경우에 나는 그것을 창조할 수 있는 아무런 길도 없다.

특히 8-10세가 된 대부분 아이들의 문제는, 어떻게 독점적으로 사

> 랑받고, 어떻게 자신이기 때문에 사랑받을 수 있느냐는 것이다. 이때까지 아이는 아직도 남을 사랑하지 않는다. 단지 사랑받는다는 사실을 고마워하고 즐거워할 뿐이다.
>
> 유치한 사랑은 "나는 사랑받기 때문에 사랑한다(I love because I am loved)"는 원칙을 따른다. 그러나 성숙한 사랑은 "나는 사랑하기 때문에 사랑받는다(I am loved because I love)"는 원칙을 따른다. 성숙하지 못한 사랑은 "나는 너를 필요로 하기 때문에 너를 사랑한다(I love you because I need you)"고 말하지만, 성숙한 사랑은 "나는 너를 사랑하기 때문에 너를 필요로 한다(I need you because I love you)"고 말한다.[8)]

여기서 우리는 자녀에 대한 부모의 '내려가는 사랑'과 부모에 대한 자녀의 '올라가는 사랑'의 차이를 쉽게 알 수 있다. 내려가는 사랑은 언제나 무조건적이며, 본능적이며, 생리적이며, 자연적이다. 그러나 올라가는 사랑은 대부분의 경우에 조건적이며, 본능적이 아니라 후천적으로 습득해야 되는 것이다.

유교에서 부모에 대한 효도를 강조하는 이유도 여기에 있다. 자녀에 대한 부모의 사랑은 선천적이다. 하다못해 동물까지도 새끼를 사랑한다. 그러나 인간은 부모에 대한 사랑을 후천적으로 습득하고, 그 사랑을 다른 사람, 사회, 국가, 세계로 확대해 나가는 최초의 시발점으로 삼아야 한다. 그러므로 유교에 있어서 효도는 그 자체로도 훌륭한 덕목일 뿐만 아니라 다른 덕목들을 발전시킬 수 있는 첫 번째 단계라는 의미에서 중요한 것이다. 그리하여 어느 학자는 "기독교는 교회의 종교며, 유교는 가정의 종교"라고까지 말한다.[9)]

3. 동성간 및 이성간의 친구적 사랑

친구간의 사랑은 조건적이다. 물론 깊은 단계에 도달한 우정에는 조건이 없을 수도 있다. 그러나 적어도 시작 단계에 있어서 친구간의 사랑은 조건적이다. 그가 동창생이기 때문에 좋아하고, 인격이 고매하기 때문에 존경하고, 지식이 풍부하기 때문에 그를 따른다. 내가 배울 것이 하나도 없으며, 같이 즐길 수 있는 능력조차 없다면, 그는 나의 친구가 될 수 없다. 또한 우정은 깊은 관계로 넘어가더라도 조건적인 감정이 완전히 사라지기가 굉장히 어렵다. 그리하여 성서는 "친구를 위하여 목숨을 버리는 것이 가장 위대한 사랑"이라고 말한다.

그러나 우정은 포괄적(inclusive)인 사랑이다. 원칙적으로는 이 세상의 모든 사람이 나의 친구가 될 수 있다. 우정의 외연은 얼마든지 넓어질 수 있다. 물론 일상적으로는 친구가 많은 것이 항상 좋지는 않다. 그리하여 어느 사람은 "친구가 많은 사람은 친구가 없는 것"이라고 말한다.[10] 그러나 이 경우는 사이비 친구의 관계며, 진실한 친구는 얼마든지 다양하고 광범위하게 가질 수 있다. 이와 반대로, 자녀에 대한 부모의 사랑은 배타적(exclusive)이다. 모든 아이가 나의 자녀가 될 수는 없으며, 내가 나의 자녀를 사랑하는 이유는 그들이 나의 자녀이기 때문이다. 그리고 그가 다른 사람의 자녀를 사랑한다고 해도 그것은 어디까지나 자신의 자녀에 대한 것과 같은 무조건적인 사랑은 아니다. 자녀에 대한 부모의 사랑은 원칙적으로 제한되어 있다.

프롬은 형제애라고 부를 수 있는 친구간의 사랑을 '가장 근본적인 사랑'이라고 부르고, 이러한 사랑을 증진시키는 방법을 제시한다.

> 모든 종류의 사랑의 밑바닥에 깔려 있는 가장 근본적인 사랑은 형

제애다. 그것은 다른 사람에 대한 책임, 배려, 존경, 지식이며, 그의 생명을 연장시키려는 희망이다. 성서의 "네 이웃을 네 자신과 같이 사랑하라!"는 말도 바로 이런 사랑을 지적한 것이다.

형제애는 모든 인류에 대한 사랑이며, 배타성이 결여되어 있다는 특성을 가지고 있다. 이런 사랑이 있는 사람은 모든 형제를 사랑하지 않을 수 없다. 우리는 형제애에서 모든 인간, 모든 인간적인 결속, 모든 인간적인 일치감을 경험한다. 형제애는 우리가 모두 하나라는 경험에 근거하고 있다. 재능, 지성, 지식의 차이점은 모든 인간에게 공통된 정체성에 비교할 때 별것이 되지 못한다.

이 정체성을 경험하려면 변두리에서 중심으로 침투해야 한다. 내가 만약 다른 사람의 표면만을 지각한다면, 나는 우리들을 갈라놓는 차이점만을 발견하게 된다. 그러나 중심으로 침투하면 우리들의 공통성, 곧 우리들이 형제라는 사실을 발견하게 된다. '변두리부터 변두리'가 아니라 '중심으로부터 중심'으로의 관계가 형제애의 중점적 관계성이다.[11)]

왜 친구간의 사랑이 모든 사랑 중에서 가장 근본적인 사랑이며, 그래서 친구간의 사랑이 생략된 모든 사랑은 진정한 사랑이 아니라고까지 말할 수 있는가? 도대체 친구간의 사랑이 이렇게 중요한 이유는 무엇인가? 프롬은 다시 이렇게 말한다.

나의 도움을 필요로 하는 사람, 즉 이방인에 대한 사랑이 형제애의 시작이다. 자신의 육체와 피를 사랑하는 것은 아무런 자랑이 아니다. 동물도 새끼를 사랑하고 돌본다. 이와 마찬가지로 도움을 필요로 하는 사람은 그의 삶이 주인에게 달려 있기 때문에 그를 사랑한다. 자녀는 부모를 필요로 하기 때문에 부모를 사랑한다. 그러나 형제애는 아무런 목적도 없는 사랑으로 나타난다. 그리하여 구약성서에 나타난 사랑의 대상은 가난한 사람, 이방인, 과부와 고아, 결국에는 국가의 적군인 이집트인과 에도나인이었다.

인간은 자신의 도움을 필요로 하는 사람에 대한 자비심으로 그의 형제에 대한 사랑을 발전시킬 수 있으며, 자신에 대한 사랑 안에서도 도움을 필요로 하고 연약하고 불안전한 타인을 동시에 사랑하게 된다. 자비심은 지식과 동일화의 요소를 가지고 있다. 그리하여 구약성서는 "너희들은 이집트 땅에서 노예였으므로 이방인의 가슴을 잘 알고 있을 것이다. 그러므로 이방인을 사랑하라"고 말한 것이다.[12]

4. 동성간 및 이성간의 낭만적 사랑

낭만적 사랑은 배타적이다. 적어도 일부일처제를 기본적인 사회 윤리로 받아들이는 사회에서는 모든사람이 나의 애인이 될 수 없기 때문이다. 수많은 남성과 여성 중에서 오직 한 사람만을 나의 영원한 사랑으로 간주하는 것이 바로 낭만적 사랑이다.

그리고 이미 지적했듯이, 자녀에 대한 부모의 사랑은 떨어져 나가는 사랑이지만 낭만적 사랑은 배타성에서 출발하면서도 '두 몸이 하나가 되는 사랑'의 종점을 찾는다. 물론 여기서 그들은 이 배타성을 소유욕으로 착각하여 영원한 '타인'으로 평생을 보내는 슬픈 결과를 맞이할 수도 있다. 그러나 적어도 원칙적으로는 만약 그들이 진정한 평등이란 동일성이 아니라 '개인화된 평등(an individualized equality)'이라는 것을 굳게 믿고 실천해 나간다면, 두 사람은 그리스 신화에 나오는 연인들과 마찬가지로 한 사람이 될 수 있다. 그러나 여기에는 동시에 속임수가 숨어 있는데, 프롬은 낭만적인 사랑의 위험성을 이렇게 말한다.

첫째, 우리는 종종 진정한 사랑을 사랑에 '빠진다'는 폭발적인 경험과—다시 말해서, 서로 모르는 두 사람 사이에 존재했던 장애물이 갑자기 무너지는 순간의 경험과—혼동할 수 있다. 그러나 이와 같은 갑작스런 친밀감의 경험은 본질적으로 오래 가지 않는다. 일반적으로 아무런 구속할 장애물이 없을 정도로 상대방과 친숙하게 되면 그 이상 가까워지려는 노력도 필요가 없게 되기 때문이다.

이러한 폭발적인 경험에서 이른바 '사랑받는 사람'은 나와 다름없이 잘 알려진다. 혹은—더욱 정확히 말하면—전혀 알려지지 않는다. 만약 타인에 대한 더욱 깊은 경험의 심연이 아직도 남아 있고, 그의 인간성에 대한 무한성을 아직도 경험할 수 있다면, 그 사람은 나에게 그렇게 친숙하지 않을 것이며, 그래서 우리들 사이의 장애물을 매일 제거하는 기적은 새롭게 일어날 수 있을 것이다.

그러나 대부분의 사람들은 상대방을 너무 빨리 탐험하고 상대방에게 너무 빨리 기진맥진하게 된다. 그들의 상호 친밀성은 주로 성적인 결합을 통하여 달성되며, 그들은 상호간의 떨어짐을 주로 육체적인 떨어짐으로 생각함으로써 육체적인 결합을 그들의 떨어짐을 극복하는 길로 믿고 있기 때문이다.

둘째, 사람들은 그들의 떨어짐을 극복하는 여러 가지 요소들을 믿는다. 자신의 개인적인 삶과 희망과 불안을 토로하고, 어린애와 같이 유치한 자신의 면을 보이고, 세상에 대한 공통된 취미를 성취시키는 것 등을 떨어짐의 극복으로 믿는다. 그리고 어느 경우에는 자신의 분노나 증오나 철저한 방탕의 표현을 친숙함으로 간주한다. 결혼한 부부가 침대에 같이 있을 때나 그들이 다같이 분노와 증오를 표현할 때만 서로 친숙하게 느끼는 타락된 친숙성도 이와 같은 것이다. 그러나 이런 종류의 가까워짐은 시간이 갈수록 점점 쇠퇴하게 마련이다.

그래서 우리는 언제나 새로운 사람, 새로운 타자를 추구한다. 그리고 그 타자는 다시 '친밀한 사람'이 되고, 다시 사랑에 빠지는 고조된 감정을 갖게 되고, 그러다가 그 감정은 점점 감축되고, 마지막에는 새로운 정복의 대상을—새로운 사랑을—찾는다. 새로운 사랑은 이전의 사랑과는 다를 것이라는 환상을 가지고.[13)]

셋째, 낭만적 사랑에서 자주 나타나는 성적 욕망은 단순한 육체적인 욕구나 고통스러운 긴장의 해소가 아니라 두 사람의 완전한 합일을 지향한다. 그러나 그것은 동시에 사랑뿐만 아니라 고독과 불안, 정복하거나 정복당하고 싶은 욕망, 허영, 다른 사람을 해치고 파괴하고픈 욕망 등에 의해서도 자극될 수 있다. 여기서 성적 욕망은 강렬한 감정과 쉽게 혼동될 수 있고 또한 그런 감정에 의하여 쉽게 자극된다. 사랑이란 분명히 이런 강렬한 감정 중의 하나지만 그것이 사랑의 전부는 아니다.

대부분의 사람들은 성적 욕망과 사랑이라는 개념이 서로 연결되어 있다고 믿는다. 그들은 그들이 서로 육체적으로 원할 때 사랑한다고 결론내린다. 물론 사랑은 성적 결합을 재촉할 수 있다. 그러나 이 경우에도 정복하거나 정복당하고픈 욕망이 사랑에 의하여 자극되지 않고, 낭만적인 사랑이 동시에 형제애가 아닐 때, 그 연합은 생리적 혹은 일시적 연합 이상이 될 수 없다. 성적 매력은 순간적으로 진정한 연합이라는 환상을 창조한다. 그러나 사랑이 없는 연합은 두 사람을 이전보다 더욱 타인으로 만든다. 그리하여 그들은 서로 부끄러워하고, 서로 증오하기도 한다. 환상이 사라졌을 때 그들은 이전보다 더욱 외로운 고독을 느끼게 된다. 진정한 부드러움이란 프로이트가 말한

성적 본능의 승화가 아니다. 그것은 형제애의 직접적인 결과며, 육체적일 수도 있고 비육체적일 수도 있다.[14)]

5. 배타적 사랑, 포괄적 사랑

우리는 지금까지 사랑이 무엇이냐는 질문에 답변하기 위하여 먼저 사랑의 종류를 열거하고, 그 중에서도 인간에 대한 사랑을 부모와 자녀의 사랑, 친구간의 사랑, 낭만적인 사랑으로 구분하여 고찰했다. 그리하여 부모와 자녀의 사랑은 무조건적이지만 점점 떨어져 나가는 사랑이며, 친구간의 사랑은 언제나 조건적으로 시작하지만 포괄적이며, 낭만적인 사랑은 배타적이지만 점점 하나로 융합되는 지점을 추구하는 사랑임을 알게 되었다.

부모의 사랑 : 무조건적
친구의 사랑 : 조건적, 포괄적
낭만적 사랑 : 배타적(?)

그러나 배타적일 수밖에 없는 낭만적인 사랑도 형제애를 포함해야 하며, 사랑하는 한 사람을 통하여 전 세계를 사랑할 수 있는 이타적인 사랑으로 승화되어야 한다. 이러한 이타적인 면을 완전히 결여한 낭만적인 사랑은 확대된 이기주의(an enlarged egotism)에 불과한 것이다. 그것은 마치 사회와 연결되지 않은 가족주의가 — 전통적인 가정주의와 반대되는 가족주의가 — 집단적 이기주의에 불과한 것과 다름이 없다.[15)] 프롬은 이렇게 말한다.

사랑이란 한 사람에 대한 특별한 관계가 아니다. 그것은 한 '대상'에 대한 관계가 아니라 전 세계에 대한 관계성을 결정하는 태도며, 성격의 방향이다. 어느 사람이 오직 한 사람만을 사랑하고 그 이외의 모든 사람에게 무관심하다면, 그의 사랑은 사랑이 아니라 공생적(共生的) 집착이며 확대된 이기주의에 불과하다. 그럼에도 대부분의 사람들은 사랑이 사랑의 능력이 아니라 그 대상에 의하여 결정된다고 믿는다. 그리고 그들은 실제로 '사랑하는 사람' 이외에는 아무도 사랑하지 않는 것을 강렬한 사랑의 증거로 믿는다.

그러나 내가 진실로 한 사람을 사랑한다면 나는 모든 사람을 사랑하고, 전 세계를 사랑하고, 삶을 사랑하는 것이다. 내가 어떤 사람에게 "나는 너를 사랑한다"라고 말할 수 있다면, "나는 너를 통하여 모든 사람을 사랑하고, 너를 통하여 전 세계를 사랑하고, 너를 통하여 동시에 나를 사랑한다"라고 말할 수 있어야 한다.[16]

진정한 낭만적 사랑은 배타성을 함유하지 않는다.[17]

생각해 볼 문제들

1. 에리히 프롬이 주장한 어머니 사랑과 아버지 사랑의 차이점은 과연 타당성이 있는가? 그리고 그의 주장이 옳다고 가정했을 때, 과연 자녀들은 부모의 두 가지 사랑을 쉽게 조화시킬 수 있을까?
2. 칼릴 지브란의 시에 나오는 활과 화살과 활 쏘는 분의 관계는 무엇인가?
3. 자녀에 대한 부모의 사랑이 모든 종류의 사랑 중에서 '가장 슬픈 사랑'이라고 말할 수 있는 이유는 무엇인가? 그것은 다른 종류의 사랑과 어떻게 다른가?
4. 유치한 사랑과 성숙한 사랑의 차이는 무엇인가?
5. '내려가는 사랑'과 '올라가는 사랑'의 차이는 무엇인가?
6. 낭만적인 사랑에 있어서의 '순간적인 연합'의 의미는 무엇인가?
7. 낭만적인 사랑은 과연 배타성을 함유하지 않을 수 있는가?
8. 우정에 대한 칼릴 지브란의 사상을 설명하라.

[주]

1) 「고린도 전서」, 13:1-13.

2) 「요한복음」, 5:41-42. "Your approval or disapproval means nothing to me, for as I know so well, you don't have God's love within you."

3) St. Augustine, *The Confessions*, bk. 11, chap. 14: "우리가 시간보다 더욱 친숙하고 더욱 확실하게 토론하는 것이 무엇이겠는가? 우리가 시간에 대하여 말할 때 우리는 확실히 그것을 이해하고 다른 사람이 말할 때도 그것을 이해한다. 그러면 시간이란 무엇인가? 아무도 나에게 묻지 않으면 나는 시간을 알고 있다. 그러나 나에게 시간을 묻는 사람에게 설명하라면, 나는 시간을 모른다."

4) 각기 다른 속성을 가진 신의 존재에 대하여는 다음을 참조할 것. 황필호, 「종교철학에 있어서 신(神)의 존재에 관한 시비: 신 없는 종교는 가능한가」, 『철학적 인간, 종교적 인간』, 범우사, 1984, pp. 189-190.

5) Erich Fromm, *The Art of Loving*, Bantam Books, 1967, p. 35.

6) Kahlil Gibran, *The Prophet*, Alfred A. Knopf, New York, 1926, pp. 18-20. Cf. 지브란의 생애와 사상에 대하여는 다음을 참조할 것. M. S. Daoudi, *The Meaning of Kahlil Gibran*, Citadel Press, 1982.

7) Fromm, 앞의 책, pp. 43-44. Cf. 프롬은 어머니와 자녀의 관계가 이성간의 사랑이나 친구간의 사랑과 다른 점은, 후자는 평등한 사람들간의 사랑(love between equals)이지만 전자는 평등하지 않은 사람들간의 사랑(love between inequals)이라고 말한다. 같은 책, p. 42.

8) 같은 책, pp. 32-34.

9) Ch'u Chai and Winberg Chai, tr., *The Sacred Books of Confucius and Other Confucian Classics*, Bantam Books, 1965, p. 11. Cf. 유교와 유교의 뿌리가 깊은 한국에서 나온 통일교는 다같이 가정을 통한 인간 완성(human perfectability through family union)을 강조한다. 그러나 유교는 '올라가는 사랑'을 강조하지만 통일교는 '내려오는 사랑'을 강조하는 경향이 있다. 이 문제에 대하여는 다음을 참조할 것. 황필호, 『통일교의 종교철학』, 생각하는 백성, 2000, pp. 85-103.

10) 원문: "The man who has many friends has no friend."

11) Fromm, 앞의 책, pp. 39-40. Cf. 필자도 처음 미국에 갔을 때는 서양인과 동양인의 차이점만 볼 수 있었다. 그러나 그 후에는 사람들의 차이점보다 유사점을 더욱 많이 보게 되었다. 물론 외국에 오래 거주하면서도 차이점만 관찰하는 사람도 굉장히 많을 것이다. 중심으로부터 중심으로의 관계는 반드시 시간과 병행하지 않는다.

12) Fromm, 앞의 책, pp. 40-41. Cf. 이집트로부터의 출애급 사건과 해방신학의 관계에 대하여는 다음을 참조할 것. 황필호, 『이데올로기, 해방신학, 의식화 교육』, 종로서적, 1985, pp. 56-61.

13) 이러한 점은 요즘 미팅을 하는 젊은이들이 언제나 '혹시나' 하는 기대는 '역시나' 하

는 실망으로 끝나게 마련이라는 은어에 잘 나타나 있다.

14) Fromm, 앞의 책, pp. 44-45. Cf. 인간에 대한 사랑 중에서 우리가 여기서 고찰하지 않은 것으로는 '자신에 대한 사랑(self-love)'을 들 수 있다. 이 사랑은 일반적으로 이기적인 사랑으로 간주된다. 그러나 진정 자기를 사랑하는 사람만이 다른 사람을 사랑할 수 있다는 이타적인 면도 없지 않다. 이 사랑에 대한 토론으로는 다음을 참조할 것. Fromm, 앞의 책, pp. 48-53; B. Pascal, *Pensées*, 100.

15) 가정이 집단적인 이기주의가 될 수 있는 점에 대하여는 다음을 참조할 것. 황필호, 『길 위에서』, 종로서적, 1985, pp. 26-29.

16) Fromm, 앞의 책, pp. 38-39.

17) Cf. S. 프라바바난다는 예수의 산상 설교를 설명하면서 이렇게 말한다. "온유함이란 무엇인가? 그것은 신에게 항복하고, '나에게' 혹은 '나의 것'이라는 관념에서 해방된 삶이다. 물론 우리는 여기서 모든 재물 · 가족 · 친구 · 애인을 버려야 하는 것은 아니다. 다만 그들이 우리에게 속해 있다는 관념을 버려야 한다." S. 프라바바난다, 황필호 역, 『베단타 · 예수 · 간디』, 강남대, 2002, p. 34.

2. 사랑은 아름다운 꽃과 같고, 우정은 비를 피하는 나무와 같다

– 사랑과 우정의 차이, 그리고 우정의 종류와 조건

1. 동등한 사랑, 동등하지 않은 사랑

우리는 지금까지 각기 다른 종류의 사랑의 속성을 고찰했다. 그리하여 친구간의 사랑은 포괄적이지만 낭만적인 사랑은 — 적어도 최초의 단계에 있어서는 — 배타적일 수밖에 없다고 결론을 내렸다. 여기서 제기되는 한 가지 문제는 과연 우정과 사랑의 차이가 무엇이냐는 것이다. 그리고 이 질문은 이성간에도 우정이 존재할 수 있느냐, 그리고 동성간에도 낭만적 사랑이 존재할 수 있느냐는 질문이 된다.

많은 사람들이 사랑과 우정의 차이는 단순한 정도의 차이가 아니라 질적인 차이라고 주장한다. 그리하여 골드스미스(Oliver Goldsmith, 1728-1774)는 "우정은 동등한 사람간의 사심없는 교제지만 사랑은 폭군과 노예간의 비참한 교접"이라고 말한다.[1] 특히 세기의 문호인 셰익스피어는 사랑과 우정의 관계를 이렇게 말한다. "우정은 직장과 사랑을 제외한 모든 면에서 변하지 않는다. 그러므로 사랑하는 사람은 언제나 자신의 혀를 사용하고 자신의 눈으로 협상해야 한다. 절대로 대리인을 믿지 말라."

일반적으로 우리나라 사람들은 사랑과 우정을 엄격히 구별하는 경향이 있으며, 서양에서도 남녀간의 사랑보다는 오랫동안 지속되는 동성간의 우정을 숭상하기도 한다. 그 이유는 어디에 있는가? 나는 이제 사랑과 우정을 엄격히 구별하는 기준들을 고찰함으로써 그들의 차이는 질적인 차이가 아니라 정도의 차이라고 주장하겠다. 내가 사랑의 종류를 토론하면서 사랑과 우정을 각각 '이성간의 사랑'과 '동성간의 우정'으로 한정하지 않고 '동성간 및 이성간의 낭만적 사랑'과 '동성간 및 이성간의 친구적 사랑'으로 표현한 이유도 여기에 있다.[2]

2. 기준은 무엇인가

많은 사람들이 사랑과 우정의 질적인 차이를 주장하는 이유는 무엇인가? 도대체 그들을 구별해야 할 기준은 무엇인가?

첫째, 대부분의 사람들은 사랑과 우정의 질적인 차이를 성에서 찾는다. 이런 입장은 '의식의 흐름'이라는 독특한 기법을 사용한 아일랜드의 소설가인 조이스(James Joyce, 1882-1914)의 『더블린 사람들(*Dubliners*)』이라는 단편집에 잘 나타나 있다.

> 남성과 남성의 사랑은 불가능하다. 거기에는 성교가 있을 수 없기 때문이다. 남성과 여성의 우정도 불가능하다. 거기에는 성교가 있을 수밖에 없기 때문이다.[3]

그러나 사랑과 우정의 차이를 단순히 성교의 유무에서 찾으려는 경향은 오늘날 현실적으로나 이론적으로 그리 설득력이 없게 되었다.

현실적으로 볼 때, 도덕과 윤리의 기준은 시간, 장소, 사람에 따라서 다르게 마련이다. 30년 전에는 젊은 남녀가 거리를 다니면서 손을 잡느냐 혹은 잡지 않느냐에 따라서 사랑과 우정을 구별할 수 있었다. 그러나 이러한 기준은 이제 통하지 않게 되었다. 그리고 도덕과 윤리는 동일한 시간이라도 장소에 따라서 다를 수밖에 없고 또한 달라야 한다. 예를 들어서, 우리가 흔히 사용하는 '한국적 민주주의'라는 표현도 우리의 민주주의가 미국의 민주주의와 어느 정도 달라야 한다는 전제에서 나온 것이다. 물론 '한국적'과 '민주주의' 중에서 어느 쪽을 더 강조해야 되느냐는 문제는 굉장히 복잡한 문제다. 그러나 우리나라에 걸맞는 토착화된 민주주의, 토착화된 종교, 토착화된 외래 문화가 필요하다는 것은 재론의 여지가 없을 것이다.[4)]

그리고 도덕과 윤리의 기준도 사람에 따라 다를 수밖에 없고 또한 달라야 한다. 모든 사람이 동일한 가치관을 가져야 한다는 주장은 전체주의적인 발상일 뿐이다. 운동선수에게 가치가 있는 것이 학문에 종사하는 사람에게는 별로 가치가 없을 수도 있으며, 젊은이에게 가장 소중한 것이 성인에게는 그렇지 않을 수도 있다. 모든 윤리와 도덕의 기준은 시간, 장소, 사람에 따라서 다르게 마련이다.

어떤 사람은 키스를 사랑과 우정을 가르는 기준으로 삼을 것이며, 다른 사람은 포옹을 기준으로 정할 것이다. 그러나 이러한 기준들이 모두 인위적이며 주관적임을 부인하는 사람은 하나도 없을 것이다. 어떤 사람에게는 친구간의 키스는 생각할 수조차 없으나, 다른 사람에게는 그 이상도 가능할 수 있기 때문이다. 특히 성을 기준으로 삼는 입장은 사랑을 바로 성과 동일시하는 입장이며, 성이 사랑을 결정한다는 프로이트의 낡은 이론을 그대로 받아들이는 입장이다. 그러나 프롬은 프로이트의 입장을 이렇게 비판한다.

프로이트는 성을 너무 강조한다는 비판을 받아 왔다. 이러한 비판은 보수적인 사람들이 그들에 대한 비판과 증오심을 만들어내는 그의 이론을 제거하려는 의도에서 나왔다. 프로이트는 이러한 의도를 예리하게 파악했으며, 그의 성 이론을 수정하려는 모든 시도에 대항하여 싸웠다. 확실히 그는 그의 세대에서는 도전적이며 혁명적이었다.

그러나 1900년대에 옳았던 것도 50년 후에는 옳지 않게 되었다. 그 동안 성 도덕은 괄목할 정도로 변하여 그의 이론은 이제 서양 중산층에게는 하등의 놀랄 만한 일이 아닌 게 되었고, 오늘날에는 오직 전통적 분석가들이 프로이트의 성 이론을 변호할 정도로 용감하고 과격하다고 상상할 때 보이는 일종의 돈키호테적 과격주의에 불과하게 되었다. 그리고 이러한 전통주의적인 사람들의 심리 분석은 실제로 현실 추종적이어서 현대 사회의 근본을 비판하는 심리적 문제를 전혀 제기하지 못하고 있다.

프로이트 이론에 대한 나의 비판은 그가 성을 지나치게 강조했다는 것이 아니라 충분히 깊게 이해하지 못했다는 것이다. 그는 상호간의 열정의 중요성을 발견한 최초의 발자국을 남겼다. 그리고 그는 그것을 그의 철학적 전제에 따라서 육체적으로 설명했다. 그러나 그의 심리 분석을 더욱 발전시키기 위해서는 그의 이러한 통찰력을 육체적 차원뿐만 아니라 생물학적 및 실존적 차원으로 번역함으로써 그의 이론을 수정 및 심화시킬 필요가 있다.[5]

이론적으로 볼 때, 성과 사랑은 동일체가 아니다. 성이란 사랑의 모든 것(everything)도 아니며, 아무것이 아닌 것(nothing)도 아니다. 성은 사랑의 중요한 일부분(something)이다.[6] 그리고 성이 사랑을 가져오는 것이 아니라 사랑이 성의 조화를 가져오는 것이다. 그러므로 성을 사랑과 동일시함으로써 이성간의 우정과 사랑의 차이를 오직 성에서 찾는 사람은, 마치 우리의 손이나 발을 인간 전체로 취급하는 지나친 단순화의 오류를 범하는 것이다. 사랑의 척도를 성으로 생각하는 사람은 진정 사랑하는 사람이 아니라 성의 노예가 된 사람이다. 성은 사랑과 우정을 가르는 기준이 될 수 없다.

둘째, 그러면 결혼이 사랑과 우정을 가르는 기준이 될 수 있을까? "결혼은 수많은 고통을 주지만 독신은 아무런 즐거움도 주지 않는다"는 존슨(Samuel Johnson, 1709-1784)의 말도[7] 결국 그들의 상이성을 전제로 해서 이해해야 되지 않을까?

그렇지도 않은 것 같다. 우선 우리는 사랑하면서도 결혼하지 않는 사람들을 주위에서 쉽게 발견할 수 있다. 룸 메이트와 베드 메이트를 쉽게 발견할 수 있다. 더구나 일부의 연인들은 오히려 사랑을 영원히 보존하기 위하여 결혼하지 않는다고 말하지 않는가. 더 나아가서, 결혼으로 골인하지 못한 모든 사랑을 사랑의 미완성이나 농도 깊은 우정 정도로 몰아치는 태도는 춘향이나 줄리엣의 사랑을 유치한 사랑으로 비난하는 무정부주의적 태도다.

물론 어떤 사람은 아이를 낳는 것을 사랑과 우정을 가르는 기준으로 생각할 수도 있다. 그러나 오늘날은 출산을 위한 성교만이 도덕적으로 용인될 수 있는 중세 시대가 아니다. 그러므로 성, 결혼, 출산 등은 사랑과 우정을 가르는 기준이 될 수 없다.[8]

셋째, 일부의 사람들은 사랑과 우정의 차이는 성이나 결혼과 같은 외적인 요소에 달려 있는 것이 아니라 양자의 본질적인 속성에 달려 있다고 말한다. 그리하여 그들은 우정의 외연(外延)은 무한하지만 사랑의 외연은— 적어도 일부일처제가 통용되고 있는 사회에서는 — 한 사람에게 한정되어 있다고말한다. 다시 말해서, 우정은 포괄적(inclusive)이지만 남녀간의 사랑은 배타적(exclusive)이라고 말한다.

> 우정은 동등한 사람간의 사랑이며, 모정은 무력한 아이에 대한 사랑이다. 그들은 서로 다르지만 본질적으로 한 사람에게 제한되어 있지 않다는 공통점을 가지고 있다. 내가 나의 형제를 사랑하면, 나는 나의 모든 형제를 사랑한다. 내가 나의 아이를 사랑하면, 나는 나의 모든 아이들을 사랑한다. 아니, 그 이상으로 나의 도움을 필요로 하는 모든 아이들을 사랑한다.
>
> 이와 같은 두 가지 사랑의 반대편에는 낭만적 사랑이 있다. 그것은 다른 한 사람과의 완전한 용해와 연합을 갈구한다. 그것은 본질적으로 배타적이며 보편적이 아니다. 그것이야말로 이 세상에 존재하는 사랑 중에서 가장 기만적인 형태의 사랑일 것이다.[9]

그러나, 사랑은 한 사람에 대한 사랑이지만 우정은 얼마든지 넓을 수 있다는 주장도 현실적으로나 이론적으로 이제 그리 설득력이 없게 되었다.

현실적으로 볼 때, 우리는 사랑의 대상이 한 사람 이상일 수 있다고 주장하는 연인들을 쉽게 발견할 수 있으며, 더 나아가서는 친구도 숫자적으로 제한되어야 한다는 말을 쉽게 듣는다. 그리하여 우정은 전생의 연분이 있어야 성립된다고까지 친구의 중요성을 찬미한 아담스(Henry Brooks Adams, 1838-1918)는 이렇게 말한다.

평생에 한 사람의 친구를 갖게 되면 그것으로 충분하다. 두 사람은 너무 많으며, 세 사람의 친구란 거의 불가능하다. 그리고 우정은 삶에 대한 일종의 평행성, 사고의 공동체, 목표 달성에 대한 경쟁심을 필요로 한다.[10)]

낭만적 사랑이 한 사람에게 쏠리기 쉽다면, 이와 마찬가지로 진정한 우정도 한 사람에게 쏠리기 쉬울 것이다. 그리고, 이성간의 진정한 사랑이 어렵다면, 이와 마찬가지로 진정한 우정도 어려울 것이다. 아니, 더욱 어려울 것이다. 진정한 우정은 성을 필요로 하지 않으며, 더욱 중요한 사실은 모든 금전적 및 정신적 이해 관계를 초월한 상태가 바로 우정이기 때문이다.

제인 오스틴(Jane Austin, 1775-1817)이 『오만과 편견』에서 "사업은 돈을 가져 올 수 있지만 우정은 그런 경우가 거의 없다"고 말하고, 미국 문학의 선구자인 마크 트웨인(Mark Twain, 1835-1910)이 "우정의 성스러운 정열은 굉장히 감미롭고 견고하고 충성스럽고 지속적인 성격을 가지고 있으며, 우정은 돈을 꾸어달라고 부탁하지만 않는다면 평생 지속될 것이다"라고 말한 이유도 여기에 있을 것이다.

우정에는 아무런 이유가 있을 수 없다. 진정한 우정은 그만치 희귀하고 어렵고 값진 것이다. 그리하여 제롬(St. Jerome, 342-420)은 "친구란 오랫동안 찾아야 하고, 발견하기 어렵고, 유지하기 어렵다"고 말하며,[11)] 오슬러(William Osler) 경은 젊은이에게 가장 중요한 행복은 우정이라고 말하며, 성서는 친구를 위하여 목숨을 버리는 것이 최상의 사랑이라고 말한다. 이런 뜻에서, 우정의 외연은 이성간의 사랑의 외연보다 더욱 좁다고까지 말할 수 있다.

이론적으로 볼 때, 한 사람을 향한 이성간의 사랑도 — 이미 수차례에 걸쳐 지적했지만 — 성숙한 단계에 이르려면 한 사람을 통하여 모든 인류를 사랑할 수 있어야 한다.

우리는 종종 낭만적인 사랑의 배타성을 소유적 집착(possessive attachment)으로 혼동하기 쉽다. 그리하여 우리는 이른바 '사랑하는 두 사람'이 그들만을 사랑하고 아무도 사랑하지 않는 경우를 발견할 수 있다. 그러나 이런 사랑은 실제로 '두 사람의 이기심'에 불과하다. 그들은 서로를 확인하고 한 사람을 두 사람으로 확대함으로써 떨어짐의 문제를 해결하려는 것이다. 물론 그들은 고독을 어느 정도 극복하는 경험을 갖는다. 그러나 그들은 나머지 인류와 단절되어 있기 때문에 그들은 서로 떨어져 있고 서로를 소외시키는 것이다.

낭만적인 사랑은 배타적이다. 그러나 그것은 한 사람을 통하여 전 인류와 살아 있는 모든 생명체를 사랑하는 것이다. 그것은 내 자신을 오직 한 사람과 완전하면서도 정열적으로 연합시킬 수 있다는 점에서만 배타적이다. 다시 말해서, 낭만적인 사랑은 삶의 모든 분야에서 연인과 낭만적으로 연합하고 완전히 동참한다는 뜻에서는 배타적이지만, 깊은 형제애를 포함하는 낭만적 사랑의 뜻으로는 절대로 배타적이 아니다.[12]

3. 사랑과 우정의 변증법적 관계

사랑과 우정의 차이는 질적인 차이가 아니라 양적인 차이이며, 그것도 각자에 따라 다를 수밖에 없는 정도의 차이다. 그렇지 않다면, 우정이 종종 쉽게 사랑으로 변하는 엄연한 사실을 어떻게 설명할 수 있겠는가.

이성간의 사랑과 우정의 차이가 양적인 차이며 정도의 차이라는 주장은 굉장히 새로운 생각같이 보인다. 그러나 실제로는 사랑과 우정을 정열적으로 토론했던 플라톤, 아리스토텔레스, 아우구스티누스와 같은 사상가들이 이미 가지고 있던 생각이다. 이렇게 보면, 사랑과 우정의 질적인 차이를 강조하는 사상은 사랑을 성과 동일시하려는 현대인의 속물 근성이 만들어낸 사상이라고 말할 수 있다. 사랑을 감각적 사랑인 에로스, 정신적 사랑인 필리아, 신적 사랑인 아가페로 구분하여 토론한 로츠(Johannes B. Lotz)는 이렇게 말한다.

사랑의 단계는 각개의 단계가 다른 두 단계들을 배제하거나, 또는 한 단계를 성취하기 위하여 다른 단계들을 희생해야 하는 그런 의미의 단계가 아니다. 이 단계들은 오히려 하나요, 동일한 총체적 사랑의 부분적 국면이라고 말할 수 있다. 이 부분적 국면들은 서서히 개발되고 서로 보완함으로써 성숙되며, 이 성숙의 정도에 따라서 서로 더 내적으로 깊이 침투하며, 그럼으로써 인간을 전면적으로 사랑하는 사람으로 만든다.

관건이 되는 것은 에로스에 대한 모든 부당한 편견을 없애고 그것의 불가결한 생산적 힘을 강조할 필요가 있다. 그 중심 역할은 지금까지 이 문제와관련해서 거의 주목되지 않았던 필리아가 수행한다. 필리아는 한편으로는 에로스를 정화하고 에로스의 온전한 인간적 면모를 보존시키며, 또 한편으로는 인격적 사랑으로서의 아가페를 위한 길을 마련한다. 이렇게 에로스와 필리아는 하느님으로부터 은총으로 내려오는 아가페와 연관된다. 이 아가페는 두 단계의 사랑에 구원을 줄 뿐만 아니라 인간의 새로운 공간을 열어준다.[13]

인간은 에로스가 필리아를 통하여 정화되고, 필리아는 다시 아가페를 통하여 고양될 때만 비로소 진실로 사랑하는 사람이 된다. 이 과정에서 사랑은 점점 더 자기 본래의 모습으로 성장하게 되고, 자기 본연의 것을 더 풍요롭게 획득하게 된다.

이런 뜻에서 사랑의 세 단계들은 모두 필요하다. 이 세 단계들은 상호간의 삼투(滲透) 작용 속에서 그들 각기의 고유한 양식으로 전체 사랑에 기여하게 된다. 필리아 없는 에로스, 아가페 없는 에로스와 필리아는 불완전하며 위축되거나 타락하게 된다.

반대로 아가페도 에로스와 필리아 없이는 계발될 수 없다. 에로스와 필리아가 아가페에게 그 지반을 제공하기 때문에, 만일 아가페가 에로스와 필리아로부터 자신을 분리시키고 전적으로 자신의 고유한 길을 홀로 걸으려고 한다면, 그리고 에로스와 필리아를 무의미한 것으로 백안시하고 열등한 것으로 위축시키거나 변질시킨다면, 그 즉시 아가페는 손실을 입게 된다.[14)]

물론 신을 믿지 않는 사람들은 아가페의 사랑을 전혀 인정하지 않을 것이다. 그러나 에로스와 필리아가 서로 유기적인 관계를 가지고 있어야 하며, 서로 상대방의 약점을 보완하는 변증법적 관계를 가지고 있어야 한다는 주장에는 동의할 것이다.

에로스 : 낭만적 사랑
필리아 : 정신적 사랑
아가페 : 신적 사랑

이미 지적했듯이, 사랑과 우정은 사람에 따라서 다를 수밖에 없는 양

적인 차이며, 정도의 차이다. 손목 잡는 것을 사랑의 기준으로 삼는 사람은 그것이 바로 그의 기준이 될 것이다. 그러나 시기하지 않고, 자랑하지 않고, 교만하지 않고, 무례하지 않고, 사욕을 품지 않는 동성간 및 이성간 친구들은 우정의 포괄성과 사랑의 정열을 동시에 소유할 수 있을 것이다.

> 꽃은 사랑스럽고, 사랑은 꽃과 같고, 우정은 비를 피하는 나무다.
> 오, 소나기와 같이 쏟아지는 우정과 사랑과 자유의 즐거움이여.
> 내가 늙기 전에.[15]

4. 우정의 종류

우정이란 무엇인가? 그것은 과연 에로스와 아가페에게 절대적으로 필요한 것인가? 이제 우리는 우정의 의미를 종류별로 고찰할 필요가 있다. 사랑에도 여러 가지 종류가 있듯이, 우정에도 대상에 따라서 여러 가지가 있을 수 있기 때문이다.

첫째, 사춘기 이전의 아이들에게는 유년기의 우정이 있다. 그리고 이 시기에는 이성보다 동성간의 우정이 쉽게 싹트게 된다. 그리하여 친한 남자아이들은 하루를 만나지 않아도 서운하게 느끼고, 그들의 미래에 대하여 진지하게 대화도 하고, 어느 경우에는 이성에 대한 그리움을 토론하다가 그들의 성기를 비교해 보기도 한다. 또한 여자아이들은 손을 꼭 잡거나 팔짱을 끼고 걸어 다니고, 외국의 경우에는 쉽게 키스까지 하게 된다.

이러한 그들의 우정에는 확실히 한 남성이나 여성으로부터 낭만적인 사랑을 받고픈 욕구가 숨어 있다. 그리고 그들의 이러한 성적 욕망은 가끔 변태적으로 발전하기도 한다. 서양의 어느 기숙사에 "가능한 한 혼자 있는 경우는 피하도록 하되, 단 둘이 있어서는 안 되며, 항상 셋이 같이 있도록 하라"는 문구를 붙여 놓은 이유도 여기에 있을 것이다.

그러나 그들을 무조건 동성 연애자나 성도착 환자로 취급하는 어른들의 판단은 옳지 않다. 기성 세대의 이런 판단은 "모든 감성은 성적 근원을 가지고 있다"는 프로이트의 전근대적 관념에 뿌리를 두고 있다. 확실히 사춘기의 청소년들에게는 육체적인 흥분이 우정 속에 숨어 있다. 그러나 젊은 여성이 다리를 꼬고 앉아 있는 것까지 성적 욕망으로 보는 것은 지나친 발상이다.

예를 들어서 매년 몇 명이 산에서 조난을 당한다고 해서 모든 사람들의 등산을 금지할 수는 없는 일이다. 그러므로 기성 세대는 이러한 젊은이들의 '개인적 우정'을 무조건 죄악시하지 말고, 그들이 그들의 우정을 더욱 확대하도록 도와주어야 할 것이다.

> 교육자는 젊은이들에게 그들의 우정에서 감성적이면서도 관능적으로 표현되는 것이 무엇이냐에 대하여 객관적이면서도 허심탄회하게 말해야 하며, 무엇보다도 그들의 정서적 성숙과 병행하여 적절한 자기 발견의 능력을 형성하도록 도와주어야한다. 청년들에게 "너희들의 우정 관계가 순수하지 못하니, 당장 절교해야 한다"는 경고는 절대로 하지 말아야 한다. 그것은 가치있는 인간 형성이라는 교육 목표에 어긋나는 일이다.[16]

둘째, 남성들 사이에 돈독한 우정이 성립될 수 있다는 것은 널리 알려진 사실이다. 그리고 남성간의 우정은 플라톤, 아리스토텔레스, 키케로, 아우구스티누스, 몽테뉴, 괴테와 같은 위대한 사상가들이 열렬히 주장한 것이다. 괴테와 쉴러의 우정, 몽테뉴와 요절한 그의 친구 라 보에띠의 우정, 구약성서에 나오는 다윗과 조나단의 우정, 예수와 그의 제자들과의 우정이 모두 여기에 속한다. 특히 나이 많은 사울 왕의 아들인 조나단은 다윗을 반란자라고 박해했던 아버지의 명을 어기고 친구 다윗을 위하여 전쟁에서 죽음을 당했던 것이다.

결혼한 여성은 남편의 이런 우정에 질투를 느끼기도 한다. 그러나 "친구가 중요해요? 내가 중요해요?"라고 대드는 여성은 우정의 진실성과 포괄성을 모르는 여성일 뿐만 아니라 "우정은 사랑을 해치지 않고, 오히려 사랑을 풍부하게 한다"는 진리를 모르는 여성이다.[17]

그리고 아내의 환심을 사기 위하여 가까운 친구와의 관계까지 단절하는 남성은 오히려 부부간의 사랑을 타락시킬 가능성이 높다. "자기 남편에게 모든 것을 기대하는 부인은 곧 남편에게 짐이 되는 법이며, 남편은 오직 아내를 걱정시키지 않으려고 근심한 나머지 시시한 말까지도 해야 할지 혹은 하지 말아야 할지를 망설이게 된다."[18] 결국 그는 더욱 친구들과의 은밀한 우정을 갈구하게 되고, 급기야는 부부간의 완전한 소외 현상을 일으키기도 한다.

셋째, 여성간에도 진정한 우정이 성립될 수 있다. 남성에게만 진정한 우정이 성립할 수 있다는 주장은 절대로 옳지 않다. 여성들간의 우정은 폐쇄성을 낳고, 오직 여성은 남성을 통해서만 자유로운 해방이 온다는 주장은 옳지 않다. 그러므로 남성들은 특히 성인 여성들이 가깝게 지내는 것을 무조건 동성 연애자라고 취급하지 말아야 한다. 이것은 마치 결혼하지 않고 독신으로 사는 여성을 무조건 죄악시하는 사회적 통념과 다를 바가 없는 것이다.[19]

역사적으로 여성간의 우정이 남성간의 우정만큼 그렇게 눈이 뜨이지 않는 이유는, 지금까지 인류 역사가 여성 차별적이었기 때문이다. 여성은 오직 남성을 통해서만 자기를 완성시킬 수 있다는 가부장적 제도가 지배해 왔기 때문이다. 이미 지적했듯이, 갓 결혼한 여인은 모든 것을 남편을 통해서만 얻을 수 있다는 지나친 기대감을 갖기 쉽다. 또한 권태기에 접어든 아내는 남편에게 새롭게 실망하기 쉽다. 이러한 위기는 그녀가 다시 친구를 사귐으로써 해결할 수 있다.

기혼 여성과 미혼 여성의 우정은 아내의 친구가 남편을 사랑하게 되는 삼각 관계로 빠질 위험이 없지 않다. 그리고 행복한 친구의 가정 생활이 미혼녀에게 혼자 사는 것에 대한 일종의 열등감을 더욱 부추길 위험도 있다. 그러나 그들의 우정은 특별히 인생에 대하여 폭넓은 견해를 갖게 되는 교육적인 효과가 크다. 서로 상대방의 삶을 자세히 관찰함으로써 자신의 삶을 객관적으로 바라볼 수 있는 시각을 발전시킬 수 있기 때문이다.

넷째, 남녀간에도 진정한 우정이 성립될 수 있다. 특히 고매한 학문이나 종교적 신앙이 두터운 사람들 사이에는 남녀간에도 진정한 우정이 더욱 쉽게 성립할 수 있다. 그러므로 남녀간의 우정을 무조건 죄악시하는 경향은 옳지 않다. 아시시의 프란치스코와 클라라, 아빌라의 테레사와 십자가의 요한, 샹탈의 요한나와 살레시오의 프란치스코, 성 아우구스티누스의 어머니인 모니카와 성 암브로시우스의 우정은 남녀간의 우정이 불가능하다는 편협한 생각 대신에 남녀간의 우정이 이루어지지 못한 이유를 이해할 수 있는 용기를 준다.

그리고 남녀간의 우정을 부부 관계에서 볼 때, 행복하지 못한 부부가 행복한 부부보다 이러한 우정 관계를 잘 지키지 못하고, 그들의 남녀간의 우정 관계를 성적 관계로 전환시키는 경우가 많다.[20]

솔직히 말해서, 에로스가 완전히 배제된 남녀간의 우정은 아마도 존재하지 않을 것이다. 그러나 여기서 중요한 것은 이 에로스적인 요소를 배제하려고 하지 말고 그것을 좀더 승화시키도록 노력해야 한다. 이런 뜻에서, 젊은 남녀간의 우정은 더욱 어렵고, 또한 더욱 어렵기 때문에 더욱 가치가 있을 것이다.

다섯째, 부부간의 사랑도 우정과 연결되어야 한다. 부부 생활이란 이불 속에서만 이루어지지 않는다. 대부분의 부부들은 사랑에 대한 지나친 믿음을 가지고 있다. 그리하여 그들은 상대방에 대하여 깊이 알려고 노력하지도 않으며, 본질적인 인생 문제에 대하여 토론조차 하지 않는다. 그러나 "우정은 사랑에 우선하며, 사랑을 계속해서 유지하는 데 필수적인 것이다."[21] 물론 사랑이 우정의 완성만은 아니다. 그러나 우정은 절대로 사랑의 정열을 감소시키지 않는다. 오히려 사랑과 우정은 비행기의 양 날개와 같이 서로 영향을 주는 관계에 있다.[22] 부부 생활에서 이런 우정어린 대화가 사라질 때, 대부분의 남성들은 — 여성의 경우도 마찬가지겠지만 — 술집 여성에게서 우정을 찾게 된다.

여섯째, 부모와 자녀 사이에도 우정이 있어야 한다. 특히 성숙한 자녀를 가진 부모는 무조건 젊은 세대에 대하여 절망하지 말고 지속적인 대화를 하려고 노력해야 한다. 그러기 위해서는 부모가 먼저 권위주의적인 사고를 버려야 한다. 그리고 그들이 가족의 울타리에 머물지 않고 가족 밖에 있는 친구들과 연결되도록 도와주어야 한다. 특히 현대에 들어와서 부모의 무조건적인 권위주의는 설 자리가 없게 되었다.

자녀와의 진정한 우정을 위해서 바람직한 것은 자녀를 사랑하는 것만이 아니라 자녀를 친구로서 대하는 부모가 되는 것이다. 그뿐만 아니라, 이와 같은 우정은 배타적이어서는 안 되고, 가정에 속하지 않은 다른 사람들과 수월하게 자녀들이 우정 관계를 갖도록 도와주어야 한다.

솔직히 말해서, 가족 내에서 우정에 필요한 조건을 전부 실현시킨다는 일은 쉽지 않다. 그러나 그것이 불가능한 것은 아니다. 우리가 정말로 기대할 수 있는 결과는 정성어린 노력에 의해서만 성취될 수 있다.[23)]

일곱째, 스승과 제자 사이에도 숭고한 우정이 성립될 수 있다. 물론 옛날에는 군사부일체라고 말하기도 했으며, 제자는 스승의 그림자도 밟지 않는다고 했다. 그러나 오늘날은 교육도 옛날과 같은 일방 통행이 아니라 스승과 제자가 서로 토론을 통하여 지식을 추구하는 쌍방 통행이 되었다. 이제는 사제간에도 동등한 인간 관계인 우정이 있을 수 있게 되었다.

사제간의 훌륭한 우정의 본보기로는 소크라테스와 플라톤의 관계를 들 수 있다. 특히 소크라테스가 죽음을 앞두고 감옥에서 그의 제자들과 나눈 대화들은 철학적인 지식과 더불어 그들의 완벽한 우정을 표현한다. 여기서 소크라테스는 스승의 정도(正道)를 지키며, 제자들도 스승에 대한 도리를 철저히 지킨다. 렙(Ignace Lepp)은 『우정의 심리학』에서 이런 스승과 제자의 관계를 성서에서 찾는다.

스승과 제자의 우정을 논하고자 할 때는 복음서의 훌륭한 이야기, 즉 예수가 그의 제자들에게 보여준 우정을 기억하지 않고는 그냥 넘어갈 수 없다. 예수는 유대교의 율법 학자들이 사용했던 방법과는 다른 방법으로 그의 제자들을 가르쳤다. 율법 학자들은 성서와 전통의 교훈을 무조건 참된 것으로 받아들이라고 요구했다. 반대로 예수는 젊은이들의 이해력을 높이는 데 초점을 기울이기보다는 젊은이들의 마음 속에 같이 있고자 했다. 예수는 제자들을 사랑했고, 제자들은 예수를 사랑했다. 그들은 같이 살았고, 같이 식사했으며, 수없는 밤을 황야에서 같이 지냈다. 그리고 그들 중 어느 누구도 자기 것이라고는 조금도 가진 것이 없었다.

복음 선포자들은 예수와 그의 제자들간의 수없는 대화의 부분을 기록했는데, 이 대화는 3년 동안에 걸쳐 매일매일 일어났던 일을 중심으로 나눈 대화로 그리스도의 사상을 전개한 것이다. 적어도 복음의 4분의 3이 스승과 그의 제자들간의 친교가 두터운 대화로 이어진 것이다.[24]

그러면 사제간의 우정은 어떻게 성립할 수 있는가? 우선 배우는 사람은 스승을 인간적으로 끝까지 존경해야 한다. 스승의 부탁을 마치 신의 명령같이 따르고, 스승을 위해서는 자신의 명예까지 기꺼이 손상시킬 수 있을 정도로 스승을 존경해야 된다. 그리고 이 존경은 비록 배우던 사람이 장관이나 대통령이 되어도 그대로 지속되어야 한다. 한 마디로, 스승은 학생의 평생 모범이 되어야 한다.

그러나 여기서 말하는 존경은 스승의 사상을 그대로 받아들이라는 뜻이 아니다. 모든 면에서 스승의 사상과 일치해야 된다고 생각하는 사람은 학생은 될 수 있겠지만 그가 반드시 제자가 되는 것은 아니다. 진실한 제자는 플라톤이 소크라테스를 그렇게 존경하면서도 모든 면에서 스승의 사상을 확장시켰듯이, 스승으로부터 배운 지식에 대하여 죽을 때까지 감사를 드리면서도 학문적으로는 스승보다 더욱 훌륭한 사람이 되려고 노력해야 한다. 스텐젤(Julius Stenzel)이 "스승에 대한 최대의 감사 표시는 스승을 초월하는 것"이라고 말한 이유가 여기에 있다.[25]

한 마디로 진정한 가르침은 단순한 지식의 전달이 아니라 신념과 애정의 전달이며, 학생에게 명령하는 대신에 학생을 자애롭게 인도하는 것이다. 그것은 물고기를 잡아주는 대신에 잡는 방법을 가르쳐주는 것이다. 칼릴 지브란은 『예언자』에서 이렇게 말한다.

한 선생님이 말했습니다. 가르침에 대하여 말씀해주십시오.

그러자 그는 이렇게 말했습니다.

누구도 너의 지식이 동틀 때 절반쯤 잠들어 있는 것 이외에는 아무것도 너에게 드러낼 수 없느니라.

제자들에 둘러싸여 성전의 그늘을 거니는 선생은 그의 지식을 주는 것이 아니라 그의 신념과 애정을 주는 것이라.

그가 진실로 현명하다면, 그는 너에게 그의 지혜의 집으로 들어오라고 명령하는 대신에 너 자신의 마음의 문으로 인도할 것이다.

천문학자는 공간에 대한 그의 이해를 너에게 말해 줄 수는 있으나, 그가 이해한 것을 너에게 줄 수는 없느니라.

음악가는 어디에나 있는 리듬을 너에게 노래해 줄 수는 있으나, 그 리듬을 포착하는 귀를 너에게 줄 수 없으며, 그것을 울려내는 소리를 줄 수도 없느니라.

수학에 정통한 사람은 무게와 크기에 대하여 말할 수는 있으나, 너를 그 쪽으로 데려갈 수는 없느니라.

한 사람의 통찰력은 다른 사람에게 그 통찰력의 날개를 빌려줄 수 없기 때문이다.

그러므로 너 각자가 신의 지식 속에 홀로 있듯이, 너 각자는 신에 대한 지식과 세상에 대한 이해에 있어서도 홀로 있어야 하느니라.[26)]

사제간의 진정한 우정을 가로막는 사람은 제자라기보다는 선생이라고 말할 수 있다. 학생과 제자가 다르듯이, 선생과 스승은 동일체가 아니다. 모든 스승은 선생이겠지만 모든 선생이 스승이 되는 것은 아니다. 자신의 적은 지식을 과신하고 교만한 선생은 스승이 될 수 없다.

진정한 스승은 그저 가르치는 사람이 아니라 '배우면서 가르치는 사람'이다. 훌륭한 선생은 제자의 사상을 결정하는 사람이 아니라 제자 스스로가 결정하도록 도와주는 사람이다. 이런 뜻에서 선생은 교육자(educator)며 유혹자(seducer)가 아니다.[27] 그러므로 사제간의 우정은 — 다른 모든 인간 관계와 마찬가지로 — 스승과 제자가 다같이 노력해야 한다. 그리고 이러한 우정은 스승과 제자를 동시에 행복하게 만든다. 예를 들자.

> 소크라테스가 죽은 지 52세기가 지난 오늘날까지도 인류는 소크라테스의 가르침과 그의 고귀한 죽음에 동참할 수 있는데, 그것은 그의 많은 제자들의 — 특히 플라톤의 — 덕분이 아니겠는가?
>
> 만약 예수가 그의 제자였으며 친구였던 사도들과 복음 전파자들이 없었다면, 예수의 깊은 사명은 과연 어떻게 되었을까? 간디가 그의 죽음을 초월해서 인도의 국민들에게 영향을 미칠 수 있는 것은 그의 제자였으며 친구였던 비노바와 네루의 덕택이 아니었는가?
>
> 젊은이가 경탄해서 '존경하는 스승님'이라고 부를 때, 예수나 학자나 철학자나 예술가는 기쁨 속에서도 다소간의 공허함이 포함되어 있음을 느낀다. 그러나 진지한 스승은 자기 개인보다는 그들에게 주어진 사명감을 항상 염두에 두고, 스스로를 이러한 사명감의 운반자로 자처하여, 그의 '제자 - 친구'들과 그 사명감을 실현할 수 있을 때 진정한 기쁨을 맛보게 된다. 여기서 연로한 스승과 그의 젊은 여제자

사이의 우정도 고귀한 우정의 형태로 표현될 수 있다.[28)]

우정의 종류
1. 유년기의 우정
2. 남성간의 우정
3. 여성간의 우정
4. 남녀간의 우정
5. 부부간의 우정
6. 부모와 자녀의 우정
7. 스승과 제자의 우정

5. 우정의 조건

우정의 고귀함을 새삼스레 설명할 필요는 없을 것이다. 크리슈나무르티는 진정한 인간 관계를 이렇게 설명한다. "만일 두 사람 사이에 참된 관계가 있다면, 그것은 두 사람 사이에 친교가 있다는 말입니다. 그때 거기에 포함된 의미는 매우 큰 것이며, 둘 사이에는 분리가 없습니다. 거기에는 책임과 의무가 아닌, 사랑이 있을 뿐입니다. 의무나 책임을 말하는 사람은 장벽 한 쪽에 고립되어 있는 사람입니다. 사랑하는 사람은 책임을 말하지 않고 그저 사랑할 뿐입니다. 따라서 그 사람은 자기의 기쁨이나 슬픔이나 금전을 타인과 나누어 가집니다."[29)]

그럼에도 우리 주위에 술친구는 많아도 진정한 친구가 없으며, 자기자랑을 하는 친구는 많아도 겸손한 친구를 만나기 어렵고, 취미를 같이 즐기는 사람은 많아도 자신의 고민을 허심탄회하게 토론할 사람은 극히 드물다. 그 이유는 어디에 있는가? 여기서 나는 우정의 조건을 앞에서 인용한 아담스의 글귀로 풀어보겠다.

우정의 조건을 토론하기에 앞서서, 나는 먼저 친구는 동료 혹은 동지와 다르다는 것을 설명해야 되겠다. 같은 직장에서 일하는 동료가 전부 나의 친구는 아니며, 혁명이나 어떤 목적을 같이 따르는 동지가 반드시 나의 친구가 되는 것은 아니다. 동료의 관계는 직장을 떠나면서 사라질 수 있으며, 동지의 관계는 그들의 공동 목표가 사라질 때 없어지지만, 친구의 관계는 그러한 외적인 목적 없이도 진행될 수 있다. 진정한 친구란 나를 있는 그대로 받아주고, 나의 약점까지도 이해하면서 충고해 줄 수 있는 사람이다.

첫째, 진정한 친구가 되려면 먼저 '삶에 대한 일종의 평행성(a certain parallelism of life)'이 있어야 한다. 이성관, 결혼관, 가정관, 국가관 등의 모든 부분에서 서로 일치하지는 않더라도 가장 기본적인 문제에 대하여는 의견을 같이하는 평행성이 있어야 한다. 어떤 수단을 써서라도 출세하려는 사람과 비록 출세는 못해도 성실하게 살려는 사람은 절대로 친구가 될 수 없다. 물론 우리는 주위에서 사상이 전혀 다른 사람들간의 친구 관계를 쉽게 발견할 수 있다. 그러나 그것도 겉으로 본 관찰이며 그들의 차이점은 인생에 대한 더욱 깊은 공통성 위에서 있는 것이다.

둘째, 진정한 친구가 되려면 '사고의 공동체(a community of thought)'가 성립되어야 한다. 다같이 삶을 진지하게 살려고 생각하고 노력하고 실천하는 공동체 의식이 있어야 한다. 물론 여기서 말하는 공동체는 모든 면에서 동일하게 생각해야 된다는 뜻은아니다. 그런 관계는 현실적으로 존재할 수 없으며, 또한 바람직하지도 않다. 다만 생각, 그 생각의 표현인 언어, 그리고 그 언어의 실천인 행동에 다같이 참여한다는 공동의식을 가지고 있어야 한다는 뜻이다.

셋째, 진정한 친구들은 '목표 달성에 대한 경쟁심(a rivalry of aim)'을 가지고 있어야 한다. 언제나 상대방에게 의지하려는 사람은 진정한 친구가 될 수 없다. 진정한 친구는, 그들이 세운 목표를 달성하기 위하여 선의의 경쟁을 벌일 때 상대방으로부터 더욱 많은 것을 배우게 된다. 진정한 우정은 단순히 어떤 일을 같이 하는 것으로 끝나는 것이 아니라 동시에 공동으로 창조하는 것이다.

우정의 조건
1. 삶의 평행성
2. 사고의 공동체
3. 목표의 경쟁심

성서는 친구를 위해 목숨을 버리는 사랑을 가장 고귀한 사랑이라고 말한다. 우리는 이 주장을 좀 심각하게 고찰할 필요가 있다. 생각해 보라. 부모를 위해, 자식을 위해, 애인을 위해, 조국을 위해, 이념을 위해, 친구를 위해 죽는 것 중에서 어떤 사랑이 가장 실천하기 어려울 것인가? 분명히 친구를 위한 죽음일 것이다.

그래서 나는 이렇게 말하겠다. "우정은 모든 종류의 사랑 중에서 가장 귀중한 사랑이며, 우정을 결여한 사랑은 모두 진정한 사랑이 아니다." 우정이 친구간 뿐만 아니라 사제간이나 부부간에도 존재해야 되는 이유가 여기에 있다. 법정 스님은 이렇게 말한다.

> 믿고 의지하면서 좋은 일에나 궂은 일에나 함께 웃고 울 수 있는 친구를 가진 사람은 복 받은 사람이라고 할 수 있다. 마음을 터놓고 속이야기를 나눌 수 있는 친구가 있다는 것은 이 삭막한 세상에서 커다

란 위로와 의지처가 아닐 수 없다. 항상 가까이 대할 수는 없다 할지라도, 내가 믿고 의지할 수 있는 친구나 스승이 거기에 그렇게 있다는 사실만으로도 우리에게는 커다란 위로가 될 수 있는 것이다.

친구란 기쁨과 슬픔을 함께 나누어 가질 수 있는 그런 사이다. 기쁨을 나누어 가질 때 그 기쁨은 몇 곱으로 늘어나고, 슬픔을 나누어 가질 때 그 슬픔은 훨씬 줄어든다. 친구끼리 나누어 가짐에는 이렇듯 미묘한 율동이 따르는 법이다. 단 한 사람의 친구도 갖지 못한 인생을 한 번 상상해 보라. 얼마나 삭막하고 팍팍한 삶이겠는가.

친구란 귀한 존재다. 그렇기 때문에 아무나 친구가 될 수 없다. 그만큼 소중한 존재이기 때문에 많이 가질 수도 없다. 전 인생의 과정에서 마음을 활짝 열어 놓고 무슨 일이건 함께 이야기할 수 있는 친구를 단 한 사람이라도 가진 사람은 참으로 행복한 사람이다. 그런 사람이야말로 인생의 찬가를 부를 만한 자격자일 것이다.[30)]

사람은 나이가 들수록 점점 어린아이의 세계로 다시 돌아간다고 한다. 식성도 어린 시절 어머니가 해주던 습성으로 돌아가고, 어느 경우에는 성격까지 완전히 어린 시절로 돌아간다고 한다. 이와 마찬가지로, 사람은 늙을수록 사춘기 이전의 유년기 우정의 경우처럼 이성의 친구보다는 동성의 친구를 더욱 필요로 하게 됨을 느낄 수 있다. 사람은 이런 친구와 함께 모든 생각, 모든 욕망, 모든 기대를 공유할 수 있기 때문이다. 칼릴 지브란은 『예언자』에서 이렇게 말한다.

한 젊은이가 말했습니다. 우정에 대하여 말씀해 주십시오.

그러자 그는 이렇게 말했습니다.

너의 친구는 너의 욕구의 응답이라.

그는 네가 사랑으로 심고, 감사함으로 거두는 너의 들판이라.

그는 너의 식탁이며 너의 화로불이라.

너는 배고파서 그를 만나고, 평화를 얻으려고 그를 찾기 때문이다.

너의 친구가 속마음을 말할 때 너의 마음 속으로 '아니야'라고 말하는 것을 두려워하지 말며, 또한 '그렇지'라고 말하는 것을 억누르지도 말라.

그리고 그가 침묵할 때도 너의 가슴은 그의 가슴에 귀 기울이기를 멈추지 말라.

우정 속에서는 아무런 말이 없어도 모든 생각, 모든 욕망, 모든 기대가 요구하지도 않은 기쁨과 함께 태어나고 공유될 수 있기 때문이다.

네가 친구와 헤어질 때 슬퍼하지 말라.

네가 친구에게서 가장 사랑한 것은 그가 없을 때 더욱 선명히 드러날 것이기 때문이다. 마치 산은 등산가에게 평원에서 더욱 선명히 드러나듯이.

그리고 우정에는 영혼의 심화 이외의 어떤 목적도 없게 하라.

자신의 신비 이외의 어떤 것을 추구하지 않는 사랑은 사랑이 아니라 다만 던져진 그물이기 때문이다. 그리고 그 그물에는 오직 무익한 것들만 잡히느니라.

너의 친구를 위해 최선을 다하라.

만약 그가 너의 썰물을 알아야 한다면, 너의 밀물도 알게 하라.

단지 그와 시간을 보내기 위해 찾는 친구, 그가 어찌 진정한 친구이겠는가?

언제나 살려는 시간을 위해 그를 찾으라.

그는 너의 욕구를 충족시켜 주지만 너의 공허감을 충족시켜 주지는 않기 때문이다.

그리고 우정의 아름다움 속에 웃음이 깃들게 하고 즐거움을 공유하도록 하라.

작은 이슬방울 속에서도 마음은 아침을 발견하고 다시 새로워질 수 있기 때문이다.[31]

생각해 볼 문제들

1. 사랑과 우정의 차이는 과연 질적인 차이가 아니라 양적인 차이이며, 그것도 각자에 따라 다를 수밖에 없는 정도의 차이인가? 그렇다면, 그들을 질적인 차이로 인정하고 있는 관습에 대하여 우리는 어떤 태도를 취할 수 있는가?
2. 윤리와 도덕은 과연 시간, 장소, 사람에 따라서 상이해야 하는가? 아니, 그들은 상이할 수 있는가? (여기서 제기되는 문제는 절대적인 윤리관과 상대적인 윤리관의 차이에 관한 것이며, 온건한 상대주의와 극단적인 상대주의의 관계에 관한 것이다.)
3. 지금까지 제시된 사랑과 우정의 차이를 가르는 기준이 정당하지 않다고 해서 그들의 차이가 없다는 사실이 증명된 것은 아니다. 지금까지 제시되지 않은 새로운 기준에 의하여 증명될 수도 있기 때문이다. 그렇다면 지금까지 제시되지 않은 '새로운 기준'으로는 과연 어떤 것을 지적할 수 있는가? 그리고 그것은 타당성이 있는가?
4. "에로스는 필리아를 통하여 정화되고, 필리아는 다시 아가페를 통하여 고양된다"는 주장의 타당성은 무엇인가?
5. 남녀간의 우정, 부모와 자식간의 우정, 사제간의 우정은 과연 가능한가?
6. 우리는 과연 우정이 결여된 사랑은 모두 진정한 사랑이 아니라고 말할 수 있는가?

[주]

1) 원문: "Friendship is a disinterested commerce between equals; love, an abject intercourse between tyrants and slaves."

2) 황필호, 『철학적 여성학: 꽃과 별의 만남을 위하여』, 종로서적, 1986, pp. 25-26. Cf. 만약 나의 주장이 옳다면 이성간의 우정뿐만 아니라 동성간의 건전한 낭만적 사랑도 가능할 것이다.

3) James Joyce, *Dubliners*, Penguin Books, 1957, p. 110.

4) 황필호, 『길 위에서』, 종로서적, 1984, p. 173.

5) Erich Fromm, *The Art of Loving*, Bantam Book, 1967, pp. 31-32. Cf. "프로이트는 그의 말년에 삶의 본능(에로스)과 죽음의 본능(타나토스)의 개념으로 이러한 시도를 했다. 그럼에도 그의 이론은 — 특히 임상 심리에 있어서 — 리비도의 개념을 전면적으로 수정하지는 못했다." 같은책, p. 32, 각주.

6) 황필호, 『철학적 여성학』, 앞의책, pp. 58-62.

7) 원문: "Marriage has many pains, but celibacy has no pleasure."

8) 이 책, 제18장.

9) Fromm, 앞의 책, p. 44.

10) 원문: "One friend in a lifetime is enough; two are many; three are hardly possible. Friendship needs a certain parallelism of life, a community of thought, a rivalry of aim."

11) 원문: "A friend is long sought, hardly found, and with difficulty kept."

12) Fromm, 앞의책, p. 46.

13) Johannes B. Lotz, 심상태 역, 『사랑의 세 단계: 에로스, 필리아, 아가페』, 서광사, 1985, pp. 16-17.

14) 같은책, pp. 26-27.

15) Samuel T. Coleridge, *Youth and Age*, 제2막: "Flowers are lovely; Love is flower-like; Friendship is a sheltering tree; Oh, the joys that comes down shower-like, of friendship, love and liberty, Ere I am old!"

16) Ignace Lepp, 유도진 역, 『우정의 심리학』, 분도출판사, 1986, p. 88.

17) 같은 책, p. 94.

18) 같은책, p. 105.

19) 황필호, 『철학적 여성학』, 앞의책, p. 36.

20) Lepp, 앞의책, pp. 113-115.

21) 같은책, p. 126.

22) 같은책, p. 121.

23) 같은책, pp. 135-136.

24) 같은책, p. 138.

25) W. K. C. Guthrie, *Socrates*, Cambridge University Press, 1971, p. 29.

26) Kahlil Gibran, *The Prophet*, Alfred A. Knopf, New York, 1926, p. 51.

27) Cf. '유혹자로서의 선생(teacher as seducer)'이라는 표현은 Augustine, *Confessions*, 제4권, 제1장에서 빌린 것이다.

28) Lepp, 앞의 책, pp. 147-148. Cf. Henry L. Thomas, 황필호 역, 『위대한 종교가들』, 종로서적, 1985, p. 324: "인디아의 민중은 네루의 말을 듣고, 네루는 간디의 말을 듣고, 간디는 하느님의 말을 듣는다."

29) J. Krishnamurti, 하명수 역, 『자신으로부터의 혁명』, 대명사, 1982, p. 234.

30) 法頂, 「어리석은 무리를 멀리하라」, 『佛日會報』, 제64호, 1986년 4월 1일.

31) Gibran, 앞의 책, pp. 52-53.

3. 사랑은 감정이 아니라 지식이다

– 사랑의 의미

1. 아는 사람만이 사랑할 수 있다

우리는 지금까지 각기 다른 사랑의 종류를 열거하고 그들의 특성을 살펴보았으며, 특별히 이성간의 사랑과 우정의 관계에 대하여 고찰했다. 그러나 정작 사랑이 무엇이냐는 질문에 대하여는 직접 답변을 시도하지 않았다. 다만 각기 다른 사랑의 종류를 열거하면서 그들의 의미를 간접적으로 시사했을 뿐이다. 이제 사랑의 의미에 대한 더욱 적극적인 토론을 할 필요가 있다.

이미 말했듯이, 인류의 역사는 사랑의 역사지만 사랑은 아직도 우리에게 달콤하면서도 이해할 수 없는 수수께끼로 남아 있다. 그리하여 어떤 사람은 사랑을 행복의 조건이라고 말하고, 다른 사람은 눈물의 씨앗이라고 말한다. 다시 한 번 사랑하고픈 마음을 노래한 시인이 있는가 하면, 다른 시인은 이제 영원히 사랑하지 않겠다는 노래를 부른다.

물론 사랑에 대한 기계적 정의는 불가능할 것이다. 그리고 만약 이러한 기계적 정의가 가능하다면, 사랑은 우리가 평소에 생각하듯이 그렇게 풍요로운 실체가 아닐 것이다. 그러므로 사랑은 삶에 없어서는 안 될 정, 의리, 동정, 자비심 등과 같이 한 마디로 정의할 수 없을 정도로 풍요로운 생명체일 것이다.

그러나 정확히 말할 수 없다는 사실과 전혀 말할 수 없다는 사실은 동일하지 않다. 그러므로 우리는 여기서 비록 단편적인 서술로 끝날 수밖에 없다는 것을 알면서도 사랑에 대한 또 한 번의 의미 설명을 에리히 프롬을 따라서 시도할 것이다. 이런 시도는 지식을 탐구하는 사람의 경우와 같다. 그는 아무리 열심히 노력해도 모든 지식을 소유하지는 못할 것이다. 인간이란 본질적으로 유한하고 그의 능력과 노력에는 한계가 있기 때문이다. 그럼에도 그는 계속 노력하는 프로메테우스와 같이 — 그러면서도 프로메테우스와는 달리 지식을 조금씩 계속 획득하면서 — 계속 노력한다.

우리는 사랑을 알아야 한다. 오직 아는 사람만이 사랑할 수 있다. 그것은 마치 자동차를 알지 못하는 사람이 자동차를 사랑할 수 없으며, 알고 있다고 하더라도 더욱 잘 알게 됨으로써 더욱 사랑하게 되는 경우와 다름이 없다. 다른 한편으로, 우리는 사랑을 완전히 알 수 없다는 사실에 대하여 실망할 필요가 없다. 우리는 사랑을 오히려 인간이 완전히 알 수 없을 정도로 풍요롭고 고귀한 신비로 생각해야 한다. 하긴 인간이 완전히 알 수 있는 것이 이 세상에 어디 있으랴. 풀 한 포기와 하나의 책상에도 우리가 모르는 신비가 엄연히 존재하는 마당에. 부처님이 겨자씨 한 알 속에 우주가 담겨 있다고 말한 이유도 여기에 있다.

2. 이것이 사랑이다

사랑이란 무엇인가? 사랑에 대한 가족유사성(家族類似性)을 생각해 보자.[1)]

첫째, 사랑은 관심이다. 상대방에 대한 지상 최대의 관심이다. 눈을 뜨면 그의 얼굴이 보고 싶고, 눈을 감으면 다시 그의 얼굴이 떠오르는 지독한 관심이다. 잠시도 떨어져 있기를 싫어할 정도의 관심이다. 사랑하는 연인들이 다음날 아침에 만나기로 약속하고 헤어지면서도 땅이 꺼질 듯이 한숨을 쉬는 이유도 여기에 있다.

둘째, 사랑은 배려다. 관심만 가지고는 스토커를 따를 수 없다. 또한 미움도 상대방에 대한 지독한 관심이다. 그러나 진정한 사랑은 상대방에 대한 지극한 관심을 가지고 그가 성장하고 생명을 보존하도록 내가 최선을 다하는 배려다. 마치 어린애를 젖먹이고 씻어주고 보살펴주는 어머니와도 같이, 끝없는 정성으로 상대방을 적극적으로 돕는 배려다. 말로는 사랑한다고 하면서도 상대방에 대해 무관심한 사람, 그리고 관심을 가지고 있으면서도 아무런 배려를 하지 않는 사람, 그는 진정한 사랑의 실천자가 아니다.

셋째, 사랑은 책임이다. 상대방에 대한 나의 모든 행동의 결과를 내가 책임지는 것이다. 아벨을 살해한 카인과 같이, "내가 내 동생의 보호자입니까?" 라고 책임 회피를 하지 말고. 그러므로 둘이 같이 즐긴 결과를 왜 내가 책임져야 되느냐고 대드는 사람, 낙태를 위한 치료비만 제공하면 자신의 모든 책임을 다했다고 생각하는 사람, 그는 아직도 자신의 행동에 대한 모든 책임은 나 스스로가 져야 한다는 상식을 저버린 사람이다.

넷째, 사랑은 존경이다. 그것도 상대방을 내가 원하는 사람으로 만들려고 하지 말고 상대방을 있는 그대로(as he or she is) 존경해야 한다.[2] 내가 사랑하는 사람도 나와 동일한 권리를 가지고 있다.

기독교에서 모든 인간이 하느님의 형상을 가지고 태어났다고 말하고, 불교에서 모든 인간이 깨달음을 얻을 수 있는 불성(佛性)을 가지고 태어났다고 말하며, 유교에서 모든 인간이 원래는 선한 마음을 가지고 있었다고 말하는 이유도 여기에 있다.[3] 책임도 존경에서 나오며, 존경이 없이는 진정한 배려도 실천할 수 없다. 그러면 존경이란 무엇인가? 프롬은 이렇게 말한다.

> 존경심은 공포나 두려움이 아니다. 그것은 그 어원인 'respicere(바라본다)'는 뜻이 시사하듯이, 인간을 있는 그대로 바라보면서 독특한 개성을 지각할 수 있는 능력이다. 존경심은 다른 사람이 성장하고 그의 방식대로 나타내도록 도와주는 배려다. 그것은 착취가 아니다. 사랑하는 사람이 나를 돕는 방향으로가 아니라 스스로 그의 방식대로 성장하고 나타내도록 원하는 것이다. 다른 사람을 사랑할 때 나는 그와 하나가 된 것으로 느낀다. 그러나 그는 내가 이용할 수 있는 대상으로서가 아니라 어디까지나 있는 그대로 존재한다.
>
> 그러므로 상대방에 대한 진정한 존경심은 내가 독립해 있으며, 내가 아무도 지배하거나 소유할 필요가 없을 정도로 지팡이를 짚지 않고 두 발로 섰을 때만 가능한 것이다. 존경은 자유 위에서만 존재한다. "사랑은 자유의 자식(L'amour est l'enfant de la liberte)"이라는 프랑스의 격언과 같이, 사랑은 지배의 자식이 아니라 자유의 자식이다.[4]

다섯째, 사랑은 지식이다. 지식이 결여된 존경은 맹종이 되고, 상대방의 진정한 욕구를 알지 못하는 배려는 오히려 그를 파멸시킬 수도 있다. 자신의 이익이 아니라 국민의 이익을 대변하는 것이 정치가의 임무임을 알지 못하고 무조건 윗사람에게 복종하는 사람이 전자에 속한다면, 사랑이라는 미명 아래 자녀의 교육을 금지시키는 부모는 후자에 속한다.

지식과 사랑은 상보적인 관계에 있다. 지식은 사랑을 낳고, 그 사랑은 더욱 많은 지식을 주고, 그 지식은 더욱 많은 사랑을 만드는 변증법적인 관계에 있다. 사랑은 사랑하는 사람을 알고픈 나의 욕망을 양자의 연합을 통하여 증진시키고, 지식은 사랑하고픈 나의 욕망을 더욱 증진시킨다. 프롬이 『사랑의 기술』의 헌사에서 다음과 같은 파라셀수스(Philippus Aureolus Paracelsus, 1493-1541)의 말을 인용한 이유도 여기에 있다.

> 아무것도 모르는 사람은 아무것도 사랑하지 않는다. 아무것도 할 수 없는 사람은 아무것도 알지 못한다. 아무것도 이해하지 못하는 사람은 아무런 가치도 없다.
>
> 그러나 아는 사람은사랑하고, 목격하고, 바라본다. 지식이 많을수록 사랑이 증대한다. 모든 과일이 딸기와 같은 시기에 익는다고 생각하는 사람은 포도에 대하여는 아무것도 모르는 사람이다.[5]

나는『여성철학 개론』에서 "사랑은 감정이 아니라 지식"이라고 말한다. 문자 그대로 보면 이런 주장은말도 되지 않는다. 도대체 누가 사랑에서 감정이 가장 중요하다는 사실을 부인하겠는가. 분명히 사랑의 중심은 뭐니뭐니해도 감정이다. 다만 사랑은 감정일 뿐이라는 입장에서 지적인 측면을 완전히 무시한 사랑은 완숙한 사랑이 아니라는 뜻에서 나는사랑은 감정이 아니라 지식이라고 역설적으로 표현한 것이다.

사랑의 조건
1. 관심
2. 배려
3. 책임
4. 존경
5. 지식

여기서 나는 진정한 사랑이 되기 위해서는 위의 다섯 가지 조건을 전부 갖추어야 한다는 사실을 강조하고 싶다. 그 중에서 한 요소라도 결여된 사랑은 아직 성숙한 사랑이 아니다. 예를 들어서, 미스 코리아에 대한 지독한 관심이 곧 사랑이라고 믿는 사람은 — 앞에 인용했듯이 — 모든과일이 딸기와 같은 시기에 익는다고 생각하는 사람일 뿐이다.

3. 이것은 성숙한 사랑이 아니다

우수의 철학자 쇼펜하우어(A. Schopenhaur, 1788-1860)는 인간을 '형이상학적 동물(*homo metaphysicum*)'로 규정한다. 인간이란 형이상학적 문제를 수시로 제기하지 않을 수 없는 철학적인 존재라는 것이다. 나는 무엇인가? 이 세상은 무엇이며, 또한 그것은 왜 존재하는가? 사람은 내세를 가질수 있는가? 신은 과연 존재하는가?

그러나 대부분의 사람들은 이런 심각한 질문을 던지지 않고 그저 물결 흐르는 대로 세상을 산다. 그들은 무지의 위안(a comfort born of ignorance)에 만족해 살고 있다. 그리고 그들은 형이상학적 및 본질적 요구를 종교라는 엉터리 대용물을 채택함으로써 해결하고 있다. 그리하여 그들은 심각한 사고를 할 수 있는 사람만이 할 수 있는 진정한 형이상학과 엉터리 형이상학, 즉 그 자체에 정당성을 가지고 있는 형이상학과 그 자체 안에 정당성을 가지고 있지 않고 단순히 외부의 권위에 의존하는 엉터리 형이상학을 혼동하고 있다.[6]

이와 마찬가지로 인간은 사랑의 동물(*homo amores*)이다. 자연, 세계, 타인을 사랑하지 않고는 행복하게 살 수 없는 '사랑의 저주를 받은 존재'다. 진정한 사랑은 열병같이 왔다가 바람같이 사라지는 것이 아니다. 관심, 배려, 책임, 존경, 지식을 필요로 하는 어려운 행위다. 그리하여 많은 사람들이 사랑과 유사한 것을 사랑으로 착각하고, 성숙하지 못한 사랑(immature love)을 성숙한 사랑(mature love)으로 착각하고 있다.

첫째, 사람들은 사랑의 본질을 '사랑함(loving)'이 아니라 '사랑받음(being loved)'으로 착각하고 있다. 그리하여 그들은 어떻게 남에게 사랑스럽게 보여서 사랑받느냐에 온 신경을 쓴다. 여성은 성적으로 매력있게 보이려고 애쓰고, 남성은 성공하려고 애쓴다. 그러나 성숙한 사랑은 '바라는 사랑(desiring love)'이 아니라 '주는 사랑(giving love)'이다. 성서가 받는 사람보다 주는 사람이 더 복이 있다고 말한 이유도 여기에 있다.

둘째, 사람들은 사랑의 본질과 중요성은 사랑하는 사람의 능력에 달려 있는 것이 아니라 사랑의 대상에 달려 있다고 착각하고 있다. 그래서 우리는 대상의 선택에 온 신경을 곤두세움으로써 선택 다음에 우리가 스스로 찾아야 할 행복에 대한 노력을 포기하기 쉽다. 실제로 결혼 상대자의 선택이나 결혼 예식 그 자체는 아무런 힘이 없다. 진정한 행복은 우리가 그 다음에 만들어가야 하는 것이다.

어떤 직장에서 일하느냐는 것이 중요하지만, 더욱 중요한 것은 그 직장에서 어떻게 일하느냐는 것이다. 이와 마찬가지로, 우리가 누구를 선택하느냐도 중요하지만, 더욱 중요한 것은 사랑의 주체가 바로 나라는 것을 인식하고 상대방을 어떻게 사랑할 수 있느냐는 문제를 가지고 고민하는 것이다. 무엇(what)보다는 어떻게(how)가 언제나 더욱 중요하다.

모든 사람은 우리를 실망시키게 마련이다. 그러므로 사랑의 본질을 사랑의 대상에서 찾는 사람은 끝없이 새로운 사랑을 찾아 헤매게 마련이다. 좀 지나친 말인지는 몰라도, 실제로 사랑의 대상은 아무래도 상관이 없다. 결혼 상대자를 직접 선택하지 않고도 행복하게 살 수 있었던 우리의 조상들은 사랑의 본질을 사랑의 객체에서 찾지 않고 사랑의 주체인 그들 자신에게서 찾았던 것이다.

사랑의 성공은 적당한 짝을 찾는 데 있지 않고 적당한 짝이 되는 데 있다.[7]

셋째, 사람들은 어느 날 갑자기 사랑에 빠지는 상태(the state of falling in love)와 그 사랑을 계속 지탱해 나가는 상태(the state of standing in love)를 혼동하기 쉽다. 그리하여 첫눈에 아무런 이유 없이 반하게 된 사랑이 그 이후에도 아무런 노력을 하지 않고도 그냥 계속되리라고 믿기 쉽다. 그러나 엄격히 말하면, 첫눈에 반한 사랑은 사랑이 아니라 사랑으로 승화될 수 있는 가능성에 불과하며, 또한 사랑이라고 하더라도 그것은 성숙한 사랑이 아니라 유치한 사랑에 불과한 것이다. 아무런 노력 없이 만나서 불같은 사랑을— 대부분의 경우는 성까지 포함하는 사랑을 — 했던 연인들이 서로 상대방을 알게 되면서 점점 흥미를 잃게 되는 이유도 여기에 있다.

4. 사랑은 기술이며 예술이다

플라톤의 『향연』이라는 대화편에는 에로스를 설명하는 아름다운 신화가 있다. 코미디 작가인 아리스토파네스(Aristophanes, 기원전 448-385)는 이 신화로 인간이 동성이나 이성의 애인을 찾아다니는 이유를 설명한다.

태초에 인간은 태양으로부터 나온 남성, 땅으로부터 나온 여성, 달로부터 나온 남녀동성(hermaphrodite)이 있었다. 그들은 힘이 있고 아름다웠으나 하늘 높이 올라가서 신이 되려고 했다. 결국 제우스는 그들의 오만함을 벌주기 위하여, 지금까지 네 발로 걷던 인간을 두 발로 걷게 하고, 그들의 몸을 반으로 나누었다. 그리하여 과거에 남성이었거나 여성이었던 사람들은 오늘날 그들의 절반이었던 동성의 에로스를 추구하고, 남녀동성이었던 사람들은 그들의 나머지 절반인 이성의 에로스를 추구한다.

> 신사 여러분, 여러분은 이제 우리들의 선천적 사랑의 근원을 추적하여, 둘이 하나가 되고 두 인간사이의 다리를 좁히기 위하여 사랑이 언제나 우리들이 가졌던 이전의 본성을 원상 복귀하려고 노력하고 있음을 알았을 것입니다. 우리는 모두 아이들이 보관하기 위하여 부러뜨린 동전이나 두 도막으로 잘린 고기입니다. 그리하여 우리는 자기 자신에게 부합되는 절반을 찾기 위하여 영원히 노력합니다.
>
> 이 과정에서 남녀동성의 조각으로 남성이 된 사람은 여성을 추구하여 간통자가 되기도 하고, 남녀동성의 조각으로 여성이 된 사람은 남성을 추구하여 간통자가 되기도 합니다. 그러나 원래 여성이었던 여성은 남성보다는 여성을 추구하는 동성 연애자가 되고, 원래 남성

이었던 남성은 여성보다는 남성을 추구하고….[8]

물론 이성간의 사랑과 일부일처제만을 도덕적으로 용인하는 현대의 윤리관은 아리스토파네스의 — 더욱 정확히 말하면 플라톤의 — 이러한 진술을 적극 반박한다. 동성간의 낭만적인 사랑, 특히 여성과 여성의 사랑보다 남성과 남성의 사랑을 선호했던 그리스의 성 윤리를 맹렬히 공격한다.[9] 그러나 사랑이 잃어버린 우리의 분신(分身)을 찾는 본능적 행위라는 시사에는 아무도 이의를 제기하지 않을 것이다.

사랑은 떨어진 나를 다시 재결합시키는 예술이다. 두 사람을 완전히 합일시키는 지상 최고의 예술이다. 이런 뜻에서 사랑은 음악, 미술, 조각과 비슷한 예술이라고 말할 수 있다. 그러나 진정한 예술(arts)은 기술(art)을 필요로 한다. 아무런 형식이나 기술이 필요하지 않아 보이는 피카소의 그림까지도 고도의 기술을 마스터한 사람만이 창조할 수 있다. 예술은 기술로부터 시작하여 기술을 초월하는 것이다. 기술의 측면을 통과하지 않은 사람은 예술의 경지에 도달할 수 없다. 따라서 사랑은 의술, 목수일, 자전거타기와 같이 기술을 습득한 다음에야 예술의 단계로 승화될 수 있다.

이런 뜻에서, 우리는 사랑의 중요한 부분은 감정이 아니라 지식이라고 말할 수 있다. 노련한 의사는 거의 무의식적으로 수술을 집도하지만 우리는 여기서 그가 인체의 해부학적 지식을 얻기 위해 열심히 노력한 과거를 잊지 말아야 한다.

사랑은 예술이다. 종합의 예술이다. 그러므로 사랑은 후천적으로 성실하게 배우고 습득해야 되는 것이다. 그리고 사랑이 후천적인 학습의 대상이라는 말은 그것이 바로 지식을 전제로 한다는 뜻이다. 그러므로 사랑에 관한 한 아무런 이론, 기술, 지식이 필요하지 않다고 말하는 사람은 유치한 사랑의 단계를 극복할 수 없다. 사랑만큼 쉬운 것은 이 세상에 없다고 말하는 사람도 성숙하지 못한 사랑의 단계를 극복할 수 없다. 사랑이란 자신도 모르게 푹 빠지는 것이라고 말하는 사람도 그 사랑을 증식시키는 주체가 바로 자기 자신임을 알지 못한다면, 그는 조만간 그 사랑을 잃고 말 것이다.

> 사랑은 수동적인 자극이 아니라 적극적인 행동이다. 그것은 '빠지는 것'이 아니라 '지속시키는 것'이다. 이런 뜻에서 사랑의 일반적인 성격은 받는 것이 아니라 주는 것이라고 말할 수 있다.
>
> 그러면 준다는 것은 무엇인가? 이 문제에 대한 답변은 극히 단순하게 보이지만 실제로는 수많은 애매성과 복잡성이 내포되어 있다. 가장 대표적인 오해는, 주는 것(giving)을 무엇인가를 뺏기거나 희생하고 포기하는 것(giving up)으로 믿는 것이다.
>
> 첫째, 수동적이며 이기적인 독점 단계를 벗어나지 못한 사람은 주는 행위를 포기로 경험한다. 장사꾼의 마음을 가진 사람은 대가(代價)를 받아야만 줄 수 있다. 아무것도 받지 않고 주는 것은 속는 일이다. 비생산적인 사람도 주는 것을 소모라고 생각한다. 결국 이런 사람들은 주는 행위를 거절한다.
>
> 둘째, 어떤 사람들은 주는 것을 희생의 덕목으로 생각한다. 그들은 주는 것이 가슴 아프기 때문에 주어야 한다고 믿는다. 여기서 준다는 덕목은 바로 희생을 감수한다는 뜻이다. 그러므로 그들에게 있어서 주는 것이 받는 것보다 좋다는 말은 즐거움을 경험하기보다는 결핍을 참는 것이 좋다는 뜻이 된다.
>
> 셋째, 그러나 창조적인 사람에게 있어서 준다는 것은 전혀 다른 의미를 가지고 있다. 준다는 것은 능력의 가장 고귀한 표현(the highest

expression of potency)이다. 주는 행위 속에서 나는 나의 힘, 나의 부귀, 나의 능력을 경험한다. 그리고 이 승화된 활력과능력의 경험은 나에게 즐거움을준다. 나 자신을 충만하고, 헌신하고, 살아 있고, 즐거운 존재로경험한다. 주는 것은 받는 것보다 좋다. 결핍이기 때문이 아니라주는 행위 속에 나의 살아있음이 표현되어 있기 때문이다.[10)]

이 장의 제목인 "사랑은 감정이 아니라 지식이다"라는 문장은 문자적으로 볼 때 틀린 문장이다. 우선 사랑은 감정이며, 사랑에서는 언제나 감정이 가장 중요하다. 그렇다고 해서 사랑이 자연스레 완성되는 것은 아니다. 사랑은 계속 상대방을 알려고 노력하고, 더욱 사랑하려고 계속노력하는 과정에서만 예술로 승화될 수 있다.

이렇게 보면, 사랑은 기쁨이 아니라 차라리 고통이라고 말할 수 있다. 진정한 사랑의 길은 아주 가파르고, 그 속에는 나를 찌르고 희생시켜야 할 칼이 숨겨져 있으며, 어느 경우에는 나의 존재의 뿌리를 흔들 수도 있기 때문이다. 칼릴 지브란은 『예언자』에서 이렇게 말한다.

알미트라가 말했습니다. 우리에게 사랑에 대하여 말씀해 주십시오.

그가 머리를 들고 사람들을 바라보자 그들 위에는 잠시 정적이 흘렀다. 이윽고 그는 큰소리로 말했다.

사랑이 너를 부르면그를 따르라,
비록 그 길이 험하고가파를지라도.
사랑의 날개가 너를 감싸면 그에게 복종하라,
비록 사랑의 날개속에 숨겨진 칼이 너를상처받게 하더라도.

사랑이 말하면 그를 믿으라,

비록 저 북풍(北風)이 정원을 폐허로 만들듯이 사랑의 목소리가 너의 꿈을 흐트러 놓을지라도.

사랑은 너에게 왕관을 씌우면서도 또한 너에게 십자가를 함께 지울 것이라.

사랑은 너를 성숙시키면서도 또한 너를 베어버릴 것이라.

사랑은 아주 높이 올라가서 햇빛에 떨고 있는 너의 가장 연약한 가지를 애무해 주면서도 또한 너의 뿌리로 내려와서 대지에 굳게 박혀 있는 뿌리를 흔들어댈 것이라.

사랑은 마치 곡식의 단처럼 너를 자기에게로 거두어들이고,

사랑은 너를 두드려서 발가벗기고,

사랑은 너를 체로 쳐서 너를 껍질로부터 벗겨내고,

사랑은 너를 갈아서 희게 만들고,

사랑은 너를 반죽하여 나긋나긋하게 만드느니라.

그런 다음에 사랑은 너를 그의 신성한 불 속에 넣어서 신의 성스러운 축제를 위한 성스러운 빵이 되게 하느니라.

사랑은 이 모든 일을 너에게 행하여 네가 너의 가슴 속 비밀을 깨닫게 하고, 너는 그 깨달음 속에서 위대한 생명의 가슴의 한 파편이 될 것이라.

그러나 만약 네가 두려워서 사랑의 평화와 사랑의 쾌락만을 추구한다면,

차라리 너는 너의 알몸을 가리고 사랑의 타작 마당을 나가서,

네가 웃어도 실컷 웃을 수 없고 울어도 실컷 울 수도 없는 곳, 즉 계절의 구별도 없는 세계로 들어가는 것이 좋으리라.

사랑은 자신 이외에는 아무것도 주지 않느니라.

사랑은 아무것도 소유하지 않으며,

아무것에도 소유되지 않느니라.

사랑은 다만 사랑으로 충분할 뿐이라.

네가 사랑할 때 너는 "신은 나의 마음 속에 있다"고 말하지 말고 차라리 "나는 신의 가슴 속에 있다"고 말해야 하느니라.

그리고 네가 사랑의 길을 인도할 수 있다고 생각하지 말라. 사랑이 너를 사랑할 가치가 있다는 것을 발견하면, 그 사랑이 너를 너의 길로 인도할 것이기 때문이다.

사랑은 자신을 충족시키는 것 이외의 욕망을 가지고 있지 않느니라.

그러나 네가 사랑하면서도 수많은 욕망들을 품지 않을 수 없다면, 너는 다음과 같은 것들이 너의 욕망이 되게 하라.

녹아서 밤을 노래하는 시냇물과 같이 되기를,

지나친 다정함에서 오는 고통을 알게 되기를,

사랑에 대한 너 자신의 이해로 인해 상처받게 되기를,

그리고 사랑을 위해 기꺼이, 즐겁게 피 흘리게 되기를.

날개 달린 가슴으로 새벽에 일어나서는 사랑하는 또 하루를 감사드리고,

정오에는 쉬면서 사랑의 기쁨을 명상하고,

저녁에는 감사하는 마음으로 집에 돌아오고,

밤에는 너의 가슴 속에서 사랑하는 이를 위해 기도하고, 너의 입술로는 찬미의 노래를 부르면서 잠들게 되기를.[11]

생각해 볼 문제들

1. 사랑이 '자유의 자식'이란 무슨 뜻인가?
2. '무지의 위안'에는 한계가 있는가?
3. 사랑의 본질과 대상의 관계는 무엇인가?
4. 사랑에 대한 아리스토파네스의 신화를 설명하라.
5. 사랑은 과연 감정이 아니라 지식인가?
6. 사랑에 대한 칼릴 지브란의 사상을 설명하라.

[주]

1) 가족유사성(family resemblances)이란 분석 철학의 슈퍼스타인 비트겐슈타인(Ludwig Wittgenstein, 1889–1951)의 개념이다. 할아버지와 아버지, 아버지와 나, 할아버지와 나 사이에 완전히 동일한 외모나 성격은 하나도 없다. 그러나 여러 가지 유사점을 가지고 있다. 이와 마찬가지로, 모든 사물을 한 마디로 규정할 수 있는 '본질'은 존재하지 않는다. 다만 얽히고설킨 — 그리고 어느 경우에는 서로 중복되는 — 복잡한 유사성을 가지고 있을 뿐이다. 그러므로 가족유사성의 개념은 정확한 정의를 내릴 수 없기 때문에 토론할 가치조차 없다는 궤변론과 정확히 정의를 내릴 수 있을 때만 토론할 수 있다는 논리주의를 동시에 배격하는 개념이다. 우리가 사랑의 의미를 탐구할 때는 이런 입장을 취할 수밖에 없고, 또한 그것이 가장 바람직한 입장일 것이다. 이미 말했듯이 사랑에 대한 보편타당한 정의는 있을 수 없기 때문이다.

2) Cf. Gene Outka, *Agape: An Ethical Analysis*, Yale University Press, 1972, p. 11.

3) 황필호, 『철학적 여성학 : 꽃과 별의 만남을 위하여』, 종로서적, 1986, p. 47.

4) Erich Fromm, *The Art of Loving*, Bantam Books, 1967, pp. 23–24.

5) 지식을 강조한 파라셀수스의 말로는 다음의 것이 전해지고 있다. "모든 실험은 던지는 창이나 내려치는 곤봉과 같이 특수한 방법으로 사용해야 되는 무기와 같다. 실험은 필요와 방법에 따라서 알맞게 던지고 내려치는 순간을 아는 사람을 필요로 한다."

6) Arthur Schopenhauer, "On Man's Need for Metaphysics", *The World as Will and Representation*, vol. Ⅱ, tr. E. F. Payne, Falcon's Wing Press, 1958.

7) 황필호, 『길 위에서』, 종로서적, 1984, pp. 19–20.

8) Plato, *Symposium*, 191d.

9) Cf. "에로스는 사랑의 길 시초에서 아름다움에 완전히 구체적으로 향한다. 여기서 에로스는 쉽게 성으로 넘어간다. 이와 함께 주어지는 육신적 합일 속에서는 남성이 여성보다 선호된다. 이것은 자연을 거스르는 과오라는 비난을 면할 수 없다. 남성 상대방이 여성 상대방보다 정신적으로 우수하며 그 때문에 에로스의 상승을 위하여 더 적절한 기점을 제공한다는 그럴듯한 합리화도 충분하지 못하다. 남색(男色)이 당시의 생활에 얼마나 자명했던가 하는 것은 알키비아데스의 일화가 보여준다. 그는 자신을 소크라테스에게 제공했지만 소크라테스가 사용하지 않았다고 그를 칭송하고 있다." Johannes B. Lotz, 심상태 역, 『사랑의 세 단계: 에로스, 필리아, 아가페』, 서광사, 1985, pp. 146–147.

10) Fromm, 앞의 책, pp. 18–19.

11) Kahlil Gibran, *The Prophet*, Alfred A. Knopf, New York, 1926, pp. 13–15.

4. 성은 '에브리씽'이 아니다

– 성에 대한 세 가지 태도

1. 생각이 인간을 결정한다

우리는 지금까지 사랑의 종류를 토론하면서, 특히 낭만적인 사랑과 우정의 관계를 고찰했다. 이제는 그 중에서도 낭만적인 사랑에 한정하여 고찰하겠다.

낭만적인 사랑에서 제일 먼저 대두되는 질문은 성의 문제다. 성은 낭만적인 사랑의 필요 조건인가? 혹은 필요 충분 조건인가? 그렇지 않으면 성이 전혀 개입되지 않는 이른바 플라톤적 사랑이 가장 훌륭한 사랑인가? 물론 이런 질문들은 우리가 성에 대하여 어떤 태도를 취하느냐에 달려 있을 것이다. 그래서 나는이제 성에 대한 세 가지 각기 다른 태도를 가능하면 미혼 남녀와 기혼 남녀의 경우로 고찰하고, 내가 제안하는 "성이란 모든 것이 아니며, 아무것도 아닌 것이 아니다" 라는 제 3의 태도를 위한 일반적 및 개별적 법칙을 제시하겠다.

파스칼은 "나는 손, 발, 머리가 없는 인간은 상상할 수 있지만 생각이 없는 인간은 상상할 수 없다. 그는 돌멩이나 짐승일 뿐이다"라고 말하고,[1] 동물의 본능과 인간의 생각할 수 있는 이성을 '두 자연의 표지'라고 말한다.[2] 그리고 그는 "생각이 인간의 위대함을 결정한다"고 말한다.[3]

인간은 행동하는 존재다. 그러나 그는 행동하기 전에 미리 생각해야 한다. 생각이 없는 행동은 동물의 본능에 불과하다. 생각이 있는 행동만이 인간의 행동이다. 그러므로 우리는 먼저 성에 대하여 어떤 생각을 갖느냐에 따라서 각기 다른 행동을 취하게 될 것이다. 성에 대한 우리의 생각을 한 번 정리할 필요가 여기에 있다.

2. 성에 대한 세 가지 태도

성이란 무엇인가?

첫째, 일부의 사람들은 "성은 모든 것이다(Sex is everything)"라는 태도를 가지고 있다. 성이 인생의 전부고 성을 떠나서는 인생을 거론할 가치조차 없는 것으로 여긴다. 여기서 성은 곧 사랑이며, 사랑은 곧 인생이 된다.

이런 생각은 미혼 남성들의 '먼저 좇여놓고 볼 일'이라는 표현에 잘 나타나 있다. 그것은 상대방의 성을 빼앗는 것이 곧 그의 인간 전체를 도둑질할 수 있다는 생각인데, 이런 생각은 성이 '에브리씽'이라는 관념에서 나온 것이다. 미혼여성의 경우에도 '빼앗겼다', '당했다', '바쳤다' 등의 표현들은 — 요즘은 그것도 모자라서 '아낌없이 바쳤다'라는 표현을 쓰지만 — 마치 성을 어떤 남자와 나누면 삶 전체를 나눈 것으로 해석하는 것이다. 그러므로 '이왕 이렇게 된 바에야…'라는 체념도 성이 전부라는 발상에서 나온 생각이다.

이렇게 보면, 오늘날 미혼 여성에게 부과되고 있는 — 미혼 남성은 언제나 여기서 빠지게 되지만 — '순결은 여성의 생명'이라는 성교육도 성이 인생의 전부라는 고루한 봉건 사상의 잔재에 불과하다. 물론 순결은 아무런 가치가 없다거나 잃는 것이 더욱 좋다는 뜻은 아니다. 다만 순결을 잃었기 때문에 어쩔 수 없이 결혼한다거나, 순결이 바로 여성의 생명이기 때문에 순결을 잃은 여성은 이미 여성이 아니며, 여성이 아닌 여성은 자살밖에 할 수 없다는 생각 등은 성과 인생을 동일시하는 어리석은 짓들이라는 뜻이다.

그리고 순결의 문제에 있어서 가장 중요한 것은 그것이 미혼 남녀에게만 관계되는 것이 아니라 기혼 남녀에게도 적용되며, 육체적인 순결보다도 정신적인 순결이 더욱 중요하다는 사실이다. 사실 처녀막으로 대표되는 여성의 순결은 이제 논의할 가치조차 없게 되었다. 그럼에도 — 요즘 여성지의 기사가 사실이라면 — 아직도 처녀막을 재생시켜야 된다는 여성이 상당히 많고, 또한 처녀막을 요구하는 남성이 많다는 것은 한심한 일이 아닐 수 없다. 순결은 미혼 남녀만의 것이 아니라 기혼 부부에게도 있으며, 순결은 결혼 안에서 뿐만 아니라 결혼 밖에서도 있을 수 있으며, 순결은 육체 안에서 뿐만 아니라 육체 밖에서도 있을 수 있다. 이런 뜻에서, 우리는 "여성의 처녀막은 일회용 반창고에 불과하다"고 말할 수 있다. 한완상은 이렇게 말한다.

> 우리나라의 전통 속에 순결이라는 것은 육체적인 순결만을 말합니다. 오로지 육체에 국한해서 가치를 따지는 풍토입니다. 특히 동양은 남자가 지배해 온 문화권이기 때문에 순결을 이데올로기로 강요합니다. 남자에게 있어서 동정이란 별 문제가 안 되고, 여자에게만 순결이

절대적인 문제가 됩니다. 마치 물건을 살 때 깨끗하고 신선한 물건을 고르는 심정으로 가부장적 문화에서 지배 · 복종을 강요하는 것입니다. 즉 육체를 정복하면 모든 정신적인 것도 그대로 정복한 것으로 생각합니다. 이러한 남성들의 사고에 대해 여성 자신들도 또 그렇게 생각합니다.

그러나 나는 순결을 육체에 국한시키고 싶지 않습니다. 인격에 손상을 주지 않는 전인격적 관계가 순결한 남녀 관계며, 그러므로 순결은 남녀 양성에 다같이 적용되어야 합니다.

또한 순결은 두 당사자의 인식에 따라 다릅니다. 특히 인격의 성숙도가 낮아서 육체적 순결을 문제 삼는 사람들의 경우에는 순결을 꼭 지켜야할 것입니다. 그러나 육체적관계를 맺는 것이 두 사람 사이의 인격적 애정에 문제를 가져오지 않는다면, 그것은 두 사람의 인격적 비밀이기 때문에 타인이 문제 삼아서는 안 된다고 생각합니다.[4)]

부부간에도 성이 맞지 않아서 이혼을 한다거나, 자식을 낳지 못하여 첩을 얻어야 된다는 생각도 성이 모든 것을 해결할 수 있는 요술방망이라는 관념에서 나온 발상이다. 또한 기혼 남녀의 경우에도 어쩌다가 실수로 저지른 성관계를 '폭로하겠다'고 위협하고, 또한 폭로하겠다는 위협에 대하여 '폭로할 테면 해라'는 배짱 없이 금품을 계속 강탈당하는 일도 바로 성이 모든 것이라는 관념에서 나온 행동이다.

그러나 성이란 주는 것도 아니며 받는 것도 아니며, 뺏는 것도 아니며 뺏기는 것도 아니다. 두 사람의 공유(sharing)의 극치가 성이다. 사실 우리나라의 얼마나 많은 여성들이 순순히 허락해 놓고 '빼앗겼다'고 아우성을 치고 있는가. 아마도 그들의 대부분은 러브호텔까지 버젓이 따라와서 스스로 허락한 다음에 앙탈을 부리는 것이리라. 스스로 허락한 다음에 상대방을 원망하는 여성과 입에 침이 마를 정도의 감언이설로 여성을 호텔로 유인하는 남성, 그들은 성을 있는 그대로 즐기는 사람들이 아니라 성의 노예일 뿐이다.[5]

둘째, 일부의 사람들은 "성은 아무것도 아니다(Sex is nothing)"라는 태도를 가지고 있다. 그리고 이 태도는 정반대의 두 가지 형태로 나타난다. 하나는 진정한 사랑은 한사코 성을 기피한다는 형태며, 다른 것은 성이란 마치 냉수 한 모금 마시는 것 이상의 특별한 의미가 없다는 형태로 나타난다.

미혼 남녀의 경우에 첫째 태도는 이른바 정신적 사랑(platonic love)으로 나타난다. "사랑하지만 절대로 키스는 할 수 없다"거나 심지어 "사랑하기 때문에 결혼할수 없다"는 입장이 모두 여기에 속한다. 또한 애인의 시체와 결혼한다거나 신문지상에 가끔 보도되는 '영혼 결혼'도 어느 때는 우리를 감동시키지만 이런 것들은 모두 사랑이 육체와 정신을 전부 사랑하는 것이라는 평범한 진리를 망각한 태도다.

인간이 정신을 떠나서 살 수 없다면, 육체를 떠나서도 살 수 없다고 믿는 것이 당연한 일이다. 이런 거짓된 사랑을 우리는 명작 소설이나 영화에서 자주 볼 수 있다. 그러나 이런 사랑은 어디까지나 육체의 주체성이 결여된 '우상적 사랑(idolatrous love)'에 불과한 것이다.

부부간에도 사랑보다는 돈을 벌거나 자식을 위하여 산다고 생각하기 쉽다. 이것도 바로 성이 아무것도 아니라는 생각에서 나온 발상이다. 출세, 돈, 자녀를 위한 삶이 아무런 가치가 없다는 뜻은 아니다. 다만 그런 것들을 추구하느라고 삶의 활력소가 될 수 있는 성을완전히 무시하는 삶은 옳지 않다는 뜻이다.

시간에 쫓기면서 사느라고 어느덧 거칠어진 아내의 손을 한 번도 바라본 일이 없던 남편이 술에 잔뜩 취해서 아내의 잠자리를 찾는 일, 그리고 남편의 사회 생활의 괴로움을 한 번도 심각하게 생각해 본 일이 없던 아내가 남편의 이와 같은 '침략'을 의무감에서 받아들이는 일, 이런 행위야말로 간통이나 강간과 다름이 없을 것이다. 그러므로 우리는 "사랑 없는 부부 행위는 합법적인 강간 혹은 간통 행위"라고 말할 수 있다.

물론 부부 생활이 언제나 사랑의 열기로 충만한 것은 아니다. 고기압과 저기압이 있고, 높은 곳과 낮은 곳이 있고, 즐거울 때와 슬플 때가 동시에 있게 마련이다. 더 나아가서 — 일설에 의하면 — 정상적인 부부 생활을 하는 사람들도 물리적으로 따지면 상대방을 사랑하는 시간보다는 미워하는 시간이 더욱 많다고 한다. 그러므로 부부는 사랑 없이도 정, 의무감, 사회적인 체면 때문에 일정 기간을 살 수도 있다. 그러나 사랑 없는 삶을 자녀, 돈, 출세를 내세워서 합리화시키고, 오히려 그것을 당연한 것으로 여기거나 자랑할 것으로 여기는 일은 극히 한심한 일이다.

성이 아무것도 아니라는 생각은 기혼 남녀에게도 나타난다. 그들은 성을 하나의 스포츠로 여긴다. 성을 마치 테니스 한 게임 하는 것이나 화투로 고스톱을 치는 것과 아무런 차이가 없는 행위로 간주한다. 그러나 이러한 생각도 성이 고차원적인 인격과 인격의 대화가 될 수 있다는 진리를 망각한 행위다.

셋째, 우리는 "성이란 모든 것이 아니며, 또한 아무것도 아닌 것이 아니며, 그것은 굉장히 중요한 것(Sex is something, and it is important something)"이라는 태도를 가져야 한다. 이러한 태도는 성의 노예가 되는 첫 번째 입장과 성이 아무것도 아니라는 두 번째 입장을 동시에 초월한 태도다. 물론 성의 속박에서 벗어나지 못한 상태보다는 차라리 성을 한 판의 놀이로 생각하는 두 번째 태도가 더욱 바람직할 것이다. 그러나 이러한 성의 스포츠화는 결국 성의 가치성을 인정하면서도 거기에 얽매이지 않는 세 번째 단계로 승화되어야 한다. 그러므로 이 제 3의 태도는 성의 절대가치성과 성의 무가치성을 동시에 초월하는 태도다.

이런 태도는 사랑이 성적인 만족의 결과가 아니라 성적인 엑스터시가 사랑의 결과라는 것을 인정하면서도, 다른 한편으로는 성의 만족이 사랑에 커다란 보탬이 될 수 있다는 사랑과 성의 변증법적 관계를 솔직히 인정하는 입장이다. 이 제 3의 태도는 어떤 원칙을 따라야 하는가? 나는 이것을 일반적인 원칙과 구체적인 원칙으로 구분하여 토론하겠다.

3. 성의 일반적 원칙 세 가지

성에 대한 일반적 원칙은 무엇인가?

첫째, 성은 인생의 전부가 아니라는 것을 알아야 한다. 요즘 우리나라에서는 과거에 터부시되어 왔던 성교육이 활발히 진행되고 있다. 그러나 성교육이 마치 인간 교육인 양 착각하는 것은 극히 잘못된 생각이다.

인간은 생리적 동물임과 동시에 종교적 동물, 사회적 동물, 심리적 동물이다. 이 중에서 한 가지 면이 인간 전부를 대표한다고 생각하는 것은 성급한 일반화의 오류를 범하는 것이다. 그러므로 우리는 사랑을 중요시하는 사람은 "나는 사랑하기 때문에 존재한다"고 말할 수 있고, 생각을 중시하는 사람은 "나는 생각하기 때문에 존재한다"고 말할 수 있고, 행동을 중요시하는 사람은 "나는 행동하기 때문에 존재한다"고 말할 수 있는 개방된 사회인이 되어야 한다. 사랑은 인생의 전부가 아니며, 특히 성은 인생의 전부가 아니다.

성교육도 크게 성차(性差) 교육과 성애(性愛) 교육으로 나눌 수 있다. 전자는 남성과 여성의 차이점에서 오는 여러 가지 문제점을 사회학적, 심리학적, 법률학적, 종교학적으로 연구하는 것이며, 후자는 성행위와 관련된 여러 가지의 문제를 심리학적으로나 생리학적으로 연구하는 것이다. 그리고 생리학적으로 연구하는 성교육이 성기(性器) 교육을 포함하는 것은 사실이지만 성기 교육이 바로 성교육은 아니다. 성교육의 일부분에 불과한 성기 교육을 성교육 자체로 취급하는 것은 성교육 본래의 목적을 잊어버린 일이다. 성기 교육은 성교육의 극히 작은 일부분에 불과한 것이다.

여기서 우리는 인간에게 중요한 것은 하나가 아니라 여러 가지라는 상식을 잊지 말아야 한다. '이것만이 인생'이라는 관념은 — 비록 그것이 사랑이나 자비라는 이름으로 표현되더라도 — 바로 하느님 앞에서 다른 우상을 섬기는 것이다. 우리가 성이 보는 것이라는 첫 번째 태도를 배척해야 되는 이유도 여기에 있다.

둘째, 성에 관한 과거제일주의와 현재제일주의를 동시에 배척해야 한다. 흔히 옛날에는 성교육 없이도 잘 살았다고 말한다. 그리고 이런 주장 속에는 다시 옛날로 돌아가야 된다는 복고주의가 깔려 있다. 그러나 과거가 좋았다고 가정하더라도 우리가 과연 과거로 돌아갈 수 있느냐를 현실적으로 생각해야 한다. 인간은 절대로 과거로 돌아갈 수 있는 존재가 아니다. 그것은 마치 개구리에게 다시 올챙이가 되라고 요구하는 것과 다름없다.

예를 들자. 나이트 클럽 속의 분위기를 모르는사람은 거기서 흘러나오는 음악 소리에 아무런 유혹을 받지 않는다. 그러나 그 속에 들어가면 흥겨운 술잔이 있고, 아름다운 여성들의 웃음 띤 작태를 즐길 수 있다는 것을 경험한 사람은 그 음악 소리가 커다란 감정의 동요를 일으킬 것이다. 그런 사람에게 "네가 아무것도 몰랐던 옛날로 돌아가라" 고 말하는 것은 아무런 도움이 될 수가 없다. 이미 나이트 클럽의 즐거움을 알아버린 사람에게 필요한 것은 주간지나 여성지를 보지 말고 옛날로 돌아가라는 충고가 아니라, 그가 느끼는 현재의 감정을 어떻게 건전한 방향으로 순화시킬 수 있느냐는 충고다. 이런 뜻에서 과거제일주의는 문제를 해결할 수 없다.

과거제일주의를 벗어난 사람은 다시 현재제일주의에 사로잡힐 수 있다. 성에 대한 진지한 토론과 신중한 행위가 필요하지만 오늘날의 삶이 그렇지 못하니 어쩔 수 없다는 현재 당위론으로 빠질 수 있다. 이러한 주장은 인간이 사회적 동물이라는 엄연한 사실을 인정하는 것이다. 그러나 인간은 사회의 지배를 받으면서도 동시에 사회를 개혁할 수 있는 능력을 소유한 존재다.

모든 여성이 미니 스커트를 입는다고 해서 나도 꼭 미니 스커트를 입어야 할 당위성은 없는 것이다. 오히려 모든 사람이 미니를 입기 때문에 혹은 그럼에도 불구하고 맥시를 입을 수 있는 것이 인간이다. 과거에 사로잡힌 사람은 미래를 보지 못하며, 현재에 사로잡힌 사람에게는 발전이 없다. 그러므로 성에 관한 가장 중요한 태도는 여론, 관습, 남의 눈치를 살피는 비겁한 태도가 아니라 정직이 최상의 정책이라는 솔직한 — 그러므로 극히 인간적인 — 태도다.

셋째, 성에 대한 정직한 태도는 성은 신화라거나 범죄라는 사상을 물리치는 것이다. 성을 마치 신화와 같이 취급하는 태도는, 그것에 대하여 공개적으로 토론하지도 않고, 마치 그것이 삶에 전혀 관계가 없는 것으로 취급하려는 태도다. 러셀은 이러한 태도를 기차에 호기심이 많은 어린아이에게 기차가 지나갈 때는 눈을 가려서 쳐다보지 못하게 하고, 기차 소리가 나면 그 소리를 듣지 못하도록 귀를 막는 경우에 비유한다. 이렇게 해서 그 아이의 기차에 대한 호기심이 없어진다고 생각하는 것은 인간이 원래 호기심의 존재이고 그 호기심은 곧 지식을 갈구한다는 아리스토텔레스의 사상과 상반된 것이다. 성은 신화나 터부가 아니라 우리들의 일상생활의 일부분, 극히 중요한 일부분이다.

또한 성을 일종의 범죄로 보는 태도도 그것이 삶의 일부라는 사실을 망각한 태도다. 성욕의 억제를 사랑의 표현이라고 믿는 태도는 올바른 자세가 아니다. 성에 대한 지나친 표현이라고 낙인 찍혔던 로렌스(D. H. Lawrence)의 『채털리 부인의 사랑』이나 업다이크(John Updike)의 『부부들』이 오늘날 고전으로 인정되고 있는 것을 우리 모두 잘 알고 있다. 그리고 의학적으로도 아내나 남편을 잃고 외롭게 사는 노인에게 심장병, 고혈압, 불면증, 관절염, 노이로제가 더욱 많다는 것도 잘 알려진 사실이다. 성은 신화도 아니고 범죄도 아니다. 성은 건전하게 즐겨야 한다.

4. 성의 구체적 원칙 네 가지

나는 지금까지 성에 대한 세 번째 태도의 일반적인 원칙을 기술했다. 이번에는 이 일반적 원칙을 현실에 적용시킬 수 있는 구체적 원칙을 제시하겠다.

첫째, 성에 대한 올바른 태도를 가지려면 동서양에 팽배해 있는 남성 우위 사상을 타파해야 한다. 특히 우리나라는 오랜 옛날부터 아들을 낳지 못하는 여성은 소박을 맞았고, 오늘날에도 남성들은 성 경험이 많으면 많을수록 좋다고 생각할 정도로 남성 우위 사상이 지배적이다. 그러나 여성 편력을 하나의 훈장으로 생각하는 남성은 인간이 하느님 앞에서 동등하게 창조되었고, 법률 앞에서 동등하고, 동등한 기회와 책임과 의무를 가지고 있다는 극히 상식적인 진리를 망각한 사람이다. 이제 "나는 '바담 풍' 해도 너는 '바담 풍' 하지 말라"고 주장하는 우리나라의 남성은— 그들이 이성적인 정합성을 유지하려면 —동일한 자유와 책임을 여성에게도 허락해야 될 것이다.

서양에서도 여성은 언제나 남성을 유혹하는 존재로 묘사되고, 결혼해서 사는 것보다는 차라리 혼자 사는 것이 더욱 바람직하다는 기독교의 봉건주의가 판을 치고 있는 실정이었다. 그리고 이런 편견은 곧 사디스트와 마조히스트를 산출하는 사회의 악순환을 거듭하는 동기가 되었다.

다행히도 제2차 세계대전이 끝난 이후로 성에 대한 자세는 많이 변했다. 그리하여 오늘날 대부분의 사람들은 성을 있는 그대로 인식한다. 성을 위선 없이 즐길 수 있는 자연적인 기능으로 인식한다. 그들은 이제 교통 및 통신 시설의 발달에 의하여 세계가 점점 좁아질수록 과거의 사람들이 사회적 관습으로 인하여 속박을 당해 왔다는 것을 알게 되었다. 또한 한 곳에서 터부인 것도 다른 곳에서는 완전히 용납될 수 있다는 것을 알게 되었다. 예를 들자.

> 빅토리아 시대의 문화는 남자는 섹스를 즐길 수 있으나 여자는 그럴 수 없다고 규정했으며, 그런 편견이 초래한 혼동을 없애는 데 거의 한 세기가 걸렸다. 그러나 어느 곳에는 오늘날에도 이와 비슷한 고정관념이 그대로 남아 있다. 그것은 "남자는 사랑 없이도 섹스를 즐길 수 있으나, 여자는 그럴 수 없다"는 것이다. 그러나 우리가 섹스 속에서의 여자와 남자의 역할에 대한 이런 신화와 미신을 빨리 없애면 없앨수록, 우리는 성적인 측면에서 상호간의 이해를 더욱 빨리 갖게 될

것이다.[6]

둘째, 성에 대한 올바른 태도는 그것이 여러 가지 기능을 가지고 있다는 성의 다목적성(多目的性)을 솔직하게 인정하는 것이다. 성은 아이를 낳는 출산적 개념(a reproductive sex as making baby), 쾌락을 즐기는 낭만적 개념(a romantic sex as making pleasure), 휴식을 취하는 경기적 개념(a sportive sex as making rest), 대화를 만드는 인간적 개념(a humanistic sex as making dialogue) 등의 각기 다른 목적을 가지고 있다. 그러므로 출산이나 쾌락을 위한 성만이 정당화될 수 있다는 생각은 성이 가진 다양한 목적을 무시한 생각이다.

셋째, 성에 대한 올바른 태도는 사랑을 떠나서는 성을 생각할 수도 없고, 또한 성을 즐길 수 없는 특수층을 제외한 일반인에게 있어서 성은 사랑에 커다란 보탬이 될 수 있다는 사랑과 성의 수수작용(受授作用), 혹은 변증법적인 관계를 지향하는 태도다. 그리하여 오닐 부부(Nena & George O'Neill)는 사랑과 성의 변증법적 조화를 이룬 개방된 결혼을 "사랑은 더 많은 사랑을 낳는다"고 설명한다.

> 성은 더 많은 성장을 초래하는 긍정적인 피드백이다. 각자의 성장은 상대방의 성장에서 이루어지며 증대된다. 한 번 증대된 피드백은 모든 분야에 작용된다. 즉 사랑은 더 많은 사랑을 낳으며, 성장은 더 많은 성장을 낳으며, 지식은 더 많은 지식을 낳는다.
>
> 당신이 알면 알수록 당신은 더 많이 알 수 있다. 많은 정보를 가지면 가질수록 새로운 정보를 통합하고, 새로운 관계를 가지기 위해 당신은 훨씬 더 많은 정보를 이해하며 흡수하기가 더욱 쉬워질 수 있다. 당신이 자신과 배우자에 대해 알게 되면 될수록, 그리고 더욱 상호간

의 지식을 함께 연구하면 할수록, 당신은 성장할 수 있을 것이다. 그러므로 개방되고 정직한 대화는 더 많은 대화를 증대시킨다.

폐쇄된 결혼은 속박으로 폐쇄된 에너지 구조를 형성한다. 사랑을 제한된 것으로 보기 때문에 성장도 또한 제한되어야만 한다고 믿는다. 폐쇄된 결혼은 미리 정해진 선을 따라가는 직선형의 발전이다. 그러나 개방된 결혼은 확대되어 가는 나선형의 발전이다.

폐쇄된 결혼은 남편과 아내 모두에게 감소를 가져다 주면서 그 자체도 감소된다. 개방된 결혼은 개방된 힘의 체제다. 부부 각자가 새로운 힘을 창조하여 상대방의 성장을 촉진시키고 증가시킬 뿐만 아니라 배우자의 개인적인 자율로 인해 외적인 자극을 경험하고, 그것이 다시 결혼 속으로 투자되기 때문이다.[7]

넷째, 사랑과 성의 변증법적 조화가 이루어지려면 먼저 '질투 없는 사랑과 성'을 가져야 한다. 오늘날 대부분의 사람들은 사랑과 성이 필연적으로 질투심을 동반하고 있으며, 원만한 사랑을 유지하려면 계속해서 상대방에게 — 너무 지나치지 않을 정도의 — 질투심을 유발해야 한다고 믿는다. 그러나 본질적으로 질투는 사랑을 낳지 않는다.

질투는 오직 질투를 낳을 뿐이다. 그것은 마치 의심이 문제를 해결할 수 없고 더욱 많은 의심을 만드는 경우와 다름이 없다. 그러므로 질투에 근거를 둔 사랑과 성은 잠시 동안의 위안을 줄 뿐이다. 그것은 절대로 영원하고 진실된 사랑을 줄 수 없다. 그럼에도 우리는 왜 질투를 사랑과 성의 불가결한 요소로 생각하는가?

이렇게 생각하는 원인은, 우리가 상대방을 소유하고 있다는 관념 때문이다. "너는 나의 것"이라는 물욕적이며 독점적인 태도에서 질투가 나온다. 그리고 이런 행위는 상대방을 마치 내가 소유하고 있는 만년필과 같이 마음대로 사용할 수도 있고 마음대로 버릴 수도 있다고 물화(物化)시키는 행위다. 그러므로 "성적으로 독점적인 일부일처제가 배우자를 소유한다는 생각은 뿌리 깊은 의존성, 어린애 같은 감정, 불안정을 낳는다. 당신이 불안정하면 할수록 더욱 질투하게 된다. 그러므로 질투는 악성의 암처럼 더 많은 질투를 낳는다."[8] 칼릴 지브란은 『예언자』에서 이렇게 말한다.

> 사랑은 소유하지 않으며 소유되지도 않느니라.
> 사랑은 사랑으로 충분하니라.[9]

사랑과 성을 질투의 표현으로 생각하는 경우는 이른바 '궁정식 사랑'에서도 볼 수 있다. 서양의 12세기 여성들은 한 사람과의 결혼과 성에서 완전한 만족을 얻을 수 없었다. 그들이 성을 즐기지 않는 평소에 할 수 있는 일이란 수를 놓거나 지나가는 남성을 보고 발코니에서 손수건을 떨어뜨리는 것뿐이었다. 이렇게 그들은 애인과의 애타는 밀회에서 만족을 찾고 있었다. 여기서 그들은 성 자체보다는 애무를 더욱 즐겼다. 그리고 이런 경우는 대개 두 사람이 모든 기혼자이거나 적어도 한 사람은 기혼자였다. 그들은 애태우는 의혹과 질투가 사랑의 가치를 증진시킨다고 믿었다.

이런 생각은 오늘날도 존재한다. 그것은 잠시 동안의 외도가 오히려 결혼을 지속시켜 주는 활력소가 될 수 있다는 생각이다. 여기서 그들은 질투가 사랑의 식어짐을 치료한다고 믿는다. 그러나 실제로 이런 행위는 더욱 가혹한 죄책감이나 돈 주앙의 성격을 형성할 뿐이다. 물론 질투는 좋아하는 감정을 나타낼 수도 있다. 그러나 그것은 어디까지나 자신을 위한 좋아함이며 상대방을 위한 좋아함이 될 수 없으며, 이런 뜻에서 질투는 '주는 사랑'이 아닌 '받는 사랑'의 경지를 초월할 수 없다.

사랑과 성을 질투에서 찾는 또 다른 원인은마치 사랑을 쓰면 쓸수록 없어지는 돈과 같은 '제한된 사랑'으로 믿기 때문이다.

> 제한된사랑의 개념은 사랑을 돈과 같이본다. 돈은 당신이 쓰면 쓸수록 더욱 적게 남는다. 그런 식으로 사랑도 소모된다는 것이다. 그러나 사랑을 준다는 것은 돈을 쓰는 것과 같지 않고, 오히려 투자하는 것과 같다. 당신이 투자하면 할수록 더 많이 당신은 되돌려 받는다. 돈이 돈을 만들기 때문에 더욱 부자가 된다. 사랑이 사랑을 낳는다. 당신이 주면 줄수록 당신은 더 많이 받으며, 또한 실제로 더 많이 주게 된다. 당신이 많이 가지면 가질수록 더 많이 성장할 수 있다.[10)]

5. 성은 배우자의 것이 아니라 자신의 것이다

사랑과 성은 본능적이면서도 후천적으로 학습되는 것이다. 그리고 사랑과 성이 후천적이라는 말에는 그것이 다분히 문화상대적 개념이라는 뜻이 포함되어 있다. 우리는 흔히 오줌을 서서 누는 남자와 앉아서 누는 여자로 구분한다. 그러나 인도의 남자들은 앉아서 오줌을 눈다. 또한 우리는 흔히 일부일처제가 유일한 결혼 제도라고 생각한다. 그러나 이 세상에는 아직도 여러 가지 다른 형태의 제도가 상존하고 있다. 성에 대한 나의 관념은 절대로 절대적일 수 없다.

더 나아가서, 사랑과 성이 후천적으로 학습된다는 사실은 우리가 사는 문화 속에 내포된 훌륭한 전제와 훌륭하지 못한 전제를 구분해 내고, 훌륭하지 못한 전제를 가급적 빨리 해소해야 됨을 말한다. 오닐은 이렇게 말한다.

우리 문화 속에서 세뇌되지 말아야 할 한 가지 편견은 개인의 성적 표현과 성교의 육체적 쾌감과 능력이 결혼 생활에서 배우자의 소유라는 가정이다. 그러나 성은 본질적으로 개인 자유의 표현인 동시에 개인 존재의 기능이다. 심리적이고 육체적인 성적 접합은 인생의 다른 테마에서처럼 자아의 표현이며 주체성의 한 부분이다. 그리고 그런 능력은 배우자에게가 아니고 각 개인에게 속한다.

성과 사랑, 애정, 관심, 좋아함, 책임은 모두 개인 자주성의 표현이다. 그것들은 타인에게 소유되고 명령받고 조정되는 것이 아니라 함께 나눠 가지는 그만의 것이다. 그러므로 부부 사이의 바람직한 성은 그들의 다른 부분에서처럼 똑같은 존경과 자유와 자율과 평등과 주체성을 주고받으면서 성장하는 것이다.

성은 당신이 당신의 사랑을 표현하는 확실한 한 방법이다. 새로운 기술이 당신의 성 레퍼토리를 새롭게 하거나 또는 넓힐 수는 있지만 그것들 스스로가 당신의 감정을 더 훌륭하게 만들 수는 없다. 그보다도 당신의 감정이 당신의 성 표현을 더 훌륭하게 만들 수 있으며, 성 자체가 아무리 즐겁더라도 당신의 기교가 당신의 성적 레퍼토리를 다른 의미의 차원으로 높일 수는 없다. 여기에 성의 심오한 의미가 있는 것이다.

당신의 배우자에 관해서 당신의 관계가 개방되면 될수록 당신의 성은 더욱 좋아질 것이다.[11)]

6. 처녀막은 일회용 반창고에 불과하다

다음의 글은 원래 '생명의 전화'가 주최한 「시민과의 대화」(1981년 봄)에서 발표한 것이며, 발표가 끝난 다음에는 지정 토의자(여운학, 규장문화사 대표; 성 염, 번역문학가)의 논평과 시민들과의 열띤 토의가 있었다. 여기에 이 논평과 토의를 정리해서 발표한『함께 생각합시다』의 일부를 전재한다.

사회자: 강사님의 주제 강연 잘 들었습니다. 이 프로그램의 진행을 위해 우선 지정 토의자 두 분의 말씀을 듣고 토의를 시작하겠습니다. 여러분께서도 질문보다는 자신의 이야기를 들려주면서 이런 문제들이 지금 어디까지 와 있는가 하는 것을 알 수 있도록 해주셨으면 합니다.

여운학: 성은 모든 것이 아니고, 아무것도 아닌 것이 아니고, 아주 중요한 것이라는 견해에 크게 공감합니다. 그리고 성에 관한 과거제일주의와 현재제일주의를 동시에 배척해야 한다는 견해에도 원칙적으로 동감합니다. 다만, 변하지 않는 것은 진리가 아니라는 말씀에는 수긍이 가지 않습니다. 진리는 영원히 불변하는 것입니다.

또한 인간이 사회의 지배를 받으면서도 동시에 사회를 개혁할 수 있는 능력을 가지고 있다는 말과 현실적인 도덕 관념을 존중한다는 말은 별개의 문제라고 생각합니다. 즉 시대의 새로운 흐름이라는 이름 아래 현실적이며 사회적인 성 윤리를 무조건 무시하거나 타파해야 한다는 주장에는 위험이 따른다고 봅니다.

이를테면 성에 대한 정직한 태도라 하여 이성의 자제 없이 인륜으로나 사회적인 도덕 규범에 어긋나는 성행위를 솔직한 태도로 인정한다면, 어떻게 이 세상을 안심하고 살 수 있으며, 어떻게 가정의 존엄성과 신성함을 지킬 수 있겠습니까? 그처럼 리버럴한 사상이 자칫 잘못 받아들여진다면 사회의 도덕 규범이 무참히 짓밟히지 않는다고 누가 보장하겠습니까?

그리고 처녀막은 일회용 반창고에 지나지 않는다는 표현도 매우 위험이 따르는 견해라고 봅니다. 물론 처녀막 자체가 귀중하다는 것이 아니라는 말씀인줄 알지만, 자칫 잘못 받아들여진다면 처녀의 순결성을 전혀 무시하는 결과가 되지 않을까 염려되는 바입니다.

현실적으로 전화로 상담해 오는 많은 젊은 여성들이 처녀 시절에 가벼운 마음으로 저지른 육체적인 성행위의 결과로 인하여 결혼에 직면해서 많은 어려움을 겪는 것을 보면서, 이 문제는 가볍게 넘길 일이 아니라고 생각합니다.

황 교수님의 견해에 의하면 처녀막을 크게 문제시하는 남성은 형편없는 못난이며, 그것을 가지고 고민하는 여성조차도 전근대적인 진부한 사고 방식의 소유자라고 볼 수 있겠으나, 현실적으로 어느 남자가 처녀막 없는 여성을 아무렇지 않게 받아들일 수 있겠습니까? (웃음) 이러한 현실을 사실 그대로 받아들이는 자세를 융통성 없고 진취성 없는 자세라고만 할 수 있겠습니까?

이혼 문제 같은 것을 보더라도 선진국의 이혼율이 높다고 그것을 좋은 것으로 받아들일 수는 없을 겁니다. 부부간의 사랑에도 모든 세상 만물의 현상과 같이 굴곡이 있다고 봅니다. 즉 사랑할 때와 미워할 때, 좋아할 때와 싫어질 때가 그 진폭과 주기의 크기에는 비록 차이가 있을지라도 반드시 있게 마련인데, 남편이나 아내가 싫어지거나 사랑이 식어질 때 참고 노력하지 않고 당장 헤어진다면 그들의 자녀 문제를 비롯한 많은 어려운 문제를 누가 책임지고 해결하겠습니까?

결론적으로 말한다면, 황 교수님의 리버럴한 성관(性觀)은 마음의 정직성을 중요시한 점은 원칙적으로 공감이 가지만 우리의 현실을 도무지 낡은 것으로만 간주하는 듯합니다. 그리고 서구에서도 많은 사람으로부터 경계를 받고 있는 너무나 앞지른 성관이기 때문에 거기에는 큰 문제가 뒤따르지 않을 수 없다고 봅니다.

성 염: 섹스는 사랑하는 사람끼리의 나눔이라는 말에 동감합니다. 사실 '주는 것'이나 '받는 것'이라는 개념 때문에 많은 문제가 파생되고 있습니다. 그러나 이혼 문제에 있어서 저는 생각을 달리합니다.

사랑을 잃은 사람끼리 사는 것은 괴로운 일입니다. 저는 카톨릭 신도입니다만, 신앙인으로서 이혼을 자유롭게 결단하지 못하는 이유는, 혼인의 서약이 인간적인 근본 결단이기 때문에 설사 그 결단이 좌절과 역경을 당하더라도 새로운 결단을 내리는 것보다 이미 내려진 결단이 더 인격적이라는 판단 때문입니다.

또 성교육이 교육이라고 할 때는 그 바탕에 도덕성이 깔려 있어야 합니다. 그런데 기혼자는 성적 욕구를 채울 수 있으나 미혼자는 그렇지 못하기 때문에 어려움을 많이 느낄 수밖에 없는 것이 오늘의 현실입니다. 또는 기혼자에게는 성이 어느 정도 개방되어 있다고 보겠으나 미혼자에게는 무조건 닫혀 있는 것이 바로 문제가 아닌가 생각합니다.

끝으로 삶에 대한 견해가 곧 한 인간의 성을 좌우한다는 황 교수님의 견해에는 전적으로 동의합니다만, 이러한 의미에서 어떻게 청소년에게 성교육을 시키느냐는 문제는 매우 중요한 일이라고 생각합니다.

사회자: 한 분은 현실적 성 윤리의 무조건적 터부시는 오히려 더 많은 문제점을 가져올 수도 있다고 하셨고, 또 한 분은 성교육의 도덕성과 청소년 성교육의 중요성에 대해 말씀하셨습니다. 이제 여기 모이신 여러분들의 자유로운 말씀을 듣도록 하겠습니다.

남자 1(20대 초반, 대학생): 제가 듣기에는 황 교수님의 견해가 너무 극단적인 것 같습니다. 저는 대학생이지만 성 문제에 대해서는 매우 보수적입니다. 성 문제는 개방적이고 자유로운 것보다는 억제되어야 하고 또한 질서가 강조되어야 한다고 생각합니다. 말씀 중에 섹스 목적의 다양성이나 처녀성과 순결의 반대 문제 등에 대한 견해는 너무 극단적인 것 같습니다.

물론 도덕은 상대적 가치를 갖고 있으나 또한 시대에 한정되지 않은 절대적 가치도 지녀야 한다고 생각합니다. 그래서 동양적 관념으로 본다면 성의 개방보다는 젊은 세대의 성적 욕구를 질서와 덕을 위해 억제해야한다고 생각합니다. 제가 지나친가요? (웃음)

여자 1 (20대 후반): 이혼에는 창조적 이혼도 있다고 들었습니다만, 사랑이 없는 결혼은 이혼해도 좋다는 황 교수님 말씀에는 반대입니다. 저는 사랑이 과연 무엇인가가 더 궁금해요. 사랑이란 책임지고 상대를 도울 수도 있어야죠. 쉽게 이혼할 때 자녀나 그 밖의 사회적 문제들을 어떻게 합니까? 섹스를 즐기는 것은 좋지만 남용해서는 안 되며, 그럴 때 사회 질서와 도덕관이 어찌 될까 의문스럽습니다.

여자 2 (20대 초반): 아까 황 교수님께서 순결과 처녀성을 관계없다고 하셨는데, 그러셨죠? (웃음) 그런데 저는 아직 나이가 어려서 잘 모르지만, 현재 사회에서 보면 여자가 약하니까 원하지 않는 상황에서 강제로 처녀성을 빼앗기거나 심한 스포츠를 통해서 처녀막이 상실되는 경우가 있는 것 같아요. 그런데 결혼 초야에 처녀막이 없다고 오해를 받는 것은 너무나 억울하지 않습니까? 그리고 남자들이 여자의 처녀성을 그토록 중히 생각한다면 강제로 여자를 겁탈하는 일이 우선 없어져야하지 않겠습니까?

여자 3 (30대 중반): 우리는 한국 사회의 전통적인 남존여비 사상 등 여러 가지 여건으로 인해 여자가 계발되지 못한 상태로 자랐습니다. 요즘 여성운동이 활발히 일어나고 있지만 저는 성 문제에 대해서만은 본능적 성욕을 억제해서 그 에너지를 사회의 창조적이고 발전적인 사랑의 에너지로 바꿔야 한다고 생각합니다.

여자 4 (40대 중반): 저는 황 교수님의 의견에 공감하는 점이 참 많아요. 누구나 그런 문제를 갖고 있으면서도 억제하다 보면 성격적으로 변하게 돼요. 현실의 문제점을 파헤쳐 발전시켜야 합니다. 모르기 때문에 더 많은 범죄가 일어날 수 있는 것 같아요. 저 자신은 지금까지의 40평생의 가치관이 무너지는 순간이에요. 그런 점에서 저는 고맙게 생각합니다. 그러나 성의 문제에 있어서 남자들에게는 어느 정도 개방이 허락되어 있으면서 여성에게만 정조가 요구되고, 그 때문에 가정 파괴로까지 위협당하는 사례가 많은 것 같아요.

사회자: 우리가 주장하는 성의 개방이란 부도덕과 다른 것입니다. 성의 개방이란 그 문제를 밝게 드러내 놓고 취급해 보자는 뜻입니다. 오늘의 테마가 "성교육은 나면서부터 죽을 때까지"인데, 그 문제에 좀더 접근하는 방안으로 얘기를 이끌어 주십시오.

남자 2 (30대 중반): 저는 중학교 교사입니다. 오늘 좋은 프로그램이 있다고 해서 수업도 일찍 마치고 왔는데, (웃음) 교육 일선에서 보면 학생들에게 어떤 성교육을 해야 한다는 방향 제시조차 아직 뚜렷하지 않습니다. 심지어 정책적으로 다룰 수 없도록 되어 있습니다. 무엇보다도 먼저 성교육다운 성교육을 할 수 있는 풍조가 조성되어야 합니다.

남자 3 (20대 초반): 저는 아직 금단의 열매를 동경하고 있는 목마른 청년인데요, (웃음) 김동길 교수님이 50대까지 독신으로 살아오면서 "하루도 성의 충동을 안 느낀 적이 없다"고 쓰신 것을 보고 참 솔직한 분이라고 생각했습니다. 저는 그런 점에서 충동과 갈등을 많이 느꼈는데, 교육자인 어머니와 이야기했더니 "그것은 너만이 아니고 나도 그렇다"고 하셨어요. 그 말씀을 듣고 나니 저도 안도감을 갖게 되었습니다. 결국 성교육은 가정에서부터 이루어져야 할 것 같아요.

여자 5 (50대 초반): 저는 성행위에 일종의 범죄 의식이랄까, 늘 부끄러움을 느낍니다. 합법적인 결혼인데 그래요. 그런 걸 보면 프리 섹스란, 책임질 수 있고 아무에게도 손해를 주지 않는 사람들만 가능할 것 같아요. 그리고 남성은 결혼하고 나서 자기가 편안하면 이성에게 별 불만이 없다고 생각하나 봐요. 그러나 여성은 달라요. 자기 본분을 지키면서도 평등하고 싶고 남성을 존경하며 또 존경받고 싶어합니다.

여자 6 (30대 후반): 저는 초등학교 5학년과 6학년 된 두 아이를 두고 있는데, 성교육의 필요성을 이미 절감하면서도 제가 어떻게 해야 할지를 모르고 있어요. 먼저 어머니가 자녀들에게 올바른 성교육을 할 수 있게 했으면 합니다. 이 공개 토론회가 그런 풍토가 마련되는 계기가 됐으면 합니다.

남자 4 (60대 초반): 나는 한 3년 동안 잠자리를 같이 안 했는데, 할 수 없어서 안 했는지 취미가 없어서 안 했는지 이 자리에 나오니 다시 한 번 생각하게 되는군요. (웃음) 장년, 노년층에도 성교육은 필요할 것 같습니다.

사회자: 성교육은 나면서부터 죽을 때까지 해야 되겠습니다. 고맙습니다.

7. 결혼과 성은 아무런 관련이 없다

「시민과의 대화」에서 발표한 나의 글은 당시 너무 혁신적이어서 일간지에 소개되기도 했는데, 당시 나의 문제점은 크게 세 가지로 정리될 수 있다. 첫째는 "처녀막은 일회용 반창고에 불과하다"는 주장이고, 둘째는 "사랑 없는 부부 행위는 합법적인 간통 혹은 강간이다" 라는 주장이고, 셋째는 "변하지 않는 것은 진리가 아니다" 라는 주장이다.

첫째로 만약 처녀막이 일회용 반창고에 불과하다면 많은 여성들이 순결의 상실을 당연하게 받아들일 것이며, 그래서 성 윤리는 더욱 문란하게 된다는 것이다. 또한 이런 발상은 처녀막을 가진 여성과 그런 기관을 갖지 않은 남성을 육체적으로만 비교하는 반여성주의적 발상이며, 아직도 여성의 처녀막을 그대로 존중하고 있는 소수의 남성들에게 일종의 면죄부를 주게 된다는 것이다.

둘째로 만약 사랑 없는 부부행위가 합법적인 간통이나 강간에 불과하다면, 사랑하는 부부가 성을 나눌 때마다 "당신도 지금 성을 원합니까?"라고 물어서 쌍방이 다같이 긍정적인 답변이 나올 때만 가능하다는 주장이다. 그러나 인간이 어디 그리 논리적인가. 성에 있어서의 조그만 강제성은 사랑 표현의 한 방법일 수도 있다. 셋째로 만약 변하지 않는 것은 진리가 아니라면 우리는 진리의 존재 자체를 부인하는 극단적 회의주의로 빠지게 된다는 주장이다.

그러나 오늘의 현실을 똑똑히 쳐다보라. 처녀막에 집착하는 여성은 이제 현대 여성이 될 수 없게 되었으며, 평소에는 거친 아내의 손을 한 번도 바라보지 않다가 술에 취해 관계를 무조건 요구하는 남성은 이제 간 큰 남자가 될 수밖에 없다. 특히 후자와 관련해서, 우리 사회에서는 이미 '부부 강간죄' 의 도입에 관한 간담회까지 열린 일이 있다. 아무리

성을 향유하는 부부 사이라고 해도 자기 결정권은 존중되어야 하며, 이런 존중을 완전히 무시한 행위가 바로 강간이기 때문이다. 이를 지지하기 위해 여성계는 특히 별거 중인 부부 사이에 강압적인 성행위가 증가하고 있다고 말한다.[12]

나는 여기서 변하지 않는 것은 진리가 아니라는 나의 주장만을 현실에 입각한 결혼과 성의 관계로 간단히 설명하겠다.

우선 독자는 내가 성의 문제를 제 2 부인 결혼의 장에서 토론하지 않고 제 1 부인 사랑의 장에서 토론하고 있는 이유를 좀 심각하게 숙고하기를 바란다. 현재 성은 결혼과 거의 무관한 것이 되었으며, 결혼한 부부만이 성을 나눌 수 있다는 발상은 이제 쉰세대의 주장이 되었다.

요즘 대학의 축제를 가 보면 '피임, 바로 알자'는 프로그램이 인기리에 진행되고 있으며, 여기서 여학생들은 "공기가 들어가면 찢어지기 쉬워요. 끝을 비틀어서 천천히…"의 설명을 들으면서 애호박에 콘돔을 씌워보기도 한다. 또한 연세대 경영학과 4학년인 어느 학생은 콘돔의 비닐 포장에 형광 물질을 칠해 깜깜한 곳에서도 쉽게 찾을 수 있는 아이디어로 특허 출원을 받았으며, 이 아이디어를 '벤처 창업론'이라는 수업 시간에 내놓았더니 담당 교수가 톡톡 튄다고 격려했다고 한다.

또한 요즘 대학 축제에는 여성용 자위 기구가 전시되기도 하며, '모텔 가이드'라는 인터넷 카페는 A호텔은 침대의 쿠션이 나쁘고 B호텔은 방음 시설이 좋지 않다는 등의 정보를 제공하고 있다. 요즘 신세대들이 계약 동거에 대하여 바람직하지 않다는 30.4퍼센트와 부도덕하다는 11.1퍼센트보다 크게 문제 삼을 것 없다가 더 많은 49.9퍼센트를 차지하고 있는 이유도 여기에 있다.

어느 여학생은 이렇게 말한다. "날씨 나쁜 날, 밖에서 괜히 돈 쓰고 고생하는 것보다 편안한 모텔이 데이트하기에 좋다."[13] 바야흐로 성은 결혼 여부와 관계없이 당당하게 배우고 거침없이 즐기는 문화가 되었다.

나는 일산의 호수공원을 산책하다가 어느 단체가 벌이고 있는 순결운동을 본 일이 있다. 요즘같이 성 윤리가 타락한 사회에서 그것은 한 줄기 신선한 빛이었다. 아마도 성은 사랑하는 사람, 그 중에도 결혼한 부부만이 즐길 수 있는 것이라고 주장할 것이다. 그러나 이러 주장이 자본주의가 만연한 현 사회에서 어느 정도의 공감을 얻을 수 있겠는가.

나는 여기서 신세대의 새로운 윤리를 무조건 옹호하려고 하지 않는다. 만약 그렇다면, 나는 과거제일주의와 동시에 현재제일주의를 배척해야 된다고 주장하지 않았을 것이다. 다만 모든 문제의 해결책은 현실로부터 출발해야 한다는 것이다. 새 술은 새 통에 담아야 한다.[14)]

생각해 볼 문제들

1. '순결은 여성의 생명'이라는 성교육에는 어떤 가부장적 이데올로기가 숨어 있는가? 그리고 우리는 과연 "여성의 처녀막은 일회용 반창고에 불과하다"고 말할 수 있는가?
2. 성에 대한 과거제일주의와 현재제일주의의 내용은 무엇인가?
3. 성의 다목적성(多目的性)이란 무엇인가?
4. 성과 사랑은 과연 질투를 포함하지 않을 수 있는가?
5. 이제 우리는 부부 강간죄를 도입할 때가 되었는가?

[주]

1) B. Pascal, *Pensées*, 339절.

2) 같은 책, 344절.

3) 같은 책, 346절.

4) 한완상, 「순결은 지켜야 하는가」, 생명의 전화 편, 『함께 생각합시다』, 가이드포스트, 1983, pp. 27-28.

5) Cf. Leslie Stevenson, *Seven Theories of Human Nature*, Oxford University Press, 1975, p. 83.

6) Nena & George O'Neill, *Open Marriage*, 강혜령 역, 『결혼을 축하합니다』, 오른사, 1979, p. 173.

7) 같은책, pp. 186-187.

8) 같은책, p. 162. Cf. 질투(jealousy)는 이미 소유한 것에 대한 것이며, 부러움(envy)은 아직 소유하지 않은 것에 대하여 느끼는 감정이다. 그러나 그들은 모두 소유욕과 관계를 맺고 있다. 같은 책, pp. 161-162.

9) Kahlil Gibran, *The Prophet*, Alfred A. Knopf, New York, 1971, p. 14: "Love possesses not, nor would it be possessed; For love is sufficient unto love."

10) O'Neill, 앞의 책, p. 170.

11) 같은책, p. 175.

12) 『동아일보』, 2005년 5월 3일.

13) 『조선일보』, 2005년, 6월 4일.

14) Cf. 알란 리(Alan Lee)는 『사랑의 색깔들(*The Colors of Love*)』에서 관능적 사랑을 네 가지로 분류한다. 첫째는 에로스적(eros) 사랑인데, 여기서 상대방을 선택하는 기준은 육체적 아름다움이다. 그래서 만약 애인이 육체적 아름다움을 잃어버린다면, 그는 애인에게 냉정하게 대하게 된다. 둘째는 유희적(ludus) 사랑인데, 여기서는 성을 하나의 게임으로 간주한다. 그래서 게임이 끝나면 즉시 다른 애인을 찾는다. 셋째는 광적인(maniac) 사랑인데, 여기서 당사자는 자신에게 가지고 있는 증오와 불안정감을 애인을 완전히 소유함으로써 해결하려고 한다. 그래서 당사자는 상대방을 진실로 사랑하기보다는 상대방을 이용하는 것이다. 넷째는 가정적(storge) 사랑인데, 여기서 당사자는 황홀한 감정보다는 가까운 친구가 되려고 한다. 그래서 그는 상대방이 좋은 동료, 아내, 가정 주부, 성적 파트너, 그리고 좋은 어머니가 될 수 있느냐는 기준으로 아내를 선택한다. Russell Vannoy, *Sex Without Love*, 황경식 역, 『사랑이 없는 성』, 철학과현실사, 2003, pp. 401-402.

5. 외도는 이혼의 조건인가

– 이혼과 재혼과 간통

1. 모든부부는 이혼을 생각한다

이혼을 한 번도 생각해 보지 않은 부부는 이 세상에 한 쌍도 없을 것이다. 10년의 열애 끝에 양가 부모의 반대를 무릅쓰고 오직 사랑 하나만 믿고 결혼한 부부뿐만 아니라 현재 서로 열렬히 사랑한다고 굳게 믿고 있는 부부도 예외는 아니다. 왜?

첫째, 우리 사회에는 결혼 자체에 대한 두 가지 상반된 견해가 있다. 한쪽에서는 결혼을 '사랑의 완성'이라고 말한다. 진정 사랑하는 남녀는 당연히 사랑을 결혼으로 완성시켜야 한다는 것이다. 그러나 다른 한쪽에서는 결혼을 '사랑의 무덤'이라고 말한다. 결혼과 더불어 지금까지 활활 타오르던 사랑의 불꽃은 사라진다는 것이다. 이것은 마치 우리가 성을 행복의 씨앗이나 쾌락의 씨앗으로 보기도 하고 불행의 씨앗이나 임신의 씨앗으로 보는 경우와 다름이 없다. 스트롱인(Lynn Strongin)

은 「나는 결혼해야 하는가?」에서 결혼이 별로 대단한 사건이 아니라는 사실을 이렇게 노래한다.

나는
나의 육체를
결혼해야 하는가?

나는
신부일 것인가?
신랑일 것인가?

나의 육체를 침대로 끌고 가서
고통 옆에
눕는다.

흰
나이트가운을 입은
신부로

탈출은 없고
오직 깨어짐이 있을 뿐.[1]

둘째, 사람들은 서로 사랑하기 때문에 결혼한다고 말한다. 그러나 이것은 어디까지나 대외용 선전 문구에 지나지 않는다. 대부분의 사람들은 "여러 가지를 따져볼 때 결혼하는 것이 결혼하지 않는 것보다 나에게 더욱 유리하다"는 극히 이기주의적 및 공리주의적 발상에서 결혼의 문턱을 넘는다. 우리는 결혼에서 '사랑'보다 '안정'을 추구한다.

이런 사람들은 아무리 훌륭한 배우자를 만나도 꼭 실망하게 마련이다. 나의 배우자보다 더욱 훌륭한 사람은 이 세상에 얼마든지 존재하기 때문이다. 그러므로 안정을 위해 결혼을 선택한 사람은 마치 수많은 보험 중에서 하나를 선택하면 꼭 더 좋은 조건의 보험을 발견하게 되는 것처럼 실망하게 된다. '혹시나'의 기대는 언제나 '역시나'로 끝나게 마련이다.

셋째, 더구나 요즘에는 '결혼'보다 '결합'이 더욱 유행하고 있다. 그래서 노벨 문학상을 거절한 실존주의 철학자 사르트르는 '의무에 근거를 둔 결혼'보다 '자유에 근거를 둔 계약 결혼'을 주장했으며, 실제로 보부아르와 그런 결합으로 살지 않았는가. 그리고 프랑스에서는 이미 이런 계약 결혼을 법적으로 인정하지 않았는가. 또한 선진국에서는 두 사람의 동거, 세 사람의 동숙뿐만 아니라 아내와 남편을 서로 교환하는 행위나 아예 여러 사람의 혼숙까지 유행하고 있지 않은가. 이런 생각을 하다가 결혼한 사람은 첫날밤부터 이혼을 떠올리게 된다. 시인 윌리엄 블레이크는 이렇게 외친다.

> 사람을 더럽히는 교회를 제거하라
> 결혼의 묘비(墓碑)를 제거하라
> 잔인한 사람을 제거하라
> 그러면 당신은 옛부터 내려온 저주를 제거할 것이다.[2]

넷째, 모든 부부가 이혼을 생각하지 않을 수 없는 본질적인 이유가 있다. 백마를 탄 왕자와 신데렐라의 만남은 동화 속에서만 존재한다. 현실적으로 어느 정도 행복한 결혼 생활은 있을 수 있어도 완전한 결혼 생활은 있을 수 없다. 하루 24시간 불타는 사랑을 느끼며, 부부싸움을 한 번도 하지 않을 정도의 완전한 삶은 이상 속에만 존재한다.

한 통계에 의하면, 비교적 원만한 결혼 생활을 하는 부부까지도 물리적으로 따지면 상대방을 사랑한다고 느끼는 시간보다 미워하는 시간이 훨씬 많다고 한다. 상대방을 진정 사랑한다고 느끼는 시간은 순간순간이며, 상대방에게 환멸을 느끼고 미워하는 때가 — 정상적인 부부의 경우에도 — 훨씬 많다는 것이다. 그러니 문제를 안고 있는 부부의 경우는 오죽하겠는가.

이제 우리는 노력하는 결혼 생활, 만들어가는 결혼 생활, 나름대로의 독창적인 결혼 생활은 가능하지만 문자 그대로의 완전무결한 결혼 생활이란 존재하지 않는 신기루에 불과하다는 사실을 솔직히 인정해야 한다. 오죽하면 "부부싸움은 없는 것보다 있는 것이 좋다"는 말까지 있겠는가. 완전한 결혼은 신화에 불과한 것이다.[3]

인간은 불완전하다. 그럼에도 완전을 추구한다. 이것이 인간의 운명이다. 결혼도 불완전할 수밖에 없다. 그럼에도 우리는 완전한 결혼을 추구하며, 그래서 모든 부부는 결혼해서 실망하지 않을 수 없다. 영국 작가인 존스(Ernest Charles Jones, 1819-1869)의 글에는 이런 구절이 있다.

> 결혼 전에 아내는 내 눈을 올려다보면서 말했다. "나는 당신을 아주 잘 이해하고 있어요." 나는 "나도 내 자신을 이해하지 못하는데, 여기 나보다 나를 잘 이해하는 사람이 있다니!"라고 생각하면서도 그녀를 재빨리 움켜잡아 결혼했다.
>
> 그러나 결혼하고 나서 내가 제일 먼저 발견한 것은 그녀가 거짓말

을 했다는 사실이다. 그녀가 나를 전혀 이해하지 못하고 있다는 것이 드러났고, 20년이 지난 지금 아내는 이렇게 말한다. "여보, 당신을 이해하려고 하면 할수록 오히려 당신을 알기가 점점 어려워지네요."

우리는 이런 상태에서 결혼을 유지하고 있다. 아내는 나를 속였으며, 나도 아내를 속였고, 그러면서도 우리는 결과적으로 결혼한 것이다.[4)]

모든 부부는 이혼을 생각한다. 단지 밖으로 표현하지 않을 뿐이다. 그렇게 하는 것이 사랑의 태도라고 믿으면서. 우리는 이렇게 위선의 세계에 살고 있는 것이다. 마치 이혼을 꿈도 꾸지 않는 사람처럼 행동하면서. 더구나 상대방도 그렇게 행동하고 있다는 사실을 뻔히 알고 있으면서.

2. 사람들은 장소와 시간에 따라 이혼을 달리 생각한다

인류 역사가 있는 곳에는 언제든지 결혼식과 장례식이 있다는 말이 있다. 그만큼 태어남과 죽음은 인생의 상사(常事)라는 뜻이다. 또한 결혼이 있는 곳에는 이혼이 있으며, 이혼이 있는 곳에는 재혼이 있게 마련이다.

그러나 결혼과 이혼을 바라보는 시각은 장소, 시간, 남녀에 따라서 차이가 있다. 아직도 한 명의 남자가 네 명의 여자와 동시에 결혼할 수 있는 이슬람 국가에서는 오히려 이혼을 극히 부당한 처사로 간주하지만, 강력한 일부일처제를 고수하고 있는 미국에서는 결혼하는 두 쌍 중 하나가 깨질 정도로 이혼이 일반화되어 있다.[5)]

우리나라에서도 이혼한 사람을 '절반 인간'쯤으로 보던 시절이 있었다. 전혀 알지도 못하는 여자와 결혼한 필자도 결혼 초에 수없이 이혼을 생각했는데, 솔직히 말해서 내가 이혼을 결단하지 못한 가장 결정적인 이유는 "이 좁은 바닥에서 어떻게 남의 눈초리를 받고 살 수 있겠는가?"라는 것이었다. 체면과 고정 관념이었다. 요즘의 N세대로는 상상조차할 수 없는 '말도 되지않는 이유'가 아닐수 없다.

세월은 참으로 많이 변했다. 나는 1990년 내가 진행하던 KBS-TV 〈여성 초대석〉에서 다룬 여성 문제들을 모아서 『울고 있던 그녀가 어느새 주먹을 꽉 쥐네』라는 제목의 책을 낸 일이 있다. (당시에는 필자도 제목을전부 암기할수 없을 정도로책 제목이 긴 것이 유행이었다.) 나는 이 책에서 우리나라에서 결혼식을 올린 아홉 쌍 중에서 한 쌍이 이혼한다는 것은 "두 쌍 중에 한 쌍이 이혼하는 스웨덴이나 세 쌍 중에 한 쌍이 이혼하는 미국에 비교하면 별로 놀랄 일이 아닌 듯이 보이지만, 이런 발상은 어디까지나 통계에 대한 우리들의 지나친 맹신에서 나온 결과"라고 말했다.[6]

첫째, 유교권에 속하는 우리나라는 이 세상의 어느 나라보다 가정의 중요성을 절대적으로 생각해 왔으며, 또한 이런 생각은 지금도 여전히 우리 사회의 기본 윤리로 남아 있다. 우리가 일반적으로 가화만사성(家和萬事成)을 믿고, 잘못된 사람에 대하여는 '제 집안도 못 다스리는놈'이라고 천대하는이유도 여기에 있다. 즉 우리는 결혼과가정에서 실패하면 모든 곳에서 실패한다고 믿는다. 이런 사회 풍조 속에서 아홉 쌍 중에 한 쌍이 이혼한다는 것은 외국의 어느 통계에 못지않게 심각한 일이 아닐 수 없다.

둘째, 또한 우리는 결혼 생활을 단순히 양적으로만 계산하지 말고 질적인 측면에서도 고찰해야 한다. 이혼하지 않은 수많은 부부들이 그야말로 죽지못해 살고 있는 형편이다. 주위의 시선, 경제적인 독립의 불가능성, 자녀를 위한 어쩔 수 없는 현상 유지 등을 이유로 그대로 살고 있는 '부부 아닌 부부'가 굉장히 많다. 자식만 없으면 당장 팔자를 고치겠다고 한탄하는 주부를 흔히 볼 수 있는 이유도 여기에 있다. 그러므로 우리는 이혼의 문제를 단순히 통계만 의존하여 아직은 괜찮다고 보지말아야 한다.[7]

오늘날 우리나라의 이혼율은 세 쌍 중에 한 쌍이 될 정도로 높다. 그야말로 나쁜 의미의 '선진국 수준'이 된 것이다. 이런 추세로 나가면, 우리나라는 교통사고 세계 제 1 위와 아기수출 세계 제 1 위에다가 또 하나의 세계 제 1위가 될 수도 있을 것이다.

왜 최근에 와서 이렇게 이혼이 급증하게 되었는가? 물론 여기에는 여러 가지 이유가 있다. 경쟁을 부추기는 자본주의 사회의 영향도 있고, 여성의 사회 참여도가 높아진 사실과도 연관이 있으며, 대가족 제도가 사라지고 핵가족으로 살아가는 삶과도 연관이 있으며, 사회윤리의 과도기적 성격과 직결된다고 볼 수도 있다. 그러나 그 중에서 중요한 사실은, 여성들이 지금까지 그냥 받아들인 '주어진 삶' 대신에 스스로 '만들어가는 삶'을 영위하려고 발버둥치고 있다는 점이다.

남성들은 이런 현상을 성급하게 '여성상위 시대'라고 부르면서 마치 여성이 남성을 지배하는 단계에 도달한 양 착각하기도 한다. 그러나 이것은 지나친 발상이다. 남녀 평등의 세상은 아직도 너무 멀다. 이런 주장은 남자와 여자가 이혼을 달리 생각한다는 사실을 고찰하면 더욱 쉽게 밝혀진다.

3. 남자와 여자는 이혼을 다르게 생각한다

우리는 지금까지 모든 부부가 이혼을 생각하지만 그것은 시간과 장소에 따라 다르다는 사실을 고찰했다. 어찌 보면 이것은 당연한 일이다. 그러나 동일한 이혼도 남자와 여자에 따라서 보는 시각이 상당히 다른데, 이것이야말로 당연한 일이 아니다. 우리나라에만 한정해서 얘기해보자.

첫째, 이혼하자고 큰소리를 먼저 치는 사람은 대개 여자가 아니라 남자다. 그러나 막상 구체적으로 이혼 수속을 시작하는 것은 여성은 70퍼센트지만 남성은 30퍼센트밖에 되지 않는다. 여기서 우리는 그 이유로 여성이 남성보다 참을성이 없거나 바람기가 더 많기 때문이라고 생각하기 쉽다. 그러나 이런 발상은 완전히 남성 중심적인 사고일 뿐인데, 우리는 이런 사실을 이혼을 요구하는 남녀의 사유를 살펴보면 쉽게 알 수 있다.

이혼을 요구하는 남성의 이유는 대개 자녀 교육 방기, 성격 부조화, 애정 결여, 성생활의 불만 등이다. 그러나 여성의 경우는 생활비, 외도, 주벽, 의처증, 성격 파탄, 폭행에 의한 생명 위협 등이다. 그러니까 남성들의 이유가 좀 추상적이고 낭만적이라면, 여성들의 이유는 더욱 구체적이고 현실적이다. 예를 들어서 애인이 생겨서 이혼을 요구하는 사람은 대개 여성보다 남성 쪽이 많으며, 생활고로 이혼하려는 사람은 남성보다 여성 쪽이 훨씬 많다. 가부장적 여성 차별은 이혼 사유에도 그대로 나타난다.

둘째, 몇 달 동안 서로 말도 하지 않을 정도로 냉랭한 부부 생활을 유지하는 경우에도, 여성은 차라리 이혼을 요구해도 남성은 자녀 교육이나 가정의 중요성을 들먹이면서 이혼을 반대한다. 우선 경제적으로 자립할 수 없는 아내는 일단 가정의 대소사를 수행하지 않을 수 없으며, 또한 남편은 밖으로 나가서 자신의 욕망을 쉽게 만족시킬 수 있다. 물론 요즘에는 호스트 바의 얘기도 있고, 남편의 외도뿐만 아니라 아내의 외도에 관한 얘기도 있다. 그러나 그것은 아직 예외에 속한다. 그래서 이런 생활을 유지하는 남성일수록 "나는 이혼을 한 번도 생각해 본 일이 없다"고 큰소리를 친다. 여성 차별은 성생활에도 그대로 나타난다.

셋째, 재혼에서도 남자와 여자는 서로 다르다. 우선 남자는 이혼한 후 곧바로 재혼을 생각하는 편이지만 여자는 다소 시간을 두고 재혼을 생각한다. 한 통계에 의하면, 재혼 시기에 대하여 남자는 이혼 후 1-3년이 57퍼센트로 가장 많지만 여자는 3-10년이 62퍼센트로 가장 많다고 한다. 남자는 이혼 후 생활의 불편이나 자녀 양육의 괴로움 등의 이유로 재혼을 서두르지만 여자는 일단 자녀 양육에 전념하고 그들이 성장한 다음에 천천히 재혼을 고려한다. 물론 그때가 되면 대개 너무 늙게 되겠지만. 이렇듯 여성 차별은 재혼에도 그대로 나타난다.

넷째, 그러나 동일한 사실에 대한 남녀의 시각의 차이점이 가장 잘 드러나는 곳은 아무래도 외도의 경우가 아닐 수 없다. 남성에게 한두 번의 외도는 절대로 이혼 사유가 될 수 없다. 그러나 여성은 그렇게 생각하지 않는다. 또한 남성은 자신의 외도에는 극히 관용스러우면서도 아내의 외도는 절대로 용서할 수 없다고 생각하며, 대부분의 여성까지도 외도에 관한 한 어느 정도의 남녀 차별은 존재할 수 있다고 믿는다. 수많은 남성들은 외도를 훈장으로 생각하지만, 여성은 '한 번의 실수'까지도 무덤까지 묻고 가야 한다고 생각한다.

현재 우리나라에서 외도가 크게 문제되는 것은, 그것이 누구나 쉽게 접근할 수 있을 정도로 보편화 및 생활화되어 있을 뿐만 아니라 남성과 여성에 따라 각기 다르게 차별적 및 비대칭적으로 적용되고 있기 때문이다. 여성학자들은 후자의 이유로 가부장제를 든다.

> 가부장제의 성 문화는 성기 중심적이고 남근 숭배적인 속성을 지닌다. 이런 남성 우월주의적 사회 제도는 남성이 성적으로 우월하다는 고정 관념을 심어주고, 또 성관계가 남성 위주로 행해지는 성 습관을 정착시킨다.
>
> 이렇게 남성의 성욕을 충족시키는 데 집착하는 성 문화는 정신적, 인간적 상호 교류보다는 남성 위주의 생리적, 신체적 측면을 중요시한다. 여성은 이런 관계에 수동적으로 적응하도록 요구당해 왔다.[8]

사정이 이쯤 되고 보니, 우리나라 남성들은 보통사람도 되지 못한 주제에 "영웅은 색을 좋아한다"고 떠들고 다니며, 실제로 결혼 이전이나 이후의 성 관계를 하나의 훈장으로 착각하여 다다익선(多多益善)으로 생각한다. 여기에 비하여 여성들은 지난 과거를 무조건 숨기는 오리발 작전이 결혼 생활의 성공 비결이라고 믿는다. 그래서 예를 들면 성폭력을 당해 성기의 일부에 상처를 입기만 하면 일단 '몸을 망친 여자' 혹은 '몸을 버린 여자'라는 꼬리표를 달고 살게 된다.

이렇게 남자의 외도를 정당화시키려는 논증으로는 단연 남녀간의 생리적인 차이점을 강조하면서 남자의 육욕은 정신적인 애정이 없는 여성에게도 발생하는 것이 극히 자연스러운 일이라는 주장을 들 수 있다. 그래서 어떤 남자는 진정 사랑하는 여자에게 한 번도 육체적인 성을 요구한 일이 없는데, 그는 그녀를 만난 다음에는 언제나 창녀에게 달려갔다는 것이다.

> 정신적인 애정과 정욕과의 기묘한 분리, 이것은 아마 여성들에게

는 이해되기 어려운 일이겠지만, 모든 남성은 생리적으로 그렇게 되어 있다. 남자는 사랑하지 않는 여성에게도 정욕을 느낀다. 남자의 정욕은 본질적으로 정신적인 사랑과는 관계없는 장소에서도 일어나기 때문이다. 우리는 이런 사실을 스트립 쇼를 보러 가는 남성에게서 쉽게 발견할 수 있다.

남자에게 있어서 외도란 정신적인 애정과는 별로 관계가 없는 일이다. 단순히 육욕을 채우기 위해 아내 이외의 여성의 몸과 접촉했을 뿐이며, 그것으로 아내를 사랑하지 않게 되었다고 규탄할 수는 없는 일이다.[9]

이런 논증은 꽤 오랜 역사를 가지고 있다. 그러나 최근 50여 년의 심리학, 생물학, 인류학 등의 새로운 연구는 남녀의 성적 차이가 단순히 생물학적으로 결정되는 것이 아니라 다분히 후천적 혹은 사회문화적 환경의 복합적인 영향을 받아 형성되는 것임을 밝혀냈다. 그러므로 우리는 일단 남녀간의 생리적인 차이(差異)가 남성의 외도를 정당화시켜주는 남녀간의 차별(差別)의 근거가 될 수 없다는 사실을 먼저 받아들여야 할 것이다.

그러나 내가 여기서 수많은 문제 중에서 혼외정사(extramarital affair)를 포함한 외도의 문제를 심도있게 토론하는 이유는, 단순히 이 문제에 대한 남성과 여성의 차이점을 보이기 위한 것만이 아니다. 현재 우리나라에서는 외도가 가장 중요한 이혼 사유로 등장하고 있지만 우리는 아직도 이 문제를 공개적으로 토론하지 못하고 있으며, 또한 외도를 이혼과 관련시켜 토론한 경우는 별로 없다. 그래서 나는 다음과 같은 질문들을 염두에 두고 이 글을 쓰겠다.

도대체 한두 번의 외도는 이혼 사유가 되는가? 그것은 남성과 여성에 따라 달리 적용되어야 하는가? 외도의 원인은 무엇인가? 그것은 인간의 본래적 욕망인가, 혹은 자본주의의 필요악인가? 왜 결혼한 사람은 한 사람만 사랑해야 하는가? 외도는 예방할수 있는가? 상대방의 외도에 대하여 아내나 남편은 어떻게 처신해야 하는가? 외도에도 불구하고 가정을 그대로 유지하려면 어떻게 해야 하는가? 외도와 질투의 관계는 무엇인가?

물론 나는 이런 문제들에 대한 시원한 답변을 주지는 못할 것이다. 하지만 독자들은 적어도 나의 글을 통해 이런 질문들이 가지고 있는 함축의미를 발견하게 될 것이다. 그리고 이것을 통하여 — 비록 여성 차별적으로 들리겠지만 — 한두 번의 외도 자체가 이혼의 조건이 될 수는 없으며, 대부분의 경우에 외도는 원인이 아니라 이미 사랑을 상실한 결혼 생활의 결과일 뿐이고, 항상 성장하는 결혼 생활 안에서만 외도의 문제가 사라질 수 있다는 나의 주장의 정당성을 인식하게 되기를 바란다.

4. 외도는 이혼 사유가 아니다

현재의 배우자와는 오르가슴에 이르지 못해서, 혹은 성을 나누는 순간 상대방이 제 3 자를 생각하는 듯하다는 등의 성생활을 이유로 이혼할 수밖에 없다는 사람들이 많이 있다. 그러나 진정 사랑하는 사람들 사이에서는 어떤 경우에도 성이 만족될 수 있다. 뚱뚱이와 홀쭉이도 맞고, 동양인과 서양인도 맞고, 늙은이와 젊은이도 맞게 마련이다. 동물의 경우에는 성이 사랑의 풍요로움을 가지고 올 수 있겠지만, 인간의 경우에는 오직 진정한 사랑이 풍요로운 성을 만들 수 있기 때문이다. 그러므로 앞의 불평하는 사람들은 이미 회복하지 못할 정도로 그들의 사랑을 잃은 사람들이며, 그 결과로 성의 불협화음이 생긴 것이다. 여기서 나는 외도를 찬양하려는 것이 아니다. 다만 일반적으로 외도는 — 현재 우리가 생각하고 있는 상념과는 달리 — 가장 중요한 이혼 사유가 아니며, 대부분의 경우에 그것은 파경의 '원인'이 아니라 '결과'일 뿐이라는 점이다.

나는 여기서 한 걸음 더 나아가서 이렇게 주장하고 싶다. 만약 대부분의 경우에 외도가 파경의 원인이 아니라 결과라면, 그리고 어떤 외도가 당사자의 단순한 실수에서 비롯된 것이라면, 그리고 그 당사자가 자신의 실수를 굉장히 후회하면서 다시 그런 실수를 반복하지 않아야겠다고 결심한다면, 간단히 말해서 그것이 단순한 한두 번의 외도라면, 나는 그런 외도는 이혼의 조건이 될 수 없다고 생각한다.

용서하는 것은 신이며 실수하는 것은 인간이란 말이 있듯이, 완전한 인간은 이 세상에 존재하지 않으며, 모든 사람은 실수할 수밖에 없으며, 인간은 바로 그런 시행 착오를 통해서만 성장할 수 있다면, 그런 '실수로서의 외도'는 사랑의 넓은 품으로 이해할 수 있어야 할 것이다. 단 상대방이 다른 여성이나 남성에게 지속적이고 의도적인 선호 감정을 가지고 있지 않다면 말이다. 이 문제에 대하여 러셀은 이렇게 말한다.

> 나의 생각에 의하면, 외도 자체는 이혼의 이유가 되지 말아야한다. 훌륭한 절제력이나 강렬한 양심의 가책을 가지고 있지 않은 사람들이 가끔 외도에 대한 강한 충동을 느끼지 않고 삶을 영위하기는 굉장히 어려운 일이다.
>
> 그러나 이런 충동이 필연적으로 결혼 생활을 불필요하게 만드는 것은 아니다. 그런 경우에도 부부 사이에는 돈독한 애정이 존속할 수

> 있으며, 결혼 생활이 지속되어야 할 모든 욕망이 그대로 있을 수 있다. 예를 들어서 남편이 사업상 여러 달 동안 출타해야 한다고 가정하자. 만약 그가 육체적으로 정상적이라면, 그가 아무리 그의 아내를 좋아한다고 해도 혼자 금욕 생활을 오랫동안 지속한다는 것은 극히 어려운 일이다. 이런 사실은 전통적인 도덕이 옳다고 확신하지 못하는 아내에게도 그대로 적용된다. 이런 경우의 외도는 앞으로의 행복에 아무런 장애물이 되지 말아야하며, 그런 외도는 질투로 가득찬 멜로드라마 속으로 들어갈 필요가 없다고 생각하는 부부에게는 실제로 아무런 장애물이 되지 않는다.
>
> 그러나 우리는 여기서 한 걸음 더 나아가서, 만약 부부 사이의 애정이 그대로 존재한다면 이런 일은 언제나 일어날 수 있는 일시적인 환상(temporary fancies)일 뿐이라고 말할 수 있을 것이다. 그러므로 외도가 전체적으로 남편이나 아내가 아닌 다른 사람에 대한 의도적인 선호(a deliberate preference)가 아닌 한, 외도는 이혼의 훌륭한 사유가 아니다.[10)]

러셀이 여기서 말하는 '의도적인 선호'란 남편이나 아내 이외의 다른 사람을 의도적으로 선호하고 좋아하면서 지속적으로 외도를 한다는 뜻이다. 예를 들면 지난 5년 동안 지속적으로 아내 몰래 한 여성과 바람을 피워온 남편이 여기에 속한다. 그리고 이런 경우가 아니라면, 한두 번의 실수는 사랑으로 포용해야 된다는 뜻이다.

그렇다고 해서 외도의 문제가 전혀 중요하지 않은 것은 아니다. 이미 말했듯이 외도는 한 쌍의 남녀가 짝을 짓는 결혼 제도에서는 상대방에 대한 약속의 불이행이 되고, 또한 이 세상 대부분의 나라에서는 외도가 법률적인 처벌의 대상이 된다. 다만 우리는 이제 미혼 남녀의 성, 기혼 남녀의 배우자 이외의 사람과의 성, 미혼 남녀와 기혼 남녀의 성이 거의 우리의 삶 속에 들어와 있다는 사실을 솔직히 인정해야 할 것이다. 물론 현실이 바로 해결책이라는 뜻은 아니다. 그러나 우리는 일단 문제를 이런 불행한 현실로부터 출발해야 된다.

『남성의 성생활』과 『여성의 성생활』 두 권으로 발표된 『킨제이 보고서』는 당시 미국인의 성생활을 이렇게 기술했다. "기혼 남성의 약 50퍼센트는 혼외 정사 경험이 있으며, 기혼 여성의 25퍼센트는 다른 남성과 성관계를 가진 경험이 있다. 또 남자의 92퍼센트가 자위 행위를 하며, 오르가슴을 맛보지 못한 여성은 9퍼센트가 된다."

정확한 통계는 없으나, 나는 우리나라의 성생활이 거의 이와 비슷한 수준이라고 생각한다. 이렇게 보면, 우리는 현재 우리나라에서의 외도의 가장 큰 문제는 외도 자체보다는 그것이 남성과 여성에게 서로 다르게 비대칭적으로 적용되고 있다는 점이라는 사실을 쉽게 알게 된다. 동성애의 경우를 제외하면, 남성 없는 여성의 외도가 있을 수 없듯이 여성 없는 남성의 외도는 있을 수 없음에도 불구하고.

다시 말하지만, 나는 여기서 외도가 이렇게 빈번한 현실이니까 그대로 받아들일 수밖에 없다고 주장하려는 것이 아니다. 다만 그것이 이혼의 가장 중요한 원인이 아니며, 그것만이 유일한 원인이 되는 경우는 거의 없다는 원칙을 강조하려는 것이다. 즉 외도가 상용화된 현실이 중요한 것이 아니라 그런 현실을 만들어낸 더욱 근원적인 사실에 대하여 우리의 관심을 집중시켜야 한다는 것이다.

도대체 왜 현실은 이 정도로 타락했는가? 여성철학연구회에서 편찬한 『한국여성철학』에서 김예숙은 이 문제를 우리나라에 한정시키면서 몇 가지 이유를 제시한다.

첫째, 우리 한국인은 '감정 교육'을 제대로 받은 일이 없다. 특히 한국의 남성들이 성충동을 이성으로 통제할 수 있는 교육을 받는다는 것은 극히 드문 일이다. 그러다 보니 남성들은 모든 여성을 성적 대상으로 보게 된다.

둘째, 성의 상품화가 이제는 일상사가 되었다. 일정한 구역에 창녀촌이 있는 정도가 아니라 주택가에까지 접대부가 있는 술집이 있고, 심지어는 일부의 이발소도 퇴폐 영업을 한다. 약간의 돈만 있으면 별미를 사먹을 수 있듯이, 약간의 돈만 있으면 외도가 가능하다.

셋째, 우리 사회가 가난의 문제를 해결하고 난 직후여서인지 자신을 위해 살아오지 못한 한을 풀듯이 오직 쾌락을 추구하며, 여러 쾌락 중에서도 가장 강도가 높은 성적 쾌락을 추구한다. 모든 길은 쾌락으로 통한다.

넷째, 모든 것을 돈으로 환산하는 배금주의가 만연되어 있다. 요즘의 원조교제가 바로 그것을 증명한다.

다섯째, 자녀관이 변하고 있다. 개인주의의 영향으로 이제는 자녀의 욕망보다는 부부 각자의 욕망이 우선시된다. 자녀를 위해 외도를 자제하는 일이 적어진 것이다. "자녀는 자녀, 나는 나"라는 생각이 많아져서 이혼할 때는 서로 자녀를 맡지 않으려고까지 한다.[11]

끝으로 나는 완전한 결혼 생활에 대한 지나친 기대가 종종 외도를 몰고 온다는 사실을 다시 한 번 강조하고 싶다. 어느 작가는 우리들이 결혼에 대하여 가지고 있는 일곱 가지 '오해'를 이렇게 설명한다. "첫째로 사람들이 결혼하는 것은 사랑 때문이며, 둘째로 결혼한 대부분의 사람들은 서로 사랑하며, 셋째로 사랑은 원만한 결혼을 위해 꼭 있어야 하며, 넷째로 여자와 남자 사이의 타고난 행동상 · 태도상의 차이가 대부분의 부부 갈등을 야기하며, 다섯째로 자녀가 생기면 잠재적인 어려움이나 만족하지 못했던 부부의 문제가 자동적으로 개선되며, 여섯째로 인간의 외로움은 결혼을 통해 치유되며, 일곱째로 만약 당신이 배우자에게 '죽어라' 하고 욕을 한다면 그 결혼 생활은 깨어질 것"이라고.[12)]

이 세상에는 사랑보다는 다른 것을 위해 결혼하는 사람들이 굉장히 많으며, 또한 그렇게 결혼했다고 해서 그들이 진정 상대방을 사랑하는 것도 아니다. 자녀가 생긴다고 해서 결혼의 근본적 문제가 치유되는 것도 아니며, 결혼이 인간의 실존적 외로움을 제거해 줄 수 있는 것도 아니다. 불행한 일이지만 이것이 현실이다.

물론 사랑이 결혼 생활에 아무런 소용이 없다는 것은아니다. 다만 결혼은 백마를 탄 왕자와 신데렐라의 만남이 아니라 보통사람과 보통사람의 만남이라는 것이다. 그리고 보통사람이기에 가끔 실수할 수 있는 것이다. 실수는 인간의 몫이고, 용서는 신의 몫이다. 그러므로 결혼은 이상이 아니라 현실이고, 그것은 과거에 대한 추억이나 미래에 대한 낭만적 기대가 아니라 현재의 삶이다.[13)]

5. 결혼한 사람은 이혼할 수 있고, 이혼한 사람은 재혼할 수 있다

오늘날 이혼은 엄연한 사회 현상이 되었다. 공연히 이혼을 전혀 생각하지 못했던 옛날을 들추어내면서 절대로 있을 수 없는 것으로 보는 시기는 이미 지났다.

윤리적으로 볼 때에도, 결혼한 사람은 이혼할 수 있으며, 이혼한 사람은 다시 결혼할 수 있다. 그리하여 어느 사람의 경우는 철모르던 20대의 약속이 전혀 잘못된 것이라는 결론을 내릴 수도 있다.

이혼이 어느 경우를 막론하고 비윤리적이라는 이유는 그것이 상대방에 대한 '약속의 위반'이라는 것이다. 그러나 이런 주장에는 여러 가지 난점이 도사리고 있다. 우리는 과연 모든 약속을 언제나 지켜야 하는가? 더욱 중요한 약속을 위해서는 조그만 약속들을 파기하거나 잠시 취소할 수도 있지 않을까? 여기에 대한 고전적인 질문으로는, 정상인일 때 빌린 무기를 미친 사람에게 다시 돌려주어야 하느냐는 것을 들 수 있다. 더 나아가서 전혀 사랑하지 않으면서 타인의 눈을 의식하여 정상적인 부부인 양 행세하는 것이 과연 자신과 배우자에게 인격적으로 대하는 것이냐는 문제가 제기될 수도 있다.

현재 우리나라의 실정은 어느 정도인가? 통계청이 2005년 6월 21일 발표한 「1970년 이후 혼인 · 이혼의 주요 특성 변동 추이」에 의하면, 한마디로 결혼은 점점 줄어드는 반면에 50대의 황혼 이혼이나 여성의 재혼이 급증하고 있다. 특히 2004년 이혼 건수 중 20년 이상 함께 살다 헤어진 부부의 비율은 18.3퍼센트로 5쌍 중 1쌍이 황혼 이혼을 한 것으로 나타났다. 24년 전인 1981년(4.8퍼센트)과 비교하면 약 4배로 늘어난 것이다.

또한 결혼 가운데 재혼이 차지하는 비율도 높아져서 2004년 결혼한 여성 가운데 재혼 여성은 20.4퍼센트로 1972년 2.9퍼센트의 7배, 남성의 경우는 18.2퍼센트로 1972년(5.4퍼센트)의 3.4배 늘어났다. 여성의 재혼 건수가 상대적으로 급증하는 현상에 대해 관계자는 이혼이나 사별한 여성들의 재혼에 대한 인식의 변화를 반영하는 것이라고 말한다. 하지만 50대 이후에 사별 또는 이혼으로 독신이 된 경우, 정식 재혼보다는 동거를 선호한다는 것이 전문가들의 지적이다. 재혼을 하면 자녀들과의 재산분할 문제 등이 제기되기 때문일 것이다.[14)]

다른 통계에 의하면, 2002년에는 하루 평균 840쌍이 결혼하고 398쌍이 이혼을 해서 결혼대비 이혼율이 47.4퍼센트에 달했고, 곧 50퍼센트를 돌파할 것이라고 한다. 현재도 미국의 51퍼센트와 스웨덴의 48퍼센트가 우리보다 이혼율이 조금 높을 뿐 노르웨이의 44퍼센트, 영국의

42퍼센트, 캐나다의 38퍼센트, 프랑스의 33퍼센트, 독일의 30퍼센트 등은 우리보다 '이혼 후진국'이다. 제왕절개 수술과 흡연율과 고아 수출과 교통사고율에 이어 한국의 이혼율이 세계 최고 수준에 이른 것이다. 결혼한 후 3년 안에 이혼하는 부부가 전체 이혼 소송의 절반을 차지하고, 경제적 이유로 인한 이혼도 10년 전 2퍼센트에서 14퍼센트로 늘어났다. 사정이 이쯤 되고 보니, 일상생활에서도 웃지 못할 일을 자주 겪는다.

> 이혼이 기혼자의 '절반의 선택'이 되어 버린 셈이니 매사 조심스러워진다. 어쩌다 결혼이나 가족에 관한 얘기를 하다 보면 자칫 실수를 하게 된다. 꽤 매력적인 30대 중반의 독신 전문직 여성에게 "결혼 생각은 없으세요?"라고 물었더니 대수롭지 않게 "갔다 왔어요…"라고 재치 있게 응답해 되레 당황한 적이 있다. 혼자 지내던 이혼남이 보낸 청첩장을 받고 "잘하셨네요. 요즘 재혼은 흠이 아니지요"라고 덕담을 건넸더니 "사실은 세 번째인데요…"라고 해 서로 멋쩍어한 적도 있다. 자식을 결혼시킨 부모에게도 그 뒤의 일을 묻는 것은 실례라고 한다.
>
> 이대로 가다가는 초혼(初婚)의 남녀와 그 사이에서 탄생한 자녀로 이루어진 고전적 의미의 가족은 천연 기념물처럼 찾기 힘들어질지도 모르겠다. 최근 정부가 '부부의 날'(5월 21일)을 국가 기념일로 제정하고, 이혼에 합의한 부부가 3-6개월간 냉각기를 갖도록 추진하는 것도 이혼율을 줄여보겠다는 고심의 결과일 것이다.[15)]

나는 여기서 이혼과 재혼 예찬론을 펴려는 것이 아니다. 분명히 이혼 자체는 — 비록 그것을 통하여 더욱 행복한 삶을 영위하는 경우에도 —

슬픈 일이며 불행한 일이다. 다만 삶에는 수많은 우연성이 도사리고 있으며, 그 우연성에 대처하는 방식은 각자 다를 수 있다는 점을 강조하려는 것이다. 모든 사람은 자신에게 맞다고 믿는 다양한 삶의 형태들(forms of life)이 있다. 내 삶의 형태만이 옳다는 주장은 인생을 단세포적으로 보는 시각에 불과하다.

그러므로 독신으로 사는 사람들을 '절반 인간'이나 '낮은 인간'으로 보는 이 사회의 통념은 빨리 사라져야 한다. 스스로 독신을 선택한 사람도 어엿한 사회인이며, 이혼했거나 사별한 사람도 어엿한 우리의 이웃이다. 독신 남녀를 생리적으로 문제가 있는 여성이나 주변머리 없는 남자로 보는 발상, 이혼한 여성을 '죄 많은 여인'으로 보는 발상, 사별한 여성을 '남편 잡아먹은 여자'로 보는 발상, 이런 일반적인 통념은 민주 시민의 자산일 수 없다. 특히 우리는 이혼했거나 사별한 여성을 진심으로 위로하고 격려해야 한다. 예수는 간음했던 여성에게도 돌을 던지지 않았다. 그런데 왜 우리는 그들을 돕기는커녕 오히려 일방적으로 매도하려고 하는가. 참으로 슬픈 현상이다.

우리는 이제 이렇게 재기 혹은 삼기하려는 여성을 구체적으로 도울 수 있는 직업알선, 상담소 운영, 법률적인 자문 기관 등의 사회적 및 구조적 대책을 수립해야 한다. 특히 우리나라는 이혼한 남성의 대부분은 재혼을 하지만 여성의 경우는 대부분 재혼을 하지 못하고 있는 실정이다. 그래서 어떤 친구는 "아내가 죽은 남편은 변소에 가서 혼자 웃는다"고 말하기도 한다. 새장가를 — 대개는 처녀 장가를 — 들 수 있다는 기쁨을 남 앞에서 표현하지 않는다는 뜻이다. 그러므로 우리는 이혼녀의 자녀 교육, 경제 활동, 사회 활동에 큰 관심을 가져야 한다.

그러나 뭐니뭐니해도 가장 중요한 것은 이혼자 자신의 강력한 삶에 대한 의지다. 특히 이혼 남녀는 상대방에 대한 배신감, 자신에 대한 자책감과 피해 의식, 삶에 대한 허탈감, 한 번 실패했으니까 또 실패할 수 밖에 없으리라는 체념을 갖기 쉽다. 상대방에 대한 배반감을 갖지 않을 수는 없겠지만, 어느 사람을 지나치게 미워하는 사람의 삶은 절대로 행복해질 수 없다. 또한 자기 자신에 대한 지나친 피해 의식은 오히려 삶에 대한 의지를 감소시키며, 자신을 영원한 패배자로 보는 시각은 하루 빨리 시정되어야 한다.

실패한 사람은 다시 성공할 수 있다. 아니, 실패한 사람만이 다시 성공할 수 있다. 그리고 어느 경우에는 한 번 실패한 사람이 두 번 성공할 수도 있다. 실패는 성공의 어머니다.[16] 모든 면에서 한 가지도 실패하지 않은 사람이 어디 있겠는가. 그러나 그 실수를 딛고 다시 일어선다는 사실, 일곱 번 넘어져도 여덟 번째 다시 일어난다는 사실, 이것이 바로 인간과 동물의 차이가 될 것이다. 삶에는 언제나 제 2의 기회가 있다.

6. 간통죄는 당장 폐지되어야 한다

나는 지금까지 사랑과 성의 관계를 설명하면서 특히 질투 없는 사랑과 질투 없는 성의 중요성을 강조했다. 그러나 우리 보통사람에게 그것은 얼마나 어려운 일인가. 결혼 제도가 존재한 이래 외도는 언제나 존재해 왔으며, 특히 일부일처제의 결혼 제도가 존재한 이래 간통죄에 대한 처벌은 언제나 존재해 왔는데, 이것도 따지고 보면 전부 질투 없는 사랑과 성을 향유하지 못해서 나온 불행이라고 할 수 있다. 그러면 간통죄를 그대로 존속시켜야 하는가? 나는 이 문제를 토론하면서 질투 없는 성의 중요성을 다시 한 번 간접적으로 강조하겠다.

지난 2001년 10월 25일 헌법재판소는 간통죄로 유죄판결을 받은 신모씨 등이 형법 제241조(간통죄)는 헌법에 보장된 개인의 인격권, 행복

추구권, 평등권 등을 침해한다면서 낸 헌법소원을 기각했다. "선량한 성(性) 도덕과 일부일처제 혼인 제도의 유지 및 가족 생활의 보장을 위해, 부부간 성적 성실 의무의 수호를 위해, 그리고 간통으로 야기되는 배우자와 가족의 유기 등 사회적 해악을 방지하기 위해, 배우자 있는 자의 간통 행위를 규제하는 것은 불가피하다"는 것이다.

법무부는 이미 1992년 형법 개정을 마련하면서 간통죄 폐지를 추진했으나 여론에 밀려 실패했으며, 헌법재판소는 1990년과 1993년에 이어 이제 세 번째로 간통죄에 대한 합헌 결정을 내린 것이다. "간통죄는 개인의 존엄과 남녀 평등을 기초로 한 혼인과 가족 생활 보장에 부합하는 법률이며, 성적 자기결정권에 대한 최소한의 제한"이라는 것이다.

그러면서도 헌법재판소는 "간통죄 조항을 삭제하는 외국의 입법 추세와 간통죄 악용 사례 등을 고려하여, 입법부는 간통죄 폐지 여부에 대한 진지한 접근이 요구된다"고 밝혔으며, 재판관 9명 중 유일하게 위헌 의견을 낸 권 성(權誠) 재판관은 "간통죄는 당사자의 인격적 자주성, 즉 성적 자기결정권을 박탈해 성적 예속을 강제하는 것"이며, "간통 문제는 국가가 형벌로 다스려야 할 범죄가 아니다"라고 주장했다.

헌재의 이번 결정은 현재 한국인의 일반적 심성과도 일치하는 듯하다. 그래서 필자가 출연했던 KBS-TV의 〈아침마당〉에서는 실제로 3 대 1의 비율로 간통죄는 계속해서 존속되어야 한다고 집계되었으며, 존속론자들은 한결같이 '여성의 마지막 보루'인 간통죄를 폐지하는 것은 시기 상조라고 주장했다. 아직 남녀 평등이 완전히 성취되지 않았다는 것이다. 그러나 나는 간통죄는 이제 완전히 폐지되어야 한다고 생각한다. 왜?

첫째, 우리는 우선 간통죄라면 여성보다는 남성에게 해당되며, 그래서 이 문제는 당연히 여성의 문제라기보다는 남성의 문제라고 생각한다. 이런 발상은 전혀 현실과 맞지 않는다. 현재 아내를 간통죄로 고소하는 남편이 남편을 고소하는 아내보다 훨씬 많은 실정이다. 물론 이런 통계는 남편의 외도에 대해서는 비교적 너그러우면서도 아내의 외도는 절대로 용인될 수 없다는 가부장제의 결과일 수도 있다. 다만 여기서 중요한 것은, 외도는 이제 남성과 여성 모두의 문제가 되었다는 사실이다.

둘째, 〈아침마당〉에서 집계한 ARS 통계가 완전히 옳은것도 아니다. 텔레비전이라는 특수한 매체, 아침 프로그램 시청자들의 학력과 성별, 그리고 그 시간대에 방송국으로 전화를 할 수 있는 시청자들의 연령과 직업 등을 고려해 보면, 우리는 이 집계가 그렇게 나올 수밖에 없다는 사실을 쉽게 알 수 있다. 통계 조사에서 질문지를 어떻게 만들고, 언제 누구에게 묻느냐는 사실은 이미 그 결과를 미리 확정하는 것이다. 더구나 모든 통계의 위력은 바로 통계의 '한계'를 인식할 때만 가능하다고 하지 않는가.

셋째, 법으로 인간의 사랑의 권리나 행복 추구의 권리를 제한한다는 것은 원칙적으로 한계를 가지고 있다. 법보다 중요한 것은 법의 정신이다. 예를 들어서 교통 신호를 위반한 사람에게 손목을 자르는 형벌을 준다고 하자. 그렇다면 감히 누가 교통 신호를 위반하겠는가. 그러나 우리가 바라는 사회는 이런 법률만능주의적 사회가 아니다. 더구나 성인 남녀가 동의해서 성립되는 사랑행위를 국법으로 다스리는 것은 민주시민의 '인격적 자주성'을 침해하는 것이다. 이를테면 신혼 남녀의 지나친 성행위가 건강을 해칠 수 있다고 해서, 그들의 성교 횟수를 법으로 정할 수는 없는 일이 아닌가. '정의'보다 중요한 것은 '사랑'이다.

넷째, 오늘날의 간통죄는 완전히 사문화되었다. 범죄 예방의 효과가 전혀 없고, 가정 보호의 기능을 전혀 수행하지 못하고 있다. 간통죄가 존속한다고 해서 앞으로 간통이 줄어들 것인가?

다섯째, 오늘날의 간통죄는 피소된 남성과 여성 모두의 인권을 무시하고 있다. 어떤 판결이 나오든지 간에, 일단 간통죄로 피소되면 — 남녀를 막론하고 — 완전히 사회에서 매장될 수밖에 없다. 판결 때까지의 무죄추정 원칙은 전혀 무시되고 있다.

여섯째, 현행 간통죄는 수많은 결점을 가지고 있다. 우선 간통죄는 남녀가 옷을 벗고 같이 누워 있다는 현장 포착만으로는 증명할 수 없다. 남성의 사정 자체를 증명해야 한다. 그래서 어떤 사람은 불륜의 남녀가 여관방으로 들어가면 당장 쳐들어가지 말고 한 시간쯤 지나서 습격해야 하며, 방으로 들어가서 제일 먼저 찾는 것이 쓰레기통이라고 말한다. 그러니까 밤을 같이 지냈지만 남성이 사정만 하지 않으면 간통죄가 성립되지 않는다. 참으로 어처구니없는 일이 아닐 수 없다.

일곱째, 특히 간통죄로 피소된 아버지나 어머니는 자녀들에게 어떻게 비칠 것인가? 자신의 부모가 간통죄를 저지른 사람이라는 사실을 알고 세상을 살아야 하는 자식의 입장은 어떻겠는가? 상대방에 대한 복수심 때문에 자식에게 영원히 씻을 수 없는 상처를 줄 것인가?

결국 간통죄의 문제는 우리가 어떤 방향으로 결혼 생활을 영위해야 하느냐는 문제와 연결된다. 과거지향적 결혼 생활은 종착역에서 위자료를 더욱 많이 받을 수 있는 방향으로 노력해야 할 것이며, 사랑은 질투에 의해 유지되고, 정의는 처벌에 의해 존속되며, 의리는 복수에 의해 존재한다고 믿는다. 그러나 미래지향적 결혼 생활은 모든 파탄의 책임의 절반은 자신에게 있다고 믿으며, 그래서 평소에도 가정 생활의 원만한 운영을 위해 각자가 부단히 노력해야 한다는 건전한 생각을 가지고 산다. 부부 생활에 있어서 백 퍼센트 상대방의 잘못이란 도대체 있을 수 없는 일이다.

간통죄 존속론자들은 아직 우리 사회가 완전한 남녀 평등을 이루지 못했다고 말한다. 그리고 이혼을 당한 사람은 위자료라는 마지막 카드를 이용해야한다고 말한다. 그럴 수도 있을 것이다. 그러나 진정한 남녀 평등의 사회는 어느 날 감이 떨어지듯이 도래하는 것이아니라 우리들이 의식적으로 노력하고 투쟁해서 얻는 것이다. 간통죄는 지금 당장 폐지되어야 한다.

생각해 볼 문제들

1. 이혼을 한 번도 생각해 보지 않은 부부는 없다고 한다. 그 이유는 무엇인가?
2. 남자와 여자는 이혼을 달리 생각한다. 그 이유는 무엇인가?
3. "외도 자체는 이혼의 이유가 되지 않는다." 과연 그런가?
4. "삶에는 언제나 제 2의 기회가 있다." 이 명제를 재혼과 연관시켜 토론해 보자.
5. 간통죄는 당장 폐지되어야 하는가?

[주]

1) Lynn Strongin, "Must I Marry?", Robin Morgan, ed., *Sisterhood is Beautiful*, Vintage Books, 1970, p. 560.
2) John McMurty, "Monogamy: A Critique", Robert Baker & Frederick Elliston, ed., *Philosophy & Sex*, Prometheus Books, 1975, p. 166에서 재인용.
3) 황필호, 『철학적 여성학 : 꽃과 별의 만남을 위하여』, 종로서적, 1986, pp. 138-139.
4) Ernest Charles Jones, 「누구와 함께 인생을 살 것인가」, 에리히 프롬 외 편, 『사랑하는 자유』, 산호, 1990, pp. 152-153.
5) 황필호, 『철학적 여성학』, 앞의 책, p. 68.
6) 황필호, 「이혼, 그 좌절과 극복」, 『울고 있던 그녀가 어느새 주먹을 꼭 쥐네』, 범우사, 1990, p. 107.
7) 같은 책, p. 107.
8) 정경자, 「순결」, 한국성문화상담소 편, 『새로 보는 성문화』, 동아일보사, 1992, p. 11.
9) Ernest Hello, 「남성과 여성의 차이점」, 에리히 프롬 외 편, 『사랑하는 자유』, 앞의 책, p. 98.
10) Bertrand Russell, *Marriage and Morals*, Liveright, New York, 1957, pp. 230-231.
11) 김예숙, 「외도: 결혼제도의 그림자인가」, 여성철학연구회 편, 『한국여성철학』, 한울, 1995, pp. 217-218.
12) 김계현 편, 『거꾸로 배우는 사랑과 결혼』, 미학사, 1992, pp. 187-197.
13) Cf. 황필호, 「외도, 이혼의 조건인가」, 마광수 외, 『남자도 이혼을 꿈꾼다』, 동서고금, 1999, pp. 183-226.
14) 『조선일보』, 2005년 6월 22일.
15) 『동아일보』, 2003년 12월 30일.
16) Jim Smoke, *Growing Through Divorce*, Bantam Books, 1976.

Ⅱ. 정원 가꾸기, 결혼에 대하여

6. 결혼은 꼭 해야 하는가

– 지식을 위한 결혼, 행복을 위한 결혼

1. 만약 모든 사람이 결혼하지 않는다면…

세기의 문호인 셰익스피어는 『햄릿』의 제 3 막 1장 56절에서 "사느냐? 혹은 죽느냐? 이것이 문제로다" 라고 말했다. 그러나 엄밀히 말해서, 사는 것과 죽는 것은 우리들의 선택이 아니다. 우리는 우리의 의지와는 아무런 관련 없이 이 세상에 태어나고, 또한 우리들의 의지와는 아무런 관련 없이 이 세상을 떠난다. 단지 문제가 있다면 우리가 이 세상을 어떻게 살다가 어떻게 죽느냐는 문제가 있을 뿐이다. 그리고 삶과 죽음은 긴밀히 연관되어 있기 때문에 사는 방법을 아는 사람만이 죽는 방법을 알 수 있으며, 죽음을아는 사람만이 삶을 이해할 수 있다. 라즈니쉬가 죽음을 "삶의 완성이며, 삶의 확장이며, 삶의 절정이며, 삶의 피날레"라고 말한 이유도 여기에 있다.[1]

어떻게 사느냐는 문제 중에서 누구나 일생에 한 번은 고심해야 되는 것이 바로 결혼을 반드시 해야 되느냐는 문제다. 물론 이 세상에는 여러 가지 종류의 만남이 있고, 결혼에도 여러 가지 종류의 결혼이 있다. 여기서 제기되는 문제들은 대강 다음과 같은 것들이다.

남녀가 사랑하면 반드시 결혼해야 하는가? 결혼이 사랑의 완성이라는 말이 있지만, 결혼은 사랑의 무덤이라는 말도 있지 않은가? 아니, 사랑하지 않고는 결혼할 수 없을까? 경제적 및 정신적 안정을 위하여 결혼할 수 있지 않은가? 아이를 낳아서 집안의 대를 잇기 위하여 결혼할 수도 있지 않은가? 그리고 서로 사랑하더라도 사회적인 인습에 의한 결혼보다는 동거와 같은 결합이 더욱 이상적이지 않을까?

또한 결혼을 한다고 하더라도, 반드시 일부일처제의 결혼을 해야 하는 이유는 무엇인가? 이슬람교는 아직도 4명의 여성과 결혼할 수 있는 일부다처제를 용인하고 있으며, 히말라야의 오지에 사는 사람들은 2-3명의 형제가 한 여성과 즐겁게 지내는 일처다부제를 허용하고 있지 않는가? 또한 일부일처제를 고수하는 대부분의 사회에서도 실제로 3명 동숙, 아내 바꿔치기, 여러 사람이 얽힌 치정 사건이 거의 공공연히 자행되고 있지 않는가?

그리고 일부일처제의 결혼을 한다고 하더라도 반드시 사회 규범에 따라 예식을 올리고 호적에 올려야 하는가? 일 년마다 갱신할 수 있는 결혼도 있을 수 있으며, 상대방이 싫으면 언제든지 헤어질 수 있는 계약 결혼도 있을 수 있지 않은가? 또한 실제로 그런 사람들이 우리 주위에 엄존하고 있지 않는가? 그들은 이러한 계약 결혼만이 결혼의 활력소를 계속 유지할 수 있다고 말하지 않는가? 그리고 결혼을 한다면, 그것을 중매를 통하여 할 것인가? 아니면 연애를 통하여 할 것인가?

물론 이런 문제들에 대한 답변은 각자의 인생관에 따라서 다를 수밖에 없으며, 또한 각자에 따라서 달라야 한다. 모든 사람이 반드시 결혼해야 한다는 주장은 모든 사람이 결혼하지 말아야 한다는 주장과 마찬가지로 있을 수 없는 일이다. 모든 사람이 계약 결혼을 해야 한다는 주장은 모든 사람이 정식 결혼을 해야한다는 주장과 다름없다.

그럼에도 우리 주위에는 모든 사람이 결혼해야 한다고 주장하는 보수주의자들과 모든 사람이 결혼할 필요가 없다는 자유주의자들이 굉장히 많다. 그들의 논리를 한 마디로 말하면 '만약 모든 사람이…(if everybody…)'의 논리라고 말할 수 있다. 만약 모든 사람이 결혼하지 않는다면 자녀 생산이 없을 것이며, 자녀 생산이 없다면 이 사회는 어떻게 유지되겠는가? 만약 모든 사람이 일부일처제의 결혼을 한다면, 핵 전쟁이 발생되어 남성이 거의 전멸된 상태에서는 어떻게 되겠는가? 만약 모든 남녀가 연애 결혼만을 고수한다면, 그들의 부모의 역할은 어떻게 되겠는가? 모든 남녀가 중매 결혼만을 고수한다면, 그들의 자유로운 선택의 문제는 어떻게 되겠는가?

그러나 이러한 '만약 모든 사람이…'의 논리는 오류일 뿐이다. 인간은 각자가 다르기 때문에 절대로 전부 결혼을 하거나 전부 결혼을 거부하지는 않을 것이기 때문이다. 아무리 독재사회라도 사람들은 각기 달리 생각하고, 그 생각을 각기 달리 표현하고, 또한 각기 달리 행동하게 마련이다. 기계가 아닌 인간이 어떤 문제에 대하여 전부 동일하게 처신한다는 생각은 실제로는 있을 수 없는 일이며, 이런 뜻에서 '만약 모든 사람이…'의 논리는 현실에서는 있을 수 없는 공상적 오류가 아닐 수 없다.

2. 결혼은 각자의 선택

우수의 철학자인 키에르케고르는 "결혼을 하면 후회할 것이며, 결혼을 하지 않아도 후회할 것"이라고 말한다. 물론 그는 — 적어도 외양적으로 보면 — 아무런 이유 없이 그가 사랑했던 레기나 올센(Regina Olsen)과의 약혼을 스스로 파기했으며, 그러면서도 그는 '새와 같이 가벼우면서도 사자와 같이 담대한' 그녀를 끝까지 사랑했으며, 나중에 그녀가 다른 사람(Fritz Schlegel)과 결혼했을 때 굉장한 심적 고민을 했던 실존주의자였다. 그는 결혼에 대하여 결혼하지 않는 경우와 마찬가지의 회한을 느꼈을지도 모른다.[2]

하여간 사람들은 키에르케고르의 이 명제에 대하여 정반대의 결론들을 내린다. 어떤 사람은 그렇다면 일단 결혼하고 볼 일이라고 결론을 내리고, 다른 사람은 그렇다면 결혼할 필요가 없다고 결론을 내린다. 다시 말해서, 동일한 전제로부터 정반대의 결론을 내린다. 그러므로 결혼을 해야 하느냐는 문제는 역시 각자의 취향에 따라서 서로 다를 수밖에 없다.

물론 결혼하는 대부분 사람들의 목표는 '안정'에 있다. 좀더 편할 수 있고, 평생 생활비를 대주는 사람을 만나고, 필요할 때는 언제나 성교를 할 수 있으며, 평생 밥지어주고 뒷바라지를 해주는 사람을 갖기 위하여 결혼한다. 사회적인 관습, 종족유지, 타인의 눈초리, 외부의 압력에 의하여 결혼한다고 말하는 사람들도 어느 정도의 편안함을 결혼에서 찾고 있다. 한 마디로 말해서, 그들의 대부분은 공리주의적인 사고에 의하여 결혼을 한다.

우리는 이러한 공리주의적인 생각을 비판할 필요는 없다. 모든 인간은 자신의 안정과 편안함을 추구하는 본능을 가지고 있기 때문이다. 물론 결혼해서 안정을 더욱 잃을 수도 있다. 그러나 이것은 어디까지나 개인적인 사정에 속한다. 그리고 이러한 '…때문에(because of)'의 사랑은 '…에도 불구하고(in spite of)'의 사랑으로 승화되어야 한다. 그러나 그것은 어디까지나 결혼한 다음의 단계일 뿐이다. 그러므로 우리는 결혼에서 안정을 찾는 사람을 무턱대고 옹호할 필요도 없으며 비판할 필요도 없다. 그것은 어디까지나 각자의 선택이다. 다시 말해서, 결혼해서 얻을 수 있는 이익과 손실은 각자에 따라서 다르게 마련이다.

3. 지식을 위한 결혼, 행복을 위한 결혼

그러나 결혼한 사람은 결혼하지 않은 사람과 비교하여 한 가지 유리한 점이 있다. 그것은 바로 인생에 대한 지식을 더욱 많이 얻게 된다는 것이다. 물론 결혼하지 않은 사람도 인생에 대한 지식을 얻을 수는 있다. 그러나 그는 한 가지 점에 있어서 결혼한 사람보다 불리한 위치에 있다고 말할 수 있다.

일반적으로 철학에서는 지식을 얻는 방법으로 경험, 이성, 직관의 세 가지를 든다. 경험주의자들은, 인생이란 원래 백지장(tabula rasa)과 같은 것이므로 경험을 통해서만 지식을 얻게 된다고 주장한다. 경험이 붉은 잉크로 글을 쓰면 붉은 글씨가 나오고, 푸른 잉크로 쓰면 푸른 글씨가 나온다. 그러나 합리론자들은, 우리가 경험으로 얻을 수 있는 지식은 정확하지 않고, 오직 이성에 의하여 얻은 지식만이 완전무결할 수 있다고 주장한다. 자연물로 보았던 것이 실제로는 인조물일 수도 있으며, 인간 경험에 의한 판단은 언제나 틀릴 수 있다는 것이다. 직관주의자들은, 경험이나 이성으로 얻은 지식은 어디까지나 오류 가능한 것이며, 시간과 공간의 지배를 받지 않는 영원한 진리는 직관에 의해서만 얻을 수 있다고 주장한다. 석가가 보리수 밑에서 얻은 대각(大覺)도 여기에 속할 것이다.

물론 서양 철학은 경험과 이성만을 주장하는 경향이 있으며, 특히 18

세기에는 경험론자들과 합리론자들이 격렬한 논쟁을 벌이기도 했다. 그리고 동양 철학은 일반적으로 직관을 중요시한다고 말한다. 그러나 이러한 판단들은 어디까지나 단편적인 판단에 불과하다.

모든 철학은 — 어느 정도의 차이는 있으나 — 경험과 이성의 두 가지 역할을 인정하고 있으며, 동양에서 주장하는 직관도 논리를 초월하기는 하지만 그것이 언제나 반논리적인 것은 아닐 수도 있다.[3] 그러므로 우리는 지식을 얻을 수 있는 방법으로 이상의 세 가지를 전부 인정해야 할 것이며, 또한 실제로 우리는 이 세 가지 방법을 통하여 지식을 얻게 된다. 어떤 사물을 인식할 때는 경험을 사용하며, 하나에다 하나를 보태면 둘이 된다는 것을 이해할 때는 이성을 사용하고 있으며, 교활한 이지적 도둑을 잡을때는 '수사관의 직관'을 사용한다.

이렇게 볼 때, 결혼을 직접 경험한 사람은 하지 않은 사람보다 인생에 대하여 더욱 많은 지식을 얻을 수 있는 위치에 있다. 그리하여 우리는 지식을 위해서는 미혼자보다도 기혼자가 더욱 좋은위치에 있고, 한 번 결혼한 사람보다는 두 번 결혼한 사람이 더욱 인생을 알 수 있으며, 이혼하지 않은 사람보다는 이혼한 사람이 인생을 더욱 알 수 있으며, 그것도 한 번 이혼한 사람보다는 두세 번 이혼한 사람이 더욱 인생에 대한 지식을 가질 수 있다고 말할 수 있다. 한 마디로 말해서, 지식을 위해서는 결혼하는 것이 결혼하지 않는 것보다 더욱 바람직한 일이다. 그러면 모든 사람은 결혼해야 하는가?

우리는 일반적으로 "아는 것이 힘"이라는 프란시스 베이컨(Francis Bacon)의 명제를 믿고 있으며, 지식은 언제나 좋은 것으로 믿고 있다. 에리히 프롬이 "아는 사람만이 사랑할 수 있으며, 사랑하는 사람만이 알 수 있다"고 말한 이유도 여기에 있다. 인생과 사랑을 진실로 모르는 사람은 인생과 사랑을 즐길 수 없다.

그러나 우리는 지식이 항상 행복을 줄 수 없으며, 어느 경우에는 도리어 불행을 줄 수 있다는 사실을 잘 알고 있다. 우선 불완전하고 불충분한 지식은 차라리 없는 것만도 못할 때가 있다. 진실로 안다고 믿었던 것이 실제로 극히 미세한 빙산의 일각에 견줄 만한 지식이라면, 그런 지식은 우리의 순수성만을 앗아가는 것이 될 수도 있다.

대학에 진학하지 못한 순진한 농사꾼 청년과 쓸데없는 정보를 지식으로 착각하는 도시 청년을 비교해 보라. 여기서 우리는 정보(information)가 곧 지식(knowledge)이 아니며, 지식이 곧 지혜(wisdom)가 아님을 쉽게 알 수 있다.

더 나아가서, 수많은 신비주의자들은 지식이 도리어 진리 획득에 방해가 된다고 말하지 않는가. 그리하여 동양의 고전인 『도덕경』은 "말로 표현된 도(道)는 영원한 도가 아니요, 이름으로 표현된 이름이란 것도 저 그대로의 이름이 아니다"라고 말하고,[4] 일반적으로 우리는 "빈 수레가 더 요란하다"거나 "아는 사람은 말하지 않는다(知者不言)"고 말한다. 하여간 지식이 행복을 줄 수는 있지만 행복 자체는 아니며 또한 어느 경우에는 더욱 커다란 불행을 줄 수도 있다.

우리는 행복을 위하여 지식을 희생할 수는 있어도 지식을 위하여 행복을 희생할 수는 없다. 이런 뜻에서, 지식을 위해서는 반드시 결혼하는 것이 좋겠지만 각자에 따라서 그 결혼에서 얻을 수 있는 지식이 행복에 기여할 수 없다면 결혼을 포기할 수도 있을 것이다. 물론 지식을 위한 결혼은 재물을 위한 결혼보다는 바람직한 일이겠다. 그러나 지식을 위한 결혼도 행복을 위한 결혼으로 승화될 수 없다면 차라리 결혼을 포기하는 것이 합리적인 처사겠다.

4. 절반 인간이 아닌 독신남녀

결혼은 각자의 선택이다. 획일적으로 결혼을 해야 한다거나 하지 말아야 한다는 주장은 옳지 않다. 그것이 아무리 윤리적, 사회적, 정치적 이유라고 해도 결혼은 어디까지나 개인의 선택이다. 윤리라는 이름 아래 개인을 희생시키는 일은 진정한 윤리적 처사가 아니다. 그러나 우리는 결혼에 대하여 몇 가지 일반적인 제안을 할 수 있다.

첫째, '보통사람의 길'을 걸으려는 사람은 결혼하는 것이 좋을 것이다. 이미 말했듯이, 지식을 위해서는 결혼하는 것이 훨씬 유리하겠지만, 그것이 바로 행복으로 연결되는 것은 아니다. 그러나 보통사람의 삶은 아무래도 소수보다는 다수에 속하는 편이 좋다. 배짱이 없는 여인은 전부 맥시를 입을 때 혼자서 미니를 입을 수 없다. 그러므로 평생을 예술에게 바친다거나 괴팍한 외길 인생을 고집하는 특수한 사람이 아니라면, 그는 다른 사람들과 마찬가지로 결혼을 하는 것이 무난할 것이다. 아무래도 이 세상에는 결혼하지 않는 사람보다는 결혼하는 사람이 다수를 차지할 것이기 때문이다.

물론 이런 주장은 어디까지나 일반적인 주장이다. 보통사람의 길을 걸으면서도 독신의 삶을 유지하는 예외적인 사람도 있을 수 있다. 그리고 여기서 한 가지 첨부할 일은, '보통사람의 길'이 꼭 '특별사람의 길'보다 결코 못한 것이 아니라는 사실이다. 이 세상의 모든 사람이 예술이나 철학에 전념할 필요는 없으며, 또 그렇게 되어서도 안 된다. 그러므로 특수한 삶을 영위하는 영웅, 위인, 저명 인사만을 진정한 인간으로 간주하는 것은 옳은 처사가 아니다. 오히려 이 세상은 침묵하는 다수에 의하여 유지되고 있다. 김형석은 이렇게 말한다.

우리는 언제나 평범이 지니고 있는 진리와 위력을 가볍게 평가하지 말아야 한다. 역사를 움직이는 힘도 그들에게 있으며 사회를 지탱해 나가는 능력도 정상인들의 평범한 생활 속에 있다.

우리는 대부분의 사람들이 그저 평범선 밑에서 살고, 먹고, 결혼하고, 자녀를 낳고, 죽어간다고 생각하기 쉽다. 그러나 이 평범이 인생의 정도(正道)며 인간의 값이다. 이 평범한 결혼 속에 무한히 고귀한 것들이 깃들이고 있음을 잊지 말아야 한다. 그 중에서 가장 귀중한 것이 바로 '사랑의 짐'이다. 한 사람을 자기의 전부를 바치면서 사랑하고, 자기 생명의 분신인 자녀를 길러간다는 사랑의 짐, 이 얼마나 귀중한 것인가?

그들은 이 일을 위하여 한없이 울기도 하고 웃기도 한다. 그러나 이것이 삶의 내용이며, 인생의 성실한 과제다. 그리고 이러한 사랑의 짐을 감당해 나가는 동안에 우리들의 인격은 높아지고, 감정은 순화되며, 뜻은 원만해지며, 성격의 모진 모퉁이들이 깎여 아름답고 선한 인품으로 변화하게 된다.

한 번도 사랑의 짐을 져보지 못한 사람들이 어떻게 인생을 알며, 이해와 동정심을 가지며, 조화된 사회의 충실한 일원이 될 수 있겠는가? 그러므로 단순히 아내가 되었다는 점에서 훌륭하고, 단순히 어머니가 되었다는 평범한 사실이 존경받을 만하고, 자녀를 잃고 울었다는 일 때문에 인생에 공헌했다고 보아도 좋을 정도로 인생은 평범성 속에 깊은 뜻을 가지고 있다. 우리들이 때때로 괴벽한 인격의 소유자에게 불만을 품게 되는 이유도 여기에 있다. 그들은 비범한 인물도 못 되면서 결혼이라는 평범한 일을 잃어버렸기 때문이다.

뿐만 아니라 대다수의 사람들은 육체와 정신의 안주처를 가져야 하는데, 이 안주처를 만들어주는 것이 바로 결혼이다. 그러므로 특별한 조건이 없는 한, 우리는 결혼의 길을 택하는 것이 좋겠다.

하여간 사랑의 짐이라는 경건한 의무를 느끼지 못하는 사람들은 그것을 하나의 진실한 의무로 받아들이는 사람들을 가볍게 보지 말아야 할 것이다.[5)]

평범한 삶을 조롱하는 사람은 대개 평범 이하의 사람이다. "출세하지 못한 남편은 훌륭한 남편이 아니다"라고 주장하는 사람은 돈에 눈이 어두운 사람이다. 행복은 평범한 곳에도 있고 특수한 곳에도 있다. 어떤 사람은 특이한 삶에서 보람을 찾고, 다른 사람은 평범한 삶에서 보람을 찾는다. 그리고 평범한 삶에서 보람을 찾는 사람은 이 사회에서 모나지 않기 위하여 결혼하는 다수에 속하는 것이 좋을 것이다.

둘째, 결혼에도 여러 가지 종류가 있으며, 남녀의 만남에도 전통적인 결혼 이외의 만남도 있다. 그러므로 우리는 어느 만남을 획일적으로 매도하지 말고, 모든 종류의 만남을 받아들일 수 있는 마음의 자세를 가져야 한다. "나의 방식만이 옳다"는 배타주의는 또 다른 배타주의를 만나게 마련이다.

윤리도 변하고 진리도 변한다. 그렇다고 해서, 전통적인 결혼이 반드시 지양되어야 한다는 뜻은 아니다. 그러한 주장은 그것을 반드시 고수해야 된다는 주장과 마찬가지로 닫힌 사회의 징후에 불과하다. 모든 형태의 삶을 용인하고 축복해 주는 열린 사회의 일꾼이 되어야 하겠다.

셋째, 여러 가지 이유에 의하여 독신으로 사는 사람을 절반 인간이나 저인간(低人間)으로 취급하지 말자. "저 노처녀는 생리적으로 문제가 있다"거나 "저 노총각은 능력이 없다"는 평가는 옳지 않다. 독신 생활이 신부, 수녀, 비구, 비구니와 같은 특수층에게만 허용되어야 한다는 주장은 윤리적으로나 종교적으로 지지될 수 없다.

더구나 요즘에는 '화려한 싱글'이라는 표현이 매스컴을 장식하는 시대가 되었다. 바야흐로 "직업은 필수, 결혼은 선택"의 시기가 된 것이다. 실제로 30-40대 싱글 328명을 조사한 통계에서, 인생에서 가장 중요한 것은 44퍼센트의 건강과 19퍼센트의 돈이 차지하고 있으며, 12퍼센트의 가족과 7퍼센트의 결혼은 훨씬 뒤로 밀려 있다.

또한 앞으로 결혼 계획이 있느냐는 질문에도 남성 응답자의 11.7퍼센트와 여성 응답자의 33.1퍼센트는 전혀 없거나 회의적인 편이라고 답변했다. 그리고 이런 싱글족의 증가는 한국뿐만 아니라 국민의 70퍼센트가 동거를 원하는 프랑스, 주말이면 싱글족이 드나드는 레스토랑이나 술집이 성업 중인 뉴욕, 혹은 동경이나 중국에도 동일하게 나타나는 현상이다. 그러면 이런 싱글족은 어떤 사람들인가?

> 일반적으로 싱글족은 탄탄한 경제력을 바탕으로 자신들만의 삶을 만끽하면서, 홀로 사는 사람들을 뜻한다. 즉 정신적 및 경제적으로 독립된 신세대 남녀를 의미한다.
>
> 이들의 가장 큰 특징은 성공과 자신의 외모와 일에 대한 만족에 높은 가치를 두고 있다는 점이다. 싱글족들이 자신에 대한 투자를 활발히 하고, 외모와 유행에 민감하게 반응하는 것도 이 때문이다. 또한 싱글족은 가장 유용하고 호감가는 매체로 인터넷을 꼽고 있으며, 인터넷을 생활의 일부로 여기고 있다. 이에 반해 기혼자들은 TV와 신문을 더 이용한다.[6)]

5. 소설에 나타난 결혼

한때 결혼이 모든 문제를 해결해 주는 요술방망이로 생각되었던 시절이 있었다. 인간은 결혼이라는 통과의례를 거쳐야 진정한 성인이 될 수 있으며, 인간은 결혼을 통하여 사랑을 완성시키고, 결혼을 통하여 자녀를 낳고 기르는 과정에서 원숙한 인격체가 된다. 그리하여 결혼하여 아이를 낳는 일은 천리(天理)이므로 누구도 이 천리를 어겨서는 안 된다. 한 마디로 인간은 결혼을 통해서만 사람다운 사람이 된다는 것이다.

이연희의 장편소설 『황금빛 낡은 침대 위의 여자』는 이런 결혼관을 철저하게 비신비화시킨다. 주인공인 현우희는 오진석의 "어쩌면 결혼이란 것이 내 영혼을 구제할지도 모른다는 생각이 들었소"라는 프러포즈에 대하여 "환상에 빠져 있군요. 결혼은 생활이지 생명이 아니에요"라고 잘라 말하고, "우리 어머니는 남자를 통해서 나를 낳았지만 당신은 당신 자신의 영혼을 통해 나를 낳아주길 바라오. 내가 바라는 구원은 거기에 있소"라는 애절한 통사정을 배부른 돼지의 배설 행위와 다를 것이 없다고 일축한다.

왜 주인공은 결혼을 이렇게 철저하게 비신비화시키는가? 그가 결혼을 '생명'이 아니라 '생활'일 뿐이라고 주장하는 근거는 무엇인가? 이 질문에 대하여 저자는 먼저 결혼을 지상 최대의 신비화로 생각하게 하는 이유를 검토하라고 충고한다. 도대체 우리는 왜 결혼하는가?

우선 아이를 낳기 위하여 결혼한다는 사람들이 있다. 물론 공개적으로 그렇게 말하지는 않지만 실제로 우리 사회에서 결혼의 유일한 목적은 '대를 잇는 것'으로 생각하는 사람들이 의외로 많다. 주인공의 친구인 은경이 바로 이런 결혼 생활을 하고 있는데, 이런 삶은 결국 "밖에서 아파트 문을 잠궈 놓은 것 같은 삶"일 뿐이다.

물론 아이를 낳고 싶어하는 것이 여성의 본성이라는 논리가 없는 것은 아니다. 그러나 주인공은 이런 논리는 토론할 가치조차 없다고 생각한다. 오히려 그는 "출산의 방법은 예나 지금이나 너무나 원시적이에요. 여자의 가장 비인간적인 모습은 임신과 출산의 과정에 있어요"라고 외치며, 이 과정을 통하여 "테크노피아니, 무슨 유토피아 운운하는 이 시대에도 여자만은 가장 동물에 가까운 행위를 반복하는 인간으로 버려져 있어요"라고 외친다.

다른 사람들은 성적 콤플렉스를 해결하기 위해 결혼한다. 필요할 때면 언제나 '나의 남자'나 '나의 여자'가 있다는 만족감을 얻기 위하여 결혼한다. 그리하여 은경은 결혼이란 "내가 여자이기 때문에 가졌던 콤플렉스를 풀어주는 것 같애. 내 속에 내재해 있던 남성을 찾는다고나 할까. 상대방 남자에게도 내재해 있는 여성이 있듯이"라고 말하지만, 이 말을 들은 주인공은 화장실에 가서 입 안을 서너 번 헹구어낼 정도의 혐오감을 느낀다.

이런 주인공이 주위 사람이나 사회로부터 지독한 냉대, 질시, 오해, 업신여김을 당하는 것은 당연한 일이다. 더구나 부계 혈통이 철저하게 유지되고 있는 우리나라와 같은 사회에서 주인공은 오직 결혼하지 않는다는 한 가지 이유로 모든 면에서 열등한 인간, 저(低)인간, 절반 인간의 대우를 받는다. 즉 그녀는 생리적으로 문제가 있을 것이라는 추측에서부터 젊은 시절의 상처 때문이라는 수많은 오해를 받는다.

그러나 주인공은 그녀의 독신 생활이 "불평등한 사회 구조에서 출발한 것이 아니라 한 개인의 상처에서 출발한 것"이라고 짐작하는 노영섭 부장에게 이렇게 쏘아붙인다. "잘못 보셨어요. 나에게 어떤 상처가 있다 해도 그건 나의 독신과 전혀 관계가 없는 상처일 거예요. 나는 눈으로 볼 수 있고, 손으로 만져 느낄 수 있는 것만 사랑하기 때문이에요. 구체적으로 형체를 가진 것만 사랑할 뿐이죠."

그러면 여러 면에서 똑똑한 주인공은 왜 결혼을 한사코 반대하는가?

여기에는 특별한 이유가 없다. 오히려 특별한 이유가 있을 것이라고 — 혹은 있을 수밖에 없다고 — 생각하는 사람들이 이상한 사람들이다.

아마도 주인공이 결혼하지 않는 가장 중요한 이유는 많은 사람들이 꼭 결혼해야 한다고 생각하기 때문일 것이다. 본질적으로 삶이란 '자리다툼'이며, 이 치열한 생존 경쟁에서 도전은 그 자체로 의미가 있는 것이다. 수천 년 동안 당연하게 생각되어 온 여성 차별과 결혼의 신비성은, 그것이 단순히 너무나 명백한 진리로 받아들여지고 있다는 사실 한 가지만 가지고도, 일단 도전해 볼 가치가 있는 것이다.

예를 들면, "나의 이름은 아버지의 성을 따라 지어졌고, 성당의 청소부였던 큰아버지의 유일한 핏줄이자 장손인 우석의 이름도 아버지의 성을 따라 지어졌다"는 것과 같은 사실은 우리에게 너무나 당연한 일이다. 그러나 주인공은 너무나도 빨리 자신을 자각한 대부분의 여성들은 이런 당연시되어 온 현상들에 대한 "무모한 도전의 불필요성을 일찌감치 알아차리지만 … 나는 그녀들이 인정하는 사실을 인정할 수 없다"고 고백하며, 결혼을 통한 완성을 추구하는 여성들의 '자기 만족'은 결국 '자기 기만'에 지나지 않으며, 그러므로 그들의 이런 태도는 분명 웃음거리에 지나지 않을 것이며, 여성들 자신도 얼마 지나지 않아 자기 만족이라는 것이 얼마나 어리석은 변명인지 곧 알아차릴 것이라고 말한다.

그러면 주인공은 패배와 고통에서 쾌감을 얻는 사디스트인가? 그렇지는 않다. 그는 적당히 술을 즐기고 적당히 고독을 즐기고 적당히 삶을 즐기는 정상적인 여자다. 주인공은 인간에게 주어진 운명을 거역하는 초인인가? 그렇지도 않다. 그는 시시콜콜한 조그만 일에도 깊은 상처를 받을 수 있는 우리네 옆집의 아낙네일 뿐이다. "잊혀지기를 원하는 사람은 죽은 사람"이라고 생각할 정도로 다른 사람들로부터 좋은 사람이라는 대우를 받고 싶은 다정다감한 여자다.

다시 말하지만, 그가 결혼하지 않는 본질적인 이유는 없다. 구태여 이유를 대라면, 인간은 필요한 것만 선택하는 것이 아니라 필요하지 않은 것도 선택해야 된다는 괴팍하다면 괴팍한 인생관 때문이라고나 할까. 그리하여 그가 정신적으로 가장 가깝게 느낀 문장섭 동부 출장소장은 이렇게 말한다. "필요 때문에 무엇인가를 선택하지 말라는 것이오. 언젠가는 쓰레기장에 앉아 있는 기분이 되고 말 거요. 필요 없는 많은 것을 끌어안고 사는…."

여기서 우리에게 중요한 것은 왜 주인공이 결혼하지 않느냐는 것이 아니라 결혼을 비신비화시킴으로써 이 사회의 여성들이 받을 수밖에 없는 구체적인 사시(斜視)의 눈과 멸시의 태도다. 정상적인 교육을 받은 사람들에게 있어서 결혼의 비신비화는 상상조차 할 수 없는 일이며, 주인공의 이런 태도야말로 계란으로 바위를 깨려는 일이며, 보통 여성들은 그저 한두 번 겉으로만 시행하는 척하다가 곧바로 그 구조 속에 안주하는 것이 엄연한 현실이다.

주인공은 자신이 스스로 선택한 자유의 대가를 어떻게 보상하려고 하는가? 그는 결혼의 비신비화에서 나오는 문제점들을 — 너무나 많은 문제들을 — 어떻게 해결하려고 하는가? 그는 이 문제의 열쇠를 일에서 찾으려고 한다. 물론 일반적인 의미에서도 여성 지위의 향상은 경제적 행위로부터 출발한다. 그러나 그에게 있어서 일을 하는 직장은 단순히 돈만 버는 곳이 아니다. 그는 '호구지책 이상의 것으로서의 직업'을 필요로 한다. 그가 악착같이 일을 통하여 자신의 정체성을 남에게 알리려고 하는 이유도 여기에 있다.

일을 통한 인생, 일하는 동물(*homo laborans*)로서의 삶, 일을 통하여 삶의 보람을 느끼고 결국 죽음 다음에도 일을 통하여 그 인간이 평가되는 삶, 이런 삶에서 주인공은 구원을 찾는다. 그리하여 문학평론가 이동하는 이 소설의 해설에서 "여주인공을 성공적인 자동차 판매원으로 설정했다는 사실 자체만 가지고서도 충분히 주목받을 만한 가치가 있다"고 말한다.

이 소설에는 결론이 없다. 결국 주인공은 대학 시절의 애인이었으나 다른 여성과 독일까지 가서 이혼한 종빈과 정말 오랜만에 연락이 닿아서 심각하게 생각도 하지 않고 독일행 비행기에 오른다. 이것은 도피성 여행일까? 그럴 수도 있다. 혹은 결혼을 철저하게 발가벗긴 여성이 일과 직장보다 더욱 훌륭한 대안을 찾기 위한 실험성 여행인가? 그럴 수도 있다. 다만 여기서 확실한 사실은, 이 소설의 주인공은 '황금빛 침대'와 같은 찬란한 이상을 가지고 있지만, 그가 현재 가지고 있는 것은 '낡은 침대'일 뿐이라는 현실이다.[7]

6. 호모 목사님 이야기

나는 "결혼은 꼭 해야 하는가"라는 글을 끝내면서 1972년에 발행한 『벌거벗은 한국인: 황필호 세계일주 여행기』의 일절을 소개하겠다. 이 내용은 아마도 오늘날의 우리나라 현실에 걸맞지 않을 정도로 극단적인 이야기가 될 수도 있다. 그러나 이미 말했듯이 새로운 세대는 새로운 문제를 제기하고, 새로운 문제는 새로운 해결책을 필요로 한다.

예를 들자. 내가 대학을 다닐 때는 사람들이 다니는 행길에서 대낮에 손을 잡고 다니는 남녀는 도덕적으로 옳게 볼 수가 없었다. 그것은 분명히 창녀와의 데이트임에 틀림이 없었다. 그러나 그런 판단 기준을 오늘날 사용할 수 있을까? 나의 눈에도 이제는 그런 광경이 절대로 더럽게 보이지 않는다. (그러나 구세대에 속하는 나의 눈에 대학 캠퍼스에서 팔짱을 꼭 끼고 다니는 모양은 그리 좋게 보이지 않는다. 그리고 한 세대가 지나면 이러한 광경도 극히 자연스럽게 보일 것이다.)

하여간 독자들은 지금부터 소개하는 호모 목사님 이야기를 무작정 "서양놈들!"이라고 매도할 수도 있다. 그리고 이 이야기는 미국에서도 보편적인 이야기가 아니다. 그러나 우리는 이 이야기를 객관적인 토론 대상으로 삼을 필요가 있다. 우리가 합리적이며 개방된 사람들이라면.

페리는 25세에 침례교 목사가 되었다. 그는 9세 때 호모의 경험이 있었지만 23세에 결혼해서 두 아이를 낳았고, 캘리포니아주의 산타 아나에 있는 교회의 목사가 되었다. 그러면서도 그는 언제나 자신의 호모 취향에 대하여 고민을 하고 있었다. 그리하여 어느 때는 이 '사탄의 유혹'을 물리치기 위하여 얼굴에 핏기가 가실 정도로 열심히 기도를 올리기도 했다. 그래도 소용이 없었다. 그는 결국 아내와 그가 시무하던 교회를 버리고 군에 입대하여 제대한 다음에 단신 헐리우드로 왔다. 1968년 여름의 어느 날 밤 그는 마침 호모 행위로 영창살이를 하고 나온 한 소년을 위로하고 있었다.

"하느님의 위로를 받아들여라."

"필요없어요. 아무도 호모를 이해하지 못해요."

"하느님은 이해하신다."

"하느님도 이해 못해요."

그 순간 페리는 정말 하느님은 이해할 것이라는 확신을 얻었다. 그렇다. 하느님은 분명히 이해하신다. 그는 즉시 호모들이 발행하는 『대변자(*Advocate*)』라는 신문에 조그만 광고를 냈다. 첫 주일에는 9명의 호모와 약간의 구경꾼이 왔다. 이것이 오늘날 700명의 신도를 가진 헐리우드의 '메트로폴리탄 커뮤니티 교회'의 시작이다. 호모 신도로 구성된 이 교회는 오늘날 정기 일요일 예배 이외에도 호모 교인들을 위한 직업 상담, 심리 요법, 그룹 스터디, 일반 토론회를 주관하고 있으며, 어떤 상담에도 즉시 응할 수 있는 비상 전화까지 갖추고 있다. 18개월이 지난 후 페리 목사의 교회는 아주 유명하게 되었다. 이에 자극을 받은 다른 호모 목사들은 시카고, 샌디에이고, 샌프란시스코 등에 다시 호모 교회를 설립하게 되었다.

'메트로폴리탄 커뮤니티 교회'의 한 신도는 이렇게 고백한다. "나는 어머니에게 내가 호모임을 고백했어요. 어머니는 벌써부터 알고 있었다고 하시더군요. 그러면서 어머니는 나를 이전과 마찬가지로 어머니의 아들로 취급한다고 말씀하셨습니다. 그리고 실제로 어머니는 전과 마찬가지로 나를 사랑합니다. 하느님의 은혜지요."[8)]

오늘날 샌프란시스코의 시장이 되려면 동성애자들의 지지가 없이는 도저히 불가능하게 되었다. 이런 사실은 2004년 2월의 어느 날 아침에 샌프란시스코의 시청 앞으로 운집한 수백 명의 장사진에 잘 나타나 있다. 미국에서 처음으로 동성 결혼식을 올리려는 사람들이었다. 시는 첫날인 12일에는 87쌍, 13일에는 590쌍, 14일에는 270쌍에게 결혼 증명서를 발급했으며, 목을 빼고 기다리던 나머지 사람들에게는 다음에 다시 오라고 했다. 증명서에는 '신랑 ○○○'와 '신부 △△△' 대신에 '제 1 신청자 ○○○'와 '제 2 신청자 △△△'라고 씌어 있었다.

"1980년대 초만 해도 미국에서는 20여개 주가 동성간의 성관계에 대하여는 사형까지 내릴 수 있는 '소도미법'(음란법)을 채택하고 있었다. 그러나 2003년 6월 텍사스의 소도미법에 대해 연방 대법원이 위헌 판결을 내리면서 상황이 바뀌기 시작했다. 그 뒤 8개월만에 샌프란시스코 시에서 동성애자들의 공식 결혼증명서가 나온 것이다."[9)]

일찍이 J. S. 밀은 유명한 『자유론』의 제 4 장에서 현재는 일부일처제를 실천하고 있으나 당시에는 여러 가지 이유로 일부다처제를 실천하고 있던 몰몬교에 대하여 토론한 일이 있다. 그는 철저한 남녀 평등주의자이기 때문에 일부다처제를 '자유의 원칙에 대한 정면 도전'으로 생각한다. 그런 제도는 그 집단의 절반인 여성을 남성에게 예속시키고, 남성은 여성에 대한 의무를 망각하게 하는 제도이기 때문이다.

그러나 그는 몰몬교의 이러한 생활은 그들이 기성 사회로부터 받은 억압에 대처하는 방법으로 고려된 것이며, 그들이 이런 제도를 다른 사람들에게 강요하지 않으며, 몰몬교의 여인들이 스스로 자유롭게 결정한 사실을 들면서, 우리가 그들의 자유를 억압할 아무런 근거가 없다고 주장한다. 그리고 그들의 생활을 박해하는 것은 '억압의 원리' 일 뿐이라고 말한다.

상당히 유명한 어느 작가가 이 일부다처국에 십자군(crusade)이 아닌 문명군(civilsade)을 파견하여 문명의 퇴보로 간주되는 제도를 폐기시킬 것을 제안했다. 물론 나도 이런 생각이 없지는 않다. 그러나 나는 여하한 사회도 다른 사회에 대하여 문명화를 강요할 권리가 있다고는 생각하지 않는다.

세상에는 자기들이 혐오하는 행위는 어떤 것이든지 자기들에게 위해(危害)를 주는 것이라고 생각하고, 그 행위를 자기들의 감정에 대한 모욕이라고 분개하는 사람이 많다. 예를 들면, 고집불통인 종교인의 경우가 여기에 속한다. 그가 다른 사람들의 종교적 감정을 무시한다고 해서 비난을 받으면, 너희들이야말로 나쁜 신앙이나 잘못된 신조를 고집함으로써 나의 감정을 무시하는 것이라고 반발한다.

그러나 우리는 모든 불확실한 사항에 대하여는 개인의 자유와 선택을 방임해 주고, 다만 세상 사람의 전반적 경험에 의하여 나쁘다고 단정된 행위만을 하지 않도록 요구해야 한다.[10]

밀의 논리는 한 마디로 위해 원칙(危害原則, harm principle)이라고 말할 수 있다. 나에게 직접 위해를 주지 않는 한 나는 다른 사람의 생각, 언어, 행동, 습관, 괴벽을 통제할 수 없다는 것이다. 나는 — 변명할 필요가 없지만, 변명을 하지 않을 수도 없는 현실이기에 — 호모가 아니다. 그러나 그들이 그들의 관념을 나에게 강요하지 않는 이상 나는 그들의 자유를 제한할 아무런 근거가 없는 듯하다. 공연히 나에게 아무런 해도 끼치지 않으면서 성실하게 살아가는 독신남이나 독신녀를 경멸할 이유도 전혀 없다. 비트겐슈타인이 말했듯이, 각자는 각자의 '삶의 형태'를 가지고 있게 마련이다.

생각해 볼 문제들

1. '만약 모든 사람이 결혼하지 않는다면…' 의 오류는 무엇인가?
2. 지식을 위한 결혼과 행복을 위한 결혼의 차이는 무엇인가?
3. 보통사람들이 지고 가는 '사랑의 짐'이란 무엇인가?
4. 『황금빛 낡은 침대 위의 여자』의 주인공이 결혼하지 않는 이유는 무엇인가?
5. J. S. 밀의 '위해 원칙'을 설명하라.

[주]

1) Bhagwan Shree Rajneesh, 변리현 역, 『죽음의 예술』, 청하, 1984, p. 15.

2) 철학자들은 그의 약혼 파기를 다음과 같은 여러 가지로 설명한다. 어머니의 따뜻한 사랑을 경험하지 못했던 그는 그녀에 대하여 동정녀 어머니의 이미지를 가지고 있었다. 종교 개혁자인 루터와는 달리 그는 독신 생활을 크리스천 성직자의 필요 조건으로 믿었다. 그는 그녀가 그의 종교적 심각성을 이해하기에는 너무나 단순한 여인이라고 생각했다. 그는 에로스와 아가페를 결합시킬 수 있는 결혼은 현실적으로 불가능하다고 믿었다. 그는 결혼을 너무 안이한 중산층의 해결책이라고 믿었다. 그는 처음부터 그녀를 환상적인 사랑의 대상으로 믿었다. 그는 결혼의 필수 조건인 성을 — 그가 누차 말했던 — '육체적 가시'로 믿었다. 그는 이 약혼 파기를 당시 사회에 대한 일종의 복수로 간주했다. 언제나 그리스도의 영광보다는 그리스도의 수난을 강조했던 그는 약혼녀에 대해서도 순수하면 할수록 일종의 죄책감을 갖게 되었다.

이상의 모든 설명들은 나름대로의 근거가 있다. 다만 여기서 우리는 두 가지 사실을 명심해야 할 것이다. 첫째, 그의 약혼 파기의 동기는 어디까지나 육체적이 아니라 정신적인 삶을 위한 것이었다. 그는 "크리스천이 된다는 것은 쉬운 일이 아니라 형극의 길을 걸어야 하는 극히 어려운 일이라는 사실"을 모든 사람에게 전파할 소명감을 받은 사람이라고 굳게 믿고 있었다. 둘째, 키에르케고르는 — 자기 자신이 인정하듯이 — 한 쪽 얼굴로는 웃으면서 다른 얼굴로는 울고 있는 야누스의 성격을 가지고 있었다. 그리하여 그는 "나는 비극적인 요소와 희극적인 요소를 동시에 가지고 있다. 나의 기지에 대하여 사람들은 웃지만 나는 울고 있다"라고 말했다. 이렇게 보면, 이상의 모든 설명들이 이 사건에 대한 일련의 이유가 될 수 있을 것이다. William Hubben, *Dostoevsky, Kierkegaard, Nietzsche and Kafka*, Collier Books, New York, 1979, pp. 15-16; S. Kierkegaard, 황필호 편역, 『철학적 조각들』, 집문당, 1998.

3) 우리는 '논리적인 직관'을 인정할 수도 있다. 이 문제에 대하여는 다음을 참조할 것. 황필호, 『분석철학과 종교』, 종로서적, 1985, pp. 27-29.

4) 원문: "道可道非常道 名可名非常名."

5) 김형석, 「누구를 위한 결혼인가」, 서울 YMCA 편, 『그 날을 위해, 삶을 위해』, 샘터사, 1985, pp. 23-24.

6) 『고대 신문』, 2005년 5월 16일.

7) 황필호, 『철학이 있는 사람이 아름답다』, 창해, 1998, pp. 38-44.

8) 황필호, 『벌거벗은 한국인: 황필호 세계일주여행기』, 공화출판사, 1972, pp. 288-289.

9) 『동아일보』, 2004년 2월 17일.

10) J. S. Mill, 이상구 역, 『자유론』, 삼성문고, 1972, 215f.

7. 결혼은 언제 해야 하는가

- 결혼 적령기

1. 골드, 실버, 브론즈

모든 일에는 때가 있다. 그리고 그때를 놓치면 다시 오지 않는다. 봄이 되어야 강남에 갔던 제비가 날아오고, 가을이 되어야 단풍이 진다. 그리하여 동양에서는 학문도 분명히 평생에 걸쳐서 하는 것이지만 젊은 날의 일촌 광음을 중요하게 여기란 말이 있다. "소년은 쉽게 늙고 학문은 어렵게 이루어지나니, 짧은 시간이라도 가벼이 해서는 안 된다. 아직 연못가의 봄풀의 꿈을 깨닫지도 못했는데, 뜰 앞의 오동잎은 벌써 가을 소리를 내며 떨어진다."[1] 서양에도 "쇠는 달았을 때 때려라"라는 속담이 있고, 일반적으로 우리는 "좋은 기회를 놓치지 말라(不失好機)"고 충고한다.

이렇게 보면, 우리는 결혼에도 — 물론 각자에 따라서 어느 정도 다를 수밖에 없지만 — 일반적으로 받아들일 수 있는 적령기가 있느냐는 문제를 생각할 필요가 있다. 그리고 실제로 수많은 여성지들은 우리나라 남성이 가장 좋아하는 여성의 결혼 연령을 22.5세부터 25세로 본다는 보고서까지 발표한 일이 있다.

혼기 혹은 결혼 적령기는 원래 생물학적인 개념이었다. 출산을 하려는 여성은 아무래도 40을 넘지 말고, 18세 이하는 좋지 않기 때문이다. 그리고 이러한 생물학적인 견해는 어느 정도 타당성이 있다. 그러나 오늘날 적령기라는 개념은 이러한 생물학적인 관념이 아니라 하나의 사회적인 관념으로 정착되었다. 더구나 적령기는 이제 법보다 더욱 무서운 관습으로 정해져 있어서 슬슬 어길 수 있는 법보다도 실제로는 우리들의 결혼에 더욱 무거운 구속력을 가지고 있다.

예를 들자. 혼기를 놓친 처녀가 부모님에게 "이 사람은 어때요?" 라고 물으면 "그래, 좋구나" 라고 답변하고, "저 사람은 어때요?" 라고 물으면 "그래, 좋구나" 라고 답변한다. 결혼 상대자가 좋은 것이 아니라 적령기를 놓친 과년한 딸을 빨리 처분(?)해야 된다는 무언의 압력을 받고 있기 때문이다. 그러면 우리는 이렇게도 무서운 힘을 가지고 있는 적령기라는 사회적 불문율에 대하여 무슨 말을 할 수 있는가?

첫째, 적령기란 시대와 장소에 따라서 다를 수밖에 없는 상대적 개념이다. 서양과 동양이 다르고, 과거와 현재가 다른 상대적 개념이다. 우리 어머니 세대가 시집올 때 여성의 결혼 적령기는 '이팔 청춘'으로 표현된 16세 정도였고, 더욱 옛날에는 10세도 되지 않은 꼬마 신랑도 있었다. 이렇게 적령기란 절대적인 선천적 개념이 아니라 상대적이며 후천적인 개념이다.

둘째, 그러므로 결혼 적령기는 상한선과 하한선을 선명하게 정할 수 없는 개념이다. 사회적으로 제약된 연령에는 하한선만 정해지고 상한선이 정해져 있지 않은 경우가 있고, 양쪽이 전부 정해진 경우가 있다.

입학 연령이 전자에 속한다면, 징집 연령과 제대 연령은 후자에 속한다. 입학 연령은 정해져 있지만 아무리 늙어서도 다시 복학할 수 있으나, 군에 입대하는 것과 제대하는 것은 일단 정해져 있다.

결혼 적령기는 하한선과 상한선이 정해져 있지 않으며, 생물학적으로 보아도 그 적령기의 범위가 굉장히 넓다. 그리하여 23세 전후의 여성은 골드며, 25세가 지나면 실버며, 30세가 지나면 브론즈라는 관념은 옳지 않다. 그것은 우리가 우리 스스로를 부자유스럽게 얽어매는 올가미에 지나지 않는다.

셋째, 우리나라의 결혼 적령기라는 개념은 어디까지나 여성 차별을 위한 교묘한 수단으로 이용되고 있다. 여성은 시간이 지남에 따라 골드에서 브론즈로 떨어지지만 남성은 브론즈에서 골드로 올라간다. "젊으면 패기가 있어서 좋고, 나이가 들면 경제력이 있어서 좋다"는 평가는 남성에게만 해당되는 말이다.

차라리 모든 사람이 가난한 것은 참을 수 있다. 그러나 유독 나만이 가난한 것은 참기 힘들다. 모든 사람이 흑백 텔레비전을 보는 것은 조금도 괴롭지 않다. 그러나 모든 사람이 컬러 텔레비전을 볼 때 나만이 흑백 텔레비전을 보아야 한다면 슬프지 않을 수 없다. 남성에게도 여성과 동일한 결혼 적령기라는 굴레가 있다면 참을 수 있을 것이다.[2]

2. 연애 결혼의 힘

그러면 우리는 어떻게 우리 스스로가 만든 이 굴레에서, 처음부터 얽매일 필요가 없는 굴레에서 벗어날 수 있는가? 우리는 어떻게 결혼 적령기라는 올가미를 전혀 의식하지 않고 우리들의 배우자를 자유롭게 선택할 수 있는가?

첫째, 연령에 관계없이 언제나 필요하면 사랑하는 사람을 사귈 수 있다고 믿는 사람에겐 결혼 적령기란 있을 수 없다. 다시 말해서, 진정한 만남은 당사자간의 오랫동안에 걸친 연애를 통해서만 성취될 수 있으며, 몇 번째의 사랑에도 첫사랑의 정열을 쏟을 수 있는 사람에게는 적령기라는 굴레는 아무런 힘을 쓸 수가 없다.

일반적으로 우리는 첫 번째를 중요시하는 경우가 있다. 사람은 첫인상이 중요하고, 첫술잔은 비상이라도 마셔야 하고, 첫사랑의 상처는 평생 잊지 못한다고 말한다. 그러나 항상 그런 것은 아니다.

> 사랑에 관한 몇 번째냐는 물음은 아무런 가치가 없다. 첫사랑만이 진정한 사랑이라는 맹목적인 신앙을 가진 사람은 인생의 다양성과 풍요성을 모르는 사람이다. 오죽하면 첫사랑은 실패하는 것이 좋다는 말까지 있겠는가.
>
> 반대로 첫 번째보다는 두 번째가 진짜며, 두 번째보다는 세 번째가 맛이 있다는 주장도 옳지 않다. 그것은 사랑을 마치 기계적인 수학적 개념으로 착각하는 것이다.
>
> 그러므로 사랑에 대한 진정한 태도는 첫사랑에 대한 맹목적인 집착과 첫사랑은 쓰레기에 불과하다는 감정을 동시에 초월하는 태도다. 그리하여 "모든 사랑은 첫사랑"이라는 마음을 갖는 태도다.[3]

이렇게 자신이 있는 사람, 사랑할 때마다 그의 모든 정열을 바칠 수 있는 사람, 그리하여 언제나 불같은 사랑을 할 수 있는 사람, 모든 사랑을 첫사랑이라고 믿는 사람, 그런 사람에게는 적령기가 존재하지 않는다.

둘째, 원래 결혼 적령기라는 개념은 생물학적으로만 약간의 타당성이 있다. 그러나 결혼이 육체와 육체의 만남이 아니라, 동시에 영혼과 영혼의 만남이라고 믿는 사람에게 있어서, 결혼 적령기란 있을 수 없다.. 통계적으로 보면, 여성은 18세 전후가 육체의 절정이며, 남성은 23세 전후라고 한다. 그 후에는 내리막길을 걷는다고 한다. 그러나 정신적인 성장은 죽을 때까지 계속될 수 있다. 언제나 정신적으로 성장하는 사람은 만년 청춘으로 사는 것이며, 육체적으로는 젊지만 이미 독서와 배움을 포기한 사람은 애늙은이가 된 것이다. 죽을 때까지 열심히 창작에 몰두했던 피카소는 죽을 때까지 젊게 살았던 것이다.

셋째, 결혼 적령기라는 개념은 선천적인 것이 아니라 후천적인 사회의 통념이다. 그리고 일반 사람들은 특별한 이유가 없는 한 사회의 통념을 따르는 것이 좋을 것이다. 인간은 사회적 동물이기 때문이다. 그러나 인간은 사회의 지배를 받으면서도 동시에 사회를 창조해 나갈 수 있는 존재다. 사회의 관습과 풍습을 중요시하면서도 자신의 창조적인 삶을 위해서는 이 보이지 않는 그물까지도 꿰뚫고 나갈 수 있는 용기를 가진 것이다.

관습을 무시하는 것과 관습을 초월하는 것은 동일하지 않다. 창조적인 삶, 독창적인 삶, 비판적인 삶, 철학적인 삶을 살려고 노력하는 사람은 유구한 전통으로 내려온 관습의 중요성을 알면서도 옛날 관습의 나쁜 점을 개선해 나가는 것이 진정 사회의 규범을 사랑하는 것이라고 믿는다.[4] 그런 사람에게 결혼 적령기라는 관습은 언제든지 초월할 수 있는 굴레에 불과한 것이다. 한 마디로 결혼할 수는 있지만 꼭 결혼할 필요가 없다고 생각하는 사람들, 그리고 결혼이 필요하다고 느낄 때는 스스로 선택할 능력이 있는 사람들에게는 결혼 적령기가 있을 수 없다.

3. 결혼의 준비

그러나 적령기라는 말이 결혼의 적당한 시기를 뜻한다면, 분명히 모든 사람에게는 그때가 있게 마련이다. 일반적으로 '시기'라는 말은 '준비'를 뜻하며, 준비가 된 사람은 준비가 되어 있지 않은 사람과 큰 차이가 있다. 전자는 좋은 기회가 왔을 때 즉시 포착하지만, 후자는 기회를 놓치고 후회한다. 그리하여 성서는 '신랑을 맞이할 준비가 되어 있는 신부'를 말한 것이다.

그러면 훌륭한 신랑 신부 후보는 무엇을 준비해야 하는가? 결혼할 시기가 되었다고 말할 수 있는 구비 조건은 무엇인가?

첫째, 결혼을 준비하는 사람은 우선 '삶에 대한 강력한 의지'를 가지고 있어야 된다. 어떤 역경이라도 이겨낼 수 있으며 또한 일곱 번 넘어져도 여덟 번째 다시 일어날 수 있다는 강력한 의지를 가지고 있어야 한다. 평생 밥 끓여 줄 사람을 얻기 위하여 결혼하는 남성과 평생 밥 끓일 돈을 벌어 줄 사람을 얻기 위하여 결혼하는 여성은 아직도 적령기를 맞지 못한 사람들이다. 결혼하려는 모든 사람은 이 험한 세상을 경제적으로나 심리적으로 혼자 헤쳐 나갈 수 있어야 한다.

여기서 한 가지 중요한 사실은, 이 삶에 대한 강력한 의지는 구체적이고 현실적이어야 한다는 것이다. 특히 여성의 경우는 경제적인 자립 능력도 포함된다. 물론 여성이 반드시 직장을 가져야 한다는 뜻은 아니다. 그러나 필요하면 언제나 경제적으로도 자립할 수 있는 능력이 있어야 한다. 특히 현대의 미래학자들은 앞으로 "직업은 필수, 결혼은 선택"이 될 것이라고 예언한다. 그럼에도 예를 들면 남편의 습관성 폭력 때문에 이혼하고 싶어도 경제적인 이유로 할 수 없는 주부가 우리 주위에 많다는 것은 슬픈 일이다. "나와 결혼했기 때문에 평생 나를 먹여 살려야 한다"는 여인의 목소리는 비참할 뿐이다.

둘째, 결혼을 준비하는 사람은 정신적 및 육체적 건강을 지녀야 한다. 건전한 육체에서 건전한 정신이 나오며, 건전한 정신에서 건전한 육체가 나온다. 그리고 육체는 '자연적'으로 건강하게 되지만, 정신은 '인위적'인 노력으로 건강하게 된다.

나는 결혼할 때 실제로 상대방에게 과거 10년간의 건강 진단서를 제출하도록 법제화하는 것이 좋다고 믿는다. 물론 자신의 건강 상태를 상대방에게 미리 솔직하게 알릴 수 있는 사람들에게는 해당되지 않는 일이지만.

건강을 토론하면서 장애인의 결혼에 대하여 언급하지 않을 수 없다. 특히 안전 불감증이라는 사각 지대에 살고 있는 우리나라는 세계의 어느 국가보다 더 많은 비율의 장애인을 갖고 있다. 우선 우리가 건강을 육체적인 건강과 정신적인 건강으로 분류할 수 있다면, 나는 단연코 대부분의 육체적 장애인들은 비장애인들보다 더욱 순수한 영혼을 가지고 있다는 사실을 강조하고 싶다. 비록 그들은 육체의 장애인들이지만 영혼의 평상인들이다. 또한 우리는 언제나 장애인이 될 수 있는 위험한 현실 속에 살고 있다. 오늘 내가 운전하는 길에서 대형 사고를 만나지 않는다고 누가 보장할 것인가. 그래서 우리는 모두 자신을 예비 장애인으로 간주해야 할 것이다.

그러나 나는 여기서 한 걸음 더 나아가서 '모든 사람은 장애인'이라는 진리를 깨달아야 한다고 말하겠다. 과연 누가 자신의 몸과 마음과 영혼이 전부 정상적이라고 큰소리를 칠 수 있겠는가. 육체적으로 건강한 사람은 정신적으로 건강하지 않을 수 있으며, 또한 그 반대도 가능하다. 우리는 모두 장애인이다. 우리는 모두 죄인이다.

나는 사랑에 관한 한 장애인과 비장애인의 구별은 전혀 없다고 생각한다. 모든 사람은 사랑하고 사랑받을 수 있는 권리와 의무를 가지고 있다. 결혼도 마찬가지다. 모든 사람은 결혼할 수 있다. 그러나 자녀 출산에 관해서는 어느 정도의 구별이 있을 수밖에 없다고 믿는다. 물론 결혼한 사람이 모두 자녀를 가져야 하는 것은 아니지만 대부분의 경우에 자녀를 갖게 되니까.

장애인 부부가 성공률이 극히 낮은 출산을 강행한다는 것은 정말 생명의 위험을 무릅쓴 행위가 아닐 수 없다. 우리는 텔레비전에서 이런 경우를 보면서 감동을 받는다. 그러나 나는 이렇게 말하겠다. 삶의 의미를 찾는 길은 여러 가지가 있으며, 꼭 그렇게 위험을 무릅쓰면서 자녀를 갖는 방법만이 그런 길은 아니다. 그것은 마치 스포츠에 소질이 있는 사람이 구태여 학자가 되려고 애쓰고, 학문에 소질이 있는 사람이 스포츠로 성공하려고 하는 경우와 다름이 없다.

솔직히 생각해 보자. 성공률 10퍼센트밖에 되지 않는 장애인의 출산이라면, 나머지 90퍼센트는 실패할 수밖에 없을 것이다. 그래도 우리는 꼭 그 10퍼센트의 위험한 일에서 삶의 모든 의미를 찾아야 하는가. "이 길밖에 없다"는 발상은 언제나 잘못된 것이다. 여기서 나는 장애인의 출산을 반대하는 것이 아니다. 다만 삶의 의미는 여러 가지 각기 다른 방법으로 추구할 수 있다는 자명한 사실을 강조하고 싶다.

셋째, 결혼을 준비하는 사람은 인격과 교양을 가지고 있어야 한다. 잡다한 연예 정보만 가지고 앵무새와 같이 지껄여대는 젊은이는 센스 있는 사람이 아니라 저질 인간이다. 우리 주위에는 "어느 탤런트가 누구에게 시집을 가려고 했다가, 다시 가지 않기로 했다가, 다시 가기로 했다"는 등의 가십에 밝은 사람들이 있다. 물론 그가 연예계에 몸담고 있다면 그런 정보도 알아둘 필요가 있겠다. 그러나 연예계에 종사하지 않는 사람에게 있어서 어느 탤런트의 사생활이 그의 인생과 도대체 무슨 상관이 있겠는가.

인격과 교양은 연예가 상식으로 이루어지지 않는다. 지식에 대한 꾸준한 탐구와 성실한 사고의 결과로만 얻을 수 있는 것이다. 인격은 단순한 지식의 나열이 아니며, 교양은 선글라스를 멋있게 쓰는 것과는 동일하지 않다. 이 두 가지를 혼동한 경우로는 세기의 극작가인 버나드 쇼의 이야기가 있다. 추남이었던 그에게 머리가 텅 비었지만 아름다운 육체를 가진 팔등신의 미녀가 와서 이렇게 말했다고 한다.

"당신과 내가 결합하면 참 좋겠어요. 당신의 머리와 나의 외모를 가진 아이가 생겨날 테니까요." 그러자 그는 이렇게 답변했다고 한다. "천만에요. 당신의 머리와 나의 외모를 가진 아이가 생길 것이오."

넷째, 결혼을 준비하는 사람도 상대방을 완전히 알 수는 없다. 그것이 불완전한 인간의 본질이다. 그러나 적어도 살아가는 방향의 유사성만은 서로 확인해야 된다. 한 사람은 어떤 수단 방법을 통해서라도 출세를 목표로 삼고 다른 사람은 출세보다는 죽기 전에 다른사람을 돕고 살겠다는 인생관을 가졌다면, 그들의 결혼 생활이 어떻게 되겠는가.

물론 사소한 분야에서 부부는 서로 다를 수 있고, 또한 서로 다르기 때문에 신선함을 느낄 수도 있다. 낚시를 좋아하는 남편과 꽃꽂이를 좋아하는 아내도 결혼 생활을 무난히 해낼 수 있다. 그러나 이성관, 가정관, 국가관, 인생관, 세계관이 정반대인 두 사람은 절대로 시간이 지나도 완전히 화합할 수 없다. 그러므로 결혼을 염두에 둔 두 사람은 '방향의 동일성'을 찾지 말고 ― 왜냐하면 그런 것은 이 세상에 존재하지 않으니까 ― '방향의 유사성'을 서로 상대방으로부터 확인해야 할 것이다. 물과설탕은 섞일 수 있으나, 물과 기름은 섞이지 않는다.

결혼을 준비하는 사람은 이외에도 순결, 너그러움, 아름다움, 드높은 이상 등의 여러 가지를 갖추어야 한다. 그러나 여기서 실제로 중요한 것은, 상대방이 과연 삶에 대한 강력한 의지, 새로운 삶을 시작할 수 있는 건강, 삶을 풍요롭게 할 수 있는 인격과 교양, 그리고 삶의 방향에 대한 유사성 등을 가지고 있는지를 확인할 수 있는 '나의 능력'이다. 아는 사람만이 아는 사람을 발견할 수 있으며, 능력있는 사람만이 능력있는 사람을 발견할 수 있다. 무능한 사람은 능력있는 사람이 자기 앞에 나타나도 그 사실을 전혀 알 수 없다.

사랑이란 참으로 묘한 것이다. 어느 경우에는 정신적인 불안 때문에 적극 공세를 취할 수도 있고, 건강하지 않기 때문에 무리할 정도로 피곤한 데이트를 신청하고, 무식하기 때문에 과묵할 수도 있다. 사랑만큼 속기 쉬운 것도 없다. 여기서 나오는 결론은 무엇인가? 고매한 인격의 소유자를 만나고 싶으면, 내가 먼저 그런 사람이 되어야 한다. 좋은 사람을 만나고 싶으면, 내가 먼저 그런 사람이 되어야 한다. 아는 사람만이 아는 사람을 만나고, 진실로 사랑하는 사람만이 진실로 사랑하는 사람을 만날 수 있다.

결혼 적령기의 의미는 준비하는 마음에 있다. 삶에 대한 의지, 건강, 인격과 교양, 비슷한 인생관을 준비하는 마음에 있다. 우리는 이런 준비를 '지참금'이라고 표현할 수 있다. 그리하여 지참금이 풍부한 사람은 결혼해서 행복하게 살 것이며, 지참금이 빈약한 사람은 빈혈의 상태가 될 것이다. 마치 "낙타가 자기 몸의 수분으로 마른 목을 축이며 그 불볕의 사막을 가로지르듯이, 우리들도 결국은 자기 안의 수분으로 목을 축이며 살아야 한다."[5]

이런 뜻에서 결혼은 원인이 아니라 결과다. 지참금이 많은 사람은 성공하고 적은 사람은 실패할 수밖에 없는 결과다. 준비한 사람은 기회를 포착하며, 준비하지 않은 사람은 기회를 놓치고 후회한다. 우리는 결혼할 때 가지고 간 것을 결혼 후에도 계속 먹으면서 살게 마련이다.

결혼은 하나의 꽃이다. 잘 가꾸면 꽃이 피고 잘못 가꾸면 피지 않는다. 여기서 가장 중요한 것은 정원사가 어떤 토양을 준비하느냐는 것이다. 그리하여 우리는 "결혼해서 실패할 사람은 결혼하지 않아도 실패할 것이며, 결혼해서 성공할 사람은 결혼하지 않아도 성공할 것"이라고 말할 수 있다.[6] 준비한 사람만이 기회를 얻고, 기회를 얻은 사람만이 추수의 기쁨을 맞는다. 결혼 적령기라고 큰소리를 치는 젊은이들, 적령기가 지났다고 울상을 짓는 젊은이들, 그들은 과연 결혼의 준비가 되어 있는지를 냉철하게 반성할 필요가 있을 것이다.

4. 노총각은 금(金)총각

끝으로 나는 결혼 적령기에 대한 토론을 마치면서 노총각은 노(No)총각이 아니라 금(金)총각이라는 노총각 예찬론을 소개하겠다. 노총각이 반드시 좋다는 뜻이라기보다는 우리가 일상적으로 생각하고 있는 결혼 적령기라는 개념이 극히 허구적이라는 사실을 보이기 위해서다. 물론 여기서 말하는 노총각은 노처녀에게도 그대로 적용될 수 있을 것이다.[7]

통계에 의하면 요즘 결혼 연령이 늦어지고 있다고 한다. 특히 여성의 경우는 대학을 졸업하자마자 결혼해야 흉이 되지 않는다는 강박 관념으로부터 벗어나 일단 사회 경험을 하는 삶을 가장 이상적으로 생각하는 경향이 있다. 남성의 경우에도 결혼하려면 건강한 육체 하나만 있으면 된다는 과거의 생각을 벗어나서 정서적으로나 경제적으로 한 여성과 가정을 이끌어 나갈 수 있는 능력을 구비하고 있어야 된다고 믿는다. 그야말로 ×× 두 쪽만 가진 남성은 오늘날 결혼 상대자로서 고려의 대상에서조차 제외된다.

이렇게 보면, 요즘 우리나라 젊은이들의 결혼 연령이 늦어지고 있다는 것은 어느 개인의 탓이 아니라 엄연한 사회적 추세로 보아야 한다. 아는 사람만이 생존할 수 있으며, 생존하는 사람만이 사랑할 수 있는 산업사회의 독특한 구조에서 오는 일반적인 현상으로 보아야 한다.

그럼에도 대부분의 남성은 햇병아리를 좋아하고, 여성도 무조건 젊은 남성을 원하는 경향이 있다. 다시 말해서 노처녀나 노총각은 엄연한 사회적인 현상임에도 불구하고 그것을 어느 개인의 잘못으로 착각하고 있다. 그리하여 노처녀는 무조건 히스테리가 있다고 뒤집어씌우고, 노총각은 무조건 능력이 없는 놈이라고 흉을 본다. 그 이유는 어디에 있는가?

첫째, 여성의 경우에는 결혼 적령기라는 무서운 올가미가 있다. 남성에게는 전혀 해당되지 않고 오직 여성에게만 적용되는 이 무서운 올가미는 새로운 산업 사회와 더불어 사라지기보다는 이른바 교양을 빙자한 여성지들의 선동에 의하여 더욱 위세를 발휘하고 있는 실정이다.

둘째, 남성의 경우에는 급변하는 산업 사회를 정신적으로 따라가지 못하는 경우도 있다. "설마 산 입에 거미줄 치랴?"는 배짱만 가지고는 이 사회를 살 수 없음에도 불구하고, 일부의 남성들은 "일단 해놓고 보자"는 전근대적인 사고로부터 탈피하지 못하고 있다.

셋째, 역설적이지만 결혼을 빨리 해야 된다는 강박 관념은 바로 현대 사회의 나쁜 측면을 그대로 반영한 것이라고 볼 수도 있다. 그것은 "빠르면 좋다"라거나 "빠를수록 좋다"는 스피드에 대한 광신에서 나온 것이다. 기차보다는 빠른 비행기가 좋고, 오래 끓이는 밥보다는 3분 컵라면이 좋고, 오랫동안 사귀기보다는 빨리 끝장을 내는 사랑을 선택하려는 스피드에의 열망이다. 실제로 "더욱 빨리, 더욱 높이, 더욱 굳세게!"라는 올림픽의 구호는 이미 우리들의 사고를 지배하는 '보이지 않는

손'이 되었다. 그러나 예정보다 빨리 준공된 다리는 반드시 빨리 병나게 마련이며, 빨리 더운 방은 빨리 식게 마련이다.

그러면 노총각이 신(新)총각보다 더욱 이상적이며, 노총각이 소(少)총각보다 삶을 대하는 태도가 더욱 성실하며, 이런 뜻에서 노총각은 금(金)총각이라고 말할 수 있는 이유는 어디에 있는가? 과연 노총각은 세월이 갈수록 값이 올라가는 골동품과 같이 될 수 있을까? 팔딱팔딱 뛰는 애숭이의 가슴이 호수와 같다면 노총각의 가슴은 바다와 같다고 말할 수 있는 이유는 무엇인가?

첫째, 경제적으로 노총각은 어느 정도 생활의 기반을 가지고 있다. 물론 재벌의 2세들은 이미 초등학교 시절에 유학을 가기도 하고, 중고등학교 시절에 외제 승용차를 이용하여 등교를 하기도 하고, 대학교 1학년에는 자가운전자가 되기도 한다. 그러나 그들은 아직도 생활의 기반을 갖지 못한, 부모의 보호를 완전히 벗어나지 못한 기생충에 불과하다. 진정한 삶의 기반은 부모, 친구, 친척에 의하여 이루어지는 것이 아니라 각자 스스로 만드는 것이다. 일반 남성의 경우는 대학을 졸업하고 적어도 10년은 사회 생활을 해야 된다. 이런 뜻에서 노총각은 늦은 총각이 아니라 부자 총각이라고 말할 수 있다.

둘째, 정서적으로 노총각은 백치미와 순수미를 구별할 수 있으며, 낄낄거리는 창녀의 웃음과 선량한 여인의 웃음을 구별할 수 있다. 여성은 화장을 요란하게 함으로써 아름다워지는 것이 아니며, 미니 스커트만 입으면 섹시하게 되는 것이 아님을 안다. 그리고 진정한 사랑은 열병같이 왔다가 바람같이 사라지는 것이 아니라 — 에리히 프롬의 표현을 빌리면 — 진정 아는 사람만이 사랑할 수 있으며, 진정 사랑하는 사람만이 알 수 있다는 진리를 터득하고 있다. 사람을 겉모양으로 판단하지 말고 그 사람의 중심으로 판단해야 된다는 진리를 터득하고 있다.

사랑에 대한 태도는 크게 두 가지로 나눌 수 있다. 하나는 "사랑은 감정이다"라는 입장이며, 다른 하나는 "사랑은 이해다"라는 입장이다. 물론 모든 성숙한 사랑은 상대방을 거의 맹목적으로 좋아하는 감정적인 측면과 상대방의 인생관과 세계관을 존중하면서 두 사람의 조화를 추구하는 이해적인 측면이 공존하고 있다. 그럼에도 성숙한 사랑의 단계로 나아가려고 첫발을 내딛는 젊은이들은 이 두 가지 중에서 감정적인 측면만을 중요시하고 이해적인 측면을 전혀 무시하는 경향이 있다. 연애의 완벽한 파트너가 결혼 상대자로서는 실패자가 될 수 있는 이유도 여기에 있다.

더 나아가서, 우리는 감정이란 이해를 초월하는 것이며, 이해와는 아무런 관련이 없는 것으로 여기기 쉽다. 그러나 일시적인 감정은 이해를 외면할 수 있어도 지속적인 감정은 반드시 상대방에 대한 인격적인 이해를 전제로 해서만 가능한 것이다. 이해 없는 감정은 쉽게 질투로 변하고, 질투는 다시 증오를 낳는다. 이런 뜻에서, 노총각의 가슴은 넓은 바다와 같고 높은 산과 같다고 말할 수 있다. 그는 감정적인 측면을 특별히 중요시하는 여성을 너그러운 마음으로 포용할 수 있는 가슴을 가지고 있다.

셋째, 노총각의 가장 큰 장점은 삶에 대한 진지한 태도다. 인간을 단세포적으로 보지 않고, 한 곳으로 쉽게 빠지지 않고, 삶이란 그렇게 쉽게 포기하거나 자만하지 못할 것임을 노총각은 잘 안다.

당구에 처음 미쳤을 때는 방에 드러누워 있어도 천장에 당구공이 보이며, 바둑에 처음 미쳤을 때는 소설책을 읽어도 바둑알만 보이고, 처음 춤을 배웠을 때는 하루라도 발바닥 운동을 하지 않으면 잠을 잘 수가 없고, 처음 술에 취하면 곤드레가 되어야 만족감을 느낀다. 그러나 노총각은 이미 이런 단계를 거쳐 온 '세월의 의미'를 알고 있다. 당구만이 인생일 수 없으며, 낚시만이 인생일 수 없다는 진리를 알고 있다.

그러므로 노총각은 결혼한 다음에도 쉽게 유혹에 빠지지 않고, 비록 다른 여성에게 눈길을 돌릴 때도 어느 정도의 거리를 유지할 수 있다. 이런 뜻에서 노총각은 불같은 첫사랑의 상대자로는 적합하지 않을 수도 있다. 그러나 그는 "모든 사랑은 첫사랑이다"라는 명제를 알고 있다. 즉 그는 삶에는 고기압과 저기압이 있으며, 높은 산과 계곡이 있다는 것을 잊지 않는다. 높은 산에 있다고 해서 건방지게 자만하지 않고, 계곡에 있다고 해서 쉽게 자포자기하지 않는다.

노총각은 은메달이나 동메달이 아니라 금메달이다. 이제 젊은 여성들은 가능한 한 젊은 햇병아리보다는 경험이 많고 삶을 진지하게 대하는 중용의 지혜를 터득한 노총각을 선택하기 바란다. 끝으로 한 가지 단서를 붙여야겠다. 노총각도 노총각 나름이다. 공연히 앉아서 나이만 먹은 노총각은 현명한 총각이 아니라 낡은 총각이다. 그리고 지금까지 쓴 노총각 예찬론은 내가 글을 쓰기 위하여 지어낸 것이 아님을 밝혀야겠다. 나도 만 35세에 장가를 갔으니까….

5. 법률에 나타난 결혼

우리나라의 민법 제807조에 의하면, 서로 결혼할 수 있는 남성의 나이는 만 18세며 여성의 나이는 만 16세다. 그리고 제808조는 부모의 동의 없이도 결혼할 수 있는 나이를 만 20세로 규정하고 있다. 그러나 이것은 어디까지나 법적으로 결혼이 인정된다는 조건이며, 인간적인 적령기와는 현실적으로 차이가 있게 마련이다.

결혼 적령기의 세 가지 조건으로는 성과 생식을 포함하는 생물학적 측면, 남녀가 서로 돕고 사랑할 수 있는 정신적 측면, 독립된 부부로 살고 독립된 자녀를 양육할 수 있는 사회적 측면을 들 수 있다. 그 중에서 생물학적 측면을 고려해 보자.

여성의 경우는 만 20세 이하의 결혼은 조혼(早婚)이라고 말할 수 있다. 이미 월경은 12-13세부터 시작되지만, 의학적인 면에서 보면 성기나 성 기능이 충분히 발달되어 있지 못하다. 따라서 성생활에는 지장이 없겠지만, 임신이나 출산의 경우에는 이상이 있기 쉽다. 또한 20세 미만의 산모에게서 태어나는 아이는 유아 사망률이 높고, 태아 사망이나 출산시 모체 사망의 확률도 높은 것으로 나타나 있다.

또한 여성의 경우에 만 30세 이후의 결혼은 만혼(晩婚)이라고 말할 수 있다. 이때에 여성 성기의 발육이나 성 기능은 완성되어 있기 때문에 성생활에는 지장이 없지만 임신이나 출산의 경우에는 이른바 고년초산(高年初産)의 여러 가지 문제가 생기기 쉽다. 그러므로 의학적인 출산 적령기는 25세쯤 아이를 낳는 것이며, 이렇게 볼 때 여자의 생물학적인 결혼 적령기는 20세부터 30세 사이라고 말할 수 있다.

남성의 경우는 특히 사회 생활을 영위하기 위한 인격과 경제적인 여건이 요구되므로 의학적인 면으로만 간단히 적령기를 규정할 수 없다. 하여간 여성의 월경에 해당하는 정자 형성은 여성과 거의 같은 시기에 나타나지만, 여성과는 달리 폐경기(갱년기)와 같은 성 기능의 감퇴 시기가 확실하지 않다. 따라서 사회인으로서의 독립성도 고려하여 여성에 비해 적령기를 2-3년 정도 높이 생각하는 것이 보통이다. 물론 예외도 있다.

"부부의 연령 차이는 학자에 따라 각기 다르지만 모두 여성이 남성보다 적어야 한다는 공통점이 있다. 그 이유는 여성이 빨리 성숙하며, 또한 여성은 조숙한 만큼 조로(早老)하여 평균 48세가 되면 폐경기에 접어들지만 남성은 늦게 성숙하여 늦도록 생식할 수 있기 때문이다. 그러나 성애의 원동력이 되는 남성 호르몬은 18세 전후가 가장 많이 분비되고 성욕도 이 시기에 가장 왕성하지만 그 이후에는 차츰 줄어든다. 이에 비하여, 여성의 성적 성숙은 월경보다 훨씬 늦게 이루어져서 20세가 지나서야 이루어진다. 그리고 성적 흥분은 20-40세에 걸쳐 가장 두드러지며, 월경이 끝난 50세 이후에도 쇠퇴하지 않는다. 즉, 남성에게는 성 연령이 있지만 여성에게는 성 연령이 없다. 그러나 결혼이란 나이 차이나 생리학적인 차원을 넘어선 인간적인 결합이므로 엄밀한 의미의 적령기는 있을 수 없다."[8]

독자들은 이상의 생물학적 적령기의 토론에서 가부장적 역할의 고정관념을 읽을 수 있기를 바란다. 그리고 생물학적인 측면보다 더욱 중요한 것은 정서적인 측면과 사회적인 측면임을 다시 한 번 강조한다.

생각해 볼 문제들

1. 생리적 결혼 적령기의 개념이 사회적 개념으로 변천된 이유는 무엇인가?
2. 많은 여성들이 결혼 적령기라는 개념에 시달리는 이유는 단순히 사회로부터 받는 억압 때문일까? 혹은 '자신 있는 삶'을 영위하지 못하고 있는 자신의 문제는 아닐까?
3. 결혼 적령기의 진정한 조건들(지참금)은 무엇인가?
4. 결혼 적령기의 문제를 개인적인 차원을 떠나서 사회적인 차원으로 조명해야 되는 이유는 무엇인가?
5. 결혼 상대자로서 노총각 및 노처녀의 장단점은 무엇인가?

[주]

1) 원문: "少年易老學難成 一寸光陰不可輕, 未覺池塘春草夢 階前梧葉己秋聲."
2) 황필호, 「결혼 적령기는 존재하는가?」, 서울YMCA 편, 『그날을 위해, 삶을 위해』, 샘터사, 1985, pp. 78-79.
3) 황필호, 『모든 사랑은 첫사랑이다』, 자유문학사, 1968, p. 10.
4) 이런 삶에 대하여는 다음을 참조할 것. 황필호, 『길 위에서』, 종로서적, 1985, pp. 207-213.
5) 김남조, 「성숙한 결혼을 위하여」, 『그 날을 위해, 삶을 위해』, 앞의 책, pp. 69-70.
6) 같은글, p. 67.
7) 황필호, 「노총각은 No 총각이 아니다」, 『레이디 경향』, 1986, 신년호.
8) 삼성출판사 편, 『다이아나 1: 사랑, 결혼, 성』, 1984, pp. 18-19.

8. 결혼은 어떻게 해야 하는가

- 중매 결혼, 연애 결혼

1. 안전한 만남, 멋있는 만남

결혼에는 중매를 통한 결혼과 연애를 통한 결혼이 있다. 중매 결혼은 아직 사회 경험이 없는 입장에서 인생을 오랫동안 살아온 부모, 선배, 친척의 소개로 상대방을 만나는 방법이다. 이 방법의 좋은 점은 첫째로 인생을 판단하는 식별력이 높은 사람들의 선택으로 상대방을 만나게 되고, 둘째로 결혼이 단순한 개인과 개인의 결합이 아니라 가정과 가정의 결합으로 진행되는 우리나라에서 상대방의 가정적 및 교육적 배경을 더욱 예리하게 판단하게 되고, 셋째로 새로 들어온 신부와 시댁과의 불필요한 마찰을 미연에 방지할 수 있다는 점이다.

이와 반대로 연애 결혼은 다른 사람의 의사보다는 당사자의 의사를 더욱 존중하는 자유 선택에 의한 방법이다. 이 방법의 좋은 점은 첫째로 결혼이란 어디까지나 당사자간의 결혼이라는 대전제에 충실할 수 있는 상대를 스스로 선택하게 되며, 둘째로 중매자의 농간에 놀아나서 상대방을 전혀 모르고 혹은 전혀 다르게 알고 결혼했다가 실패하는 경우를 미연에 방지할 수 있으며, 셋째로 앞으로의 미래에 대한 설계를 비록 어느 정도만이라도 미리 계획할 수 있다는 점이다.

일반적으로 중매 결혼은 안전하며, 연애 결혼은 위험하다고 말하는 사람도 있고, 연애 결혼은 멋이 있지만 중매 결혼은 고리타분하다고 말하는 사람도 있다. 요즘에는 중매와 연애를 절충한 방식을 이상적으로 생각하는 경향이 있다. 일단 서로 사귀다가 부모에게 인사를 하게 하거나 일단 소개를 받은 다음에 서로 사귀는 방식을 택하려는 경향이 있다.

물론 중매 결혼이 항상 안전한 것은 아니며, 연애 결혼이 항상 멋있는 것도 아니다. 중매 결혼도 실패할 수 있으며, 연애 결혼도 진부할 수 있다. 그러므로 결혼 방식은 각자의 선택에 따라서 다르지 않을 수 없다. 그러나 일반적으로 말해서, 인생에서 안전을 가장 중요하게 여기는 사람은 아무래도 중매 결혼을 택하게 되고, 안전보다는 모험을 중요하게 여기는 사람은 연애 결혼을 택하게 된다. 특히 자신의 선택에 스스로 책임지려는 사람은 중매 결혼보다는 연애 결혼을 택하게 된다. 이렇게 보면, 중매 결혼은 무난한 사람의 길이며, 연애 결혼은 자신의 능력을 믿는 사람의 길이라고 말할 수 있다.

2. 연애 결혼의 모험

연애 결혼이 모험적인 이유는 그것이 자신의 자유 의지의 행사며, 자유 의지의 행사란 자신이 스스로 선택한다는 뜻이며, 스스로 선택한다는 것은 그 선택이 잘못 되었을 때 스스로 책임을 져야 하기 때문이다.

우리는 일반적으로 자유란 극히 좋은 것으로 생각한다. 그리하여 많은 사람들이 자유를 위하여 생명까지 바쳤다는 사실을 잘 알고 있다. 그러나 자유란 그렇게 좋은 것만은 아니다. 자유 의지 없는 '행복한 로봇'은 언제나 다른 사람을 원망할 수 있지만, 자유로 선택한 사람은 그 결과를 자신이 책임져야 하기 때문이다.

실존주의 철학자인 사르트르(Jean Paul Sartre, 1905-1980)는 이 세상에 있는 모든 존재를 즉자적(卽自的) 존재와 대자적(對自的) 존재로 구별하고, 대자적 존재란 의식 없는 무생물이나 동식물과는 달리 자신의 의식을 가지고 있는 인간이며, 인간이 가진 의식이란 바로 자유라고 말한다. 그러므로 인간이란 '자유롭지 않을 수 없는 자유' 이외의 모든 자유를 가진 존재며, 자유란 마치 전생의 업보와 같이 인간으로부터 떨쳐버릴 수 없다는 의미에서 "인간은 자유롭도록 정죄되어 태어났다(Man is condemned to be free)"고 말한다.

그럼에도 인간은 떨쳐버릴 수 없는 자유를 떨쳐버리려고 부단히 노력한다. 겉으로는 자유를 추구한다고 말하고, 행동하고, 착각하면서도 실제로는 자유를 포기하려고 부단히 애쓴다고 사르트르는 말한다. 예를 들자. 여기에 한 순진한—혹은 순진한 척하는—젊은 여인이 있다고 하자. 그녀는 로맨스 그레이의 검은 손이 그녀에게 다가오고 있다는 것을 명백히 알고 있다. 그러나 그녀는 성, 방탕, 사랑에 대한 호기심 때문에 일부러 아무것도 모르는 척 앉아 있다. 그리고 일이 벌어진 다음에 그녀는 "나는 아무런 잘못도 없습니다. 저 남자가 나를 겁탈했습니다!"라고 말한다.

여기서 그녀는 자신을 자유 의사가 없는 물건(즉자적 존재)으로 잠시 동안 간주했던 것이다. 사람을 소유하려면 상대방의 동의가 필요하지만, 물건은 상대방의 동의 없이도 내 마음대로 소유할 수도 있고 버릴 수 있음에도 불구하고, 그녀는 상대방이 자신을 마음대로 소유할 수 있도록 내맡긴 것이다. 그러나 그녀는 이렇게 행동함으로써 인간은 영원히 자유를 포기할 수 없다는 진리를 잠깐 망각한 것이다. 그러므로 이 사건은 '저 사람의 책임'이 아니라 '나의 책임'이다.

모든 것은 나의 선택이며, 나의 책임이다. 술을 마신 것도 내가 마신 것이며, 술에 취한 것도 내가 취한 것이며, 달콤한 무드에 빠진 것도 내가 빠진 것이다. 우리는 비겁하게 타인에게 책임을 전가할 수 없을 정도의 '풍부한 자유'를 가지고 있다. 무엇이 우리들의 책임인가?

첫째, 우리는 감정이란 인간 의지로도 어쩔 수 없는 것으로 생각하기 쉽다. 그러나 사르트르는 분명히 감정도 위로부터 우리에게 덮치는 것이 아니라 우리 스스로의 책임이라고 말한다. 감정도 대상을 의식하는 여러 가지 방법 중의 하나일 뿐이다. 감정과 다른 의식의 차이점은, 감정은 종종 마술적인 힘에 의하여 세계를 파악하려고 한다는 점이다. 예를 들어서, 우리가 포도송이가 너무 높아서 손으로 딸 수 없을 때는 "저 포도는 아직 익지 않은 것이야" 라고 말하면서 자위한다. 비록 아직 익지 않았다는 사실과 거리가 미치지 않는다는 사실과는 아무런 연관이 없다는 것을 알면서도. 그러나 본질적으로 "감정은 우리의 책임이며, 우리가 그렇게 세상에 대처하기로 선택한 것일 뿐이다."[1)]

둘째, 우리는 성격은 어쩔 수 없는 것으로 생각하기 쉽다. 사람의 성격이 선천적으로 정해지는지 혹은 후천적으로 형성되는지에 대하여 학자들은 의견을 달리한다. 다만 한 가지 분명한 사실은 가정 환경, 교육 정도, 사회 생활이 사람의 성격 형성에 결정적인 영향을 준다는 사실이다. 그리고 이러한 후천적인 영향도 자신의 의지가 크게 작용할 수 없는 어린 시절의 '외적인 영향'과 자신의 결심으로 충분히 변경시킬 수 있는 청소년 이후의 '내적인 영향'으로 나눌 수 있다. 그러므로 청소년기를 지난 사람은 이미 자신의 성격에 대한 책임이 자기 자신에게 있는 것이다.

성인이 자신의 성격을 어쩔 수 없는 것으로 간주하는 사람은 아직도 자신을 청소년기를 맞이하지 못한 어린이로 간주하는 것이다. 다시 말해서, 본인의 나쁜 성격을 뻔히 알면서도 이제는 고칠 수 없다고 생각하는 사람은 인간의 무한한 가능성을 스스로 무시하는 사람이다.

자신의 실존을 끝까지 고수하고 그 책임을 남에게 넘기지 않으려고 몸부림친 프랑스의 실존주의 철학자 사르트르도 성격은 본인의 책임이라고 주장한다. "나는 부끄럼을 타는 성격을 가지고 있다"는 명제는 "나는 검은색 피부를 가지고 있다"는 명제와는 질적으로 다르다. 검은색의 피부는 나의 의사와는 전혀 관계없이 이 세상에 태어난 '던져진 상태(Geworfenheit)'다. 그러나 부끄럼이란 내가 그렇게 행동하기로 결정한 것이며, 나는 언제나 그렇지 않게 행동할 자유가 있다. 그러므로 마치 자신의 성격이 수천 년 전에 결정된 것으로 생각하는 사람은 자신의 자유를 스스로 포기하는 것이며, 자신의 자유를 포기한 사람은 이미 사람일 수 없다.

"나는 어리석다"거나 "나는 매력이 없다"는 표현도 이미 존재하는 사실에 대한 진술이 아니라, 타인과 사회가 나의 행동에 어떻게 반응할 것이라는 예감을 표현하는 것에 불과하다. 나의 성격은 나의 책임이다. 그리고 나의 책임을 남에게 전가하려는 수작은—다시 사르트르의 표현을 빌리면—거짓된 신앙(bad faith)에 불과한 것이다.[2]

연애 결혼은 인간의 자유를 적극적으로 행사하는 방식이다. 그래서 그것은 인간에게 진정 가치 있는 삶을 선사해 줄 수 있지만, 또한 동일한 이유로 잘못 선택한 일에 대해서는 나 스스로 책임을 져야 한다. 연애 결혼이 모험적일 수밖에 없는 이유가 여기에 있다.

3. 중매 결혼의 위험

가장 안전해야 할 중매 결혼이 위험하다는 사실은 요즘 우리 사회에서 기승을 부리고 있는 이른바 마담 뚜의 등장으로 쉽게 알 수 있다. 여기서 중매 결혼은 '지명 결혼'이 되고 있기 때문이다. 우리가 요즘 신문 지상에서 어느 재벌과 어느 재벌이 사돈을 맺었다는 뉴스를 자주 볼 수 있는 이유도 여기에 있다.

여기서 지명 결혼은 철저히 계산된 결혼이며, 그 계산의 기준은 철저한 공리주의가 된다. 즉 가능한 한 가장 좋은 조건을 가진 사람을 만나야 된다는 강박 관념을 가진 사람은 결국 '마음이 예쁜 여자'보다는 '얼굴이 예쁜 여자'나 '돈이 많은 여자'를 찾게 되고, 결국 그들은 조만간 상대방의 삶의 방식에 대해 실망하게 마련이다. 요즘 열쇠 몇 개를 가지고 결혼한 여성들이 남편의 성공주의적 인생관에 대하여 철저하게 절망하여 정신 질환에 빠지는 이유도 여기에 있다.

그러나 중매 결혼의 위험은 마담 뚜에 의해서만 발생하는 것이 아니다. 정상적인 상태로 만난 일반적 중매 결혼도 상당히 위험할 수 있다. 한 사람이 다른 사람을 백 퍼센트 알 수 있는 경우는 절대로 있을 수 없기 때문이다. 예를 들어서, 어느 존경받는 어른이 중매를 섰다고 하자. 그러나 그는 불완전한 인간이기 때문에 양가의 신랑 신부 후보를 완전히 알 수는 없을 것이며, 결국 그는 그들의 극히 부분적인 장점을 보고 그들의 결합을 추진할 것이다. 그러니까 그는 '아는 사람'이 아닌 '모르는 사람'으로 그들을 소개한 것이다. 중매 결혼이 — 일반적으로 안전하다는 상념과는 달리 — 극히 위험할 수밖에 없는 본질적 이유가 여기에 있다.

모든 것은 결국 나의 자유 의사에 달려 있다. 각자의 정도의 차이가 있을 뿐이다. 중매 결혼을 선택한 것도 나의 책임이며, 연애 결혼을 선택한 것도 나의 책임이다. 연애 결혼만 모험적인 것도 아니며, 중매 결혼만 위험한 것도 아니다. 다만 이 자유로운 선택을 어느 정도 자신이 스스로 결정하느냐에 따라서 연애 결혼과 중매 결혼의 조그만 차이가 있는 것이다.

그럼에도 왜 많은 젊은이들이 안전한 중매 결혼보다는 모험스러운 연애 결혼을 선택하는가? 그들은 왜 위험천만한 스스로의 길을 선택하는가? 물론 이런 사람들 중에는 일시적인 감정이나 기분에 의하여 결정하는 사람도 있을 것이다. 그러나 그들의 대부분은 이러한 선택에 대한 책임을 지는 시행 착오의 과정을 통해서만 인간은 진정 성장할 수 있다고 믿기 때문이다.

실수하지 않는 사람은 성장할 수 없고, 성장하지 않는 사람은자신의 자유 의사를 절대로 사용하지 않으려고 한다. 어릴 때는 부모가 시키는 대로 하고, 학교에 다닐 때는 선생님이 시키는 대로 하고, 연애를 할 때는 상대방이 시키는 대로 하고, 결혼한 다음에는 자식이 원하는 대로 하고, 그 다음에는 사회가 시키는 대로 하는 사람은 평생을 남의 의사로 살아가는 성장하지 못하는 사람이다. 적극적인 자유 의사의 활용과 잘못된 선택에서 오는 결과를 달게 받으려는 책임감을 가질 때, 그의 삶은 성장할 수 있는것이다.

육체의 경우 남자와 여자는 일정한 시기가 되어야 가장 왕성하고 예쁘게 된다. 그 후에는 모든 점에서 점점 후퇴하게 마련이다. 그러나 정신적 및 인격적 성장은 그 후에도 오래 계속된다. 그러므로 성장을 포기한 사람은 연령에 관계없이 이미 애늙은이가 된 사람이다. 발랄하게 청바지를 입고 고고를 추면 젊은이가 되는 것이 아니다. 아무리 늙었더라도 시행 착오를 하면서까지 계속 성장하려는 사람은 연령에 관계없이 젊게 사는 사람이다.

성장하는 사람은 만년 청춘이다. 또한 성장하는 사람만이 진정 행복하다. 그리고 진정한 성장은 자유로운 삶에서만 성취될 수 있다.[3]

생각해 볼 문제들

1. 사르트르의 자유의 개념을 설명하라.
2. 수많은 사람들이 — 특히 여성들이 — 그들의 결정적인 실수의 책임을 어떤 상황에 처해 있을 때의 '미묘한 감정'이나 '상처받기 쉬운 성격'에 돌리고 있다. 이런 사람들에게 "나의 모든 행동은 나의 책임"이라는 의식화 교육을 시킬 수 있는 방법은 무엇인가?
3. 성격은 고칠 수 있는가?
4. "중매 결혼이 항상 안전한 것은 아니며, 연애 결혼이 항상 멋있는 것도 아니다." 이 명제를 설명하라.
5. 연애 결혼의 모험성과 중매 결혼의 위험성을 실례를 들어 생각해 보자.

[주]

1) J. P. Sartre, *Being and Nothingness*, tr. Hazel Barnes, Methuen, London, 1957, p. 445.

2) 황필호, 「성격은 개조할 수 있는가?」, 『길 위에서』, 종로서적, 1985, pp. 93-94.

3) 같은책, pp. 90-100.

9. 결혼은 누구와 해야 하는가

– 배우자 선택의 문제

1. 결혼전 신경증

결혼을 앞둔 신랑 신부는 새로운 삶에 대한 흥분과 설렘을 갖게 된다. 그러나 그들은 동시에 결혼전 신경증이라는 불안, 걱정, 초조함을 맛보게 된다. 그리하여 시카고 대학의 정신의학 교수인 R. S. 보스 박사는 이런 증상은 정도의 차이가 있기는 하지만 모든 신랑 신부가 경험하게 된다고 말하고, 어떤 경우에는 주례를 부탁받은 사람도 결혼식 전날 밤에는 잠을 이루지 못하기도 한다고 말하면서, 이런 증상의 치료로 다음과 같은 것들을 제안한다.

결혼식 전날 밤은 되도록 가족과함께 보낼 것.

최소한 결혼식 10일 전에 준비 사항을 세목별로 체크할 수 있는 시간의 여유를 가질 것.

결혼식 당일에는 절대로 예행 연습을하지 말 것.

결혼식 당일에는 비록 조금씩 여러 차례에 걸쳐 먹더라도 절대 끼니를 거르지말 것.

결혼 전날이나 결혼식 당일에는 술을 마시지 말 것.

미혼 친구들과의 파티는 결혼식 전날은 피하고 5-6일 전쯤 가질 것.

결혼식장에는 충분한 시간의 여유를 두고 떠날 것.

날씨가 나쁠 수도 있으니까 결혼 예복은 되도록 결혼식장이나 식장 부근에서 입도록 할 것.

신랑 신부의 양가 친척들은 결혼식 이전에 서로 인사를 하여 결혼식 당일에 서로 몰라보는 일이 없도록 할 것.

결혼식에 참석하는 신부 어머니는 될수록 눈에 띄지 않는 수수한 옷차림으로 신부를 돋보이게 할 것.

오늘날 우리나라의 실정으로는 이상과 같은 충고 이외에도 여러 가지를 추가해야 할 것이다. 예를 들어서 예식장으로부터 바가지를 쓰지 않도록세심한 주의를 기울일 것, 결혼식 비용을 신랑 신부측이 각각 사전에 정확히 정할 것, 하객에 대한 대접과 주례를 포함한 귀빈 안내를 특별히 책임지는 사람을 미리 선택할 것, 나중에 불씨가 되지 않도록 결혼 예물과 혼수감에 대한 이해를 서로 갖도록 할 것 등을 들 수 있다.

그러나 이러한 주의 사항들은 어디까지나 일단 상대방을 결정한 다음에 결혼식을 올리는 과정을 위한 것이다. 실제로 결혼식보다 훨씬 중요한 것은과연 누구와 결혼해야 되느냐는 문제다. 일생 일대의 중요사의 상대방으로 누구를 결정하느냐는 문제야말로 중대한 일이 아닐 수 없다.

2. 선택, 그리고 선택 이후의 노력

우리는 진정 사랑할 수 있는 매력있고, 멋있고, 경제력이 있고, 지성적인 한 사람의 이성을 선택하려고 고민하고 눈물짓는 경우가 많다. 그리하여 천신만고 끝에 선택한 사랑의 대상이 우리의 기대에 어그러지거나 혹은 우리를 완전히 속였을 때 배신과 후회와 원망과 복수의 칼을 뽑을 수도 있다.

이것은 마치 가난한 샐러리맨의 얄팍한 월급 봉투로 살아가는 주부가 시장에서 조금이라도 좋은 물건을 사려고 눈을 치켜뜨거나, 유행에 민감한 숙녀가 "너무 싸게 팔아서 미안합니다"라는 히스테리컬한 문구가 붙어 있는 백화점의 바겐 세일에서 신경을 곤두세우는 것과 별로 다름이 없다. 기왕이면 다홍치마이어야 하고, 같은 값이면 찰떡이어야 한다. 그 중에서도 평생 동안 살을 섞으면서 살아갈 한 사람을 선택하는 일이야말로 일생 일대의 큰 일이 아닐 수 없다.

누구를 선택할 것인가? 누구와 결혼해야 하는가? 물론 제 눈에 안경일 수밖에 없다. 짚신도 제짝이 있게 마련이다. 그러나 우리가 여기서 꼭 잊지 말아야 할 일은, 선택보다 더욱 중요한 것은 선택 이후의 노력이라는 사실이다. 이미 말했듯이, 사랑의 본질은 사랑하는 대상에 달려 있는 것이 아니라 사랑의 주체인 나의 능력에 달려 있다. "결혼의 성공은 적당한 짝을 찾는 데 있지 않고 적당한 짝이 되는 데 있다."[1]

일단 결혼만 하면 모든 것이 자동적으로 해결될 것이라고 믿는 신부, 일단 결혼식을 올리고 호적 초본에 등기를 한 이상 평생 먹여 살릴 의무가 있다고 발악하는 아내, 일단 결혼한 다음에는 아내를 마음대로 대우할 수 있다고 믿는 신랑, 월급 봉투만 던져 주면 남편의 의무를 완수했다고 생각하는 남편, 그들은 모두 선택에 모든 정열을 소비하고 그 다음에는 아무것도 할 수 없는 허탈상태에 빠진 사람들이다. 그러므로 우리는 사랑의 대상은 아무래도 상관이 없다고 말할 정도로 결혼 이후의 노력이 중요함을 잊지 말아야 한다.

물론 옛날에는 남녀는 시집 장가 잘 가고 못 가는 데 두 사람의 인생이 걸려 있었고, 그들 집안의 성패까지도 거기에 달려 있는 인륜지대사(人倫之大事)였다. 그러나 그 당시에도 그들은 결혼하여 부귀 다남하고, 부모를 공경하고, 집안을 꾸려나간다는 철저한 책임 의식을 가지고 있었다. 요즘과 같이 일단 결혼해 놓고 보자는 태도는 없었다.

결혼 자체는 행복을 보장하지 않는다. 결혼은 다만 행복으로 전진할 수 있는 첫 번째 계단을 제공할 뿐이다. 이런 뜻에서, 우리는 결혼이 인생의 목적이 아니라 인생의 목적인 행복을 위한 수단이라고 말할 수 있으며, 결혼은 문제의 해결이 아니라 새로운 문제의 제기라고 말할 수 있다. 결혼은 학습 과제며, 결혼 생활은 그 학습 과제를 풀어나가는 광장이다. 그리고 부부는 새로운 것을 학습하고 새로운 문제에 부딪쳐 나가는 정도만큼 성숙하게 된다.

그렇다고 해서 누구와 결혼해야 하느냐는 문제가 전혀 중요하지 않다는 뜻은 아니다. 오히려 정상적인 부부는 서로 상대방으로부터 좋든 싫든 간에 커다란 영향을 받게 된다. 결혼 상대자의 선택은 여전히 중요한 문제가 아닐 수 없다.

3. 결혼은 손해 보는 일

'YMCA 해외동포 결혼상담 센터'에서 사용하는 희망하는 배우자의 조건으로는 거주 지역, 연령 차이, 가정 환경, 직업, 수입, 재산, 학력, 외모, 체격, 성격, 취미와 특기, 종교, 가족 서열, 시부모나 시형제 부양

관계, 시부모나 시형제와의 동거 관계, 술이나 담배와 같은 기호 식품을 들고 있다.

그러나 한 통계에 의하면, 여성은 이상적인 남편의 조건으로 경제력 및 사회적 지위, 가정 환경, 성격, 외모를 내세우고, 남성은 이상적인 아내의 조건으로 외모, 성격, 가정 환경, 경제력 및 사회적 지위를 내세운다고 한다. 여기서 우리는 몇 가지 특이한 사실을 발견하게 된다.

첫째, 결혼 상대자에 대한 여성과 남성의 조건이 서로 다르다. 여성은 경제력이 있거나 사회적 지위를 가진 남성을 무조건 좋다고 보지만, 남성은 우선 여성의 외모를 가장 중요하게 여긴다. 다시 말해서, 남성과 여성이 내세우는 조건의 순서가 전혀 다르다. 남성은 여성의 외모를 가장 중요시하지만, 여성은 남성의 외모를 맨 마지막으로 중요하게 여긴다.

돈만 많으면 아무리 무식하고 나이가 많아도 미스 코리아와 결혼할 수 있는 사회, 아무리 무식해도 외모가 아름답고 젊기만 하면 재벌의 아들과 결혼할 수 있는 사회, 이것이 바로 오늘의 실정이다. 그러나 우리는 돈과 외모는 행복보다는 불행을 초래하기가 쉽다는 것을 잊지 말아야 한다. 가난한 부부는 열심히 살기에 바빠서 부부싸움을 할 시간이 없다. 그러나 그들이 조금 잘 살게 되면 끝없이 분쟁을 일으키게 된다. 그리고 여성의 외모에 관해서는 "얼굴 뜯어먹고 살 수 없다"는 말을 잊지 말아야 한다.

둘째, 성격에 대해서도 남성과 여성의 바람이 전혀 다르다. 남성은 결혼 상대자로 순종형의 성격을 원하고, 여성은 활동적인 성격을 원한다. 그리하여 맞선을 보고 딱지를 맞지 않으려는 여성은 절대로 상대방을 똑바로 쳐다보지 말고 고개를 푹 숙이고 있어야 하며, 상대방에 대하여는 묻지 말고 상대방이 묻는 질문에 대해서만 낮은 목소리로 — 죽어가는 시늉으로 — 답변해야 된다. 반대로 고개도 제대로 들지 못하면서 수줍어하는 남성은 여성으로부터 딱지를 맞게 된다. 물론 요즘 젊은이들사이에서 이런 현상은 거의 사라지고 있지만.

셋째, 결혼 상대자에 대한 요즘 젊은이들의 조건은 어디까지나 외적으로 나타난 것이거나 겉으로 보이는 것이다. 보이지 않는 것보다는 보이는 것을 중요시하고, 정신적인 것보다는 육체적 및 물질적인 것을 중요시한다. 외모와 경제력이 바로 그런 것들이고, 성격도 어디까지나 겉으로 나타난 행위로 판단하고, 가정 환경도 구체적으로는 시부모를 모셔야 하느냐 혹은 시동생들의 학비를 대어 주어야 하느냐는 것들일 뿐이다.[2)]

하여간 결혼 조건에 있어서 모든 사람은 '자신보다 훌륭한 사람'을 찾으려고 애를 쓴다. 이른바 '손해 볼 수는 없다'는 표현이 이를 잘 나타내 준다. 키가 작은 사람은 키가 큰 상대방을 원하며, 가난한 사람은 부자를 택하려고 하며, 못난 사람은 미인을 찾고, 지위가 없는 사람은 명문출신을 원한다.

그러나 냉정히 생각해 보자. 이 얼마나 허황된 생각인가. 아무도 손해를 보지 않는다면 도대체 어떻게 결혼이 성립될 수 있겠는가. 누군가는 손해를 보아야 남녀가 결합할 수 있다. 그러므로 손해를 본다고 생각하는 것 자체가 사랑의 진실을 외면하는 일이다. 진정한 사랑이란 받는 것이 아니라 주는 것이며, 에로스가 아니라 아가페다. 이런 뜻에서 진정한 사랑은 상대방으로부터 이익을 취하려는 것이 아니라 오히려 손해를 보는 것이라고 말할 수 있다.[3)]

4. 결합하려면 떨어져야

이상적인 배우자의 조건은 무엇인가? 우선 구체적인 자격 요건을 토론하기 전에 먼저 일반적인 자세부터 검토할 필요가 있다.

첫째, 경제적으로나 심리적으로 상대방을 이용하려는 사람은 이상적인 배우자가 될 수 없다. 미국의 영주권을 얻기 위하여 결혼하는 사람, 외국 유학에 필요한 경비를 위하여 결혼하는 사람, 잠시 동안의 외국 생활의 외로움을 달래기 위하여 현지인과 결혼하는 사람, 취직이나 출세를 하기 위한 정략적인 결혼, 베트남에서 사업을 하기 위하여 베트남인과 결혼하는 사람, 외국에 나가는 것을 목적으로 한 국제 결혼 등이 여기에 속한다. 이런 사람들은 한 마디로 '필요에 의한 결혼'을 하는 사람이며, 그 필요성이 없어졌을 때 결혼 자체에 대하여 회의를 갖게 되기 쉽다.

물론 결혼도 하고 영주권도 얻을 수 있다면 꿩 먹고 알 먹는 식이 된다고 생각할 수 있다. 그러나 일단 결혼해서 영주권을 얻게 되면, 영주권을 위하여 결혼이 존재하는 것이 아니라 결혼의 여러 가지 수단의 하나로 영주권이 중요했다는 것을 깨닫게 된다. 우리 주위에서 외국 유학까지 시켜 놓았더니 외국 여자와 결혼한 사람이거나, 미국으로 초청까지 해놓고 보니 이미 결혼하여 아이까지 있는 사람인 경우를 쉽게 발견할 수 있는 이유도 여기에 있다. 필요에 의한 사랑이 아니라 사랑에 의한 필요를 느껴야 한다.

둘째, 오늘날 우리 사회에서 횡행하고 있는 꿩 먹고 알 먹는 식의 생각으로는 꼭 '완제품'을 골라잡아야 되겠다는 개념을 들 수 있다. 돈벌이에 능하지 못한 철학도보다는 의과 대학생이 좋고, 의과 대학생보다는 졸업해서 인턴 과정에 있는 의사가 좋고, 인턴 과정보다는 레지던트 과정에 있는 의사가 좋고, 종합병원에 근무하는 의사보다는 개업의가 좋다고 생각하는 풍토를 들 수 있다.

물론 밑바닥부터 시작하는 것보다는 어느 정도의 기반을 가지고 시작하는 것이 유리할 것이다. 그러나 우리는 모든 인간에게는 매너리즘에 빠지기 쉬운 경향이 있다는 것을 잊지 말아야 한다. 하루 세 끼를 위하여 열심히 뛰는 맞벌이 부부가 언젠가는 중간에서 시작했지만 방심하고 있는 부부를 경제적으로나 교양적으로 쉽게 따라 잡을 수 있는 이유도 여기에 있다. 토끼와 거북이의 경주가 이를 잘 증명한다.

내가 아는 어느 여성은 명문 대학을 졸업하고 결혼할 때 그녀의 오빠로부터 아파트 한 채를 선물로 받았다. 그리하여 졸업한 다음에도 동창생들의 모임은 으레 그녀의 집에서 치를 정도였다. 15년이 지난 후 그녀는 훨씬 가난했던 그녀의 친구들보다 더 못살고 있는 자신을 발견하고, 미국으로 이민을 가기로 결심했다. 미국 생활을 잘 알고 있는 그녀의 오빠는 "너는 이제 나이도 많고, 자녀들도 교육을 끝맺지 못했으며, 너와 너의 남편은 영어를 썩 잘하는 것도 아니며, 또한 특별한 기술이 있는 것도 아니다. 미국이라는 나라는 젊은 사람, 공부를 하려는 사람, 사회적으로 크게 성공하려는 사람들의 나라다. 더구나 너는 한국에서 중류 이상의 생활을 하고 있으니 미국에 가서 바닥부터 다시 고생할 필요가 없다"고 충고를 했다. 그랬더니 그녀는 그녀가 지금 미국으로 가야 되는 이유 중에 하나는 오빠의 책임이라고 말했다고 한다. 차라리 결혼할 때 아파트를 사주지 않았다면 악착같이 노력하여 다른 친구들처럼 잘 살고 있을 텐데, 공연히 아파트를 선물로 받아서 매일 파티 초대만하는 안일한 생활을 했다는 것이다.

이 여성의 경우는 절대로 특수한 경우가 아닐 것이다. 모든 인간은 현재의 위치에 안주하려는 경향이 있다. 그러나 결혼 상대자로서 완제품을 소유하려는 사람은 인생이 '만들어가는 과정'이며, 그 만들어가는 과정의 조그마한 것들에서 — 살림을 장만하고, 조금 넓은 집으로 옮기고, 자녀를 상급학교에 진학시키는 등의 조그마한 것들에서 — 보람을 느끼게 된다는 사실을 잊지 말아야 한다. 한 번의 큰 도박으로 판돈을 전부 끌어들이려는 방식은 인생에 대한 겸허한 자세가 아니다.

인간이란 처음부터 고정되어 있는 존재가 아니라, 그의 삶을 통해서 부단히 형성해 가는 존재다. 실존주의 철학자인 야스퍼스가 인간을 '사람임(Menschsein)'으로 규정하지 않고 '사람됨(Menschwerden)'으로 규정한 이유도 여기에 있다.

셋째, 성서는 "사람이 부모를 떠나 그 아내와 합하여, 그 둘이 한 육체가 될지니" 라고 말한다.[4] 여기서 대부분의 사람들은 두 몸이 한 몸이 되는 부분, 즉 그들이 연합하는 부분을 굉장히 강조한다. 그래서 그들은 종종 "이제 둘이 아니요 한 몸이니, 그러므로 하느님이 짝지어 주신 것을 사람이 나누지 못할 것이라"는 구절을 강조한다.[5]

그러나 나는 두 몸이 한 몸이 되라는 후반부보다 더욱 중요한 것은 그들이 먼저 부모를 떠나야 한다는 전반부라고 생각한다. 이 험한 세상을 부모, 형제, 친구의 도움 없이 혼자서 굳세게 살아갈 수 있는 사람, 즉 '홀로 서기'를 한 사람만이 '같이 있기'를 시도할 수 있다. 결혼을 취직으로 생각하는 사람, 경제적으로나 심리적으로 혼자 살 능력이 없어서 한 남자나 여자에게 의존해서 평생을 살려는 사람, 그는 아직 결혼의 자격 요건을 갖춘 사람이 아니다. 진정 연합하기 위해서는 먼저 떨어져야 한다. 떨어지지 않은 사람은 상대방에게 '의존'할 수는 있어도 진정 '결합'할 수는 없을 것이다.

5. 자유로운 선택

나는 이미 중매 결혼과 연애 결혼의 문제를 토론하면서 자유의 개념을 설명했다. 인간이란 아무리 자유를 외면하려고 노력해도 자유를 완전히 포기할 수 없는 존재임을 역설했다. 그러므로 우리에게 바람직한 일은 자유를 포기하려고 노력하는 대신 자유를 행사하려고 노력하는 것이며, 자유를 소극적으로 행사(freedom from)하기보다는 자유를 적극적으로 행사(freedom to)하는 것이다. 배우자의 선택에 있어서도 가장 중요한 것은 우리가 정말 자유롭게 선택하는 행위다. 이제 나는 우리가 자유롭게 선택한다고 생각하면서도 실제로는 자유롭지 못하다는 사실을 나 자신의 경험을 통하여 설명하겠다.

나의 세대에 속하는 다른 사람들과 마찬가지로 나도 찢어지게 가난한 집안에서 자랐다. 신문팔이, 찹쌀떡 장사, 가정교사 등을 하고 자랐으며, 국어책 살 돈이 없어서 친구의 책을 빌려서 밤새워 노트에 옮기기도 했다. 그리고 이러한 가난뱅이의 열등감을 해소하기에는 굉장한 시간이 필요했다. 가난하게 나를 기른 어머님을 존경하게 된 것은—그리하여 가난한 사람의 마음을 심정적으로 느낄 수 있게 된 것은—극히 최근의 일이다.

하여간 젊었을 때 나는 어떤 여성을 알게 되었다. 그녀는 아름답고, 지적이며, 매력적이었다. 그러나 그녀는 부잣집의 딸이었다. 데이트 비용을 부담할 수 없었던 나는 그녀를 만나지 않기로 결심했다. "내가 곧 죽으면 죽었지, 너한테 얻어먹을 수는 없다"는 배짱이었다. 지금 와서 생각하면, 나의 이러한 결정은—당시에는 내가 스스로 자유롭게 결정했다고 믿고 있었지만—실제로는 한편으로 치우친 생각이었다. 사람이란 A로부터 도움을 받았다고 해서 꼭 A에게 갚아야 되는 것은 아니다. 나의 도움을 필요로 하는 이웃은 — 성서의 사마리아인의 비유에 나오는 이웃은 — 나의 주위에 얼마든지 있다. 부모로부터 받은 사랑을 어찌 부모에게 다 보상할 수 있겠는가. 부모로부터 받은 사랑은 자식에게 줄 뿐이다.

또한 내가 그녀로부터 경제적인 도움을 받는다고 해도 나는 다른 면에서 얼마든지 그녀를 도와줄 수도 있었을 것이다. 그럼에도 나는 모든 조건이 구비된 그녀를 단순히 돈이 많다는 이유로 기피했던 것이다. 나의 머리와 몸은 자유롭지 못했다.

요즘의 젊은이들은 어떤가? 배우자를 선택하는 과정에서 "다른 조건들은 비슷하니까 이왕이면 가난한 집안의 아들, 과부의 아들, 시부모를 모시는 아들을 선택하는 것이 좋겠다" 고 생각하는 젊은이가 과연 몇 명이나 있을까? 모두가 이왕이면 부잣집 아들이 좋다고 생각할 것이다.

나는 여기서 배우자는 부자보다는 가난한 사람이 좋다는 것을 역설하려는 의도는 조금도 없다. 다만 이왕이면 부자가 좋다는 사람들이 절반쯤 되고, 이왕이면 가난한 사람이 좋다는 사람들이 절반쯤 된다면, 이 사회는 상식이 통하는 자유로운 사회일 것이다. 그러나 대부분의 젊은이들이 절대적으로 부자가 좋다고 생각한다면, 오늘날의 젊은이들도 실제로는 자유롭지 못한 것이다. 마치 내가 한 쪽으로 치우쳐 있었듯이, 오늘날의 젊은이들은 그 반대편으로 치우쳐 있는 것이다.

6. 사랑과 이해의 변증법적인 조화

이미 결혼 적령기를 토론하면서 말했듯이, 배우자의 조건으로는 경제력이나 외모와 같은 외적인 것이 아니라 삶에 대한 강력한 의지, 새로운 삶을 시작할 수 있는 육체적 및 정신적 건강, 삶을 풍요롭게 할 수 있는 인격과 교양, 순결, 너그러움, 아름다움, 드높은 이상 등을 들 수 있다. 그러나 이 모든 조건보다도 더욱 중요한 것으로는 '사랑하는 마음'과 '이해하려는노력'을 들 수 있다.

사랑하지 않는 사람과의 결혼은 불행을 초래할 뿐이다. 그리고 현재 상대방을 사랑한다고 해도 그를 이해하려는 지속적인 노력 없이는 그 사랑도 조만간 식어지게 된다. 사랑은 이해를 낳고, 이해는 사랑을 낳는다. 상대방을 진심으로 사랑할 때 그의 모든 행동을 이해할 수 있으며, 상대방을 진심으로 이해할 때 그를 사랑할 수 있다. 사랑이 없는 이해는 동정심이나 타산적인 삶이 되기 쉽고, 이해 없는 사랑은 광적으로 난무하다가곧 사라지게 된다.

그러나 사랑과 이해 중에서 꼭 하나를 선택하라면, 나는 차라리 이해를 들겠다. 생각해 보라. 사랑하면, 자연히 이해하게 된다. 그때는 상대방을 이해하려고 노력할 필요조차 없다. 그러나 결혼 생활이란 이불 속에서만 이루어지는 것이 아니다. 수많은 문제에 부딪치고, 그 문제를 해결하기 위해 서로 신경을 곤두세우면서 토론하고 다툴 때도 있다. 그리고 이런 경우에 가장 중요한 것이 바로 상대방에 대한 이해심이다. 몇 십 년 동안 나와 전혀 다른 삶을 영위해 왔으니까 그럴 수도 있겠지 하는 이해심이다. 성숙한 사람만이 다른 사람을 이해하게 되고, 이해한 사람은 쉽게 그 사람을 사랑하게 된다.

하여간 결혼을 앞둔 사람은 사랑과 이해의 변증법적인 조화를 찾아야 한다. 사랑하고 이해하는 사람은 상대방의 키가 커도 매력이고 작아도 매력이 된다. 그러나 사랑하지 않고이해하지 않는 사람에게는 모든 것이증오일 뿐이다.

7. 만남은 우연인가

그러면 누가 좋은 사람, 훌륭한 사람, 평생 사랑할 수 있는 사람을 만나게 되는가? 우선 나도 그런 사람을 만날 수 있다는 자신감을 가지고 열심히 노력해야 된다. 훌륭한 사람은 하루아침에 갑자기 나타나지 않는다. 왕자는 백마를 타고 오지 않는다. 그러므로 "나 같은 주제에…" 라고 낙심한 사람은 절대로 좋은 사람을 만날 수 없다. 자신이 직접 찾든지 가족이나 선배를 통해서 열심히 찾는 사람만이 좋은 상대자를 만날 수 있다. 두드리는 사람에게만 문이 열린다.

우리는 먼저 꿈을 가져야 한다. 나도 훌륭한 사람을 만날 수 있다는 꿈을 가지고 있어야 한다. 꿈이 없다면 어떻게 꿈을 실현시킬 수 있겠는가. 호랑이를 그리려는 사람은 고양이라도 그릴 수 있다. 처음부터 고양이조차 그릴 수 없다고 낙심한 사람은 아무것도 그릴 수 없다.

그러면 꿈을 가지고 열심히 노력하는 사람은 모두 좋은 사람을 만나게 되는가? 그렇지는 않다. 만남은 인연이며 우연이다. 오직 덕이 있는 사람만이 좋은 사람을 만날 수 있다. 덕이 없는 사람은 아무리 노력해도 좋은 사람을 만날수 없다.

결론은 이것이다. 우리는 한편으로 문을 두드리는 사람에게만 문이 열린다는 신념을 가지고, 다른 한편으로는 인생의 훌륭한 만남은 덕을 쌓아야 잘 이루어진다는 겸허한 자세를 가져야 한다. 노력조차 하지 않는 사람에게는 아무것도 성취되지 않는다. 봄에 씨를 뿌리고 여름에 열심히 일한 농부만이 추수의 기쁨을 가질 수 있다. 그러나 노력한다고 해서 모든 것이 성취되지는 않는다. 농부의 성실한 노력도 하늘로부터 내리는 햇빛과 비가 없이는 추수의 기쁨을 만들어내지 못한다. 이와 마찬가지로, 좋은 사람을 만나려는 사람은 그런 사람을 찾으려는 성실한 노력과 더불어 타인에게 봉사하는 삶, 하늘과 땅을 우러러 떳떳한 삶, 온 우주를 포용하려는 삶을 지향하는 덕을 쌓아야 한다.

성실한 노력과 이웃 사랑의 덕, 이 두 가지를 실천하는 사람만이 좋은 사람을 만나게 된다.

생각해 볼 문제들

1. "결혼은 행복을 보장하지 않는다"는 의미는 무엇인가?
2. 부모를 완전히 떠나지 못한 사람들의 결혼 생활의 문제점은 무엇인가?
3. 사랑과 이해의 변증법적 관계는 어떤 것인가?
4. 만남은 우연인가 혹은 노력의 결과인가?
5. 자유로운 선택을 한다고 생각하면서도 실제로는 자유롭게 선택하지 못하고 일반적인 통념, 매스 미디어의 선전, 시정되어야 할 전통 등에 얽매여서 결정하는 사람들에게는 어떤 교훈을 줄 수 있는가?

[주]

1) 이 책, 제3장.

2) 황필호, 「한국인의 성격에 대한 종교학적 고찰」, 『이데올로기, 해방 신학, 의식화 교육』, 종로서적, 1985, p. 184.

3) 결혼 조건에서 한 가지 토론해야 할 것으로는 동질성과 이질성의 문제다. 취미가 같거나 비슷한 것이 좋으냐 혹은 서로 다른 것이 좋으냐는 것이다. 또한 부부가 같은 길에 종사하는 것이 좋으냐 혹은 전혀 다른 직업을 갖는 것이 좋으냐는 것도 바로 동질성과 이질성의 문제다. 여기에 대한 답변은, 보통 사람의 경우에는 비슷한 것이 좋을 것이며, 특별히 뛰어나게 개성이 강한 사람의 경우에는 서로 다른 것이 좋을 것이다.

4) 「에베소서」, 5:31; 「마태복음」, 19:5.

5) 「마태복음」, 19:6.

10. 한 번의 신부 화장이 평생의 행복을 보장하지 않는다

– 결혼과 허영

1. 클레오파트라의 코

우리는 절세의 미인으로 동양의 양귀비와 서양의 클레오파트라를 든다. 특히 결혼의 횟수로 명성을 떨치고 있는 엘리자베스 테일러가 주연으로 나오는 영화를 통해서, 우리는 클레오파트라의 미색(美色)을 잘 알고 있다. 그리고 우리는 실제로 클레오파트라의 사랑을 독차지하기 위하여 수많은 영웅들이 시기와 질투와 전쟁의 화신으로 변했다는 사실을 역사 시간에 배웠다. 그러나 실존주의 철학의 선구자인 파스칼(Blaise Pascal, 1623–1662)은 『팡세』에서 그것을 허영의 상징이라고 설파한다.

> 인간의 허영을 충분히 알려고 하는 사람은 사랑의 원인과 결과를 고려하기만 하면된다. 사랑의 원인은 우리가잘 알 수 없는것이지만

그 결과는 엄청나다. 이렇게 우리가 인식하지 못할 정도로 작은 것이 국가 전체, 군주들, 군대, 전 세계를 동요시킨다.

클레오파트라의 코, 그것이 조금만 낮았더라면 세계의 모든 면이 변했을 것이다.[1]

원래 허영(vanity)이라는 단어는 '무익한', '쓸데없는', '헛된', '시시한', '허울만의', '허식의', '젠체하는', '뽐내는', '자만하는' 등의 뜻을 가진 형용사(vain)의 명사형이다. 그러므로 허영이란 진실로 중요한 것을 시시하게 여기고, 극히 시시한 것을 중요한 것으로 여기는 인간의 심리라고 말할 수 있다. 이것은 마치 그리스 시대의 궤변론자들이 강력한 논증을 약한 논증으로 둔갑시키고, 약한 논증을 강력한 논증으로 둔갑시키는 경우와 다름이 없는 인간의 심리다.

인간에게는 어떤 허영심이 있는가? 나는 이 글에서 결혼과 관련되는 허영심을 간단히 고찰하고, 그 허영심과 결혼의 관계를 간단히 서술하겠다. 일생에서 가장 진지해야 될 결혼이 오히려 허영의 극단적인 표현으로 둔갑하는 경향이 오늘날 우리 사회에 너무나 많기 때문이다. 이제 우리는 결혼을 위하여 인생이 존재하는 것이 아니라 인생을 위하여 결혼이 존재한다는 상식적인 진리를 되찾아야 할 것이다.

2. 허영의 종류

인간은 어떤 허영을 가지고 있는가?

첫째, 모든 인간은 육체의 아름다움을 추구하는 허영을 가지고 있다. 물론 육체의 아름다움을 추구하는 시도 자체가 나쁜 것은 아니다. 다만 정신의 아름다움을 제쳐놓고 육체의 아름다움만을 추구하거나 지나칠 정도의 육체적 아름다움의 추구는 허영이라는 뜻이다. 그리하여 대부분의 남성들은 아침 이슬과 같이 잠깐 있다가 사라지는 여성의 아름다움을 갈구하고, 대부분의 여성들도 조금만 아름다워질 수 있다면 양잿물도 마실 정도의 허영에 싸여 있다. 몽테뉴(Michel de Montaigne, 1533-1592)는 그의 유명한 『수상록』에서 이렇게 말한다.

> 아름다움을 조금이라도 증진시킬 수 있다는 희망이 있을 때, 여성은 무엇을 할 수 없을 것이며, 무엇을 두려워하는가? 티불루스가 여성은 흰머리를 뽑아내고, 새로운 얼굴을 만들기 위해서는 피부를 벗길 정도라고 말한 이유도 여기에 있다.
>
> 나도 창백한 얼굴을 갖기 위하여 모래와 재를 삼켜서 의도적으로 위장을 상하게 하는 여성을 실제로 본 일이 있다. 그리고 날씬한 몸매를 갖기 위한 스페인 스타일은 허리에 고통을 줄 정도로 싱싱한 육체를 꽉 잡아매고, 어느 경우에는 죽기도 한다는 것이다. 그러니 여성은 어떤 고문을 견디지 못하겠는가?[2]

그러나 육체의 아름다움은 정신의 아름다움을 동반할 때만 가치가 있는 것이다. 정신적 아름다움을 완전히 결여한 육체적 매력은 실속이 없는 빈 깡통과 다름없다. 그 이유는 육체의 아름다움은 곧 사라지며, 오늘의 젊은이는 내일의 늙은이가 되기 때문이다. 그리고 육체의 아름다움을 다른 사람보다 조금 오랫동안 유지하는 사람이라도 죽음이라는 인간 운명을 초월할 수는 없다. 우수의 철학자인 쇼펜하우어(Arthur Schopenhauer, 1788-1860)는 이렇게 말한다.

> 모든 것은 잠시 동안 머무르다가 죽음으로 줄달음질친다. 식물과

곤충은 여름이 지나면 죽고, 동물과 인간은 몇 년이 지나면 죽는다. 죽음은 지치지도 않고 거두어들인다.

우리가 인간의 마음을 우선 동물에서 연구하려고 결심하지 않으면서 인간만이 불멸한다는 자랑스러운 이름 아래 동물과 전혀 다른 부류라고 주장하는 한, 우리는 우리의 본성이 죽음을 통과하면서도 파괴되지 않는다는 잘못된 생각을 갖게 될 것이다.

그러나 바로 이런 뻔뻔스러움과 소견 좁은 견해로부터, 본질적으로 대개 우리는 동물과 동일하다(We are the same as the animals)는 자명한 진리를 인정하지 않으려고 대부분의 사람들이 그렇게도 완강히 노력하는 이유가 나온다. 실제로 이런 사람이야말로 인간과 동물의 관계에 관한 모든 암시로부터 후퇴하는 것이다. 그러나 우리는 무엇보다도 이 진리를 부정함으로써 인간 본성의[또 다른 의미의] 불멸성에 대한 진정한 지식을 갖지 못하게 된다.[3]

이 글에서 쇼펜하우어는 생성 변화하는 자연을 관찰하면서 인간이 본질적으로 동물과 다름없는 자연의 일부임을 '자명한 진리'라고 표현하고, 이 자명한 진리를 인정하지 않는 인간은 쓸데없는 자아의 영원성을 주장한다고 말한다. 하여간 육체의 아름다움이 오래 지속하지 못한다는 것은 자명한 진리다.

그러나 육체적 아름다움이 빈 깡통과 같을 수밖에 없는 더욱 근본적인 이유는, 그것이 다분히 선천적이어서 후천적인 노력이 차지하는 비율이 극히 작기 때문이다. 아무리 노력해도 키가 작은 사람은 패션 모델이 될 수 없으며, 흑인으로 태어난 사람은 아무리 화장을 해도 백인의 피부를 가질 수 없다. 그러므로 우리는 우리의 노력으로 얻는 것을 자랑할 수 있으나 선천적으로 주어진 것을 마치 내가 성취한 것인 양

자랑하는 것은 어리석은 일이다. 다분히 선천적인 육체의 용모를 자랑하는 것이 허영이 되는 이유도 여기에 있다. 미국인으로 태어났다는 사실이 자랑스러운 일도 아니며, 한국인으로 태어났다는 사실이 수치스러운 일도 아니다.

둘째, 모든 인간은 금전과 재산에 대한 허영심을 가지고 있다. 그러나 소유는 존재를 위하여 있는 것이며, 존재는 영원을 위하여 있는 것이다. 그럼에도 모든 인간은 돈 자체에 매력을 느낀다. 특히 우리나라 사람들은 '보이는 것'만을 숭배하는 현세주의(現世主義)에 빠져 있다. 그리하여 정신의 행복을 제쳐놓고 육체의 행복만을 추구하며, 더 나아가서는 우정이나 사랑이나 의리와 같은 '보이지 않는 것'까지도 금전이나 권력으로 계산하는 경향이 있다.

과거의 한국인들은 금전이나 물질에 대하여 극히 비타산적이었다. 특히 선비에게 있어서 재물은 삼강 오륜을 직접 해치는 요인이었다. 일반 부녀자의 경우에도, 거지에게 보리쌀 집어주는 것까지 헤아리는 며느리는 박복하다고 말했고, 아예 "계집은 그릇 한 죽 헤아릴 줄 몰라야 복 받고 산다"고까지 말했다. 이것은 계산하는 단위마저 몰라야 복을 받는다는 뜻이었다.[4)]

그러나 요즘의 우리나라 사람들은 완전히 돈 버는 기계의 역할에 만족해 있다. 그래도 옛날에는 출세하기 위하여 재물을 추구했지만, 오늘날에는 돈을 벌기 위하여 출세를 한다. 예를 들어서, "우리도 잘 살 수 있다"는 표어는 정신과 육체가 조화를 이룬 이상적인 삶을 가리키기보다는 우리도 돈을 벌어서 흥청망청 쓸 수 있다는 개념으로 타락되어 있다.

더구나 우리의 금전 만능 사상은 신용에 의한 것이 아니라 어디까지나 현금과 현물에 의한 현찰주의다. 수표보다는 현금으로 월급 받기를 원하고, 보증수표보다는 현찰을 가져야 마음이 놓인다. 손으로 직접 만지고 눈으로 직접 보아야 안심을 한다.

더 나아가서 우리의 금전 만능 사상은 차근차근 노력해서 얻으려는 것이 아니라 단번에 끝장을 보려는 한탕주의로 기울어지고 있다. 사다리를 한 계단씩 오르지 않고 몇 계단을 한 번에 뛰어 오르려 하고, 가능하면 단 한 번의 '쇼부'로 끝장을 내려고 했던 것이 바로 금당(金堂) 사건이었다. 단 한 번의 모험으로 덩굴채로 떨어지는 호박을 기대한 사건이었다. 그러므로 현금만능주의, 현찰주의, 한탕주의로 표현된 현세주의는 내세보다는 현세를 중요시하고, 내일보다는 오늘을 중요시하고, '나중에 보자는 놈'보다는 '지금 당장 보자는 놈'을 무서워한다.[5]

셋째, 모든 인간은 다른 사람에게 인정받으려는 마음, 존경받으려는 마음, 명예와 권력에 대한 허영심을 가지고 있다. 그리하여 산타야나(George Santayana, 1863-1952)는 허영 중에서도 가장 높은 형태의 허영은 명성에 대한 사랑이라고 말하며, 루소(Jean Jacques Rousseau, 1712-1778)는 "미치지 않은 인간이라면, 명예에 대한 허영 이외의 모든 어리석음을 고칠 수 있다"고 말하며, 특히 파스칼은 남에게 인정받으려는 인간 심리를 신랄하게 지적한다.

우리는 전 세계에 알려지기를 원하며, 우리가 세상을 떠난 다음에 오는 사람들에게까지 알려지기를 원할 정도로 건방진 존재다. 그리고 우리는 5-6명의 이웃으로부터 받는 칭찬까지도 즐거워하고 만족할 정도로 허영심이 있는 존재다.[6]

우리는 우리가 그저 지나가는 마을에서는 구태여 존경받으려고 애쓰지 않는다. 그러나 그곳에 조금만 머물게 되면, 우리는 다른 사람의 이목에 굉장히 신경을 쓴다. 얼마나 그곳에 머물러야 되느냐고? 우리들의 보잘 것 없는 삶에 맞을 정도의 시간만 그곳에 머물게 되면 충분할 정도다.[7]

호랑이는 죽어서 가죽을 남기고 사람은 죽어서 이름을 남긴다는 말이 있다. 그러므로 모든 사람은 자신의 이름(a lasting name)을 남기려고 노력해야 한다. 그러나 허영심 있는 사람은 자신은 아무런 과업도 성취하려고 노력하지 않으면서, 단지 자신의 이름을 다른 사람들이 — 현생과 내생의 모든 사람들이 — 존경해 주기를 바란다.

사람들은 어렸을 때부터 자신의 명예, 재산, 친구, 그리고 친구의 명예, 친구의 재산, 친구의 친구에 대한 걱정을 안고 있다. 그리하여 그들은 사업, 언어에 대한 학습, 운동과 같은 것들의 수렁에 빠져서, 그들의 명예와 재산뿐만 아니라 친구의 명예와 재산 중에 하나만 결여되어도 불행하게 느끼도록 교육을 받았다. 그들이 새벽부터 안달이 나서 돌아다니면서 사업을 하는 이유도 여기에 있다.

그들을 비참하게 만들기 위하여 이 이상의 어떤 일을 할 수 있겠는가? 진실로 무엇을 할 수 있겠는가?[8]

넷째, 일부의 사람들은 사랑까지도 그들의 허영심을 충족시키는 수단으로 이용하고 있다. 그리하여 헌트(Leigh Hunt, 1784-1859)는 자신에게 엄청난 임무를 부여한 것은 사랑이 아니라 허영이었다고 고백하며, 시인 바이런은 "우리가 허영으로 사랑했다는 것을 나는 이제 알

겠노라. 이제 느끼노라. 안녕, 안녕!"이라고 노래한다. 이런 사람들은 행복을 위하여 사랑하는 사람들이 아니다. 사랑을 하나의 장난끼로 하는 사람들이다.

다섯째, 성서는 또 다른 종류의 허영을 지적한다. 특히 지식의 허영과 지혜롭게 되려는 마음까지도 하느님 앞에서는 허영이라고 말하고, 모든것이 헛되고 헛된 것뿐이라고 탄식한다.

> 전도자, 다윗 왕의 아들, 예루살렘의 왕인 솔로몬이 말하노라. 헛되고 헛되니 모든 것이 헛되도다. 나의 견해에 의하면, 가치 있는 것은 하나도 없으며 모든 것은 헛된 일이로다. 사람은 열심히 일해서 무엇을 얻는가? 세대는 오고 가지만 아무런 영향도 주지 못하노라.
>
> 해는 뜨고 지며, 다시 뜨려고 서두른다. 바람은 남쪽으로 불다가 북쪽으로 가고, 여기저기로 왔다가 갔다가 하지만 아무곳에도 도달하지 못한다. 강은 바다로 흐르지만 바다는 영원히 차지 않고, 물은 다시 강으로 흘렀다가 또 다시 바다로 흐른다. 모든 것은 말할 수 없을 정도로 피곤하고 귀찮을 뿐이다. 우리는 아무리 많이 보아도 만족하지 못하며, 아무리 많이 들어도 만족하지 못한다.
>
> 역사는 단지 되풀이될 뿐이다. 새로운 것은 이 세상에 하나도 없느니라(Nothing is truly new). 모든 것은 이미 이전에 되었던 일이거나 말해졌던 것이다. 너희들은 무엇을 새로운 것이라고 가리킬 수 있겠는가? 그것이 먼 옛날 존재하지 않았다는 것을 너희들이 어떻게 알 수 있는가? 우리는 옛날에 일어난 일을 기억하지 못하며, 미래 세대는 아무도 우리가 여기서 한 일을 기억하지 못할 것이로다.
>
> 전도자인 나는 예루살렘에 사는 이스라엘의 왕이었다. 나는 우주의 모든 것을 이해하려고 전념했다. 나는 결국 하느님이 지금까지 취

급해 온 인간의 운명은 행복한 것이 아님을 발견했노라. 모든 것은 바람을 좇는 것과 같이 어리석을 뿐이로다. 한 번 잘못한 것은 다시 고칠 수 없으며(What is wrong cannot be righted), 그것은 둑을 넘어서 흘러가는 물과 같도다. 그리고 달리 될 수도 있었을 텐데라고 생각해도 아무런 소용이 없노라.

나는 스스로 이렇게 말했다. "보아라, 나는 예루살렘의 어떤 이전의 왕보다 더욱 좋은 교육을 받았다. 나는 누구보다 더욱 많은 지혜와 지식을 가졌다." 그래서 나는 어리석지 않고 지혜롭게 되려고 열심히 노력했다. 그러나 나는 이제 이런 노력조차 바람을 좇는 것과 같다는 것을 깨달았다. 지혜가 증가할수록 슬픔이 더욱 증가하고, 지식이 증가할수록 괴로움이 더욱 증가한다.[9]

3. 젊은이의 허영

이렇게 보면, 허영이란 모든 인간이 공통으로 가지고 있는 심리라고 말할 수 있다. 파스칼은 이렇게 말한다.

허영은 모든 인간의 가슴 속에 있다. 그리하여 군인, 군인의 종, 요리사, 짐꾼들까지도 공연히 거만을 떨고 다니며, 그들을 존경하는 사람들을 가지고 싶어한다. 하다못해, 철학자들까지도 그들을 존경하는 사람들을 가지려고 애쓴다.

허영을 비판하는 글을 쓰는 사람들은 글을 잘 썼다는 영광을 받으려고 하며, 그것을 읽는 사람들은 잘 읽었다는 영광을 원한다. 이 글을 쓰는 나도 아마 이런 욕망을 가지고 있을 것이며, 나의 글을 읽는 사람들도 동일한 욕망을 가지고 있을 것이다.[10]

참으로 허영은 모든 사람의 속성이다. 그래서 비참한 말년을 보낸 스피노자는 "세상의 남용과 허영을 가장 큰 목소리로 외치는 사람이 바로 가장 명예와 영광을 갈구하는 사람"이라고 통박한다.

어떻게 보면, 인간의 호기심 자체가 허영일지도 모른다. 모든 것을 알 수 없는 것이 인간임에도 불구하고 모든 것을 알려고 애쓰는 노력 자체가 허영일지도 모른다. 파스칼이 인간의 허영심이란 우리들이 어렸을 때 어른들로부터 들어온 칭찬으로부터 생겨났으며,[11] 인간의 호기심이 허영이기 때문에 우리는 말로는 알기를 원한다고 소리치면서도 실제로는 말로만 지껄이고 있다고 통박한 이유도 여기에 있다.[12] 시인 에즈라 파운드는 이렇게 외친다.

> 개미도 자신의 세계 속에서는 거대한 센토르(그리스 신화에 나오는 반인반마[半人半馬]의 괴물)다.
> 그대의 허영을 버려라.
> 용기를 만들고
> 질서를 만들고
> 은혜를 만든 것은
> 인간이 아니다.
> 그대의 허영을 버려라. 내가 말하노니, 제발 버려라.[13]

허영은 모든 인간의 속성이다. 그것은 젊은이만의 것도 아니며 늙은이만의 것도 아니다. 모든 인간이 가지고 있는 허영심은 정도의 차이가 있을 뿐이다. 그러나 특히 젊은이에게 있어서, 근거 없는 허영심으로 성인의 흉내를 내려는 애늙은이는 미래를 상실한 사람이 된다. 브래드스트리트(Ann Bradstreet, 1612-1672)는 이렇게 말한다.

청년은 모으는 시기며, 중년은 향상하는 시기며, 노년은 소비하는 시기다. 게으른 젊은이에게는 무식한 중년과 공허한 노년이 따르게 마련이다. 허영 이외에는 아무것도 먹지 않고 드러누워 있는 사람은 슬픔이라는 침대에 눕게 될 것이다.[14)]

4. 결혼과 허영

어느 텔레비전 광고에는 순간의 선택이 10년을 좌우한다는 말이 있다. 그러나 결혼이야말로 평생을 결정하는 일생 일대의 인륜지대사가 아닐 수 없다. 결혼을 통하여 성장하고 인생을 더욱 배울 수도 있고, 결혼을 통하여 삶을 파괴할 수도 있기 때문이다.

특히 허영으로 결혼하는 사람들은—비록 극히 소수가 되겠지만—삶을 하나의 도박으로 혹은 장난으로 취급하는 사람들이다. 자신의 입장은 전혀 고려하지 않고 무조건 높은 상대방을 고르려는 심리는 삶을 진지하게 보지 않고 마치 백화점의 물품을 고르듯이 상대방을 선택하는 것이다. 우리는 흔히 결혼에 있어서 '밑질 수 없다'는 원칙을 내세운다. 그러나 이 세상의 모든 남녀가 조금도 밑지지 않는다면 어떻게 결혼이 성립하겠는가.

허영으로 결혼하지 않는 사람들도 그것이 평생에 단 한 번이라는 이유로 지나친 경비를 사용하기도 한다. 한 번 빌리는 면사포에서부터 시시한 꽃 한 송이가 전부 바가지 지출이며, 특히 여성의 경우는 상대방의 일가 친척에게까지 모두 최고급 선물을 가지고 가는 경우가 없지 않다. 그리고 10분이면 끝나는 결혼식을 위하여 몇 시간 공을 들이는 신부 화장은 너무나 평소와 다른 사람으로 변모시켜서 당사자인 신랑이 신부를 식별하지 못할 정도다.

이와 같은 요즘의 결혼 풍속은 결국 육체의 아름다움, 재산, 남에게 인정을 받으려는 허영 심리의 결과물이다. 엄격히 말하면, 이 세상의 모든 일이 한 번밖에 일어나지 않는다. 오늘은 다시 돌아오지 않으며, 돌아간 어제는 영원히 다시 돌아오지 않는다. 이것이 바로 시간의 속성이다. 시간의 속성이란 계속 흘러가는 것이며, 한 번 흘러간 시간은 영원히 되돌릴 수 없다. 시간을 '통화의 신화'라고 말하는 이유도 여기에 있다.[15]

하루의 화장이 신부를 평생 동안 아름답게 할 수는 없으며, 하루의 전시 효과가 평생을 보호해 줄 수는 없으며, 오늘의 재물이 내일을 보장할 수 없다.

특히 남녀간의 성의 결합을 전제로 하는 결혼에 있어서는, 성이 모든 것을 해결할 수 있는 만병 통치약으로 생각하기도 쉽다. 그러나 결혼 생활에서 가장 중요한 것 중에 하나가 성이라는 사실에는 틀림없으나, 성이 사랑을 가져오는 것이 아니라 진정한 사랑이 원만한 성관계를 가지고 오는 것이다.[16]

단 하루의 결혼식 비용 때문에 몇 달을 빚지고 사는 사람들, 20여 년 동안 키운 딸을 그녀의 능력으로 선택하게 하지 않고 바리바리 돈으로 감싸서 보내는 부모, 아파트 · 자동차 · 병원의 세 개의 열쇠를 요구하는 이른바 엘리트 신랑들, 백만 원의 셋방에 백만 원어치의 가구를 들고 들어가는 신혼 부부들, 친구의 결혼식보다는 더욱 화려해야 된다고 생각하는 신부들, 그들은 모두 삶을 허영으로 살려는 사람들이다.

허영은 도처에 있다. 그러나 허영심이 가장 잘 나타나기 쉬운 곳이 바로 결혼식이다. 그럼에도 우리는 우리들의 허영을 너무나 모르고 있다. 파스칼은 말한다. "허영과 같이 명백한 것이 이 세상에 이렇게도 조금 알려져 있다는 사실이야말로 경이로운 일이다. 그리하여 허영을 추구하는 것이 어리석은 일이라고 말하는 사실 자체가 이상하고 경이로울 정도다."[17]

우리는 흔히 미인은 오래 살지 못한다(美人薄命)고 말하고, 어떤 권력도 10년을 넘기지 못한다(權不十年)고 말하고, 인생이란 한 마당의 꿈(人生一場春夢)이라고 말한다. 그러면서도 정작 가장 신성해야 될 결혼이 허영의 표상으로 나타난다. 여기서 우리는 아마도 성서의 구절을 다시 음미해 볼 필요가 있겠다.

> 나는 하느님께 이렇게 간구했다. "이 세상에서의 나의 시간이 극히 짧다는 것을 내가 알게 해주십시오. 여기에 잠깐 있다는 것을 알게 해주십시오. 나의 삶은 이미 나의 손에 있지 않습니다. 당신에게 비하면, 나의 전 생애는 순간에 불과합니다."
>
> 건방진 인간이여, 인간이란 공기와 같이 연약하고 그림자와 같도다. 그의 모든 노력은 아무런 성과 없이 끝날 것이며, 재물을 쌓는 사람도 결국 다른 사람이 그의 재물을 쓰게 마련이로다.[18] 주여, 그러므로 나의 유일한 희망은 당신에게 있습니다.[19]

공자는 사생(死生)은 유명(有命)하며 부귀는 재천(在天)이라고 말한다. 죽고 사는 것은 목숨에 달려 있고 부귀는 하늘이 정해 준다는 뜻이다. 그리고 『명심보감』은 "만사분기정 부생공자망(萬事分已定 浮生空自忙)"이라고 말한다. 만사는 이미 나누어져 마련되어 있는데 사람들이 부질없이 바쁘게 지낸다는 뜻이다. 각자의 분수를 알아야겠다.

생각해 볼 문제들

1. 육체의 아름다움만을 추구하는 것이 허영이 되는 두 가지 이유는 무엇인가?
2. 현실을 직시하여 사리 있게 판단하고 현실의 부정에 대하여는 목숨을 걸고 상소까지 했던 옛날 우리나라의 현실주의(現實主義, 혹은 現在主義)가 오늘날과 같이 '보이는 것'만을 숭배하는 현세주의(現世主義)로 타락한 사회적, 경제적, 사상적 이유는 무엇인가?
3. 허영에 의한 사랑을 한 사람들의 실례를 고찰해 보자.
4. 결혼에 얽힌 허영으로는 어떤 것을 들 수 있는가?
5. 우리가 다른 사람들의 허영을 쉽게 지적하면서도 우리 자신의 허영을 모르고 있는 이유는 무엇인가?

[주]

1) B. Pascal, *Pensées*, 162절.
2) Michel de Montaigne, *The Complete Essay of Montaigne*, tr. Donald M. Frame, Stanford University Press, 1965, p. 41.
3) A. Schopenhauer, "The World as Will and Representation", *Introductory Readings in Metaphysics*, ed. Richard Taylor, Prentice-Hall, 1978, pp. 257-259.
4) 이규태, 『한국인의 의식구조』, 하권, 문현사, 1981, p. 106.
5) 황필호, 「한국인의 성격에 대한 종교학적 고찰」, 『이데올로기, 해방 신학, 의식화 교육』, 종로서적, 1985, pp. 184-185 ; 황필호, 「종교학적으로 본 현대 한국인의 성격」, 『종교변호학 · 종교학 · 종교철학』, 철학과현실사, 2004, pp. 357-358.
6) Pascal, 앞의 책, 153절.
7) 같은책, 149절.
8) 같은책, 143절.
9) 「전도서」, 1:2-18.
10) Pascal, 앞의 책, 150절.
11) 같은 책, 151절.
12) 같은 책, 152절.
13) Ezra Pound, *Cortra Naturam*, LXXXI.
14) Ann Bradstreet, *Thrity-Three Meditations*, 3.
15) 황필호, 「시간의 속성」, 『길 위에서』, 종로서적, 1985, p. 115.
16) 이 책, 제9장.
17) Pascal, 앞의 책, 161절.
18) Cf. "Man heaps riches for someone else to spend"라는 표현은 돈을 위하여 돈을 모으는 사람에게 좋은 경고가 될 것이다.
19) 「시편」, 39:1-7.

11. 행복한 결혼 생활의 비결은 없다

- 성장하는 부부

1. 비결은 없다

요즘 여성지와 신문에는 행복한 결혼 생활의 비결이 많이 제시되고 있다. 어떤 사람은 만족한 성생활이 완전한 결혼을 만든다고 주장하고, 다른 사람은 건강이나 경제력을 제시하기도 한다. 그리하여 전자의 사람들은 성교육이 바로 인간 교육이라고 주장하고, 후자의 사람들은 출세하지 못한 남편은 남편이 아니라고 주장하기도 한다. 그래서 우리들은 우리의 부부 생활을 다른 사람과 견주어 보면서 "우리는 왜 그렇지 못한가" 라고 탄식한다.

순이네 아빠는 매일 10시면 집에 들어오는데, 왜 우리 아빠는 밤 12시가 지나서야 귀가하는가? 복동이네 부부는 주말이면 꼭 가족 동반으로 외식을 하는데, 왜 우리는 그렇지 못할까? 옆집 부부는 그렇게도 행복하게 보이는데, 왜 우리는 자주 부부싸움으로 신경을 곤두세워야 하는가?

그러나 이런 생각들은 옳지 않다. 인간은 단세포 동물이 아니기 때문에 각자의 삶이 동일할 수 없으며, 또한 절대로 동일하지 않아야 한다. 우리 각 사람의 개성이 유일한 것처럼 부부 생활도 가장 독창적이어야 한다. 어떤 본보기에도 비추지 말고, 열심히 자기 나름대로 사는 것이 가장 이상적이다.

예를 들자. 어떤 셋방에 든 신혼 부부가 매일같이 싸워서 울고불고, 어느 때는 담뱃불로 지진 자국까지 보였다고 한다. 이것을 보다 못한 주인이 좀 온화하고 다정한 생활을 하라고 당부했다. 그랬더니 그녀는 "아주머니는 도대체 무슨 재미로 이 세상을 사세요? 좀 화끈하게 사시지요!"라고 오히려 충고했다고 한다.

물론 부부싸움 자체가 '화끈한 삶'을 보장한다는 뜻은 아니다. 더구나 이혼까지 생각할 정도로 심각하게 부부싸움을 한 사람에게 있어서 부부싸움은 그것이 아무리 시시하더라도 '칼로 물 베기'가 아니라 '말로 살 베기'가 될 수도 있다. 중요한 점은 각자의 삶이 각기 다를 수밖에 없다는 사실이다. 여기서 나오는 결론은 무엇인가?

첫째로 모든 사람에게 해당되는 행복한 결혼 생활의 비결은 없다. 현대를 사는 우리에게는 여러 가지의 정보와 비결이 — 예를 들면, 달라붙은 껌을 떼는 비결 등이 — 있다. 그러나 부부 생활에 관한 한 '이런 비결이 있다'고 딱 한 가지를 제시할 수는 없는 일이다. 천만의 부부가 있다면 천만의 비결이 있게 마련이다. 그러므로 다른 사람의 비결을 그대로 우리에게 적용시키려는 일은 우스꽝스런 일이 아닐 수 없다.[1]

둘째로 우리는 어느 정도 행복한 결혼 생활은 가능하지만 완전한 결혼 생활은 불가능하다는 것을 알아야 한다. 하루 24시간 불타는 사랑을 느끼며, 한 번도 부부싸움을 하지 않을 정도의 완전한 삶이란 있을 수 없다는 것을 알아야 한다.

셋째로 삶의 어느 한 가지만을 추구하는 결혼 생활은 바람직하지 않다. 물론 돈만을 추구하는 삶이나 자식만을 위하여 사는 삶도 어느 기간 동안에는 행복감을 줄 수 있다. 그러나 그런 행복감은 곧 사라지게 마련이다. 그러므로 행복한 결혼 생활의 이상은 정신과 육체, 보이지 않는 것과 보이는 것, 전통과 개혁을 동시에 추구하는 중용의 삶이다. 출세를 위하여 평생을 바친 남편, 남편과 자식의 뒷바라지를 위하여 평생을 바친 아내, 그들은 조만간 삶의 무의미성을 깨닫게 될 것이다.

그럼에도 우리들 주위에 인생을 마치 단세포 동물로 취급하여 어느 한 가지를 인생 전체로 착각하는 '지나친 단순화의 오류'를 범하는 사람이 많다는 것은 한심한 일이다. 인간이 각기 다른데 어떻게 한 가지 비결이 있겠는가. 또한 인간 자체가 불완전한데 어떻게 완전한 결혼 생활이 있겠는가. '이것만이…'라는 주장은 — 기독교적인 표현을 빌리면 — 우상 숭배에 불과한 일이다. 그리하여 나는 행복한 결혼 생활의 적극적인 요소에 앞서서 부정적인 요소를 먼저 검토해 보겠다.

2. 이것은 행복한 결혼이 아니다

첫째, 육체적 쾌락과 행복한 결혼은 동일하지 않다. 물론 육체적인 쾌락과 성의 쾌락은 행복한 결혼 생활을 도울 수 있다. 그러나 이미 여러 번 말했지만, 쾌락이 행복을 만드는 것이 아니라 행복이 쾌락을 만드는 것이다.[2] 그러면 성과 쾌락은 나쁜 것인가? 절대로 그렇지는 않다. 힌두교에 의하면, 쾌락은 인간이 추구해야 할 네 가지 요소 중 하나일 정도로 중요한 것이다. 그럼에도 쾌락과 행복을 동일시할 수 없는 이유는 무엇인가?

한 마디로 쾌락이란 영원히 만족될 수 없는 것이다. 그것은 마치 목마른 사람이 갈증을 이기지 못하여 바닷물을 마시고 더욱 커다란 갈증을 느끼는 것과 같다. 욕망을 충족시키면 시킬수록 더욱 큰 욕망을 갖게 된다. 욕망은 만족을 주지 않고 더욱 큰 욕망을 낳는다.

손을 잡아서 만족했던 욕망은 키스를 원하고, 키스로 만족했던 욕망은 다시 성교를 원한다. 이전의 것보다는 언제나 더욱 짙은 욕망을 원하는 것이 인간의 속성이다. 끝없이 욕망을 추구하는 사람은 "이번에 만나는 여성은 나를 영원히 만족시켜 줄 것"이라는 '혹시나'의 기대가 '역시나'의 실망으로 끝나는 돈 주앙의 삶을 살게 된다.

쾌락은 나쁜 것이라기보다는 인간 전체를 만족시키기에는 너무나 편협하고 국부적이다. 쾌락은 본질적으로 개인적이며, 쾌락이 만족시킬 수 있는 자아는 영원한 행복의 대상으로는 너무나 작은 것이다. 그리하여 키에르케고르는 『죽음에 이르는 병』에서 끝없이 쾌락을 추구하는 미적(美的)인 삶을 "바닥이 없는 쾌락의 대양에서 나는 공연히 닻을 내리려고 애썼다"라고 표현했으며, 『저널』에서는 "나는 권태와 고문을 몰고 오는 계속되는 욕망에 대한 거역할 수 없는 매력을 느꼈다"라고 말했다. 또한 뉴욕의 화려한 플레이 보이인 워커(Jimmy Walker)까지도 말년에는 "어제의 모든 영광은 겉만 번드르한 값싼 물건일 뿐이었다"라고 고백했던 것이다.[3)]

둘째, 금전, 명예, 권력과 같은 세속적 성공과 행복한 결혼은 동일하지 않다. 물론 세속적 성공은 육체적 쾌락보다는 지속적인 가치를 줄 수도 있다. 그러나 이것도 결국 인간 전체를 만족시켜 줄 수 없는 쾌락의 속성을 가지고 있으며, 더 나아가서 세속적 성공은 공유할 수 없는 성격을 가지고 있다. 내가 가진 5천 원은 다른 사람이 가질 수 없으며, 내가 앉아 있는 의자에는 다른 사람이 앉을 수 없다. 그러나 이러한 세속적인 성공이 행복과 동일시될 수 없는 더욱 결정적인 원인은 그것들이 모두 임시적이며 순간적이라는 사실이다. 재물은 3대를 넘길 수 없으며, 권세는 10년을 넘길수 없다.

인간은 개인적으로 쾌락을 추구하고 사회적으로는 금전, 명예, 권력을 추구한다. 그러나 이 모든 노력은 결국 물거품에 지나지 않는다. 그리하여 성서는 "헛되고 헛되니 모든 것이 헛되도다. 사람이 태양 아래서 행하는 모든 수고가 자신에게 무슨 유익을 줄 수 있겠는가" 라고 한탄했던 것이다.

3. 이것이 행복한 결혼의 전제 조건이다

그러면 행복한 결혼이란 어떤 것인가? 나는 그 구체적인 방안을 제시하기 전에 먼저 행복한 결혼의 전제 조건을 설명하겠다.

첫째, 결혼은 이상이 아니고 현실이다. 우리들이 흔히 영화에서 보는 사랑을 현실에서 기대하는 사람은 몽상가며 공상가다. 지나친 기대는 지나친 요구를 만들며, 지나친 요구는 거기에 비례하는 지나친 실망을 만들며, 지나친 실망은 풀 수 없는 갈등을 만든다.

이런 뜻에서, 우선 행복한 결혼을 추구하는 사람은 서양에서 12세기에 유행했던 '궁정식 사랑'을 추구하지 말아야 한다. 궁정식 사랑에 나오는 남녀는 성보다는 가쁜 숨을 내쉬는 밀회에서 애무를 더욱 즐긴다. 대개 그들은 유부녀이거나 유부남이고, 어느 경우에는 연상의 여인이거나 연하의 남성이다. 여기서 그들은 남의 눈을 피한 짜릿한 쾌감을 맛보는 밀회를 즐긴다. 이러한 궁정식 사랑은 다음의 세 가지 원칙을 따른다. 첫째로 새로운 사랑은 낡은사랑을 종식시키며, 둘째로 불타는 질투는 언제나 사랑의 가치를 상승시키며, 셋째로 애태우는 의혹과 후

회는 사랑의 가치를 증대시킨다.[4]

그러나 이러한 궁정식의 낭만적 사랑은 오늘날 현실화될 수 없다. 그것은 원래 이상적인 사랑이 아니라 '스스로 즐기기 위한 게임'이었으며, 오늘날에는 가끔 추억의 재료로만 남아 있어야 하는 회상의 대상일 뿐이다. 사랑이 질투와 의혹에 의하여 유지되고 상승된다는 사상은 이제 버려야 한다.

그러므로 행복한 결혼은 '현실적 기대'에 근거를 두어야 한다. 백설공주와 같은 아내와 백마를 타고 오는 왕자와 같은 남편을 고대하는 사람은 절대로 행복할 수 없다. 현실의 아내는 언제나 낭만이 결여되어 있는 듯한 여성이며, 현실의 남편은 언제나 월급 봉투에만 매달리는 듯한 남성이다.

둘째, 결혼은 과거나 미래가 아니라 현재다. 물론 과거는 현재의 어머니며, 현재는 미래를 전제로 해서만 가치가 있다. 그러나 과거와 미래에 지나치게 집착하는 결혼은 언제나 불행하게 마련이다. 모든 사람은 아름다운 과거의 추억을 가지고 있으며, 비록 슬펐던 일까지도 시간이 지남에 따라 그것을 미화시키는 경향이 있다. 그리하여 시인들은 "과거는 언제나 아름답다"고 말한다. 그러나 과거의 아름다운 추억만을 회상하면서 현재를 즐기기에는 결혼 생활이 너무나 현실적이다. 성서가 "너희들은 이전 일을 기억하지 말며 옛적 일을 생각하지 말라"고 충고한 이유도 여기에 있다.

그럼에도 현재의 가치는 언제나 미래를 전제로 해서만 가능하다. 학생의 공부는 졸업이라는 미래의 시간에 비추어볼 때 의미가 있으며, 돈벌이와 성공도 가정과 사회의 행복이라는 마지막의 목표가 있기 때문에 중요하며, 현재의 결혼 생활도 미래의 성취에 비추어볼 때 의미가 있다.[5] 그러나 미래에 대한 지나친 관심은 '폐쇄된 결혼'을 만든다. 오닐 부부(Nena & George O'Neil)는 이와 반대되는 '개방된 결혼'을 이렇게 설명한다.

> 내일의 물질적 풍요를 기다리면서 소비된 시간과 과거의 일만을 즐거워하거나 슬퍼하는 데 보낸 시간, 그런 시간은 이 격동의 시대에 잃어버린 시간이 된다. 그리고 이와 같은 현재의 잃어버린 시간은 당신과 당신의 배우자 사이에서 일어나고 있는 일을 알지 못하게 한다. 과거와 미래는 분명히 현재와 관련이 있다. 그러나 우리에게 더욱 필요한 일은, 그것들이 현재와 어떻게 관련되어 있는지를 나에게 묻는 것이다.
>
> 우리는 과거와 미래에 대하여 적당량 이상의 관심을 갖지 말아야 한다. 예를 들면, 우리는 과거의 실수에서 교훈을 얻을 수 있지만, 그것을 언제나 현재의 지평에서 다루어야 한다. 현재 어떻게 고민을 해결하고 있는가? 그리고 어떤 식으로 현재의 감정과 기쁨을 함께 나누어 느끼고 있는가? 두 사람은 이런 질문들을 통하여 그들의 관계를 더욱 잘 알 수 있다.[6]

트리니다드 섬 사람들은 '오늘을 위한 오늘'이라는 말을 사용한다고 한다. 그것은 현재의 순간이 인간이 직시할 수 있는 모든 것이며, 그 순간에 최선을 다하지 못하는 사람은 결국 자신의 인생을 소비하고 있다는 뜻이다.[7] 오늘날 우리에게 중요한 것은 '저기'가 아니라 '여기'다. 그러므로 진정 행복한 결혼은 '현재를 위하여 사는 것(to live for now)'이며, 이러한 노력에 나타난 현재는 단순한 현재가 아니라 찬란한 장래를 약속해 주는 '미래를 위한 현재'가 된다.

4. 이것이 행복한 결혼이다

지금까지 우리는 행복한 결혼이 아닌 경우들과 행복한 결혼의 전제 조건들을 고찰했다. 이제는 구체적으로 행복한 결혼을 만들어내는 적극적인 조건들을 고찰할 필요가 있다.

첫째, 행복한 결혼을 추구하는 부부는 역할의 고정 관념에 얽매이지 않는다. 남편은 밖에서 일하고 여성은 집에서 일해야 된다는 전통적인 관념에 사로잡히지 않는다. 그렇다고 해서 꼭 남편이 설거지를 해야 된다는 뜻은 아니다. 남편이 꼭 설거지를 해야 된다는 주장은 꼭 하지 말아야 된다는 주장과 다름이 없다. 다만 당시의 상황에 맞게 역할을 분담하고 교체할 수 있는 역할의 융통성을 인정한다는 뜻이다.

우리는 여성은 수동적이며 유연하며 서정적이며 사랑스러우며 감수성이 예민해야 하며, 남성은 거칠고 경쟁적이며 용감하며 지배적이어야 한다는 고정 관념을 깨뜨려야 한다. 사람에게는 언제나 예외가 있을 수 있다. 그야말로 예외 없는 규칙은 없다. 또한 1935년에 발표된 인류학자 미드(Margaret Mead)의 『성과 기질』이 잘 설명했듯이, 남성과 여성의 성격 차이는 생리적이거나 자연적인 것이 아니라 후천적인 문화의 관습에서 온 것이다. 그리고 우리는 실제로 남성보다 더욱 이지적인 여성과 여성보다 더욱 감수성이 예민한 남성을 우리 주위에서 쉽게 발견할 수 있다. 우리들에게 전통적인 남녀 역할에 대한 새로운 의식과 변화가 절실히 필요한 이유도 여기에 있다. 모든 역할은 상대적인 자격 요건(relative qualifications)에 의해 결정되어야한다.

인간은 선천적으로 결정된 길을 걸어야만 하는 규정적 존재가 아니다. 무한한 자유의 행사를 통하여 무한히 성장할 수 있는 존재다. 그리고 인간은 통계적인 존재가 아니다. 통계로부터 벗어나려는 창조적인 역할과 행동을 통하여 진정한 인간 공동체를 구성할 수 있는 힘을 가진 존재다. 그러므로 모든 사람은 자신의 무한한 능력을 스스로 포기함으로써 전통적인 고정 관념에 사로잡히지 말고, 역사와 문화를 계승하면서도 그것을 재창조하는 대열에 참여해야 할 것이다.[8]

둘째, 행복한 결혼은 상대방의 프라이버시를 인정한다. 남편의 지갑을 뒤지고 남편에게 온 편지를 마음대로 먼저 열어 볼 수 있다고 생각하는 아내, 잠시 동안 혼자 있고 싶다고 말하는 아내를 이상한 눈초리로 바라보면서 들들 볶는 남편, 그들은 모두 사랑이라는 미명 아래 사랑을 앗아가는 사람들이다.

사람은두 가지로 성장할 수 있다. 한편으로는 다른 사람들과 교제함으로써 성장하고, 다른 한편으로는 고독을 통하여 성장한다. 홀로 있는 시간이 없을 정도로 남과 어울리는 사람과 남과는 어울리지 않고 언제나 혼자 있는 사람은 진정으로 성장할 수 없다. 특히 현대인은 혼자 있기를 가장 싫어하는 경향이 있다. 그러나 실로 혼자 있을 수 있는 사람만이 같이 있을 수 있다. 결혼 생활에서도 부부가 너무 밀착해 있으면, 상대방에 대한 심리적 공간을 부인하게 되고, 심리적 공간에 대한 부인은 각자를 각자이게끔 할 수 있는 자기 정체성의 위기를 몰고 온다. 부부간에 비밀이 있을 수 없다는 주장도 이제는 재고될 필요가 있다.

인간은 다른 사람들과 함께 있고픈 욕망과 혼자 있고픈 욕망 사이를 왔다갔다한다. 혼자 있을 때, 우리는 우리 자신을 충전시키고, 자신을 평가할 수 있으며, 타인과의 더욱 폭넓은 만남을 위한 자신의 힘을 소생시킬 수 있다. 당신의 배우자가 늘 끊임없이 당신과 교류하도록 요구하는 것은 프라이버시에 대한 그의 권리를 침해하는 것일 뿐만 아니라 그의 성장을 가로막는 것이다.[9]

셋째, 행복한 결혼은 개방된 대화와 개방된 사교 활동을 추구한다.

가장 격의 없이 지내야 할 결혼 생활을 하면서도 상대방이 듣기 좋아하는 말만 하는 아내, 아내 이외에는 이 세상에 아는 여성이 하나도 없는 듯이 행세하는 남편, 남편이 다른 여성을 쳐다만 보아도 앙탈을 부리고 질투를 느끼는여성, 그리고 아내에게 일련의 질투심을 계속 유발시켜야 된다고 믿는 남성, 그들은 모두 개방된 대화와 개방된 사교 활동을 인정하지 않는 사람들이다.

대화에서 가장 중요한 것은 정직이다. 정직이 최상의 정책이다. 그럼에도 적당히 거짓말을 하는 것이 최선의 방법이라고 생각하는 사람들이 우리 주위에 너무나 많다. 그들은 언제나 "상대방에게 상처를 주지 않기 위하여"라거나 "애교 있는 거짓말"이라는 미명 아래 정직을 배반한다. 그러나 그들은 결국 그들자신의 사탕발림의 희생자가 된다.

대화에서 중요한 또 한 가지는 몸짓 언어와 침묵의 언어다. 천만 번의 "나는 당신을 사랑합니다"라는 천편일률적인 말보다 하나의 몸짓이 더욱 중요할 수도 있고, 미사여구(美辭麗句)의 장광설보다 침묵의 언어가 더욱 중요할 수 있다. 그러므로 행복한 결혼 생활을 추구하는 부부는 그들만의 몸짓 언어와 침묵의 언어를 스스로 개발하는 데 온 정력을 쏟을 필요가 있다. 한 통계에 의하면, 무언의 대화(침묵의 언어)가 결혼 생활의70퍼센트를 차지하며, 오직 나머지 30퍼센트만을 언어의 대화(언어의 언어)가 차지한다고한다.

대부분의 부부들은 상대방에 대하여 알고 있다고 믿는 것보다 실제로는 적게 알고 있다. 그 이유는 그들이 상대방에 대하여 개방되고 솔직한 자기 노출이 없기 때문이다. 자신의 추한 곳을 가리고, 밝은 곳만을 상대방에게 보이려고 노력하기 때문이다. 그러나 타인의 영혼을 알려면 먼저 자기 노출이 있어야 하며, 자기 노출이 있어야 자신의 결점을 알 수 있다. 물론 더 넓은 세계와의 통상적인 의사 소통에서는자기 노출에 신중을 기해야 될 것이다. 그러나 우리가 가장 사랑하며 함께 사는 사람에게조차도 나를 열어 보일 수 없단말인가.

사교 활동도 개방되어야 한다. 사랑은 절대로 질투에 의하여 유지되지 않는다. "너는 나의 것이다"라는 생각은 마치 "이 만년필은 나의 것이다"라는 표현에 나타난 물욕과 다름없다. 그것은 개방된 사랑이 아니라 소유하는 사랑일 뿐이다. 그리하여 칼릴 지브란은 "사랑은 소유하는 것도 아니며 소유되는 것도 아니다"라고 외쳤던 것이다.[10)]

일부일처제는 절대로 독점을 뜻하지 않는다. 전통적인 일부일처제는 "소유를 내포하며, 성적인 배타를 요구하며, 평등과 주체성을 부정한다. 그것은 질투를 악용한다. 그러나 질투는 결코 바람직한 감정이 아니며, 건설적인 감정이 아니다. 질투가 좋아한다는 감정을 나타낼지는 모르나, 당신이 여기서 좋아하는 것은 어디까지나 당신자신을 위한 것이며 당신의 배우자를 위한 것은아니다."[11)] 그리하여 오닐은 개방된 결혼이 주장하는 일부일처제를새롭게 정의한다. "그것은 평등이 자연적으로 존재하고, 주체성이 넘쳐흐르며, 성적인 독점이 전혀 문제되지 않으며, 합의에 의하여 결정되지 않고선택에 의하여 결정되며, 자유로운 가운데 사랑이 성장하도록 하는 특징을 가져야 한다."[12)]

넷째, 행복한 결혼은 평등의 원칙 아래서만 가능하다. 실로 역할의 융통성, 프라이버시의 인정, 개방된 대화와 개방된 사교 활동도 모두 부부간의 평등한 관계에서만 이루어질 수 있다. 여기서 평등이란 각자의 개성을 말살하는 개념이 아니라 개인이 살아서 숨쉬는 평등이다. 진정한 남녀간의 평등(平等)은 동등(同等)이 아니다. 똑같은 취미 생활을 하고, 똑같이 생각하고, 똑같이 표현하고, 똑같이 행동하는 부부는 평등한 부부가 아니라 평등을 상실한 부부다.

다섯째, 행복한 결혼은 계속 성장하는 부부에게만 허락된 것이다. 심리적으로나 지적으로 계속 성장하지 않으면서 신혼밤의 달콤한 추억만으로 이 세상을 살아가려고 하는 부부는 조만간 삶에 실패하게 된다. 우리가 결혼한 다음부터 결혼하기 이전보다 더욱 많은 책을 읽고 사색을 해야 되는이유가 여기에 있다.

여기서 중요한 일은 부부가 다같이 성장해야 된다는것이다. 어느 한 쪽만의 성장은 오히려 결혼 생활에 더욱 커다란 질곡만을 선사할 수도 있다. 칼릴 지브란은 『예언자』에서 이렇게 말한다.

알미트라가 다시 말했습니다. 예언자여, 결혼이란 무엇입니까?

그러자 그는 이렇게 답변했습니다.

부부는 같이 태어났으며, 영원히 같이 있을 것이다.

비록 죽음의 흰 날개가 그대를 흩어 놓을 때까지도 부부는 같이 있을 것이다.

오, 하느님의 고요한 추억 속에서까지도 부부는 같이 있을 것이다.

그러나 그대들의 같이 있음에 공간이 있게 하라.

하늘의 바람이 그대들 사이로 춤을 출 수 있도록.

서로 사랑하라, 그러나 사랑의 구속을 만들지 말라.

그대들 영혼의 해변에 출렁이는 바다가 있게 하라.

상대방의 잔을 채워주되, 한 잔으로 마시지 말라.

당신의 빵을 상대방에게 주되, 같은 빵을 먹지 말라.

같이 노래하고 춤추며 즐거워하라, 그러나 각자는 혼자 있도록 하라.

마치 거문고의 줄들이 같은 음악을 따라 움직이면서도 혼자 있는 것과 같이.

너의 마음을 상대방에게 주되, 상대방이 소유하지 않게 하라.
거대한 생명의 손만이 너의 마음을 완전히 소유할 수 있느니라.

같이 서 있되, 너무 가까이 서지 말라.
성전의 두 기둥은 서로 떨어져 있으며
참나무와 싸이프러스 나무는 상대방의 그늘에서 자랄 수 없느니라.[13]

각기 달리 태어난 남녀지만 일단 부부가 된다는 것은 천상의 연분이며 잃어버렸던 자신의 반쪽을 되찾는 예술이다. 부부는 죽은 다음에도 '하느님의 고요한 추억 속'에서 같이 있을 것이다. 그러나 부부는 완전히 밀착된 하나가 되지 말고, 그 사이에는 '바람이 춤을 출 수 있는 공간'과 '출렁이는 바다'가 있어야 한다.

둘이 잔을 들면서도 한 잔으로 마시지 않으며, 둘이 음식을 먹으면서도 한 개의 빵을 먹지 않는 부부, 상대방의 그늘에서 잠자지 않고 계속해서 서로 성장해 가는 부부, 그리하여 상대방에 대한 신뢰를 증진시키는 부부, 이렇게 성장하는 부부만이 진정으로 행복한 결혼 생활을 즐길 수 있고, 결혼을 영원에 이르게 하는 것이다.

행복한 결혼의 조건
1. 역할의 융통성
2. 프라이버시의 인정
3. 개방된 사교활동
4. 평등한 부부
5. 성장하는 부부

부부는 계속 성장해야 한다. 이런 뜻에서 결혼 생활은 정원 가꾸기(gardening)와 같다고 말할 수 있다. 아름다운 꽃이 피었을 때라도 계속 손질을 하지 않으면 황폐하게 되는 정원 가꾸기와 같다. 결혼 생활의 비결은 서로 계속해서 성장하도록 계속 사랑을 가꾸는 데 있다.

다시 말하지만, 모든 사람의 결혼 생활을 행복하게 해주는 보편적 비결은 없다. 단지 부부 쌍방이 역할의 융통성을 인정하고, 프라이버시를 인정하고, 개방된 사교 활동을 용인하고, 평등하게 살려고 노력하며, 계속 성장하려고 노력하는 것이 성공적인 결혼 생활을 만든다는 비결 아닌 비결이 있을 뿐이다.

생각해 볼 문제들

1. "결혼 생활의 비결은 없다"는 명제와 "완전한 결혼 생활은 불가능하다"는 명제의 관계는 무엇인가?
2. 쾌락의 문제점들은 무엇인가?
3. "결혼은 과거나 미래가 아니라 현재다." 이 명제를 설명하라.
4. 행복한 결혼 생활의 전제 조건 및 실제 조건은 무엇인가?
5. 동등과 평등의 구체적인 차이점은 무엇인가?
6. 행복한 부부 사이에는 '출렁이는 바다'가 있어야 한다는 뜻은 무엇인가?
7. '정원 가꾸기의 비유'의 의미는 무엇인가?

[주]

1) 박완서, 「부부 생활은 이렇게」, 『함께 생각합시다』, 가이드포스트, 1983, p. 63.
2) 이 책, 제4장.
3) Huston Smith, *The Religions of Man*, Harper & Row, 1958, pp. 18-19.
4) Nena & George O'Neil, *Open Marriage*, 강혜령 역, 『결혼을 축하합니다』, 오른사, 1979, p. 165.
5) 황필호, 『길 위에서』, 종로서적, 1985, p. 117.
6) O'Neil, 앞의 책, p. 75.
7) 같은 책, p. 74.
8) 이 책, 제12장.
9) O'Neil, 앞의 책, p. 90.
10) Kahlil Gibran, *The Prophet*, Alfred A. Konpf, New York, 1951, p. 14.
11) O'Neil, 앞의 책, p. 163.
12) 같은 책, p. 169.
13) Gibran, 앞의 책, pp. 16-17.

Ⅲ. 귀중한 보석, 여성에 대하여

12. 여자는 여자로 태어나는 것이 아니라 여자로 키워질 뿐이다

– 여성 해방과 역할의 융통성

1. 여성 해방, 어디까지 왔나

요즘 여성이 남성화되고 중성화되어서 거칠어진다는 말이 있다. 어릴 때는 부모에게 복종하고, 출가해서는 남편에게 복종하고, 노후에는 자식을 따르라는 삼종지도(三從之道)의 복종형 여성들이 새시대의 물결을 따라서 자신의 중요성을 의식하고, 더 나아가서는 남성을 도리어 지배하려는 추세에 있다는 것이다. 결혼의 경우에도 여성은 여필종부(女必從夫), 불경이부(不更二夫), 칠거지악(七去之惡)의 전통적 관습을 대담하게 타파하고 자아 실현에 중심을 두고 있으며, 더 나아가서는 차라리 결혼을 기피하는 경향까지도 있다. 이런 말은 모두 옳은 말이며, 또한 이런 추세는 앞으로 더욱 증가할 전망이다.

그러면 이러한 변화를 몰고 온 여성 해방론자들은 구체적으로 어떤 목적을 가지고 어떤 일에 관여하고 있는가? 이 질문에 대한 간단한 답변은 있을 수 없다. 여성 해방을 외치는 단체가 여러 개 있을 뿐만 아니라, 그 중에는 극히 온건한 입장부터 이 세상의 모든 남성을 제거해야 된다는 과격파까지 여러 집단이 공존하고 있기 때문이다.

미국의 여성 단체 중에서 가장 큰 규모와 조직을 가지고 있는 NOW는 체제 안으로 들어가서 개혁을 주도하는 비교적 온건한 단체다. 그 증거로는 1967년 수도인 워싱턴에서 열린 제 1 회 대회에서 채택한 8개의 「권리 선언」을 들 수 있다. 그 내용은 평등 권리를 보장하는 헌법 개정 · 고용에 있어서의 성차별을 금지하는 법률의 시행 · 고용과 사회 보장 혜택 · 임신 휴가의 실시 · 직장 생활을 하는 부부의 가정 관리와 자녀 관리 비용의 세금 감면 · 탁아소 시설의 지방별 실시 · 평등한 교육의 기회 · 평등한 직업 연수와 가난한 여성에 대한 수당 지급 · 자녀 출산을 마음대로 컨트롤할 수 있는 여성의 권리를 인정하라는 것이었다.

반면 '남성 분쇄회(Society for Cutting Up Men)'는 과격한 단체 중 하나인데, 거기서 발표한 「스컴 선언(SCUM Manifesto)」의 일부 내용은 다음과 같다.

> 전쟁, 착하고 점잖고 '위엄이 있다'는 행위, 돈과 결혼과 매음, 일과 자유로운 사회 건설의 방해, 부권과 정신병, 개성과 동물성을 억압하는 기능주의, 사생활의 저해, 고립과 교회 생활과 공동 생활의 방해, 비굴한 복종, 권위와 정부, 성에 대한 철학과 종교와 도덕, 편견, 경쟁과 특권과 현상 유지와 형식적 교육과 무지, 사회적 및 경제적 계급, 자연 보존의 방해, '위대한 예술'과 '문화', 성교, 권태, 비밀과 검열과 지식과 이념과 폭로의 억제, 불신, 추함, 증오와 폭력, 질병과 죽음은 모두 남성의 책임이다.[1]

그러나 여성 해방을 주장하는 모든 단체는 몇 가지의 일치점을 가지고 있다. 그들은 우선 지금까지의 역사, 문화, 언어, 관습, 제도, 정치, 경제, 도덕, 종교가 여성을 억압하기 위한 남성 중심적이었다고 주장한다. 그리고 이러한 남성 우위적인 문화를 합리화시키려는 모든 논리는 이제 설득력이 없게 되었다고 말한다.

더 나아가서 그들은 이러한 억압의 문화를 좌시하지 말고 직접 개선하는 데 여성이 앞장서야 된다고 말한다. 그러므로 여성 해방 운동의 목적은 '여성의 의식화를 통한 여성의 인간화'라고 말할 수 있다.

물론 이 과정에서 남성의 의식화를 절대로 필요로 한다고 주장하는 단체도 있으며, 남성의 도움을 요청한다는 것은 다시 남성 우위적 논리에 사로잡히는 것이라고 주장하는 단체도 있다.

그러나 그들이 한결같이 주장하는 것은 지금까지 당연한 것으로 받아들인 남성의 문화를 재인식할 수 있는 여성 자신들의 의식화며, 이런 의식화는 곧 여성을 인간 본연의 자리로 되돌려 보내는 여성의 인간화를 지향한다는 것이다. 이렇게 보면, 여성 해방은 인간이 되려는 여성들의 몸부림이라고 말할 수 있다.

이제 우리는 여성 해방의 어떤 한 면만 보지 말고 역사와 문화와 종교를 포함하는 전인적 시각에서 보아야 한다. 인간이란 아메바와 같은 단세포 동물이 아니라 의식과 생각을 언제나 변경시킬 수 있는 '만물의 영장'이기 때문이다. 그러나 나는 여기서 여성 해방을 남성과 여성의 역할이라는 제한된 범위로 축소시켜서 고찰하겠다. 모든 여성 해방론자들의 공통된 주장 중의 하나는 남성과 여성의 고정된 역할 관념은 완전히 타파되어야 한다는 것이기 때문이다.

2. 여성 역할의 변화

나는 먼저 지금까지 여성에게 부과된 여성 역할의 성격을 역할 과잉, 역할 갈등, 역할 상실의 세 가지로 설명하고, 그 다음에 거기에 대한 대안을 제시하겠다.[2]

첫째, 전통적 여성의 특성은 '역할 과잉'이라고 말할수 있다. 시인 데모스테네스는 일찍이 창녀는 남자의 감각을 위하여, 첩은 남자의 치다꺼리를 위하여, 그리고 아내는 아들을 낳고 신용할 수 있는 값싼 파출부이기 위하여 존재한다고 말한다. 동양에서도 여성은 1인 3역의 역할을 해야 한다고 말한다. 그러나 『개방된 결혼』의 저자인 오닐 부부(Nena & George O'Neill)는 결혼한 여성의 역할을 1인 25역이라고 말하면서, 1956년에 발표된 어느 신문의 「부인들의 감정적 성숙」이라는 제목의 사설 한 구절을 인용한다.

> 아내는 적당히 놀라는 척하면서 남편으로부터 인생을 배우는 순수한 창조물이어야 한다. 아내는 언제나 다른 여인과 비교해볼 때 유혹적이고 매력적이어야하며, 필요할 때는 공격적인 행동도 할 수 있어야 한다. 그러나 돈이 필요하지 않을 때는 사업이나 돈벌이 따위엔 완전히 무관심한 것같이 보여야 한다.
>
> 아내는 더불어 부모가 되어야 하고, 경우에 따라서는 혼자서도 부모 노릇을 할 수 있어야 하는데, 그런 경우가 빈번할 것이다. 또한 여자는 전문적인 실내장식가, 동숙자, 룸메이트인 주부, 식당 주인, 요리사, 웨이트리스와 잔심부름의 모든 소임을 한꺼번에 할 수 있어야 한다. 또한 아내는 가족 토론회의 일원이어야 하며, 가족 토론회에서는 남자가 시원스럽게 대답할 수 있는 질문만 던지는 청중이어야 한다.

> 아내는 실제적으로 간호원이어야 하고, 심리 사회학자와 정신병 의사여야 하고, 독심술을 해야 하며, 외교관이어야 한다. 아내는 댄싱 파트너여야 하며, 너무 잘하면 안 되고 적당히 잘하는 트럼프의 파트너여야 하고, 친한 친구, 믿을 수 있는 사람, 놀이 친구이어야 하며, 손님 접대를 잘 하는 호스티스이자 위대한 연인이어야 한다.[3]

둘째, 역할 과잉에서 오는 결과가 바로 '역할 갈등'의 현상이다. 한 여인이 이상의 모든 일을 동시에 수행한다는 것은 불가능한 일이고, 설사 그것이 가능하더라도 과연 이런 일을 전부 해내야 되느냐는 의문을 갖게 되며, 또한 어느 정도 이 모든 일을 해낸다 하더라도 중요성과 강조점의 차이점에서 오는 갈등을 피할 수 없게 된다. 이것이 바로 벙어리 냉가슴 앓듯한 여인의 일생이었다. 그러면서도 남성 우위적인 사회는 '여성다운 여성', '사랑받는 여성', '귀여운 여성'이라는 명칭으로 여성 차별을 강요해 왔던 것이다.

셋째, 역할 과잉과 역할 갈등에 시달리던 여인은 어느 날 갑자기 아무것도 할 수 없는 자신을 발견한다. '역할 상실'의 시기가 시작된 것이다. 우리나라의 경우는 대개 막내 아이가 초등학교를 졸업할 때가 되는데, 여기서 가정을 이끌어 온 여인은 이제 아무것도 할 일이 없는 '유한마담'이 된다. 남편과 아이들이 더 이상 아내와 어머니의 협조를 필요로 하지 않을 때, 여인은 다시금 삶의 의미의 문제로 고민하게 된다. 여기서 그녀는 할 일이 없는 여인, 쓸데없는 여인, 역할이 없는 여인의 고독을 맛보게 된다.

왜 여성은 역할 과잉, 역할 갈등, 역할 상실의 비참한 길을 걷게 되는가? 오닐은 세 가지를 내세운다.

첫째, 우리는 이미 태어나는 순간부터 남녀의 역할의 차이점을 배운다. 남자는 공격적으로 되라는 훈련을 받고 그렇게 만들기 위하여 자동차, 권총, 전기 제품을 선물로 받고, 여자는 수동적으로 되라는 훈련을 받고, 그렇게 만들기 위하여 인형과 옷가지를 선물로 받는다.

야구를 좋아하는 소녀는 미운 오리새끼가 되고, 야구를 싫어하는 소년은 계집애라는 놀림을 받는다. 그러므로 소년은 남자가 되도록 교육을 받지만, 소녀는 아내가 되도록 교육을 받는다. 남성들이 남편과 아버지의 역할을 파트 타임으로 생각하고 여성의 아내와 어머니의 역할을 풀 타임으로 고수하려는 경향도 바로 여기서 나온 것이다.

둘째, 우리는 남녀의 차별적 직위를 당연한 것으로 인정한다. 직장을 다니는 아내라도 가정에서는 일단 남편에게 무조건 복종하는 낮은 지위를 고수해야 된다고 믿고 있다. 그리고 이러한 "여성의 주부로서의 낮은 지위는 모성애와 관련된 높은 지위로 보상될 수 있다고 주장한다. 그러나 모성애의 중요성은 너무 비대하게 추앙되어 여자의 희생 의식을 달래주려는 여자에게 던져진 미끼가 아닌가 생각될 정도다. 실제로 모성애는 아내의 역할의 전부며 절대적으로 여성 생활의 중요한 부분이라고 강조되어, 여성을 가정에 묶어두는 데 크게 이바지했다."[4] 우리는 이러한 사실을 "여성은 약하지만 모성은 강하다"는 표현으로 미화시키고 있다.

셋째, 남성과 여성의 생리적인 차이점을 여성에 대한 남성의 우위성, 아내에 대한 남편의 우위성, 여성적인 것에 대한 남성적인 것의 우위성의 근거로 주장해 온 것이 전통적인관습이었다. 신체적으로 볼 때, 남성은 여성보다 힘이 세지만 수명은 짧다. 그러나 과학자들은 이제 이런 육체의 차이점이 바로 온순하거나 용감한 성격의 주 요인이 되지 않는다고 말한다. 더 나아가서, 용감성이 반드시 감수성보다 훌륭하다고 주장할 이유도 없지 않은가.

인류학적으로 보면, 우리들이 흔히 '남성적' 혹은 '여성적'이라고 부르는 현상은 주로 문화적으로 — 후천적으로 — 결정된 것이다. 이러한 사실은 마가렛 미드의 『성과 기질』에 잘 나타나 있다.

그녀는 남성과 여성이 모두 온순하고 유순하고 고분고분한 아라패쉬족, 남성과 여성이 모두 거칠고 공격적이고 폭력적인 아라패쉬족 옆에 사는 문두구모족, 지배적이며 개인적인 여성과 감정적이며 의존적인 남성으로 구성된 참블리족을 보고하면서, 우리들이 생리적 및 선천적이라고 생각하는 성격의 차이는 문화적인 훈련의 차이에서 오는 것임을 확증했다. 여기서 우리는 "여자는 여자로 태어나는 것이 아니라 여자로 키워질 뿐"이라는 보부아르의 말을 다시 상기할 필요가 있다.

끝으로 나는 남성과 여성의 역할에 대한 바람직한 태도를 이론적인 측면과 실천적인 측면으로 나누어서 서술하겠다.

첫째, 이론적으로 볼 때 우리는 여성은 수동적이며 유연하며 서정적이며 사랑스러우며 감수성이 예민해야 하며, 남성은 거칠고 경쟁적이며 용감하며 지배적이어야 한다는 고정 관념을 깨뜨려야 한다. 이것은 물론 여성이 공격적으로 되어야 하고 남성이 수동적으로 되어야 한다는 주장이 아니다. 이러한 주장은 형태는 다르지만 그 유형에 있어서 전통적 이미지와 조금도 다름이 없는 것이다.

중요한 사실은 사람에게는 언제나 예외성이 존재할 수 있다는 사실이다. 그야말로 예외없는 규칙은 없으며, 이미 지적했듯이 남성과 여성의 성격의 차이점은 생리적인 규칙이 아니라문화적인 관습의 결과다. 기독교적으로 표현하면, "사람은 반드시 …적이어야 한다"는 주장은 바로 하느님 앞에서 다른 이미지를 구축하는 우상 숭배인 것이다. 전통적인 남녀 역할에 대해서도 이와 같은 의식의 변화 혹은 진정한 의식화가 일어나야 할 것이다.

둘째, 실천적으로 볼 때 남녀의 역할은 만유인력의 법칙과 같은 일반적인 법칙을 따르지 말고 상황과 콘텍스트에 따라 변할 수 있는 역할의 융통성(the flexibility of roles)을 가져야 한다. 오닐이 폐쇄된 결혼의 특성을 배우자의 소유·자기 자신의 부인·커플 게임·엄격한 역할·절대 충절·완전한 독점으로 규정하고, 개방된 결혼의 특성을 독립된 삶·개인적인 성장·개인의 자유·융통성 있는 역할·상호 신뢰·개방성을 통한 확대로 규정한 이유도 여기에 있다.

인간은 선천적으로 결정된 길을 걸어야 하는 규정적 존재가 아니다. 무한한 자유의 행사를 통해서 성장할 수 있는 존재다. 그리고 인간이란 통계적인 존재가 아니다. 통계에서 벗어난 창조적 역할과 행동을 통하여 진정한 인간 공동체를 구성할 수 있는 힘을 가진 존재다.

개방된 삶을 살자. 이성이 숨쉬는 열린 사회를 구축하자. 역할의 융통성은 이러한 노력에 커다란 힘이 될 수 있다.

생각해 볼 문제들

1. 전통적으로 내려왔던 남녀 성의 역할 변화를 역할 포기로 해석하는 전통주의자들에게 우리가 할 수 있는 말은 무엇인가?
2. 여성을 역할 과잉, 역할 갈등, 역할상실의 세 단계로 설명하라.
3. 역할의 융통성을 실제 생활에 적용시켜서 설명해 보자.

[주]

1) Valerie Solanis, "Excerpts from the SCUM Manifesto", Robin Morgan, ed., *Sisterhood is Powerful*, Vintage Books, New York, 1970, pp. 577-578.
2) 이동원, 「한국의 가정 생활과 여성의 역할」, 이화여대 편, 『여성학』, p. 393.
3) Nena & George O'Neill, *Open Marriage*, 강혜령 역, 『결혼을 축하합니다』, 오른사, 1979, p. 24.
4) 같은책, p. 140.

13. 한 시대의 발전은 그 시대를 사는 여성들의 권리 신장에 의하여 측정될 수 있다

- 과거의 여성 해방 운동

1. 여성 해방 운동의 선구자들

서양의 역사는 여성 차별의 역사였다. 특히 육체의 중요성을 인정했던 히브리 사상을 정신제일주의의 그리스 사상으로 변화시킨 사도 바울 이래의 기독교 사회는 완전한 가부장적 사회였다.

그래서 "나는 불합리하기 때문에 믿는다"는 명언을 남긴 터툴리아누스(160-200)는 "그대는 이브임을 모르는가? 그대는 악마의 통로다. 어쩌면 그대는 그렇게도 쉽게 하느님의 형상인 남성을 파괴했는가? 그대가 우리에게 가져온 죽음 때문에 하느님의 아들까지도 죽지 않을 수 없었다"라고 말했고,[1] 아우구스티누스(354-430)는 여성이 남성을 도울 수 있는 유일한 길은 자녀를 양육하는 것이며, 여성에 대한 사랑은 성을 제외할 수 없기 때문에 여성은 '성 없는 정신'을 통해서만 하느님의 형상으로 회복될 수 있다고 말했다.

중세에 들어와서 여성 차별은 더욱 심화되었다. 그래서 롬바르드(Peter Lombard, 1095-1160)는 "여성은 성욕 자체"라고 말했고, 특히 기독교 신학을 완성시킨 토마스 아퀴나스(1224-1274)는 아리스토텔레스의 질료 형상론(質料形相論)을 신학에 도입시켜서, 여성을 단순히 남성의 '형상'을 받아들이는 수동적인 '질료'라고 말했고, 부부간에도 출산을 위한 성교만을 도덕적으로 허용했으며, 심지어 자녀는 어머니보다는 아버지를 더 사랑해야 된다고까지 주장했다.

물론 중세에도 예외가 없었던 것은 아니다. 콜론의 성 세실리아(Saint Cecilia) 수녀원장은 일반 사제를 관리하는 굉장한 권력을 가지고 있었으며, 어떤 지방에서는 여성이 수도사와 수녀를 동시에 거느리기도 했으며, 일부에 국한되었던 일이지만 수녀에게 학문을 가르치기도 했다. 기독교 밖에서도 위대한 여성 정치가, 학자, 그리고 잔 다르크와 같은 성자도 있었다. 그러나 여성에 대한 일반적인 태도는 극히 차가웠고, 실제로 법률은 여성 차별을 그대로 반영하고 있었다. 남편은 아내를 때릴 수 있고, 결혼해서 얻은 재산은 언제나 남편의 것이었고, 어떤 경우에는 여성을 재산의 일부로까지 간주하게 되었다.

그러나 르네상스에 들어와서 일부의 상류 여성들은 남성들과 마찬가지로 그리스와 로마의 고전을 공부하게 되었고, 15세기의 크리스틴(Christine de Pisan)은 "나는 여성이라는 생각만 해도 날개를 숙이게 된다"고 외침으로써 — 댈리(Mary Daly)에 의하면 — 여성 운동의 최초 선구자가 되었고, 16세기에 들어와서 에라스무스(Desiderius Erasmus, 1446-1536)와 같은 르네상스 학자들은 여성 교육을 찬양하기도 했다. 그러나 현실은 여성 차별의 제도를 그대로 고수하고 있었다.[2]

이 기간 동안에 활약한 가장 뛰어난 여성 해방가로는 '영국 숙녀회

(English Ladies)'를 창설한 와드(Mary Ward)를 들 수 있다. 그녀는 이제 여성은 남성의 지배를 벗어나서 새로운 영역에 도전할 때가 되었다고 주장했고, 남성으로 구성된 주교단의 지배를 벗어나서 교황과 직접 통신할 수 있는 기구를 조직하여 여성에게 라틴어와 다른 학문을 가르치려고 했다. 그러나 결국 그녀는 이단으로 몰려서 그녀의 꿈을 실현하지 못했지만, 오늘날 그녀는 여성 해방을 처음 시작한 해방가로 간주되고 있다.[3)]

그러나 17세기부터 여성의 의식은 새롭게 눈을 뜨기 시작했다. 프랑스에서는 몰리에르, 푸랭(Poulain de la Barre), 볼테르, 메르시에르(Mercier)와 같은 사람들이 여성 해방을 지지했으며, 디드로(Diderot)와 엘베티우스(Helvetius)는 여성의 열등함이 사회적인 관습과 엉터리 교육 제도에서 발생했음을 강조했고, 콩도르세(Marquis de Condorcet, 1743-1794)는 여성의 정치적 해방을 강력히 주장했다. 그러나 자유, 평등, 박애의 정신으로 시작한 프랑스 혁명기의 여성 해방 운동은 실패할 수밖에 없는 두 가지 이유를 가지고 있었다.

첫째, 프랑스 혁명의 계몽 사상에 결정적 영향을 끼친 사람으로는 "자연으로 돌아가라!"고 외친 루소(J. J. Rousseau, 1712-1778)를 들 수 있다. 당시 혁명가들은 루소의 사상을 빌려서 지금까지의 권위와 관습을 타파하고 인간의 순수한 감정과 감각을 중요시해야 된다고 주장했으며, 개인의 성적 욕망에 근거를 둔 남녀간의 결합을 주장했으며, 기존 사회 제도가 지녀온 압도적인 힘에 대항하는 인간의 가능성을 제시했다.

그러나 루소의 낭만적 사상은 동시에 여성들에게 "남성의 세계는 외부 세계고 여성의 세계는 내부 세계가 되는 것이 자연스러운 일"이라고 설득함으로써, 실제적으로는 남성으로 하여금 남녀간의 순진한 조화를 이루었던 과거의황금 시대를그리워하게 만들었고, 여성에게는 모든 것을 남성의 시야를 통하여 의미를 부여받게 된다는 반(反) 해방적 사상을 갖게 했다.

> 결국 루소를 추종하는 여주인공들은 그녀의 남편들이 경제 기반을 구축해가는 사회에서는 필요하지도 않고 적합하지도 않은 존재라고 믿었다. 또한 그들은 실제로 무엇이든지 그들이 스스로 결정하는 것이 가능한 것도 아니어서, 고작해야 응접실의 장식이나 온상의 식물이 가진 '감수성'과 '자연적 자유'를 개발하는 데 여념이 없었다. 그리하여 여성들은 서로를감시할 정도로 철저하게 노예화되었다.
>
> 그들은 자유와 평등이 자신들의것이라고 순진하게 믿으면서 남편을 신뢰했다. '형제애'라는 말 속에 수반된 경고를 잊고 있던 혁명적 여권론자들이 처음에 이런 저항에 부딪쳤을 때 크게 당황했던 이유도 여기에 있다.[4)]

둘째, 콩도르세와 같은 소수의 예외적인 사람을 제외한 로베스피에르(Robespierre), 마라(Marat), 에베르(Hebert)와 같은 사람들은 여성의 적극적 정치 활동은 자연 법칙에 어긋나기 때문에 여성은 아내와 어머니라는 전통적 역할로 혁명에 봉사해야 된다고 주장했다. 그러나 이러한 사상을 굳게 믿고 현실적으로 옮긴 사람은 바로 나폴레옹이었다. 그는 당시의 개방적 사상가들을 '이데올로기주의자'로 낙인찍고 그들의 단체를 해산시켜 버렸다.[5)]

나폴레옹에게 집요하게 항거했던 유일한 여성으로는 프랑스의 소설가이며 에세이스트였던 드 스타일 부인(de Stael, 1776-1817, 본명은 Anne Louise Germaine Necken)을 들 수 있다. 그녀는 자신의 활동을 비정치적이라고 말했지만, 실제로는 『델핀느』와 『코린느』와 같은 소설에서 보나파르트에게 항거하는 단독 문필 게릴라전을 펼쳤다. 그녀는 '자연적 감성'에 대한 논의를 여성의 권리에 대한 논의로 대체시켰고, 루소로부터도 그녀가 편리한 것만을 이용하고 나머지는 완전히 무시해 버렸다. 그럼에도 나폴레옹이 제정한 민법은 그녀가 무시한 것만을 채택했다는 것을 우리는 역사적 사실로 잘 알고 있다.[6]

그러나 이 혁명의 와중에서 여성 해방 이론에서 절대로 간과할 수 없는 한 권의 책이 나왔다. 그것은 바로 메리 울스턴크래프트(Mary Wollstonecraft, 1759-1797)의 『여권 옹호론(*Vindication of the Rights of Women*)』(1792)이다. 원래 재봉사, 교사, 기사의 직업을 가졌다가 더블린을 팽개치고 런던으로 와서 나중에 그의 남편이 된 고드윈(William Godwin, 1756-1836), 그리고 『인권(*The Rights of Man*)』의 저자인 페인(Thomas Paine, 1737-1809)과 더불어 혁명 전선에 뛰어든 그녀는 이 책에서 교육, 법적 지위, 선거권, 재산권, 직업 선택권과 같은 여성 운동의 모든 분야를 명쾌하게 지적했다. 이 책은 발간되자마자 많은 비난을 받으면서도 굉장한 영향력을 발휘하게 되었다. 그러나 그녀가 죽은 다음에 그녀의 남편인 고드윈이 그녀의 사랑 행각, 사생아 출산, 자살 미수를 회상록에 발표함으로써 많은 사람이 등을 돌리게 되어서 오랫동안 그 책은 인정받지 못하고 있었다.

그녀는 이 책에서 여성의 열등한 지위의 근원을 육체적 허약성에서 찾고, 이 육체적 허약성이 당시 교육에 의하여 강화되었다고 말했다. 그리하여 여성은 이제 '남성의 일부'이거나 '남성의 위안거리'로 전락했다. 그러나 그녀가 원하는 것은 남성으로부터의 적선이나 자선이 아니라 정의라고 외치면서, "나는 약간은 평화스러우면서도 독립적으로 살고 싶다. 그러나 나는 무릎을 꿇고 구걸하지 않겠다"고 말했다. 그녀는 모든 인간이 이성을 가지고 있으며, 바로 그 이성이 인류 향상과 진리를 발견할 수 있는 유일한 힘이라는 것을 인식하는 힘이라고 말했다. 그럼에도 당시의 여성에게는 이성적인 이해가 부정되고 그 대신에 기지와 숙녀다움이라는 본능만을 강조하고 있는 실정이었다. 그러므로 여성들은 쾌락만이 여성의 삶이라는 안이한 사고로부터 벗어나서, "잠시 동안의 여왕의 자리보다는 차라리 평등에서 얻을 수 있는 진정한 쾌락"을 추구해야 된다고 외쳤다.[7] 로보탐(Sheila Rowbotham)은 울스턴크래프트를 이렇게 평가했다.

> 흔히 여성 해방론의 출발로 간주되는 『여권옹호론』은 실상 아직도 도덕적 권고의 단계에 머물러 있던 급진적 부르주아와 여권 신장론의 가장 중요한 이론적 집대성이었다. 그것은 혁명적 여성 해방론자들이 뭉칠 수 있는 밑으로부터 의 혁신적 사회주의 운동의 가능성도 대두하지 않았고, 부르주아 남성들과 동등한 권리를 주장하는 특권층 여성들의움직임인 여성 참정권론자들의 운동도 대두하기 이전의 단계에 속하는 것이었다.
>
> 메리 울스턴크래프트가 저술 활동하던 영국에서 혁명적 이상을품고 있었던 남성들이 고통스러울 정도로 고립감을 느꼈을진대, 그 당시 자유를 사랑하고 혁명에 동조했던 여성이 느끼는 고립감은 갑절이나 더할 수밖에 없었다. 프랑스 혁명에 뒤이은 반동으로 비대해질 대로 비대해진 부패한 낡은 사회는 그녀를 증오했다.
>
> 그러한 상황에서 그녀는 정치적으로 뿐만 아니라 성 문제로 또한 공격을 받았다. 메리의 남편인 고드윈이 그녀의 사후 그녀에 관한 전기를 쓰자 작자 미상의 이런 시구가 나왔다. "윌리엄은 한 되분이 넘는 잡소리를 써냈다. 마치 메리의 매춘 행위를 세상이 모르기나하듯

이, 그는 그녀의 생애를 끝내 안 쓰고는 못 배겼다."

그러나 그녀의 사위이자 이성적 동료 관계를 진지하게 추구했던 시인 셸리(Percy Bysshe Shelley, 1793-1822)는 「매부 여왕」이라는 장시에서 그녀에게 더욱 훌륭한 찬사를 보냈다. 그는 "여성을 노예 상태로 버려두고 남성이 자유로울 수 있을까?" 라고 썼으며, 『속박에서 풀려난 프로메테우스(*Prometheus Unbound*)』에서는 여성들이 "감히 상상조차 못하던 상태로 변화되고, 이전에는 생각지도 못하던 지혜를 말하게 되는 날"을 상상하고 있다고 말했다.[8)]

한편 이 당시의 여성 해방은 성과 연애의 자유를 부르짖게 되었다. 그리하여 셸리는 "사랑은 구속에서는 시들어버린다" 고 말하면서 결혼을 사랑의 무덤이라고 주장했으며, 블레이크(William Blake, 1757-1827)는 "사랑을 팔아먹는 상업을 조장하는 순결의 종교" 와 "마음 속에 숨겨진 거짓된 성스러움"의 종말을 외쳤다.

1823년에는 급진파 재봉사인 플레이스(Francis Place)가 제작한 질내(膣內) 스펀지 식의 피임이 「남녀 기혼자에게」라는 유인물과 함께 유포되었는데, 특히 자유주의적 근대 여성 해방의 선구자인 밀(John Stuart Mill, 1806-1873)은 17세의 나이로 이 피임 기구를 시장의 장사꾼과 공장 여공들에게 배포하다가 체포되기도 했다. 또한 이 유인물이 나온 지 얼마 되지 않아서 칼라일(Richard Carlyle)은 『사랑이란 무엇인가?』라는 책을 출판했는데, 그는 나중에 『모든 여성의 책, 또는 사랑이란 무엇인가?』라는 제목으로 불린 이 책에서 "사랑이란 자연스러운 방법으로 정액을 배설하려는 정열"이라고 주장했다.[9)]

1820년대에 들어와서 여성 운동은 단순히 과거로부터 내려온 차별을 이론적으로 분석하고 서술하는 단계를 지나서 실제로 사회에 적응시킬 수 있는 대안을 찾기 시작했다. 그래서 오웬(Robert Owen, 1771-1858)은 협동주의적 여권 신장론을 주장했으며, 그레이(John Gray)는 「인간의 행복에 관한 강의」에서 공동체 내부에서의 완전한 남녀 평등을 주장했다.

그 중에도 톰슨(William Thompson)은 존 스튜어트 밀의 아버지인 제임스 밀(James Mill, 1773-1836)의 여성 참정권 부인을 반박하는 「인류의 절반인 여성을 사회와 가정의 노예로 지속시키려는 나머지 인류의 절반인 남성의 주장에 반대하는 여성의 호소(Appeal of One Half the Human Race against the Pretensions of the Other Half, Men to retain them in Civil and Domestic Slavery)」(London, 1825)라는 글에서, 급진 사상을 외면하면서 산업화에 박차를 가하고 있던 당시 영국의 경제 체제를 통렬히 비난했고, 법과 도덕도 한 계급이 다른 계급을 착취하기 위한 수단에 불과하다고 주장했다.

울스턴크래프트의 해방 이념에 깊은 관심을 가졌던 여성들의 일원이었던 윌러(Anna Wheeler)와 직접 교제를 갖기도 했던 그는, 여성의 이해 문제를 단순히 남성에게 내맡길 수 없다고 주장했고, 여성 차별의 구체적인 원인은 체력의 허약성과 아이를 낳는다는 생리적인 조건과 여성을 법적으로나 경제적으로 예속시키는 사회적 결혼 제도에 있다고 보았다. 당시의 결혼은 언제나 여성으로 하여금 남성의 지시를 따르게 하는 일방통행이었기 때문이다.

그러면 왜 많은 여성들이 이렇게도 부자유스러운 결혼을 택했는가? 당시의 여성은 저주스러운 독신의 삶, 사회의 비난을 받는 성적으로 타락한 삶, 노예의 결혼 생활이라는 세 가지 중에서 한 가지를 택해야 했으며, 이 경우에 역시 가장 매력적인 것은 결혼이었다. 키스를 못하는 노예보다는 차라리 키스를 받는 노예를 선택한다는 것이었다. 하여간 톰슨은 여성들의 경제적 독립과 보장, 자녀 양육에 대한 부모의 공동 책임, 임신 기간 동안의사회적 지원, 일할 수 있는 권리 등의 광범위한 분야에 관심을 쏟았다.[10)]

한편으로 프랑스에서 자본주의를 공격한 톰슨과 비슷한 사상을 가졌던 사람으로는 사회주의적 여성 해방 운동에 결정적인 영향을 미친 푸리에(Francois Marie Charles Fourier, 1772-1837)를 들 수 있다. 그는 『네 가지 운동의 이론(*Theories des Quatre Mouvements*)』에서, "한 시대의 발전은 그 시대를 사는 여성들의 권리 신장에 의하여 측정될 수 있다" 고 말했고, 여성에 대한 성적 억압을 경제적 억압과 연관시켜 생각했으며, 당시의 소위 인텔리 여성들은 구체적인 방안을 모색하지 않고 그들의 처지에 만족하고 있다고 비난했고, 자녀 양육까지도 공동 책임을 질 수 있는 협동체를 제안했다. 이 협동체는 초대 교회 시대와 같이 모든 재산까지 공유하는 완전한 평등의 조직이었다.

그리하여 푸리에의 사상뿐만 아니라 생시몽(Comte de Saint-Simon, 1760-1825)의 사상에 깊이 심취했던 앙팡텡(Enfantime)은 지금까지 내려온 '하느님 아버지'의 상징에다가 '하느님 어머니'의 상징을 추가해야 된다고 주장했고, 그 어머니를 찾으려고 이집트를 향한 '파멸적인 탐험의 길'에 오르기도 했다.

오늘날 당시 여성 해방론자들의 사상은 극히 환상적으로 보인다. 그러나 그들이 남긴 영향은 굉장한 것이었다. 그리하여 조르주 상드(George Sand, 1804-1876, 본명은 Amantine Lucile Aurore Dupin)는 1848년 리용 클럽에서 여성에게도 남성에 의존하지 않을 정도의 임금이 지불되어야 한다고 주장했으며, 발켕(Susanne Voilquim)은 『인민의 소녀의 기억들』에서 그녀가 한 집회에서 앙팡텡의 사상에 접했을 때 받은 감동을 서술했으며, 애인과 자살하기 직전에 두 권의 짤막한 책자를 발표한 드마르(Clair Demar)는 프롤레타리아 해방과 여성 해방을 연결시켜서 남녀가 자유롭게 사랑할 수 있는 사회를 그렸다.

독학으로 공부한 드루엥(Jeanne Deroin)은 여성 해방과 노동자의 해방은 분리될 수 없다고 외친 「여성의 사회적 권리에 관한 강의」(1848)를 남겼으며, 『노동자의 단결(*L'Union Ouvriere*)』(1843)로 우리에게 더 잘 알려진 트리스탕(Flora Tristan)은 노동자 운동을 적극적으로 지지하면서 서민층 여성에 대한 도덕적 및 기술적 교육을 제공할 수 있는 회관의 설립을 제창했다. 특히 공장의 채색공으로 직접 일하면서 수많은 좌절을 경험했으며, 1844년 국제 노동 조합의 필요성을 노동자들에게 설득시키기 위한 전국 순회 강연을 하다가 죽은 트리스탕의 최후를 로보탐은 이렇게 기록했다.

> 그녀는 놀라운 끈기로 도보로 이 마을에서 저 마을로, 이 모임에서 저 모임으로 자신의 책을 팔면서 다녔다. 때때로 그녀는 신문의 공격을 받기도 했고, 지방 관리나 경찰로부터 괴롭힘을 당하기도 했다. 결국 그녀는 몸이 극도로 지쳐 있는데다 억수같이 쏟아지는 빗속에서 무리하게 강행했기 때문에 열병에 걸리고 말았다. 그녀가 쓰러지게 되자 세탁부로서 그녀와 생각을 같이 했던 블랑(Eleanore Blanc)과 그녀를 지지했던 중산층 출신인 레모니에르(Lemonnier)가 간호를 했다.
>
> 장례식에서는 노동자들이 그녀의 관을 운반했다. 그들은 돈 받고 일하는 남자들에게 이 일을 맡기고 싶지 않았다. 그리고 그녀의 무덤에 기념비를 세우기 위해 기부금이 갹출되었다.

트리스탕의 유작으로는 『여성의 해방, 또는 천민의 증언(*L'Emancipation de la Femme ou le Testament de la Paria*)』이라는 미완

성의 저서가 있는데, 이는 적절한 제목이었다. 그녀는 혁명 운동에 영원한 기억을 남겼다. 1848년 10월 23일에 수천 명의 인파가 그녀의 무덤에 조의를 표하려 몰려왔다. 노동자들은 "플로라 트리스탕은 무덤이 필요하다"라는 노래를 부르면서 집으로 돌아갔으며, 이 노래는 여러 해 동안 공장에서 불렸다.[11]

격렬한 반대와 억압에도 불구하고 여성 해방 운동은 지하로 퍼져 나갔다. 생시몽의 영향을 받은 여성들은 오웬의 협동체에서 일하다가 조합의 이념을 가지고 프랑스로 돌아왔으며, 오웬과 그의 추종자들은 미국에서 공동체를 설립했으며, 도어티(Hugh Doherty)는 푸리에의 사상을 영국에 소개했으며, 라이트(Francis Wright)는 노예 해방을 주장하면서 테네시 주에 있는 한 공동체에서 자유 연애를 실천하여 사람들을 경악케 했다.

특히 풀러(Margaret Fuller, 1820-1850)는 여성 운동을 인종과 계급을 초월한 국제적 무대로 옮긴 여성이다. 그녀는 1844년에 푸리에식의 공동체를 만들었고, 1847년에는 프랑스를 방문하여 조르주 상드를 만났고, 1848년의 혁명에 열광했으며, 이태리 독립 운동에 적극 참여했다. 오늘날 여성 억압에 대한 심리적 및 문화적 영향에 대한 매우 통찰력 있는 보고서로 알려진 『19세기의 여성(*Woman in the Nineteenth Century*)』의 저자인 그녀는, 여성을 열등한 존재라고 호언 장담하는 대신에 여성의 역할은 '머리의 영역'이 아니라 '가슴의 영역'에 국한되어야 한다고 전략을 바꾼 반여성적 남성의 허위성을 공격했으며, 노예 제도의 철폐를 주장하면서 고독한 삶을 마쳤다. 그녀는 "끝까지 남성들이 여성을 해방시켜 줄 것을 기다렸던 플로라 트리스탕과는 달리, 여성 스스로의 힘으로 변화를 가져올 수 있다"고 믿었다.[12]

2. 근대의 여성 해방 운동

18세기에 들어와서도 여성 해방 운동은 여러 가지 난관에 부딪치고 있었다. 종교 지도자들뿐만 아니라, 헤겔과 같은 철학자들은 전통적인 남녀 관계를 다시 강조했다. 그러나 여성 해방을 비판하는 사람들도 이제는 과거의 직설적 방법보다는 새로운 물결에 대한 새로운 비판을 찾을 수밖에 없는 입장에 놓이게 되었다.

이러한 새로운 물결은 18세기 후반부터 시작된 것이었다. 1789년에 나온 「탄원서(Petition of the Women of the Third Estate to the King)」를 옹호하면서 평등을 쟁취하려는 여성들의 외침에 귀를 기울이지 않는 남성의 편견을 통렬하게 비난한 콩도르세, 1791년에 「여성 권리 선언」을 발표하면서 남녀간의 절대적 평등과 여성 교육의 필요성과 재산 공동 소유권을 주장했다가 1793년에 급기야는 단두대에 처형된 구즈(Olymps de Gouges, 1748-1793), 『정치적 정의』(1793)에서 결혼 제도 자체의 폐지를 주장한 고드윈, 『여권 옹호론』을 발표한 울스턴크래프트와 같은 사람들이 시작한 여권 운동은 19세기 중엽에 와서는 푸리에, 생시몽, 마르크스, 엥겔스, 베벨과 같은 사회주의자들에 의하여 더욱 활기를 띠게 되었다. 그리고 1848년에는 최초의 여성 정치 단체인 '미국 여성 권리 운동(American Women's Rights Movement)'이 창설되었다.

다른 한편으로 이런 사회주의적인 노선이 아니라, 자유주의적인 입장에서도 여성 해방을 부르짖는 사람들이 많이 생겨나게 되었다. 그리하여 오늘날까지 사회주의적 계열과 자유주의적 계열은 여성 해방 운동의 커다란 두 지류를 이루고 있다. 나는 이제 자유주의적인 여권 운동가인 J. S. 밀의 사상과 사회주의적인 여권 운동가들을 분류해서 고찰하겠다.

1) 자유주의적 여성 해방

논리학자, 교육가, 정치가, 철학자인 J. S. 밀은『결혼과 이혼에 대한 초기 논문들(*Early Essays on Marriage and Divorce*)』(1832),『여성의 선거권(*Franchise of Women*)』(1851),『여성의 예속(*The Subjection of Women*)』(1869)에서 남녀의 평등한 교육, 평등한 재산권, 평등한 선거권, 결혼 생활에 있어서의 완전한 평등을 역사상 최초로 철학적인 논리 체계로 제시한다. 오늘날 우리에게『공리주의』와『자유론』의 저자로 널리 알려져 있는 그는, 이러한 남녀 평등을 그의 애인이었으며 나중에 아내가 된 테일러(Harriet Taylor)와의 관계에서 직접 실천한 사람이기도 하다. 이제 그의 견해를『여성의 예속』을 통해 살펴보자.[13] 그는 이 책의 첫머리에서 이렇게 말한다.

> 이 책의 목적은 필자가 사회적 혹은 정치적 문제에 대하여 어릴 때부터 가지고 있었으며, 또한 삶에 대한 경험과 반성에서 약화되거나 개조되기는커녕 오히려 강력해지고 있는 한 가지 견해의 근거를 가능한 한 명확히 밝히는 것이다. 그것은 바로 양성간의 현존 관계는—한 성이 다른 성에 법적으로 종속되어 있는 관계는—그 자체로 틀릴 뿐만 아니라 인류 발전의 주된 장애 요인 중의 하나이므로, 어느 한 쪽에 권력이나 특권을 주지도 않고 다른 쪽에 불이익을 주지도 않는 완전한 평등의 원칙(a principle of perfect equality)으로 대체되어야 한다는 것이다.[14]

밀은 여성의 예속을 고집하는 현 체제는 경험적인 시행 착오의 과정을 통하여 결정된 것이 아니며, 더 나아가서 신중한 사고와 토론의 결과로 결정된 것도 아닌 강자의 법칙(law of the strongest)이라고 주장한다. 그리고 그는 그의 이러한 주장에 대한 반론을 다시 상세히 비판적으로 토론한다.

(1) 밀에 대한 첫 번째 반론은, 현 체제가 강압적인 체제가 아니라 여성 자신들이 자의적으로 동의한 체제라는 것이다. 그는 이 반론을 이렇게 비판한다.

첫째, 대부분의 여성들은 이러한 반론에 찬성하지 않는다. 오히려 그들은기회만 있으면 여성의 참정권과 선거권을 주장해 왔다.

둘째, 지금까지의 사회적 여건은 여성의 예속을 여성들이 당연하게 받아들일 정도로 차별적이었다. 지금까지 남성은 여성을 강요된 노예(forced slave)가 아니라 자의적인 노예(willing slave)로 길들이는 문화를 창조해 왔다. 다시 말해서, 남성은 단순한 여성의 복종이 아니라 여성의 '감정적인 복종'을 강요해 왔다.[15)]

셋째, 더 나아가서 지금까지의 인류 역사는 현 체제가 불합리하며 앞으로의 발전에 커다란 저해 요인이 됨을 증거한다. 과거의 사람들은 피부 빛깔, 장소, 시간에 따라 정해진 삶을 영위해야 했다. 그러나 이제는 "개인적 선택의 자유가 최선의 과정을 채택하도록 보장해 주는 유일한 길"로 인정되고 있다.

오늘날 세계는 이 원칙을 포기하고 다시 과거의 권위주의적 체제의 길로 되돌아갈 수 없다. 그러므로 인류의 절반을 차지하고 있는 여성에게 인류에 기여할 수 있는 기회를 박탈하는 것은 무능한 사람을 제거하는 것이 아니라 발전의 기회 자체를 상실하는 것이다.

> 여성의 사회적 예속은 현대 사회 제도에 남아 있는 독특한 경우다. 근본적 원칙에 대한 유일한 파괴다. 다른 모든 분야에서는 이미 파괴되었으면서도 가장 보편적인 분야에 남아 있는 봉건적 사고와 실천의 유일한 유물이다. 마치 사도 바울의 자리를 차지한 주위의 교회들은 금식과 축제를 벌이고 있는데도, 매일 경배를 받는 거대한 고인돌이나 주피터 올림푸스의 광대한 성전과 같이.[16]

넷째, 이상의 주장이 근거가 없다고 하더라도, 우리는 모든 문제를 현존하는 사실과 현존하는 의견으로 판단하지 말고, 정의와 효용의 원칙으로 판단해야 한다. 이런 뜻에서 우리는 그 문제를 진지하게 토론하고 그 결과가 인류에게 미치는 영향을 공평하게 토론할 수 있는 아량을 가져야 한다.[17]

(2) 현 체제가 부당하다는 주장에 대한 두 번째 반박은, 현 체제가 자연이 정해 준 법칙이라는 주장이다. 그는 여기에 대하여 이렇게 말한다.

첫째, 우리는 아직도 여성과 남성의 본성에 대하여— 자연적 본성에 대하여 —극히 제한된 지식을 가지고 있다. 그러면서도 우리는 실제로 자연의 모든 법칙을 완전히 이해하고 있는 것으로 착각하고 있다. 그러므로 자연에 근거한 모든 차별론은 전적으로 인위적(an eminently artificial thing)이다.

둘째, 여성의 사회 참여는 그들 자신에게 맡겨야 한다. 그들의 정치 참여가 자연 법칙에 어긋나는 것이라면, 남성이 구태여 그들을 억압할 필요도 없을 것이다. 어떤 사람이 어떤 일을 할 수 있느냐는 문제는 그 사람에게 그 일을 하도록 허락해 주어야 알 수 있다. 아무도 그에게 어떤 것이 행복하다거나 불행하다고 결정할 수 없다.

셋째, 많은 남성들은 여성의 천직은 아내와 어머니라고 말한다. 그리고 여성에게 이 천직을 강요하지 않으면 사회가 정상적으로 운영되지 않을 것이라고 말한다. 그러나 이 논리는 마치 "목화와 사탕수수를 재배해야된다. 백인은 이 일을 할 수 없다. 그러므로 백인은 흑인에게 이 일을하도록 강요해야 한다"는 논리적인 오류와 다름이 없다.[18)]

(3) 그러나 사회가 유지되려면 나름대로의 질서가 있어야하듯이, 가정에서도—특히 부부간의 의견이 다를 때는— 결정권자가 있어야 하지 않은가? 이 문제에 대하여 밀은 이렇게 말한다.

첫째, 두 사람의관계가 자발적 연합(a voluntary accociation)일 경우에는 반드시 한 사람이 주인이 되고 다른 사람이 노예가 될 필요는 없다. 그리고 법적으로 노예와 주인을 결정한다는 것은 더욱 말이 되지 않는다.

둘째, 물론 가정사에 있어서 당장 결정할 일도 있고, 어느 경우에는 한 사람이 결정해야 될 경우도 있다. 그렇다고 해서 반드시 한 사람이 항상 결정해야 된다는 논리는 나오지 않는다. 자연스러운 관계란 각자의 분야에 절대적인 권위를 갖는 힘의 분업(division of powers)을 실천하는 것이다. 물론 일반적으로 남성의 연령이 높기 때문에 세상에 대한 경험이 더욱 많은 경우가 있고, 또한 생활 수단을 제공하는 사람의 의견이 더욱 존중되어야 하기 때문에 가정에서는 남편의 권위가 더욱 높게 작용하기가 일쑤다. 그리고 특수한 경우가 아닌 한 결혼한 여성은 돈벌이보다는 자녀 양육에 전념하는 것이 좋을 것이다.[19)] 그러나 이러한 문제는 상황에 따라서 '더욱 자격 있는 사람'이 결정해야 할 것이다.

(4) 많은 사람들이 일반적으로 남성이 여성보다 지적인 창조 행위에 많이 관여했다고 말한다. 그러나 이러한 주장은 어디까지나 남성들이 여성을 예속시키는 현 체제를 그대로 유지하기 위한 수단에 불과하다. 남성의 우월성을 주장하려면 모든 여성이 예외없이 — 가장 훌륭한 여성까지도 — 남성보다 열등하다고 주장할 수 있어야 할 것이다. 그리고 이러한 주장은 현실적 및 도덕적으로 용납될 수 없다.

첫째, 현실적으로 남성이 운영해 온 사회는 모든 문제가 사라졌기 때문에 인류의 절반이 되는 여성의 기여를 필요로 하지 않을 정도로 되었단 말인가?

둘째, 여성의 참여 없이도 사회가 유지될 수 있다고 하더라도 도덕적으로 이러한 처사는 정의로운 처사가 될 수 없다. 모든 사람은 자신의 성향에 따라서 자신의 직업을 선택할 수 있는 동등한 도덕적 권리를 가지고 있기 때문이다.[20]

일부의 사람들은 남녀간의 우열을 생리적인 차이로 결정할 수 있다고 말한다. 남성은 여성보다 더욱 큰 두뇌를 가지고 있기 때문에 더욱 우월한 존재라고 말한다. 밀은 이러한 주장은 전혀 과학적 근거가 없으며, 또한 남성의 두뇌가 더욱 크다는 것이 증명된다고 해서 남성의 우위성이 증명되는 것은 아니라고 말한다. 그리고 밀은 남성과 여성의 성격도 시간과 지역에 따라서 전혀 다를 수 있다고 말하는데, 이러한 주장은 오늘날 마가렛 미드와 같은 인류학자에 의하여 당연한 사실로 인정되고 있다.

그러나 철학, 과학, 예술과 같은 지적 분야에서 여성의 활동이 지금까지 남성에 비하여 거의 전무했다는 엄연한 사실은 어떻게 설명할 수 있는가? 이것이야말로 남성의 우위성을 증명하는 것이 아닌가? 그러나 밀은 여성에게 주어진 시간을 참작하면 그들로부터 이 분야에 위대한 인물을 기대하기란 시기상조라고 말하면서, 그럼에도 실제로 이 분야에서 두각을 나타냈던 소수의 여성들을 역사적으로 열거한다.

(5) 끝으로 우리는 여성의 자유를 인정함으로써 과연 인류 사회가 더욱 발전할 것이냐는 질문을 던질 수 있다. 커다란 차이가 없다면 현 체제를 그대로 유지하는 것이 좋지 않을까? 구태여 평지 풍파를 일으킬 필요는 없지 않은가? 여기에 대하여 밀은 이렇게 말한다.

첫째, 개혁이란 우리가 부정의를 배척하고 정의를 채택하는 삶이라는 것을 잊지 말아야 한다. 이것이 바로 사회 정의의 실현임을 잊지 말아야 한다. 그리고 이러한 개혁은 말로만의 슬로건이 아니라, 남성들이 직접 실현해야 할 것이다.

> 폭력의 법칙을 말소시키고 정의의 법칙으로 대체하려는 모든 교육과 문명도 적군의 아성을 공격하지 않는 한 표면에 머물고 말 것이다. 현대적 도덕과 정치의 운동 원칙은 행위며, 행위만이 존경받을 수 있다. 어떤 남성이냐가 아니라 그가 어떤 일을 하느냐가 존경의 대상이 되어야 한다. 탄생이 아니라 실적만이 권리와 권위를 주장할 수 있는 유일한 길이다.[21]

둘째, 우리는 여성에게 자유를 부여함으로써 인류의 역사 발전에 필요한 정신적 능력을 두 배로 증가시키는 것이다. 여성의 능력은 인류에 대한 더욱 위대한 영향력뿐만 아니라, 더욱 유익한 영향력(a more beneficial influence)을 가지고 있기 때문이다.[22] 남녀간의 차이점이 바로 남녀간의 열등이나 우열을 증명하는 것은 아니다.[23]

밀과 비슷한 사상은 미국에서도 일어났다. 그리하여 스톤(Lucy Stone), 앤서니(Susan B. Anthony), 스탠턴(Elizabeth Cady Stanton), 카트(Carrie Chopman Catt)와 같은 사람들이 저술, 강연, 정치 활동, 데모를 통하여 여성 해방을 외쳤다. 그 중에서 스탠턴은 기독교가 여성의 투표권 불인정보다 더욱 나쁜 영향을 끼쳤다고 주장했으며, 자기 실현이 자기 희생보다 더욱 고귀한 여성의 의무라고 말했으며, 투표권의 획득만을 여성 해방의 목표로 삼아야 한다는 사람들과는 달리 여성 운동을 가정 생활, 결혼법과 이혼법, 노동 여성의 조건과 같은 넓고 장기적인 안목을 가지고 일해야 된다고 말했다.

그녀의 사상은『여성의 성서(*The Woman's Bible*)』에 잘 나타나 있는데, 저자는 이 책에서 여성에 관련된 성서의 부분에 대한 자신의 견해를 기술했다. 그리하여 그녀는 성서가 남녀 평등을 인정했다고 찬양하면서도「창세기」의 제 1 장처럼 여성 차별을 나타내는 부분에 대하여는 맹렬히 공격했다. 그녀는 이 책의 부록에서 이렇게 결론내렸다.

> 여성 문제의 진정한 난점은, 기독교의 모든 기초가 이브의 유혹에 의한 인간 타락이라는 내용에 의존하고 있으며, 이브가 타락시킨 인간을 속죄할 수 있는 구세주가 필요하다는 것이다. 여기서 여성 비하와 복종은 필연적이다. 그러나 우리가 만약 낮은 형태로부터 높은 형태로 옮겨가는 다윈의 이론을 받아들이고 또한 타락의 이야기가 신화라는 것을 받아들인다면, 우리는 뱀을 없애고, 여성을 해방시키고, 19세기를 위한 더욱 합리적인 종교(a more rational religion)를 건설하고, 그리스나 페르시아나 이집트의 신화를 비판했던 유대인의 신화가 가진 여러 가지의 의혹으로부터 도피할 수 있을 것이다.[24]

2) 사회주의적 여성 해방

푸리에와 생시몽의 사회주의적 사상은 마르크스(Karl Marx, 1818-1883)로 전승되었다. 그는 여성 해방을 성의 자유와 연결해서 생각했던 푸리에의 사상을 인정했다. 그러나 그는 이상주의적이며 도덕적 훈계의 차원에 머물렀던 푸리에의 사상을 활용하고 변형시킴으로써 여성 차별을 인류 역사에 대한 철학적 비판의 대상으로 삼았다.

그러나 미첼(Juliet Mitchell)에 의하면 마르크스에게 있어서 "여성의 지위를 전반적 사회 진보의 지표로 파악한 푸리에의 추상성은 그대로 유지되었다. 이것은 사실상 여성의 지위를 단순히 하나의 상징으로 만드는 일이었다. 여성 문제는 그 자체의 특수한 박탈당한 대가로 보편적인 중요성을 지닌 문제로 간주되었기 때문이다. 그리하여 그의 초기 저서에서, 여성은 인류학적 실재이면서도 고도로 추상화된 존재론적 범주로 남아 있었다."[25]

마르크스는 그의 저술에서 가족에 특별한 관심을 기울이면서 가족을 시대와 지역에 따른 하나의 현상으로 분별하여 고찰했다. 여기서 한 가지 특기할 일은 여성 문제에 관한 그의 관심이 가족 분석에 매몰되고 말았다는 것이다. 그리하여 그는 후기 저술에서 여성에 대하여는 거의 언급조차 하지 않았다. 미첼은 이 사실을 다음과 같이 표현했다. "마르크스는 초기 저술에서의 여성에 관한 일반적인 철학적 공식화로부터 후기 저술의 구체적인 역사적 해석으로 이행해 갔다. 이 양자 사이에는 상당한 불연속성이 있다. 그 사이의 공통적인 기본구조는 경제에 대한 분석과 재산 소유의 진화 발달에 대한 분석이었다."[26]

마르크스의 중심 사상을 받아들여서 인류 역사의 발전 단계, 사유 재산과 계급 사회의 출현, 결혼과 가족 구조의 변화, 부권제 역사와 성차별주의의 기원 등을 유기적으로 연관시켜서 제시한 저서로는 엥겔스(Friedrich Engels, 1820-1895)의 『가족, 사유 재산, 국가의 기원(*The Origin of the Family, Private Property, and the State*)』(1884)을 들 수 있다. 저자는 문화 진화론에 대한 선구적 저서를 쓴 모건(Louis Morgan)의 고대 사회의 이론을 자신의 사회주의와 결부시킨 이 책에서, 지금까지의 인류 역사의 발달 과정을 세 단계로 구분한다. 첫째는 경제적 생산 수단을 자연에 의존하고 있었던 원시 시대(savagery)며, 둘째는 농사나 가축 사육과 같은 인간의 노력이 생산 수단을 증가시킨 미개 시대(barbarism)며, 셋째는 생산 기술이 급격히 향상된 문명 시대(civilization)다.[27]

또한 엥겔스는 이 책에서 인류 역사의 발달 과정을 가족 구조와 연결시켜서 혼인 형태를 네 단계로 설명한다. 첫째는 부모와 자녀간의 성관계는 금지되었으나 동일 세대(同一世代)인 친형제나 먼 형제간의 집단적 성관계가 허용되던 혈연 가족(consanguine family)이다. 둘째는 형제와 자매간의 성관계를 금지하고, 몇 명의 자매가 그들의 남자 형제가 아닌 다른 남자들을 공동의 남편으로 삼고 사는 반혈연 가족(punaluan family)인데, 여기서 아이들은 어머니만을 식별하게 되므로 자연히 모계 계승을 인정하게 된다. 셋째는 한 남자가 언제나 한 여자와 동거해서 살지만, 남자는 수많은 동숙자를 가질 수 있으나 여성은 동거가 계속되는 한 절대로 다른 남성과의 관계가 허용되지 않는 양성 가족(pairing family)인데, 정조를 지키지 못한 여성에게는 가혹한 벌을 준다. 그러나 이혼은 어느 쪽에서든지 용이한 것이며, 이혼 이후의 자녀와 재산은 여성에게 상속된다. 넷째는 재산의 사유화가 이루어져서 재산의 상속과 관리를 남성에게 부여한 일부일처 가족(monogamous family)인데, 여기서 원시 시대로부터 내려온 양성간의 자연적 관계는 붕괴되고, 여성을 남성의 소유물로 간주하는 부권제가 탄생되고, 분업이 시작되어 생산 수단을 담당하는 남성이 가사를 담당하는 여성을 억압하게 된다. 일부일처제 결혼의 유일한 목표는 생산 수단을 관리하는 남성이 가정에서 우위를 차지하도록 만드는 것이다.[28]

이런 일부일처제 가족은 어떻게 극복될 수 있는가? 엥겔스는 여성 문제를 여성 노동 능력의 문제로 축소시킨다. 그리하여 그는 이 책에서 여성 해방은 여성의 노동 능력을 향상시키는 데 있다고 보았다.

"여성이 사적인 가사 노동에 얽매여 사회적 생산 노동으로부터 제외되어 있는 한, 여성 해방과 남녀 평등은 불가능하며, 여성의 예속과 불평등은 그대로 지속될 수밖에 없다. 여성 해방은 여성이 대규모로 사회적 생산 노동에 참여할 수 있을 때에만, 그리고 가사 노동의 의무가 최소한도로 축소될 때에만 가능하다." "여성 해방을 위한 일차적 전제는 공공 산업에 모든 여성을 재투입하는 것이다. 이를 위해서는 사회의 경제 생활 단위로서의 개별 가족이 갖는 특성의 폐기가 요구된다."[29]

엥겔스의 제자인 베벨(August Bebel)은 엥겔스의 사상을 그대로 이어 받았다. 그는 이렇게 말했다. "모든 사회적 종속과 억압은 압제자에 대한 피압제자의 경제적 종속에 기인하고 있다. 옛날부터 여성은 이러한 상태에 빠져 있었다. 이것은 인간 사회의 발전의 역사가 가르치는 것이다."[30] 그러나 그는 여성이 받는 억압을 단순히 가족과 사유 재산의 발전에 따른 부산물로만 설명하지 않고, 그 억압 자체에 대한 계획적인 분석을 시도했다. 그리하여 그는 마르크스나 엥겔스처럼 여성 예속의 원인을 여성의 신체적인 연약함에서 찾으면서도, 다른 한편으로는 여성의 생물학적인 기능이 — 모성적인 기능이 — 여성을 남성에게 경제적으로 예속시킨 근본적인 조건의 하나라고 덧붙였다.

더 나아가서 그는 여성 문제를 엥겔스보다 더욱 세부적이며 심층적으로 보았을 뿐만 아니라, 자신의 주장을 자살, 결혼, 이혼 소송 등의 당시 통계 자료로 뒷받침하려고 노력했다. 그리하여 그는 자살의 가장 중요한 원인이 성적 갈등이며, 또한 젊은 여성이 남성보다 더 많이 자살하는 통계는 여성에 대한 성적 억압을 증명하며, 이혼율의 증가는 현행 결혼 제도의 모순점을 증명하며, 사창가의 매음이 증가한다는 통계는 바로 자본주의 체제 아래서의 결혼의 불합리성을 증명한다고 말했다.

물론 오늘날 우리는 사회주의적인 여성 해방론자들을 여러 가지로 공격할 수 있다. 여성의 문제를 너무나 경제적 문제로 집약시키고, 아무런 실증적 근거도 없이 여성 해방과 사회주의를 동일시하며, 가족과 여성에게 미치는 정치적 및 국가적 영향을 고려하지 않는다고 비난할 수 있다. 그러나 가부장제의 결혼이 변경되지 않는 한 여성 해방은 성취될 수밖에 없다는 진리는 부인할 수 없을 것이다.

여기서 우리는 "여성은 노예의 일에 종사한 최초의 인간이다. 이른바 노예가 존재하기 이전에 이미 노예였다"는 베벨의 말을 다시 상기할 필요가 있을 것이다.[31]

생각해 볼 문제들

1. 여성 해방 운동에 미친 루소의 영향은 어떤 것이었나?
2. 울스턴크래프트의 사상은 무엇인가?
3. 여성 해방 선구자들의 운동이 주로 사회주의적으로 전개된 정치적, 사상적 및 종교적 이유는 무엇인가?
4. 밀의 자유주의적 이론은 과연 객관적인 과학성을 가지고 있는가? 혹시 그의 이론은 증명할 수 없는 인간 본성에 대한 상식적 가정과 그의 부인인 테일러와의 개인적 삶으로부터 나온것은 아닌가?
5. 근대 사회주의자들이 여성 해방에 공헌한 점은 무엇인가? 그리고 그들의 약점은 무엇인가?

[주]

1) Tertulianus, *De cultu feminarum*, Ⅰ, 1.
2) Mary Daly, "Social Attitude towards Women", *Dictionary of the History of Ideas*, vol. Ⅳ, p. 526.
3) 같은글, p. 526.
4) Sheila Rowbotham, *Women, Resistance and Revolution*, Penguin, London, 1972, 이미경 역, 「여성 해방 이론의 선구자들(Ⅰ)」, 이효재 편, 『여성 해방의 이론과 현실』, 창작과비평, 1980, p. 15. (필자는 원문을 약간 수정해서 인용했음을 밝힌다.)
5) 당시의 여성들은 "궁정 일대에 반나체로 출입하거나 기다란 안락 의자에 초상화 모델로 나른하게 기대어 앉아 있곤 했다. 그녀들의 유방은 노출되어 부풀어 있었다. 투명한 옷감에 물을 적셔서 몸에 착 달라붙게 하여서 몸의 곡선이 자연스럽게 돋보이도록 했다. 그녀들은 넓디넓은 궁중의 바람받이로 고생을 했으며, 한기에 떨다가 몸져 눕기도 했다. 심지어 어떤 경우에는 이처럼 부자유스러운 자연관을 추구하다가 죽어간 여성들도 있었다." 같은 글, p. 16.
6) 같은글, p. 16.
7) Mary Wollstonecraft, "Observations of the State of Degradation to which Woman is Reduced by Various Causes" (『여권 옹호론』의 제4장), Elaine Showalter, ed., *Women's Liberation and Literature*, New York, 1971, p. 12.
8) Rowbotham, 앞의 글, p. 23.
9) 같은글, pp. 24-26.
10) 같은글, pp. 26-30.
11) 같은 글, pp. 37-38.
12) 같은 글, p. 41.
13) J. S. Mill & Harriet Taylor Mill, *Essays on Sex Equality*(University of Chicago Press, 1970)를 엮은 Alice S. Rossi는 "Sentiment and Intellect"라는 서문에서, 여성 운동사에 획기적인 기여를 한 지적 저서로 밀의 『여성의 예속』(1869)과 Charlotte Perkins Gilman(1860-1935)의 *Women and Economics*(1898)와 Simone de Beauvoir의 『제 2의 성』(1951)을 들고, 그 중에서도 밀의 책은 최초의 것이며 또한 유일한 남성에 의한 저작이라는 의미가 있다고 말했다(p. 4).
14) Mill, 앞의 책, p. 125.
15) 같은 책, p. 131. "모든 도덕은 다른 사람을 위하여 사는 것이 여성의 의무며, 여성의 본성이라고 말한다. 그리고 그들의 애정이란 그들이 가질 수 있는 사람들— 그들과 관계된 남성들과 그들과 한 남성간의 관계를 깨뜨릴 수 있는 사람들 — 에 대한 애정이다. 다음과 같은 세 가지를 합쳐서 생각해 보라. 첫째로 이성간에는 자연적 매력을 느끼게 되고, 둘째로 아내의 특권이나 쾌락은 남편의 선물이거나 전적으로 남편에게 달려 있을 정도로 완전히 의존해 있으며, 셋째로 인간적 탐구와 모든 사회적 야망의 대

상은 오직 남편을 통해서만 추구할 수 있거나 획득할 수 있다. 그러면 남성에게 매력적으로 보이려는 목표가 여성 교육과 성격 형성에 중심사(a polar star)가 되기 않기란 기적이 아닐 수 없다."

16) 같은 책, pp. 146-147.

17) 여기에 밀의 자유주의 사상과 최대 다수의 최대 행복이라는 공리주의의 사상이 엿보인다.

18) Mill, 앞의 책, p. 155.

19) 많은 학자들이 밀의 평등 사상을 인정하면서도, 그가 남녀간의 역할의 고정 개념을 완전히 타파하지 못했으며, 가정에서는 결국 남편의 권위를 그대로 유지했으며, 아내가 돈벌이를 하는 것은 바람직한 습관(a desirable custom)이 아니라는 전근대적인 사상을 완전히 떨쳐버리지 못했다고 비난한다. Cf. Jane English, ed., *Sex Equality*, Prentice-Hall, 1977, p. 54.

그러나 이러한 비난은 조금 성급한 것 같다. 첫째, 밀은 아내의 돈벌이 자체보다는 그녀를 강제로 일을 시키면서도 자신은 술로 허송 세월하는 남편의 잘못을 비난한 것이다. 그리고 현실적으로 남편이 더욱 세상 경험이 많으나, 그렇지 않은 경우를 확실히 인정하고 있다. 둘째, 비록 밀이 전근대적인 사상을 완전히 떨쳐버리지 못했다고 하더라도 이러한 비난은 당시의 상황을 고려하지 않은 비난이다. 그것은 마치 칸트의 이론으로 아퀴나스를 비난하는 경우와 같다. 비록 칸트의 비판이 옳다고 하더라도, 아퀴나스에 대한 인정은 그대로 용납되어야 할 것이다. 밀의 주장은 한 마디로 비교적인 자격 요건(comparative qualifications)이 판단의 기준이 되어야 한다는 것이다.

20) Mill, 앞의 책, p. 183.

21) 같은 책, p. 220.

22) 같은 책, p. 222.

23) 이러한 입장은 종교간의 독특성이 바로 절대성을 뜻하지 않는다는 입장과 비슷하다. 황필호, 「종교인의 맹목성」, 『길 위에서』, 종로서적, 1985, p. 185.

24) E. C. Stanton, *The Woman's Bible* (Parts 1 & 2, and Appendix), 1895-1898. (Elizabeth Clark & Herbert Richardson, eds., *Woman and Religion*, Harper & Row, 1977, p. 224에서 재인용.)

25) Juliet Mitchell, "The Politics of Women's Liberation", *Woman's Estate*, 1971, 지은희 역, 「여성 해방 이론의 선구자들(Ⅱ)」, 이효재 편, 『여성 해방의 이론과 현실』, 앞의 책, p. 46.

26) 같은 글, p. 46.

27) 정의숙, 「여성 해방 운동의 이념」, 이화여대 한국여성연구소 편, 『여성학』, 1984, p. 15.

28) 같은 글, pp. 16-17.

29) Mitchell, 앞의 글, p. 47에서 재인용. 엥겔스는 마르크스와 공동으로 작성한 「공산당 선언」에서도 가족 제도의 폐지를 열렬히 주장했다.

30) August Bebel, *Die Frau und der Sozialismus*, 1879, 선병렬 역, 『여성과 사회』, 한밭출판사, 1982, p. 16.

31) 같은 책, p. 16.

14. 남자는 남자이기 때문에 옳고, 여자는 여자이기 때문에 옳지 않다

– 현대의 여성 해방 운동

1. 현대 여성 운동의 원인

근대의 활발한 여성 해방 운동은 드디어 20세기에 들어와서 그 결실을 맺게 되었다. 대부분의 나라에서 여성의 선거권이 인정된 것이다. 영국과 독일에서는 1918년, 구 소련은 1917년, 미국은 1920년, 프랑스는 1944년에 여성 참정권이 허락되었고, 대부분의 국가에서 여성의 고학력 교육도 허락되었다. 이것은 실로 100년간의 투쟁 끝에 얻은 여성의 승리였다.

그러나 여성들은 실제로 1930년대를 고비로 해서 완전히 지치기 시작했다. 이를테면 시합에 이기고 승부에 진 것이었다. "투표권은 획득했으나 새로운 천년 왕국은 도래하지 않았다. 여성은 투표권을 얻고 어느 정도의 법률적 평등을 달성했으나 여성의 완전한 평등을 가로막는 사회적 및 문화적 장벽은 여전히 끄떡도 않고 남아 있었다."[1] 게다가

1930년대부터 약 30년 동안에는 반동기가 시작되었다. 1940년대 남성들은 대량으로 군대에 끌려가서 여성들이 저임금 노동 인구로 투입되었고, 종전이 된 다음에는 다시 남성들이 직장으로 돌아와서 여성들은 가정으로 돌아갔다. 이 기간에도 여성들은 '완전한 자궁'과 '남편 및 자녀에 대한 절대적인 헌신'이라는 종래의 굴레를 그대로 쓰고 있었다.

그러나 1960년대에 들어와서 여성 운동은 다시 활발하게 시작되어 오늘날까지 계속되고 있는데, 그 이유로는 다음과 같은 몇 가지를 들 수 있다.

첫째, 취업 여성의 인구가 전쟁 이전의 두 배로 증가했으며, 전체 노동 인구의 3분의 1 이상을 점령하게 되었다. 그러나 그들은 실제로 25년 전보다 오히려 불리한 취업 조건에서 일하고 있다는 것을 자각하게 되었다.

둘째, 정치적으로는 베트남 전을 반대하는 이른바 꽃 세대(flower generation)가 젊은이들에게 지금까지 믿고 있던 미국의 꿈(American dream)의 허상을 폭로하고, 또한 베트남에 떨어뜨리는 네이팜 폭탄의 비인간성을 전 세계에 폭로했다. 우리는 당시의 대부분 젊은이들이 신좌파 쪽으로 기울고 있었다는 것을 잘 알고 있다.

셋째, 반전 운동과 함께 기존 체제를 부인하는 히피와 동성 연애자들의 발언이 드높게 되고, 그들의 발언은 지금까지의 윤리 체계에 대한 전면적인 재검토를 단행하게 만들었다.

넷째, 당시의 여성 운동을 더욱 부채질하게 만든 것으로는 흑인에 대한 인종 차별 반대 운동을 들 수 있다. 물론 이때의 민권 운동은 "백인 여성들이 실제로 쇠사슬에 얽매인 노예는 아니었으나, 사회적 및 심리적 억압에 있어서는 흑인 노예와 다를 바 없다"고 주장했던 1840년대의 노예제 반대 운동에서 그 근원을 찾을 수 있다.[2] 그러나 이 당시의 흑인 운동은 새로운 각도에서 재출발되었으며, 그 후에 흑인에 대한 평등이 수여되었을 때 여성 운동가들은 그것이 바로 여성 해방이 될 수 없다는 사실을 다시금 깨닫게 되는 슬픔을 갖기도 했다.

다섯째, 국제적으로는 제 3 세계의 출현을 들 수 있다. 새로 탄생한 국가들은 지금까지의 강대국으로부터 벗어나서 그들의 독립을 추구하게 되었고, 일부의 여성들은 이러한 투쟁을 본격적인 인간 평등을 위한 노력으로 받아들이게 되었다.

그리하여 이미 1923년에 여성당(National Women's Party)에 의하여 처음 제안된 미국의 여성 평등권 수정안(Equal Rights for Women Amendment)은 1960년대에 들어와서 다시 절박한 문제로 등장했으며, 1965년에는 "남성과의 진정한 협조의 모든 특권과 책임을 통하여, 여성으로 하여금 미국 사회의 주류에 지금 당장 완전히 참여하게 함"을 목적으로 하는 NOW(National Organization for Women)가 창설되어서 1968년에는 수정안을 공식적으로 지지하면서 대대적인 여성 운동을 전개했으며, 1967년 11월 7일에는 유엔이 남녀 평등에 대한 '유엔 선언(United Nations Declaration)'을 선포하기에 이르렀다.

여섯째, 다른 한편으로는 하나뿐인 지구를 구해야 된다는 생태계 운동이 지금까지의 자본주의 경제 체제와 전통적인 윤리관을 재검토하게 만들었으며, 오늘날 이 운동은 핵에너지를 반대하는 운동으로써 여성 해방 운동과 가장 밀접히 연관되어 있다.[3] 요즘 각광을 받고 있는 여성 생태주의도 여기서 나온것이다.

하여간 1960년대에 시작된 여성 운동은 그 후에 마르쿠제(Herbert Marcuse), 파이어스톤(Shulamith Firestone), 밀레트(Kate Millet), 미첼(Juliet Mitchell), 프리단(Betty Friedan), 루츠(A. Lutz), 딕슨(Marlene Dixon), 댈리(Mary Daly), 로스(Alice A. Ross), 로보탐

(Sheila Rowbotham), 오닐(William L. O'Neill), 앳킨슨(Grace Atkinson), 그리어(Germaine Greer)와 같은 여성 해방 운동가에 의하여 오늘날에도 활발히 전개되고 있다. 그러나 이 운동에 가장 직접적인 영향을 주었으며 또한 오늘날까지 그 가치를 그대로 인정받고 있는 저서로는 이미 1949년에 출판된 보부아르(Simone de Beauvoir, 1908-1986)의 『제 2의 성(*Le deuxieme sexe*)』을 들 수 있다.

2. 보부아르의 이론

여성 해방에 관한 금세기 최대의 공헌으로 간주되고 있는 『제 2의 성』은 남성보다 열등한 제 2의 성으로 취급받아 왔으며 또한 오늘날까지 그대로 지속되고 있는 여성의 위치를 역사적, 경제적, 심리적, 실존 철학적 입장에서 분석한 책이다. 저자는 이 책에서 여성은 여성으로 존재하기보다는 남성에 대한 타자(他者)로 존재하는 현실을 폭로하고, 그 현실이 형성된과정을 역사적으로 고찰하고, 끝으로 이러한 현실에 대한 나름대로의 해결책을 실존주의 사상으로 표현하고 있다.

실제로 보부아르는 파리의 부유한 가정의 장녀로 태어나 카톨릭 교육을 받고자랐지만, 기존의 결혼 제도를 무시하고 오늘날 우리에게 잘 알려진 계약 결혼을실천했으며, 그녀는 이에 그치지 않고 사르트르가 그녀의 제자인 올가(Orga)를 좋아한다는 사실을 알고 '트리오'를 구성하여 3년간 동거 생활을 하기도 했으며, 또한 그녀 자신도 사르트르와의 관계를 계속 유지하면서 동시에 다른 작가들과 동거를 할 정도로 일반적 사회 인식을 뛰어넘는 자유로운 생활을 영위했다. 그녀의 말을 직접 들어보자.

여성이란 무엇인가?

나에게 있어서 이 질문은 즉시 하나의 예비적 답변을 제공한다. 내가 이 질문을 한다는 것 자체가 중요한 일이다. 남성은 특별히 남성이라는 사실에 대하여 책을 쓰려고 하지 않을 것이다. 그러나 내가 나를 정의하려면 나는 먼저 "나는 여자다"라고 말해야 하며, 모든 토론도 이 명제에 달려 있다. 남자는 성의 구분으로 자신을 제시하지 않으며, 남자는 단지 남자일 뿐이다.

'남성'과 '여성'이라는 어휘는 법조문과 같은 형식적 내용에서는 상칭적(相稱的)으로 사용된다. 그러나 실제 양성간의 관계는 전기의 플러스-마이너스와는 동일하지 않다. 남자는 'man'이라는 단어가 인간 자체를 나타내듯이 긍정적으로나 중성적으로 나타나고, 그 반면에 여자는 일방적으로 제한된 기준(limiting criteria)에 의하여 부정적으로 나타난다.

나는 종종 남성이 "당신은 여성이기 때문에 그렇게 생각한다"는 말을 사용함을 알게 된다. 그때 나는 오직 "그것이 옳기 때문에 그렇게 생각한다"라고 답변하게 되며, 이 답변에는 이미 나의 주체적인 자아가 제거되고 있음을 알게 된다. 그러나 사람이 남자라는 사실에 대하여는 아무런 특별한 이유가 없다고 생각한다. 다시 말해서, 남자는 남자이기 때문에 옳고, 여자는 여자이기 때문에 옳지 않다.

여성은 자궁과 난소를 가지고 있다. 그것이 여성을 그녀의 주관성에 가두어 놓고 그녀의 본성의 관계 속에 투입시킨다. 그리고 사람들은 여성이 선(腺)으로 생각한다고 말한다. 그러면서 남성은 그들도 고환과 같은 선을 가지고 있으며, 그 선이 호르몬을 배출한다는 사실을 무시한다. 그는 그의 육체가 그가 객관적으로 자각한다고 믿고 있는 이 세계와 직접적이며 정상적인 관계를 맺고 있다고 간주하며, 여성의 육체는 여성의 특수한 성격에 의하여 이 세상의 방해꾼이나 감옥으로 존재한다고 간주한다. 그리하여 아리스토텔레스는 "여성은 몇 가지 성질의 결핍에 의하여 여성이 되며, 여성의 본질은 자연적 결핍증(natural defectiveness)을 가지고 있다"고 말했으며, 성 토마스는 여성을 '불안전한 남성'이며 '우연적인 존재'라고 단언했다. 이러한 사실은 「창세기」가 — 보쉬에(Bossuet)의 표현을 빌리면 — 이브를 아담의 '남아도는 뼈(a supernumerary bone)'로부터 만들었다고 기록한 점에서 쉽게 찾을 수 있다.

인류는 남성이며, 남성은 여성을 여성으로서가 아니라 남성과의 관계에서 정의한다. 그리하여 미슐레(Michelet)는 여성을 '상대적 존재'라고 말했고, 벤다(Benda)는 『라포르트 뒤렐(*Rapport d'Uriel*)』에서 더욱 정확히 "남성의 육체는 여성의 육체를 떠나서도 의미가 있지만 여성의 육체는 그 자체로서는 의미가 없다. 남성은 여성 없이도 자신을 생각할 수 있지만 여성은 남성 없이는 자신을 생각할 수 없다"고 말했다.

여성은 남성이 명명(命名)한다. 그녀는 성(性)이라고 불리는데, 그 이유는 여성이 남성에 대한 성적 존재이기 때문이다. 남성에게 있어서 여성은 성이다. 그 이상도 이하도 아닌 절대적인 성이다. 그녀는 남성에 따라서 정의되고 구분되지만, 남성은 여성에 따라서 정의되고 구분되지 않는다. 그녀는 우연적이며 비본질적이다. 남성은 주체며 절대자다. 그러나 여성은 타인이다.[4]

그러면 여성은 왜 여성으로 존재하지 못하고 언제나 '타인'으로 존재하는가? 우리는 그 원인의 일부를 여성의 생리적 현상에서 찾을 수 있다. 인류가 유목 시대에 들어왔을 때, 남성은 밖에 나가서 먹이를 만들어 오지만 여성은 출산 때문에 그 활동에 제약을 받기 시작했을 것이다. 다시 말해서 여성은 생산하는 인간인 호모 파베르(*homo faber*)의 대열에서 남성을 따라갈 수 없게 되었고, 이런 현상은 그 후에 농경 시대와 산업 시대에 들어와서 사유 재산의 발생과 더불어 여성을 남성에게 절대적으로 예속시키는 결과를 초래하게 되었다.

그렇다면 여성에 대한 남성의 차별 대우는 생리적으로 자연스러운 일인가? 보부아르는 여기서 생리적 조건 그 자체보다는 여성이 자라나는 환경의 중요성을 강조한다. 인간이란 완성된 제품이 아니라 항상 '만들어져 가는 존재'며, 사회의 지배를 받으면서도 그 사회를 이끌고 갈 수 있는 창조력을 가진 존재다. 그럼에도 과거와 현재의 차별을 당연한 것으로 간주하는 사람은 역사를 창조할 수 있는 인간의 능력을 무시하는 사람이다.

보부아르는 이 사실을 "여성은 여성으로 태어나는 것이 아니라 여성으로 키워질 뿐"이라는 유명한 명제로 표현하고, 이른바 여성적 행동은 여성 특유의 생리적 현상의 결과가 아니라고 단언한다. 다시 말해서, 남녀간의 생리적 차이는 이렇게도 오랫동안 지속된 남성 지배 현상을 절대로 설명할 수 없다고 말한다.[5] 그래서 어느 학자는 보부아르의 의도를 이렇게 설명한다.

> 보부아르는 생물적인 조건 자체가 남성과 여성을 구분할 기준이 되지 못한다고 비판하며, 생물학적 조건을 존재론적 · 경제적 · 사회적 · 심리적인 전체 관계를 통해서 조명하고 있다. 즉 역사의 흐름 속에서 자연이 어떤 형태로 여자 속에 나타나고 있는가를 아는 것이 중요하며, 인류가 여자를 어떤 것으로 만들었는가를 아는 것이 중요하다. 또한 그녀는 프로이트 학파에 의한 성에 대한 정신분석학적 주장

을 철저히 남성 중심적 시각에서 이루어진 연구결과라고 거부하며 유물사관적 입장을 일부 받아들인다.

인간은 역사적 현실이며, 인간 사회는 자연을 있는 그대로 피동적으로 받아들이는 것이 아니라 자기에 맞도록 개조한다. 그것은 실천 속에서 객관적으로 행해지는 것이다. 따라서 여자도 단순한 성을 가진 유기체가 아니라 역사적 조건에 반응하며 형성된 것이다.[6]

그러면 왜 여성 차별은 이렇게도 오랫동안 철폐되지 않고 있는가? 이것은 오직 남성만의 책임인가? 보부아르는 그 책임이 남성뿐만 아니라 여성에게도 있다고 말한다.

만약 여성이 본질적 존재가 되지 못하는 비본질적 존재와 같이 보인다면, 그 원인은 여성들이 변혁을 가져오지 못했기 때문이다. 프롤레타리아는 '우리'라고 말하고, 흑인들도 '우리'라고 말한다. 그들은 그들 자신을주체로 삼고 부르주아 백인들을 '타인'으로 변용시킨다. 그러나 여성들은 '우리'라고 말하지않는다. 형식적인 데모나 공식석상을 제외하고는, 오직 남성이 '여성'이라고 부르고, 여성도 똑같이 자신들을 '여성'이라고 부른다.

여성은 진정한 주체적 태도를 취하지 않는다. 프롤레타리아는 러시아에서 혁명을 완성시켰으며, 흑인들은 아이티 섬에서 성공했으며, 인도차이나 사람들은 오늘날 노력하고 있다. 그럼에도 여성들의 노력은 지금까지 상징적 선동을 넘지 못했다. 그들은 오직 남성들이 허락한 것만을 얻었다. 그들은 아무것도 빼앗지 못했으며, 오직 받았을 뿐이다.[7]

보부아르의 이상과 같은 판단은 지금까지 여성 해방을 위하여 죽음까지도 달게 받았던 과거의 운동가들에게는 너무나 가혹한 평가가 아닌가? 실제로 그들은 평생을 남녀 평등을 위하여 바치지 않았던가? 보부아르는 확실히 그들의 노력에 감사를 드린다. 그러나 동시에 그녀는 그들이 모두 여성의 문제를 어느 한 가지로 환원시켰음을 상기시킨다. 그녀가 엥겔스와 베벨의 사상에 전적으로 동조하면서도 그들이 성과 계급을 혼동했다고 말하는 이유도 여기에 있다.

참정권이 여성 해방의 전부가 아니듯이, 경제적 해방도 여성 해방의 전부는 아니다. 경제적으로 해방된 소수의 여성들은 아직도 도덕적, 사회적, 심리적 차별에 시달릴 수 있기 때문이다. 그 실례로는 돈 많은 남성은 그것으로 충분하지만, 돈 많은 여성은 동시에 외모가 여성적이어야 한다고 생각하는 편견을 들 수 있다.

그러면 완전하면서도 전체적인 여성 해방은 어떻게 달성할 수 있는가? 이 질문에 대한 보부아르의 답변은 그녀의 평생 동반자였던 사르트르의 실존주의 사상과 별로 다르지 않다. 인간은 의식(意識)의 존재다. 인간이 어떤 의식을 갖느냐에 따라서 각기 다른 세계관, 우주관, 자연관, 자아관을 가질 수 있다. 물론 의식이 자아 자체는 아니다. 그러나 의식이란 단순한 사고 이상의 것이다. 의식이란 무엇인가? 의식에는 구체적인 내용이 없다. 오직 행위로서의 의식이 있을 뿐이다. 그리고 그 의식의 행위를 결정하는 것이 바로 자유다. 스스로 선택하고 자신이 스스로 선택한 결과에 대하여 책임을 지는 자유다.

> 여성이나 남성의 구체적 특징을 규정하기 위해서는 경제적, 도덕적, 사회적 상황과 연결되어야 한다. 따라서 생물학은 왜 여자가 타자인가 하는 질문에 답변을 줄 수 없다. 이리하여 보부아르는 사적 유물

론의 테두리, 프로이트의 성적 일원론, 엥겔스의 경제적 일원론을 초월하여 실존주의적 모럴에 입각하여 자기 초월을 통한 주체성을 확립해야 한다고 말한다. 그리고 보부아르는 그 길로서 개인의 기회에 관심을 가져야 하며, 이 기회는 '행복'이라는 용어가 아니라 '자유'라는 용어로 정의되어야 한다는 것이다. 그래서 그녀는 자주적인 여성 해방은 남자들이 타자로서 살도록 강요하는 수동적 세계에서 벗어나 자기를 발견하고 자기를 선택하는 것으로 본다.[8]

물론 보부아르를 비난하는 사람도 적지 않다. 일부의 경건한 기독교인들은 그녀가 성의 방종을 주장했다고 말함으로써 그녀의 근본 취지를 곡해하기도 하며, 다른 사람들은 그녀가 여성과 남성을 대비시킴으로써 헤겔이나 동양의 음양설과 같은 이원론을 탈피하지 못했다고 비난하기도 한다.

그러나 그녀에 대한 가장 정당한 비판으로는, 그녀가 개인적인 의식 문제를 철저히 해부하면서도 그 의식의 집단인 제도적 속성에 눈을 돌리지 않았다는 것이다. 그리고 이러한 비난은 처음부터 '고독한 단독자'로부터 시작하는 실존주의 자체의 문제이기도 하며, 보부아르 자신도 미국의 여성 운동가인 베티 프리단과의 대담에서 제도적인 변혁의 중요성을 새롭게 인식하는 입장을 천명하기도 했다.[9] 그러나 『제 2의 성』이 여성 해방 운동에 남긴 커다란 발자국은 영원히 지워지지 않을 것이다.

생각해 볼 문제들

1. 보부아르의 사상을 간단히 요약하라.
2. 실존주의적 여성 해방론은 과연 구체적인 실천 방법을 제공할 수 있는가?
3. 자유주의적 여성 해방과 사회주의적 여성 해방의 장단점은 각각 무엇인가? 그리고 그들은 과연 공존할 수 있는가?
4. 자유주의적 이데올로기는 과연 진정한 여성 해방의 이론으로서 충분한가?

[주]

1) Marlene Dixon, "The Rise of Wonmen's Liberation", 1972, 이효재 역, 「여성 해방 운동의 대두」, 이효재 편, 『여성 해방의 이론과 현실』, 창작과비평, 1980, p. 95.

2) 김영정, 「여성 운동의 이념과 역사」, 이화여대 한국여성연구소 편, 『교회 여성과 사회 발전』, 1983, p. 14.

3) Cf. 황필호, 「서양에서의 性觀, 어떻게 변해왔나」, 『광장』, 1985, 11월호, p. 116.

4) Simone de Beauvoir, *The Second Sex*. (Jane English, ed., *Sex Equality*, Prentice-Hall, 1977, pp. 72-73에서 재인용.)

5) 박영혜, 「여성 운동의 이념과 배경」, 『여성학』, 숙명여대 아세아여성문제연구소, 1984, p. 22.

6) 김종헌 외, 『섹슈얼리티로 이미지 읽기』, 인간사랑, p. 37.

7) Beauvoir, 앞의 책, p. 75.

8) 정의숙, 「여성 해방 운동의 이념」, 이화여대 한국여성연구소 편, 『여성학』, 1984, p. 24.

9) 그녀에 대한 또 다른 비난은 『제 2의 성』이 여성 문제의 해결로 사회주의를 믿고 있었다는 사실이다. 그러나 그 후에 동유럽, 중국, 쿠바 등을 방문한 그녀는 공산주의가 여성 문제를 해결할 수 없음을 깨닫게 되었다. 그녀는 『아르크』지(誌)에서의 사르트르와의 대담에서 이렇게 말했다. "우리는 똑같은 태도로 둘 다 사회주의 혁명이 필연적으로 여성 해방을 가져다 줄 것이라고 믿었습니다. 그런데 우리는 아주 실망했습니다. 소련에서도 체코슬로바키아에서도, 이른바 사회주의를 표방하는 그 어느 나라에서도 여성은 진정으로 남성과 동등하지 않다는 것을 깨달았습니다. 내가 1970년부터 결연히 여권주의자의 태도를 취하게 된 것은 바로 이 때문입니다. 다시 말해서 나는 여성 투쟁의 특수성을 인정하게 된 것입니다." 박영혜, 앞의 글, p. 30에서 재인용.

15. 여성과 여성 억압자와의 유대는 어떤 것보다 완전하다

- 미래의 여성 해방 운동

우리는 앞에서 여성 해방을 근대 이전, 근대, 현대로 분류해서 간단히 고찰했다. 그리하여 근대 이전에도 여성 해방의 선구자들이 없었던 것은 아니지만 여성의 문제를 단순한 구호의 외침에서 끝내지 않고 구체적인 현실에 적응시키려는 노력은 근대에 와서 시작되었으며, 특히 근대의 여성 해방은 자유주의적인 입장과 사회주의적인 입장이 병행하면서 진행되었으며, 현대의 여성 해방 운동은 거의 1세기에 걸쳐서 얻은 여성의 참정권이 여성 해방의 전부가 아니라는 자각에서 다시 시작되었음을 알게 되었다.

그러나 앞으로의 운동이 어떻게 전개될지에 대하여는 아무도 정확히 예견할 수 없다. 다만 한 가지 확실한 사실은 이 운동이 계속해서 진행될 것이며, 여성 운동은 근본적으로 인간 운동이므로 단시일에 끝장을 볼 수는 없을 것이라는 사실이다. 나는 이제 여성 해방 운동의 몇 가지 현재 성격을 고찰함으로써 미래의 상황에 대한 독자의 판단에 도움이 되도록 하겠다.

(1) 대부분의 운동가들은 이제 여성 해방이 인간 해방이라는 사실을 알게 되었다. 여성 해방은 인간의 경제적, 정치적, 윤리적, 심리적, 관습적, 교육적, 사상적, 종교적 측면들 가운데서 한 가지나 두 가지가 성취되었다고 완성되는 것은 아니라는 사실을 알게 되었다. 진정한 여성 해방은 여성이 남성과 동등하게 인간으로 존재할 수 있는— 해방 신학의 표현을 빌리면 — 완전 해방(full liberation)을 획득할 때까지 계속되어야 한다.

이렇게 볼 때, 여성 해방의 길은 아직도 요원하다고 할 수 있다. 우선 여성의 자유가 비교적 인정되고 있는 선진국에서도 여성 차별의 법률이 엄연히 존재하고 있으며, 그 실례로는 미국의 ERA 운동이 거의 실패하고 있다는 사실을 들 수 있다. 더 나아가서, 법률적으로는 평등이 명문화되었으나 현실적으로는 평등이 실현되지 않고 있는 부분이 너무나 많다. 그리하여 로시(A. Rocci)는 진정한 여성 해방은 "여성이 담당하는 가사와 직장을 동시에 완화시킬 수 있는 방법이 고안되기 전에는 절대로 완성될 수 없으며, 그 방법은 아직도 고안되지 않고 있다"고 말한다.[1]

(2) 여성 해방이 인간 해방임에도 불구하고 지금까지의 여성 해방 운동은 그 자체의 자율성을 가지고 진행되지 못하고 언제나 다른 운동과 연합해서 진행되어 왔다. 여성 운동은 노예제 폐지 운동이나 사회 복지 운동과 연관되었을 때 남성들의 동조를 받을 수 있었다. 그리하여 루츠(A. Lutz)는 "1860년대에 노예제 폐지를 국회에 탄원했던 여성들은 '지금은 흑인의 때다(This is the Negro's hour)'라는 슬로건을 너무

자주 반복하면서, 마치 문맹자인 흑인에게 투표권을 주는 것이 미합중국 창설자들의 손녀뻘 되는 교육받은 여성들에게 시민권을 부여하는 것보다 더욱중요한 것으로 착각까지 하게 되었다" 고 말한다.[2]

이런 상황은 100년 후에 있었던 흑인의 민원 운동 때도 마찬가지였다. 보부아르가 여성 운동은 지금까지 자율적으로 전개되지 못하고 언제나 더욱 심각한 사회 운동을 반영하는 하나의 '부수 현상'이었다고 말한 이유도 여기에 있다. 왜 여성 운동은 여성 운동 자체로 일어나지 못했는가? 보부아르는 이렇게 말한다.

> 그 이유는, 여성이 상대방의 단결에 정면으로 도전할 수 있는 단결을 성취시키는 구체적인 방법을 가지고 있지 않았기 때문이다. 여성들은 과거가 없었고, 역사가 없었고, 자신의 종교가 없었다. 그들은 프롤레타리아의 노동과 이익에 대한 단결과 같은 것을 가지고 있지 않았다. 그들은 미국의 흑인들, 유대인 집단, 성 데니스스의 노동자들, 혹은 르노 자동차 회사 직원들의 공동체 의식조차 가지고 있지 않았다. 그들은 거주지, 가정, 경제적 조건, 사회적 조건에 있어서 그들 자신보다는 아버지나 남편과 같은 남성들의 비위를 맞추면서 남성 속에 섞여서 살고 있었다.
>
> 그들이 부르주아면 그들은 프롤레타리아의 여성보다는 부르주아 남성과 연합했으며, 그들이 백인이면 그들은 흑인 여성보다는 백인 남성과 연합했다. 프롤레타리아는 지배 계층을 파멸해야 한다고 주장하기도 했으며, 광신적인 유대인들이나 흑인들은 원자 폭탄으로 이 세상에 유대인이나 흑인만 남게 해야 된다는 꿈을 갖기도 했다. 그러나 여성은 절대로 남성을 섬멸시키려는 꿈을 가질 수 없었다. 그러므로 여성과 여성 억압자와의 유대는 어떤 것보다 완전했다.[3]

그러면 여성 해방 운동은 어떤 다른 운동과도 연합하지 않고 독자적으로 진행되는 것이 가장 이상적인가? 그리고 이것이 이상적이라고 가정하더라도, 과연 그것이 정책적으로 현명한 일인가? 이 질문에 대한 명쾌한 답변은 있을 수 없는 듯이 보인다. 다른 모든 운동과 마찬가지로, 여성 운동은 사회 속의 운동이며, 이런 뜻에서 여성의 문제는 현실적으로 언제나 다른 문제들과 복잡하게 연결되어 있게 마련이다. 그리고 진정한 여성 해방 운동이 완전한 인간화의 운동이라면, 그것은 다른 운동들과 손을 잡지 않을 수 없을 것이다.

이미 말했듯이 1860년대의 인종 차별 반대 운동과 손을 잡았던 여권 운동은 큰 효과를 얻지 못했고, 또한 100년 후에 일어났던 민권 운동 차원에서 재현된 인종 차별 운동과 손을 잡았던 여권 운동도 다시 실망을 안겨 주었다. 그렇다고 해서 지금부터의 여권 운동이 어떤 다른 운동과도 관련이 없는 진공 속에서 진행되어야 한다는 결론을 내릴 수는 없다. 지금까지의 여권 운동이 심각한 사회 운동을 반영하는 하나의 '부수 현상'이었다면, 앞으로의 여권 운동도 조직적인 사회의 비리를 떠나서는 생각할 수 없다고 믿는 것이 더욱 현명한 일일 것이다.

예를 들어서, 몇 해 전에 있었던 KBS TV 시청료 거부 운동의 목표 중에 여성 차별 철폐가 포함되어 있었다면 더욱 큰 효과를 얻었을 것이다. 그러나 여기서 우리가 잊지 말아야할 일은, 이런 경우에 여권 운동은 절대로 '자체의 자율성'을 상실하지 않도록 부단히 노력해야 한다는 사실이다. 하여간 이 문제는 앞으로 진지한 토론이 요청되는 중요한 문제다.

(3) 여성 해방이 인간 해방이라는 사실은 진정한 여성 해방이 여성과 남성의 공동 노력에 의해서만 성취될 수 있음을 알려준다. 무조건 남성

을 비난하는 여성이나 남성의 협조 없이 지상 천국을 성취할 수 있다는 주장은 옳지 않다. 그러므로 여성 해방에서는 "남성은 여성의 적이다"라는 명제와 "여성 최대의 적은 여성이다"라는 명제를 동시에 받아들여야 할 것이다.

그럼에도 여성 차별의 모든 책임을 남성에게 돌리면서 여성만의 해방을 주장하는 사람들이 우리 주위에 산재해 있다는 것은 슬픈 사실이 아닐 수 없다. 후자에 속하는 한 가지 실례로는 '남성 분쇄회(Society for Cutting Up Men)'라는 과격 단체를 들 수 있다. 이 단체의 첫 번째 단어로 구성된 「스컴 선언(SCUM Manifesto)」의 일부 내용은 다음과 같다.

> 오늘날은 과학적으로 남성의 도움 없는 생식과 — 그리고 여성의 도움 없는 생식과 — 여성만의 출산이 가능하게 되었다. 우리는 즉시 이를 실행해야 한다. 남성이란 생물학적인 부산물에 지나지 않는다. Y(남성) 유전자는 불완전한 X(여성) 유전자며, 일련의 불완전한 염색체를 가지고 있다. 다시 말해서, 남성은 '불완전한 여성'이며, 걸어다니는 실패작이며, 유전자 때부터 실패작인 존재다.
>
> 불완전한 여성인 남성은 자신을 완성하려고 — 여성이 되려고 — 평생 동안 애를 쓴다. 그리하여 그는 여성을 찾고, 사귀고, 동거하고, 융합함으로써 강인한 감정, 독립성, 설득력, 활동력, 결정성, 냉정함, 객관성, 강력한 주장, 용기, 청렴 결백, 생동감, 강도, 심오한 성격, 멋있음 등의 여성적 성격을 자신의 것이라고 주장하면서 허영, 시시함, 우유 부단, 연약함과 같은 남성의 속성을 도리어 여성에게 투영시킨다. 다시 말해서 여성은 남성의 페니스를 부러워하지 않지만 남성은 여성의 푸시를 부러워한다. 그리하여 여성이 될 수 없는 원한과 타인

> 과의 사랑의 관계를 가질 수 없는 남성은 이 세계를 똥덩어리로 만들어 놓는다.[4]

다행히 주로 남성들이 주도했던 근대의 여성 해방과는 달리 현대의 여성 해방은 여성들이 주도하고 있다. 그러나 — 한국의 경우도 마찬가지이지만 — 여성들만의 참여는 남성들만의 참여와 마찬가지로 절름발이로 끝날 수밖에 없음을 명심해야 할 것이다.

(4) 여성 해방은 이론과 실천의 종합에서만 성취될 수 있다. 실천이 없는 이론은 백일몽에 불과하며, 이론이 없는 실천은 광신으로 빠지기 쉽다. 물론 실천 없는 이론보다는 차라리 이론 없는 실천이 더욱 바람직할지도 모른다. 그러나 진정한 운동은 이 양자의 조화에 의해서만 성취될수 있다.

정확히 꼬집어서 말하기는 어렵지만, 일반적으로 근대의 여성 해방운동이 주로 치밀한 이론에 치중했다면, 현대의 해방 운동은 이론보다는 실천을 중요시했다고 볼 수 있다. 그리고 여기서 말하는 실천은 운동가들의 조직뿐만 아니라, 현실 개혁을 위하여 구체적으로 구조적인 측면을 고려해야 한다는 뜻이다. 보부아르가 미래에 대한 구체적인 이미지를 제시하지 못했다고 미첼이 비난하는 이유도 여기에 있다.

> 여성의 생물학적 상태는 노동 관계에서 생산자로서의 연약함과 생식 관계에서 소유물로서의 중요성을 밑받침하고 있다. 보부아르의 해석은 이 두 가지 요소에 심리학적 특질을 부여하고 있으나, 그 논의의 기본 구조는 진화론적(점진주의적)이다. 그녀는 사회주의가 그 구성 요소의 하나로 여성 해방을 포함할 것이라는 주장을 넘어서서, 미

래에 대한 좀더 설득력 있는 이미지를 명백히 제시하지 못했다.[5)]

(5) 미래 여성 해방의 방향과 성격을 특징지어 줄 가장 중요한 문제로는 이미 근대로부터 시작된 두 가지 방법론, 즉 자유주의적인 방법과 사회주의적인 방법의 상호 관계를 들 수 있다. 물론 오늘날 이 두 방법론의 차이는 옛날과 같이 그리 선명하지는 않다.

오늘날의 해방론자들은 자신의 근본적인 입장을 고수하면서도 상대방의 방법론이 제기한 질문에 눈을 뗄 수 없을 정도로 현실은 '하나의 세계'가 되었다. 그리하여 보부아르, 밀레트, 댈리와 같은 사회주의적 입장을 고수하는 여성들은 자본주의 경제적 모순을 신랄하게 비판하면서도, 다른 한편으로는 자유주의자들이 남녀 불평등의 주요 원인으로 간주하는 남녀간의 생리적인 차이의 중요성을 공공연하게 인정하고 있는 실정이다.

그렇다고 해서, 이 양자의 방법이 서로 조화를 이룬 것은 절대로 아니다. 그들은 여성 차별의 근본적인 원인과 차별을 제거할 수 있는 해결책에 있어서 본질적인 차이점을 가지고 있다.

자유주의적 여성 해방론자에 의하면, 여성이 남성에게 복종하는 가부장적 이데올로기는 유사 이래 모든 사회에 존재했으며, 그 가부장적 이데올로기의 근본 원인은 양성간의 생물학적 차이에 있다. 그러므로 가부장제 이데올로기를 단순히 상층 구조로 보는 사회주의적 입장은 옳지 않으며, 생물학적인 차이점을 고려하지 않은 여성차별에 대한 모든 토론은 있을 수 없다.

이런 입장의 대표작으로는 파이어스톤(Shulamith Fireston)의 『성의 변증법(*The Dialectic of Sex: The Case for Feminist Revolution*)』(1970)을 들 수 있다. 그녀는 이 책에서 여성 해방의 선구자들, 엥

겔스와 베벨과 같은 근대의 사회주의자들, 사회주의적인 현대의 보부아르를 차례대로 검토하면서, 여성 차별에 있어서 더욱 중요한 문제는 '경제적 계급'이 아니라 '성적인 계급'이라고 말하고, 성적인 계급이 발생한근본 원인을 남성과 여성의 생물학적인차이에서 찾았다.

> 경제적 계급과는 달리 성적 계급은 생물학적 현실로부터 직접적으로 발생했다. 남성과여성은 다르게 만들어졌고, 평등하게 특권을 누리도록 창조되지않았다. 물론 보부아르가 지적한 대로, 차이 자체가 한 집단이 다른 집단을 지배하는 체제를 필연적으로 만든 것은 아니지만, 역시 생식 기능의 차이가그렇게 만든 것이다. 생물학적 가족에는 불평등한 힘의 분배(unequal power distribution)가 내재해 있다. 계급의 발전을 만들어낸 권력에 대한 욕구는 이 기본적 불균형에 따른 개인적성 심리의 형성에서 생겨난 것이다.[6]

여성의 생리는 어떻게 남성에 대한 여성의 예속을 만들어냈는가? 파이어스톤은 그것을 네 가지로 설명한다. 첫째로 출산에 대한 조절이 가능하기 이전까지의 모든 여성은 월경, 폐경, 여성병이 계속되는 한 출산, 수유, 자녀 양육을 남성에게 의존하게 되었다. 둘째로 동물보다 성장 기간이 오래 걸리는 유아는 생존을 위하여 어머니에게 더욱 의존하게 되었다. 셋째로 어머니와 자녀의 상호 의존 관계는 모든 사회에 존재해 왔으며, 그것이 모든 성숙한 여성과 어린이의 심리를 형성해 왔다. 넷째로 남녀간의 생식 기능의 차이는 생리적인 차이에 근거를 둔 계급의 모범례(the paradigm of caste)를 만들었으며, 그 계급의 발생은 동시에 노동 분업을 초래했다.[7]

그러면 여성 차별에 대한 자유주의적 여성 해방론자들의 처방은 무엇인가? 그들의 처방은 원인 분석에서 논리적으로 연역해 낼 수 있다. 여성 차별의 원인이 여성의 생물학적인 한계에 있다면, 여성 차별의 철폐는 바로 여성의 생물학적인 한계의 철폐가 될 것이다. 그들이 산아 제한, 인공 유산, 시험관 아기, 탁아소 등의 과학적 기술과 시설을 적극적으로 권장하고, 일부의 해방론자들이 애정과 성애의 구별까지 인정하지 말아야 된다고 주장하는 이유도 여기에 있다.

사회주의적 여성 해방론자들에 의하면, 여성 차별은 생물학적 차이에서 오는 것이 아니라, 이 차이가 생기는 것을 가능하고 필요하도록 만든 사유 재산의 축적으로부터 온 것이다. 부르주아 여성들이 이 과정의 대표적인 케이스다. "사회적으로 쓸데없는 그들의 역할은 남편의 재산을 물려받을 합법적 상속자를 낳는 것뿐이다. 노동 계급의 여성들은 공장에 다니지 않을 수 없게 되면서부터 커다란 진보를 이루어 왔다."[8)]

사회주의적 해방론자들은 자유주의적 여성 해방이 두 가지 약점을 가지고 있다고 말한다. 가부장적 이데올로기는 인간의 생리라는 보편적 현상에 그 기초를 가지고 있기 때문에 근본적으로 반(反) 역사적이거나 환상적인 개념이며, 더 나아가서 남성과 여성의 생물학적인 차이가 여성 차별의 일부분을 설명할 수 있다고 하더라도 여성상호간의 차별을 전혀 설명할 수 없다고 말한다.

그러나 자유주의적 해방론자들은, 동물계로부터 시작된 성별 계급 제도는 사유 재산 제도보다 앞선 것이며, 사유 재산 제도가 사라진 후에도 성별 계급은 그대로 존속할 것이라고 말한다. 그리고 성별 계급 자체를 사회의 가장 중요한 문제로 취급하지 않는 한, 사회주의 국가에서 자본주의 국가보다 성별 계급의 타파가 쉽게 성취될 수 있는 가능성이 더욱 많은 것은 아니라고 말한다.

하여간 이 양파는 오랫동안 자신의 주장을 관철하려고 노력했다. 그리하여 자유주의적 여성 해방론자들의 견해는 "여성과 남성 사이의 생존 기회(life chances)에 있어서의 차이를 설명할 수 없었으나, 마르크스주의자들의 견해는 계급의 차이를 설명하는 데는 설득력이 있었으나 남성과 여성 사이의 보편적인 지위의 차이를 설명하는 데는 결코 적당한 것이 못 되었다."[9)]

여성 해방에 대한 이 두 가지 시각은 서로 모순적인 관계에 있는가? 혹은 서로 중복되는 면을 가지고 있는가? 그리고 그들은 과연 공존할 수 있는가? 이러한 문제들에 대한 답변은 독자에게 맡기겠다. 다만 나는 여기서 이 양자를 조화시키려는 노력이 이미 시도되고 있다는 몇 가지 실례를 들겠다.

로보탐은 서로 상반되면서도 상대방을 필요로 하는 이 두 시각을 종합하려는 철저한 시도를 감행한다. 그리하여 "그녀는 동시에 임금 노동자와 가사 노동에 종사하는 여성의 미묘한 심리, 그런 여성이 매일의 일과에 따라가는 방법, 그리고 좌절했다가도 다시 상황에 대응해 나가는 방법 등을 상세히 설명한다."[10)]

그러나 해밀턴(Roberta Hamilton)은 로보탐이 가부장제의 지속 가능성에 대하여 큰 우려를 표명하면서도 실제로는 그것에 대한 어떤 이론적 대안도 발전시키려 하지 않았다고 비판한다.

> 사회 속의 여성에 대하여는 마르크스주의자들의 설명과 여성 해방론자들의 설명이 모두 사용되어야 한다. 전자는 생산의 사회적 여러 관계와 사적 소유의 출현에 근거하고 있으며, 후자는 생물학적인 불평등과 차이가 어떻게 변화되어 사회적 의미를 갖게 되며 또한 제도화되는가에 대한 연구에 근거하고 있다. 전자는 사회의 변혁을 요구

하고, 후자는 과학 기술의 발달에 근거하여 양성에 대한 개인적 및 인종적 경험의 재발견 시대의 개막과 더불어 지금까지 '자연적인 것'으로 간주되어 온 것에 대한 역전(逆轉)을 요구한다.[11]

해밀턴은 이 사실을 역사적으로 고찰하면서, 한편으로는 이 두 가지 시각이 "한 지붕 아래서 침대를 따로 쓰는 점잖은 동거의 기간"을 거치는 것이 좋겠다고 말하면서도, 다른 한편으로는 "하나의 혁명은 다른 혁명의 실현으로서만 성취될 수 있다"는 상반된 결론을 내린다. 그러나 "무엇이 선택되지 않고 남아 있는가?"를 인식해야 된다는 그녀의 충고는 우리에게 커다란 교훈을 주고 있다.

아마도 어떤 점에서는 마르크스주의와 여성 해방론의 결혼이 가능할 것이다. 그러나 한 지붕 아래서 침대를 따로 쓰는 점잖은 동거 기간을 거치는 것이 … 남성과 여성의 차이뿐만 아니라 여성들 상호간의 차이에 관해 일종의 실험적인 이해에 도달하는 데 훨씬 유리할 것이다.

상이한 구조의 전개가 자본 제도의 변형과 가부장 제도의 해체를 향해 이루어지고 있다. 그러므로 우리는 개별적 및 집단적 선택이 어디에 시간과 정력을 집중할 것인가에 대하여 생각할 필요가 있다. 그러나 무엇이 선택되지 않고 남아 있는가, 즉 우리는 무엇을 활동 영역으로 선택하지 않았는가를 인식함으로써 다른 방향을 선택한 사람들을 포용하고, 동시에 다른 영역에서 활동하는 사람들에게 감사해야 할 것이다. 역설적으로 말해서 우리는 어느 하나만의 혁명이 필요한 것이 아니라, 하나의 혁명은 다른 혁명의 실현으로만 성취될 수 있는 상황에 있다.[12]

오늘날 자유주의적 입장과 사회주의적 입장의 차이는 옛날같이 그리 선명하지 않다. 그리고 사회주의적 입장에서도 그들의 입장을 '자유적'이라고 표현하고, 방금 인용한 해밀턴의 경우와 같이 자유주의적 입장을 단순히 여성 해방(women's liberation or feminist movement)이라고 표현하기도 하고, 더 나아가서는 동일한 입장 안에서도 점진적인 입장과 급진적인 입장이 있다. 그 실례로 댈리(Mary Daly)는 진정한 여성 해방 운동은 현 체제 안에서의 개혁을 추구하는 NOW의 입장을 넘어서서 체제의 근본적인 변혁(redical tranformation)을 통해서만 성취될 수 있다고 말한다.

그러므로 지금까지 토론한 자유주의적 입장과 사회주의적 입장이 현실적으로 명확히 구별되는 것은 아니다. 그러나 적어도 오늘날의 여성 해방 운동가들이 어떤 쪽에 더욱 심혈을 기울이느냐에 따라서 앞으로의 진로가 결정될 것이다.

(6) 오늘날의 여성 해방 운동은 적어도 자유주의적 입장과 사회주의적 입장의 문제에 대하여는 — 비록 각각 정도의 차이는 있으나 — 비교적 양자를 동시에 수용하려는 경향이 있다. 오히려 오늘날의 운동가들을 선명하게 구분 짓는 경계선은 그들이 체제 내에서의 점진적인 개혁파와 체제 자체를 개혁하려는 급진적인 개혁파로 나누어져 있다.

체제 내의 개혁을 주장하는 여성 단체의 대표로는 『여성의 신비(*The Feminine Mystique*)』의 저자인 베티 프리단(Betty Friedan)이 1966년에 조직한 NOW(National Organization for Women)를 들 수 있다. 남성도 정식 회원이 될 수 있는 이 단체는 전 미국에 회원을 가지고 있는 세력이 되었다. 멤버는 교육 수준이 높고 직업을 가진 중산층 여성이 다수를 차지하고 있으며, 남성과 대등한 파트너십이라는 오래된 남녀 평등의 목표를 내걸고 다채로운 활동을 전개하고 있다.

"운동의 스타일도 의회에 압력을 가하는 로비 활동이나 진정서 활동과 같은 전통적인 전술에 중점을 두면서, 남녀 평등을 보장하는 헌법 개정, 직업상의 차별 반대, 임신 중절 금지법 철폐, 탁아소 및 출산 휴가의 확충 등을 주장하고 있다. 그 중에서도 특히 직업상의 차별을 철폐하는 데 힘을 기울여, 남녀를 구별하는 구인 광고를 중지시키는 캠페인, 스튜어디스의 결혼 정년제 반대 투쟁 등에 맹렬한 활동을 벌이고 있다. 가정에서 직장으로 나온 주부들은 모두 임금, 대우, 승진, 직종 등의 차별적인 장벽과 맞닥뜨리기 때문이다. 임금은 백인 남성, 흑인 남성, 백인 여성, 흑인 여성의 순이다. 동일한 일에서 여성의 임금은 남성의 60퍼센트, 전문적인 직업에서 여성이 차지하는 비율은 과학자 10퍼센트, 의사 7퍼센트, 법률가 3퍼센트, 기술자 1퍼센트라는 낮은 수준이다. NOW는 바로 이런 현실을 변혁시키려는 의도에서 직업상의 차별에 대한 투쟁을 벌이고 있다."[13)]

그러나 이렇게 괄목할 만한 NOW를 비판하는 사람은 앞에서 지적한 댈리 한 사람이 아니다. NOW의 뉴욕 지부장으로 있다가 NOW의 관료주의와 충돌한 후 결별을 선언하고 '페미니스트'라는 그룹을 조직한 타이그랙 앳킨슨은 성관계에 있어서 남성을 따르던 전통적인 접근 자체에 대하여 반기를 들고 있으며, 미국의 과격파 학생 단체인 'SDS (Students for Democratic Society)'와 결별하고 '뉴욕 과격파 여성(New York Radical Women)'이라는 단체를 창설한 앤고트는 그의 「원칙」에서 이렇게 선언한다.

> 우리는 과거의 모든 이념, 문학, 철학을 남성 우월 문화의 산물로 비판한다. 우리는 우리의 단어와 언어 자체를 재조명한다.

우리는 지금까지 인정되지 않았던 여성의 문화를 — 오랫동안 억압 속에서도 삶에 대한 강렬한 찬사, 지금까지 발표되지 않은 사상과 단순한 것들의 복잡성에 대한 감수성, 그리고 인간의 기본적 욕구와 감정에 대한 강력한 지식을 발전시킨 여성의 문화를 — 우리들의 근원으로 인정한다. 우리는우리의 이 감정을 정치적 이해에 대한 가장 중요한 근원으로 간주한다. 우리는 집단적인 지혜와 집단적인 힘을 해방의 열쇠로 본다.[14)]

또한 WITCH(마녀)라는 약칭으로 불리는 '지옥에서 온 여성국제 테러 음모단(Woman's International Terrorist Conspiracy from Hell)'의 「뉴욕 선언」은 이렇게 말한다.

'마녀'는 모든 여성의 모든 것이다. 그것은 주장이며, 혁명 마술이며, 테러며, 즐거움이며, 마늘 냄새가 나는 꽃이며, 주술이다. 그것은 마녀와 집시들이 수세기에 걸친 억압에 — 특히 여성에 대한 억압에 — 대항한 최초의 게릴라며 저항 투쟁가임을 인식하는 것이다.

지금까지 마녀는 언제나 멋있고, 용감하고, 공격적이며, 이지적이며, 비타협적이며, 탐험적이며, 호기심이 있고, 독립적이며, 성적으로 해방되고, 혁명적이었다. (그들의 9백만 명이 화형을 당한 이유도 여기에 있다.) 마녀는 최초의 공제 조합원들이었으며, 최초의 연금술사였다. (쓰레기를 금으로 변화시킴으로써 금전에 대한 모든 개념을 평가 절하시킨 연금술사였다.)

그들은 어떤 남성에게도 굴복하지 않으면서 인류 역사상 가장 오랫동안 지속된 문화의 — 남성과 여성이 동등하게 공동 참여하는 진실로 협동적인 문화의 — 살아 있는 보존자였다. 성적, 경제적, 정신적으로 억압하는 제국주의 불알 사회(imperialist phallic society)가 나타나서 자연과 인간의 조화를 파괴할 때까지.[15]

또한 '뉴욕 과격파 여성'에서 다시 분리하여 윌리스와 같이 '붉은 스타킹(Red Stockings)'이라는 단체를 조직한 파이어스톤은 "남성들이 그들의 특권을 포기하려 하지 않는 한 우리 여성들은 허울좋은 이른바 혁명 운동에 앞으로 참가하지 않을 것"이라고 선언한다.[16] 「붉은 스타킹 선언」은 이렇게 말한다.

여성은 피압박 계층이다. 우리들의 압박은 우리 생활의 모든 면에 해당하는 전체적인 압박이다. 우리는 성의 대상, 애 보는 사람, 사정의 노예, 값싼 노동자로 착취당하고 있다. 우리는 남성의 삶을 증진시키는 것을 유일한 목적으로 삼는 열등한 존재(inferior beings)로 취급당하고 있다. 우리들의 인간성은 부정되고 있다. 우리들에게 부과된 행위는 육체적인 폭력의 위협으로 수행되고 있다.

지금까지는 남성의 책임을 어떤 조직이나 여성에게 돌리려는 시도가 있었다. 그러나 우리는 이러한 논의를 사실 회피로 정죄한다. 조직 자체는 억압하지 않는다. 조직은 단지 억압자의 수단일 뿐이다. 조직을 비난하는 것은 남성과 여성이 다같이 희생당했다는 뜻이며, 이러한 해석은 남성이 여성의 복종으로부터 이익을 취한다는 사실을 무시함으로써 그들이 억압자가 되지 않을 수 없었다는 변명의 기회를 주는 것이다.

또한 우리는 여성이 억압에 동의했기 때문에 이것이 여성의 책임이라는 논증을 거부한다. 여성의 복종은 세뇌 공작, 어리석음, 정신적인 질환의 결과가 아니다. 그것은 남성으로부터의 지속적인 매일

의 압력의 결과다. 우리는 우리를 개조할 필요가 없다. 오직 남성을 개조할 필요가 있다.[17]

이상과 같은 과격파 여성 단체들은 실제로도 많은 행동을 현실로 옮겼다. 그들은 『레이디스홈 저널』이라는 보수적인 여성 잡지의 편집국을 점거하여 남성 편집국장을 감금하기도 했으며, 여성을 포함하지 않는 임신 중절법에 대한 주 의회 토론을 방해하기도 했으며, 일년 내내 속박된 어머니를 단 하루의 카네이션으로 치장하려는 '어머니 날'을 반대하는 데모를 벌였으며, 남성의 눈요기 거리로 전락한 미스 아메리카 대회의 진행을 방해하기도 했다.

이렇게 체제 자체를 반대하는 운동가들 중에서 '마녀'에 직접 참여하고 있는 모건(Robin Morgan)은 그녀가 편집한 『여성은 강하다(*Sisterhood is Powerful*)』라는 책의 서문에서 ―NOW의 지금까지의 공석을 솔직히 인정하면서도― 새로운 단체의 필요성을 역설한다.

나는 여성 운동이 여성 참정권 운동가들이 빠졌던 것과 똑같은 함정에 빠지는 것을 두려워한다. 그것은 자체의 계급과 인종을 문제로 삼지 못하고 그 이상 진전하지 못했던 함정이었다. 예를 들어서, 소수의 용기 있는 여성 참정권 운동가들을 제외하고, 대부분의 사람들은 가정을 여성을 억압하는 구조(a structure oppressive to women)로 고찰하지 않았다. 그들은 겨우 투표권으로 만족하고 말았다.

오늘날 우리는 그것이 우리에게 무엇을 주었는지를 알고 있다. 새로운 운동의 유일한 희망은 이제 겨우 일어나고 있는 혁명적 페미니즘이다.[18]

그리하여 모건은 체제 내에서의 개혁을 주장하는 NOW를 '여성 운동의 NAACPC(전 미국 흑인 지위 향상 협회)'라고 말한다. 진정한 흑인의 힘이 이 협회를 극복하고 전투적인 자세로 나갔을 때 생겼던 것과 마찬가지로, 진정한 여성의 힘도 NOW를 극복함으로써 발생할 수 있다고 믿기 때문이다. 이런 뜻에서, 그녀가 그녀의 『여성은 강하다』라는 책의 표지를 여성의 기호인 '♀'의 원 한가운데에 불끈 쥔 주먹을 그려 넣은 심볼로 — 여성의 힘을 과시하는 심볼로 — 장식한 것도 이해할 수 있다.

하여간 오늘날 미국에는 NOW와 같은 온건한 입장을 벗어나서 정치적, 경제적, 성적 차별 자체를 개혁해야 된다고 주장하는 단체들이 수없이 많다. 그들은 각기 다른 강령을 가지고 각기 다른 방법으로 투쟁하고 있다. 그러나 야오리는 이러한 단체들이 몇 가지 공통점을 가지고 있다고 말한다.

첫째로, 그들은 지금까지 성역으로 간주되어 온 핵가족 제도 자체를 반대하고 집단주의를 주장한다. 지금까지 직장을 가진 여성은 언제나 아이를 이웃집 주부에게 맡기는 베이비 시터를 이용해 왔으며, 여러 사람의 아이들을 돌봐주는 탁아소는 조잡하기 이를데 없었다. 그리하여 그들은 핵가족 제도 자체를 부정하고 콜렉티브(collective)나 콤뮨(commune)과 같은 공동 생활을 하기도 한다.

"워싱턴에서 만났던 판치비크스는 3쌍의 남녀 커플이 아파트 한 채를 빌려서 공동 생활을 하는데, 그들은 그 중의 한 사람씩 요리나 세탁 등의 가사를 남녀 공평하게 분담하고 있다. 또 보스턴의 '빵과 장미회'는 사회주의 혁명에 역점을 두고 있는 해방 조직인데, 그들은 여성들만의 공동 생활로 서로 번갈아 가면서 어린아이들을 담당하고 있다. 그들은 핵가족이라는 형식을 떠난 새로운 생활 단위를 시험해 보고 싶다고 말한다."[19]

둘째로, 체제 자체의 전복을 기도하는 단체들은 대개 철저한 내부 민주주의를 추구한다. 그들은 한 사람의 지배로 운영되는 단체가 아니라 돌아가면서 회장과 대변인의 역할을 담당하기도 하고, 잡일까지도 공동으로 부담한다. 권력 정치(power politics)로 대표된 지금까지의 남성 문화를 초월한 새로운 정치를 실천하려고 하기 때문이다. 그들이 프로이트로 대표된 남성 중심의 성 문화뿐만 아니라 지금까지의 모든 문화를 극복해야 된다고 주장하는 이유도 여기에 있다.

셋째로, 체제 자체의 변혁을 주장하는 단체들의 대부분은, 이러한 개혁이 탁아소 신설과 같은 몇 가지 물질적 변혁으로 달성될 수는 없으며, 오직 여성 자신의 의식을 철저하게 변혁시키는 자기 혁명에 의해서만 성취될 수 있다고 믿으며, 이러한 혁명의 방법으로는 해방 신학에서 주장하는 의식화 교육(conscientization, 혹은 consciousness-raising)이라는 방법을 채택한다.[20]

> 백인이 흑인을 폭력적인 방법으로 죽이는 것을 인종주의라고 한다면, 성차별주의는 남성이 여성을 인간으로 생존시키면서 죽이는 것을 의미한다. 이처럼 음흉한 형태의 억압을 여성들이 지각하기 위해서는 '의식 각성'이라는 방법이 효과적이다. 그것은 성 체험을 포함해서 자기 자신을 적나라하게 드러내는 것으로부터 출발한다. 그러므로 사회나 경제 체제를 변혁시키면 여성 차별이 저절로 없어진다고 생각하는 것은 환상이며, 근본적인 의식 혁명을 수반하지 않은 혁명은 여성 해방이나 인간 해방에 아무런 관계가 없다.[21]

우리는 여기서 과격한 이론과 과격한 행동을 공공연하게 내걸고 있는 단체들이 종래의 단체들과는 전혀 다른 맥락에서 활동하고 있으며, 어떤 단체들은 단순한 남녀 평등을 지나서 여성 상위 사회를 이상으로 삼고 있다는 것을 알 수 있다. 보부아르는 일본 기자와의 대담에서 이 새로운 물결을 다음과 같이 표현했다.

> 지금까지의 운동은 소심하고 개량주의적인 성격이 짙었으며, 직업이라든가 정치적인 부문에 여성이 좀더 진출할 수 있도록 남성에게 양보를 얻어내려고 했을 뿐이며, 근본적인 반역은 아니었다.
>
> 그러나 새로운 우먼 리브 운동은, 과격하다고 비난을 받고 있기는 하지만, 여성이 처해 있는 상황을 근본에서부터 변혁시키려 하며, 가사고 무엇이고 간에 여성을 억압하는 모든 것을 거부하려 한다. 남자가 주인공인 상황을 전면적으로 부정하려는 것이다. 이것은 체제 변혁을 지향하는 싸움이 되고 있다.[22]

그런데 우리는 여기서 체제 내의 개혁과 체제 자체의 개혁의 문제가 단순히 어떤 국가 내에서의 문제일 뿐만 아니라 국제 관계에도 그대로 나타난다는 사실을 잊지 말아야 한다. 대부분의 국제 회의에 참석한 제3세계의 여성들이 미국 대표들을 약소국을 약탈하는 제국주의의 공범자로 규탄하는 이유도 여기에 있다.

물론 미국 대표들 중에는 베트남 반전 운동이나 철저한 인종 차별 반대 운동의 활동가도 없지는 않다. 그러나 그들의 대부분은 고도 성장을 자랑하는 서구나 일본의 대표들과 마찬가지로 경제적 해방과 정치적 해방을 절실하게 필요로 하는 제 3 세계의 입장을 정확히 대변하지 못하고 있는 실정이다. 그리하여 아시아와 아프리카의 여성들은 제 1 세계와 제 3 세계의 관계 자체를 변혁시켜야 된다고 주장하며, 이 국제 관계를 그대로 유지하는 한 여성 해방에 대한 모든 토론은 공염불에 불과할 것이라고 말한다.

이러한 제 3 세계의 외침에 감히 누가 돌을 던지겠는가. 그리고 하루 세 끼를 먹지 못하는 여성들이 즐비한 사회에서 그 이상의 어떤 논의가 과연 절박할 것인가. 사람은 빵으로만 살 수 없다는 말이 있다. 그러나 이 말은 빵이 그만큼 중요하다는 반증이 아니겠는가.

체제 내의 개혁과 체제 자체의 개혁, 이것은 유사 이래 모든 운동가들이 당면했던 문제다. (현대에 와서 이 문제로 특별히 고민한 사람으로는 인도의 간디를 들 수 있다.) 그러므로 이 문제는 언제나 그 상황에 따라서 결정할 수밖에 없을 것이다. 그리고 그 결정을 내리는 상황에 대한 판단은 경제적, 정치적, 종교적, 이념적인 모든 측면을 고려해서 내려야할 것이다.

한국의 실정으로 볼 때, 체제 자체의 개혁을 주장하는 제 3 세계의 운동가들은 지나친 점이 없지는 않다. 그리고 여성 상위를 주장하는 그들의 주장은 남성 상위를 고집하는 현 체제와 — 잠정적인 작전이 아니라면 — 결국 동일한 틀에 사로잡혀 있다고 말할 수도 있다. 그러나 우리는 여기서 그들의 과격한 주장으로부터 우리나라의 상황에 필요한 몇 가지 교훈을 얻을 수 있다.

첫째로, 진정한 여성 운동은 인물 중심에서 벗어나서 정책 중심으로 진행되어야 한다. 몇 명의 유명 인사나 '여류'가 이끄는 여성 단체는 언제나 자신의 함정으로 타락할 수 있다. 이러한 사실은 일제하의 소위 선각 여성들이 일부 교육받은 상류 여성층에 국한되었기 때문에 그들의 성과는 제한될 수밖에 없었으며, 또한 그들이 "가장 긴급하고 중요한 것은 일제의 철쇄를 끊는 것이라는 사실을 망각한 채 그들의 체제 내적 운동에 머무름으로써 오히려 일제의 식민 지배에 유리한 조건을

조성해 주는데 일조(一助)했다"는 점에서 잘 알 수 있다.[23)]

물론 당시에는 교육이 일부 여성에게만 국한되어 있었으며, 이런 뜻에서 몇 명의 선각자를 따를 수밖에 없었음을 우리는 이해할 수 있다. 그러나 이제 상황은 많이 바뀌었다. 이제 우리는 진정한 '내적 민주주의'를 실현하여 모든 여성이 대표자가 되는 새로운 운동을 전개해야 할 것이다.

둘째로, 여성 운동가는 정부의 대표자가 아니라 모든 여성, 모든 인간의 대표자가 되어야 한다. "자국의 여성을 억압하고 있는 정부의 대표로 나온 여성들이 모여 여성 해방을 논의하는 것은 넌센스다"라는 어느 운동가의 말을 심각히 받아들여야 한다.

"그래도 멕시코의 여성들보다는 우리들이 훨씬 행복하다는 것을 알았습니다"라고 자랑하는 여성, "이번 회의는 우리나라의 발전상을 전 세계에 알리는 계기가 되었습니다"라고 귀국 보고를 하는 여성, 공식석상에 몇 번 발언을 했으며 우리나라 국기가 몇 번 게양되었음을 가장 보람 있게 여겼다는 여성, 그들은 — 비록 모든 국제 회의가 자국의 선전을 내용으로 삼고 있다는 엄연한 현실을 참작한다고 하더라도 — 충실한 정부의 대변인은 될 수 있으나 여성의 대변인은 아니다. 여성의 진정한 대변인이 민간인이어야 하는 이유가 여기에 있다.

셋째로, 진정한 여성운동은 한두 가지의 변혁으로 끝나는 것이 아니라 '영원한 혁명'임을 잊지 말아야 한다. 그것은 수천 년 내려온 의식 자체의 변화를 요구하는 운동이기 때문이다.

> 인간은 인간이 불완전하다는 것을 의식하고 있다. 그러므로 혁명은 교육과 마찬가지로 지속적이다. 오직 기계론적 멘탈리티만이 교육이 어떤 지점에서 끝날 수 있다거나 또한 혁명이 권력을 획득할 때

> 중지될 수 있다고 주장한다. 참된 혁명은 지속적인 사건이어야한다. 그렇지 못할 때, 그것은 혁명이기를그칠 것이고, 경직된 관료주의로 변화할것이다.[24)]
>
> 해방이란 마지막 정체된 상태가 아니라 인간 해방을 위한 계속적이며 영원한현실 변혁이다. 이런 뜻에서, 우리는해방이란 의식화교육의 마지막 단계가 아니라 의식화 교육의 영원한 과정이라고 말할 수 있다.[25)]

끝으로 나는 체제를 둘러싼 과격파와 온건파의 대립은 양자 택일의 관계가 아니라고 보고 싶다. 오히려 모두 체제 안의 개혁만을 추구하거나 모두 체제 밖의 개혁만을 추진한다면 거기에 바로 심각한 문제가 있다는증거로 보고 싶다. 비록 그들은 서로 상충되는 견해와 행동을 전개하지만먼 시각으로 보면 그들이 모두 제 나름대로의 역할을 담당하는 것으로 볼 수도 있기 때문이다. 물론 구체적인 상황 속에서 구체적인 문제에 대하여 두 가지 방법 중에서 어느 길을 택하느냐는 것이 굉장히중요하다는 것을 알고 있기는 하지만.

(7) 체제 내의 개혁과 체제 자체의 개혁이라는 문제가 가장 선명하게 부각되는 곳은 가정이라고 말할 수 있다. 이미 지적했듯이 과격한 입장을 취하는 여성 운동가들 중에 많은 사람들이 핵가족으로 대표되는 전통적인 가정 자체를 부정적으로 보고 있기 때문이다. 밀레트(Kate Millett)는 오늘날의 사회를 여성을 억압하는 '확대된 가부장적 가정'으로 규정했으며, 그리어(Germaine Greer)는 여성들에게 구속받지 않는 삶을추구하려면 가족과 가정을 떠나야 한다고 말했으며, 특히 혁명적인여성 해방 신문으로 알려진『여성과 혁명』(1971년 5-6월)은 이

렇게 말했다.

> 가정이라는 제도는 본질적으로 반혁명적이며, 자본주의체제의 유지를 도와준다. 사회경제적 단위로서의 가정은 그 구성원을 억압한다. 그 중에도 가정은 특히 여성을 억압한다. 모든 핵가족은 사회와 고립되어 존재하며, 노동자의 계급 의식을 약화시킨다.[26]

물론 과격한 여성 해방론자들이 전부 이렇게 가정의 가치를 완전히 부정하는 것은 아니다. 그들 중에서도 정도의 차이가 있다. 그러나 그들이 일반적으로 가정을 탄압의 중요 기관으로 보고, 전통적인 가족 제도를 모든 악의 근원으로 보고, 완전히 자유로운 개인은 가정의 사슬로부터 완전히 벗어난 사람이라고 본다는사실에는 의심의 여지가 없다. 그 증거로는 비교적 온건한 베티 프리단까지도 — 이른바 그녀의 '첫 번째 단계'에서는 — 가정을 안락한 집단 수용소(a comfortable concentration camp)라고 규정하고, 여성은 교외의 넓은 집에서 남편이 귀가하기를 기다리지만 말고 야망 있는 남성들이 뛰노는 도시 속으로 들어가서 성장해야 된다고 말한다.

그러면 전통적인 가정을 부인하는 극단적인 해방가들은 그 대안으로 무엇을 제시하는가? 그들은 모든 사람이 모든 사람과 관계를 맺을 수 있는 공동 사회, 아이 기르는 일을 돌아가면서 맡아보는 콤뮨, 한 사람의 재벌 밑에서 여러 사람이 공동으로 식사를 하는 '후기 혁명 사회', 각자의 소질에 따라서 임무를 분담하는 콜렉티브 등을 제시한다.

그러나 오늘날 그들의 이러한 대안들은 가정의 일원으로 태어나서, 가정의 일원으로 자라고, 가정의 일원임을 자랑스럽게 여기는 보통사람들로부터 완전히 외면당하고 있다. 물론 가정 생활에서 삶의 첫 번째

보람을 느끼는 보통사람들이 그들의 단체 생활을 격렬하게 반대하는 이유 중 하나는, 마약이나 마리화나를 음식으로 삼고 있으면서 가정의 사랑과 부모의 관심을 폭력의 비정상적인 형태로 낙인을 찍는 히피와 같은 반문화적 영향이 없지는 않다. 그러나 가사 노동과 직장 노동을 겸할 수 없는 일반 여성에게 있어서 그들의 공동 생활은 너무나 비현실적이고 비정상적인 것이다. 일반 여성들은 사회를 운영하는 원칙과 가정을 운영하는 원칙은 절대로 동일할 수 없다고 생각하고 있기 때문이다.

사회는 그 사회를 구성하는 개인의 이익을 보존하기 위하여 공리주의적인 계약(契約, contract)에 의해 유지된다. 그러나 가정은 단순한 공리주의적인 계약이 아니라 가정을 구성하는 각기 다른 개인이 그 속에서 새로운 것을 창조할 수 있는 맹약(盟約, compact)에 의해 유지된다. 계약은 언제나 파기될 수 있다는 뜻에서의 우연적인 동의의 약속이지만, 맹약은 신성한 동참(solemn commitment)을 전제로 하는 약속이다.

> 사회적인 맹약 속에서 공동체의 구성원은 강요에 의해서가 아니라 도덕적 권고에 의하여 유지되는 가치를 이상으로 공유한다. 맹약은 계약과는 달리 인간의 각기 다른 요구에 응하게 된다. 계약론은 정적인 견해다. 그것은 합리적으로 동의하는 성인이 사는 세계다. 아무도 태어나지 않고 아무도 죽지 않는 세계다. 도움을 요청하는 어린아이, 노인, 병자, 죽는 사람은 이런 세계에서 살지 않는다.[27]

우리는 여기서 계약과 맹약의 차이가 본질적인 차이라고 주장하는 것이 아니다. 그러한 차이를 인정해야 된다는 당위성을 주장하는 것도 아니다. 다만 그 차이를 질적인차이로 생각하는 보통사람들에게 있어서 전통적인 가정은 아직도 매력을 잃지 않고있다는 것이다.

베티 프리단이 '제 2의 단계(the second stage)'를 발표한 이유도 여기에 있다. 그녀는 전통적인 가정의 포기만이 진정 자유로운 개인을 만들 수 있다는 식으로 진행된 여성 해방 운동이 다시 가정의 중요성을 재인식하는 입장에서 새로 출발하는 제 2의 단계를 예고했던 것이다.

더 나아가서, 오늘날에는 프리단의 제안까지도 가정의 참뜻을 완전히 전달하지 못했다고 주장하는 여성 해방가들까지 생기게 되었는데, 이런 사람 중에는 미국에서 1960년대부터 여성 운동에 헌신해 온 엘슈타인(I. B. Elshtain)을 들 수 있다.

> 페미니즘이 전통적인 가정을 고수하려는 우파의 변호에 대항할 수 있는 유일한 길은, 가정이 모든 종류의 사회 생활의 전제 조건이며, 또한 가정의 이상이 더욱 인간적인 사회를 창조하는 데 지상 명령(imperative)임을 부인하는것이다. 내가 제안하는 사회적 페미니즘은 자녀들을— 임시적인 대응의 피보호자가 아니라 부모나 그들의 영구적인 보호자의 보호를 받고 있는 자녀들을— 관심의 중앙에 놓는다. 이러한 일이 벌어지거나 혹은 일어날 때까지 보수파는 보통사람들보다 더욱 유리한 고지를 점령하게 될 것이다. 일반인들은 그들의 자녀를 사랑하고 두려워하기 때문이다.
>
> 내가 추구하는 페미니즘은 교활한 작전적 운동으로 환원되지 않는다. 그와 반대로, 그것을 가정의 도덕적인 지상 명령과 그 명령을 페미니스트 정치의중심으로 삽입해야 함을 재확인한다.[28]

여기에바로 우리들의 심각한 문제가있다. 진정한 여성 해방은 전통적인 대가족 제도를 포기해야 하는가? 한 걸음 더 나아가서 — 우리나라에서는 아직도 혁신적인 것으로 생각하고 있는 — 핵가족 제도까지 포기해야 하는가? 그렇지 않으면, 개인의 해방과 전통적인 가족 제도는 병존할 수 있는가? 그리고 이 양자를 병존시킬 때는 어떤 새로운 적응이 필요한가? 여성 해방 운동이 단순히 일부의 개명한 여성들만을 위한 운동에서 벗어나서 민중의 밑바닥으로부터 시작하려면 이러한 문제들을 심각히 고려해야 할 것이다.

오늘날의 여성 해방 운동은 '집합적인 힘'을 필요로 한다. 몇 명의 해방된 여성으로서는 지금까지 내려온 — 그리하여 당연하게 간주되고 있는 — 남녀 차별을 종합적인 차원에서 절대로 해결할 수 없다. 진정한 집합적인 힘은 단순한 개인의 집합체(an aggregate of individuals)가 아니라 유기적인 공동체로부터만 나올 수 있다.

사회를 단순한 개인의 종합으로 본 철학자로는 플라톤을 들 수 있다. 그는 인간이 이성적인 측면, 기개적인 측면, 욕정적인 측면으로 구성되어 있다는 영혼 삼분설(靈魂三分說)을 그대로 사회에 적응시켰다. 그리하여 욕정을 추구하는 일반 국민, 기개를 추구하는 군인, 이성을 추구하는 철학자가 각자의 임무에 충실하여 서로 조화된 상태를 정의의 상태로 보았다. 그러나 오늘날 플라톤의 이와 같은 구상은 칼 포퍼와 같은 사상가들에 의하여 '열린 사회'가 아니라 '닫힌 사회'의 모범으로 규탄받고 있다.

"사회라는 것은 단순한 개인들의 집합으로 환원될 수 없으며 그 자체의 독립적인 논리에 따라 움직일 뿐만 아니라, 그러한 논리가 그 성원들 개인의 행위에 미치는 영향력이 심대하다"는 것을 알아야 한다.[29)] 그러므로 앞으로의 여성 운동가들은 어떻게 자유로운 개인들이 그들의 자유를 제약받지 않고 진정한 공동체를 창조할 수 있느냐는 문제를 심각하게 고려해야 할 것이다. 그리고 그 문제는 이제 가정이라는 문제와 관련해서 절박하게 표현되어 있다.[30)]

우리는 지금까지 여성 해방을 역사적으로 조명하면서 몇 가지 현재의 문제점을 미래에 대한 조명의 입장에서 토론했다. 그리하여 여성 해방의 길은 아직도 요원하며, 또한 수많은 문제점을 가지고 있음을 알게 되었다. 다만 확실한 사실은 이러한 인간화의 운동이 현재 진행되고 있으며, 또한 당위적으로 진행되어야 한다는 점이다.

현재 진행되고 있다는 사실은 우리에게 용기를 준다. 그러나 현재 진행되고 있는 운동을 옳은 길로 인도하고 더욱 가속화시켜야 한다는 당위성은 우리의 어깨를 무겁게 한다. 오늘날 우리에게 필요한 일은 현재 진행되고 있는 물결을 정확히 의식하고 미래를 건설할 수 있는 용기를 잃지 않는 일이다. 그것은, 다른 말로 하면, 지금까지 감고 있던 눈을 크게 뜨는 일이라고 말할 수 있다.

나는 이제 눈을 크게 뜨지 않으면서 엄연히 상존하는 남녀 차별의 문제를 고의적으로 외면하는 사람들을 몇 가지 유형으로 설명한 댈리의 사상을 소개하면서 이 글을 끝내겠다.

첫째, 어떤 사람은 이 문제를 시시한 것으로 취급(trivialize)함으로써 외면한다. 그는 이 세상에는 여성 문제보다 더욱 중요한 전쟁, 인종차별, 공해와 같은 문제가 있다고 말한다. 마치 성 차별이 제 3 세계에 대한 약탈, 흑인에 대한 약탈, 지구에 대한 약탈과 아무런 관련이 없기나 한 듯이.

둘째, 어떤 사람은 이 문제를 특수화(particularize)시킴으로써 외면한다. 그것은 카톨릭의 문제며, 중세 시대의 문제라고 말한다. 마치 가부장 제도가 오늘날에는 존재하지도 않기나 한 듯이.

셋째, 어떤 사람은 이 문제를 정신화(spiritualize)시킴으로써 외면한다. 그는 그리스도 안에는 남성도 없고 여성도 없다는 사도 바울의 말을 자주 인용한다. 마치 이 세상에는 남성도 없고 여성도 없기나 한 듯이.

넷째, 어떤 사람은 이 문제를 보편화(universalize)시킴으로써 외면한다. 그는 진정한 문제는 여성 해방이 아니라 인간 해방이라고 말한다. 주로 지식인들이 사용하는 이 말은 확실히 틀린 말이 아니다. 그러나 우리는 이 명제가 성 차별을 외면하기 위하여 사용될 때는 분명히 옳지 않은 명제라는 것을 잊지 말아야 한다.[31]

성 차별은 분명히 존재한다. 우리는 모두 그 차별의 철폐에 몸과 마음과 영혼으로 협력해야 할 것이다.

생각해 볼 문제들

1. 체제 내의 개혁 운동과 체제 자체의 개혁 운동은 과연 조화될 수 있는가?
2. 해방된 개인과 가정의 관계를 생각해 보자.
3. 여성 해방에 대한 지금까지의 모든 이론을 포용할 수 있는 '일반적인 이론'은 가능한가? 그리고 그것이 가능하다면, 그 이론의 특성은 무엇이 되겠는가?
4. 한국의 현실에 특별히 알맞은 여성 해방 이론으로는 어떤 것을 들 수 있는가?

[주]

1) A. Rocci, "Equality between the Sexes: An Immodest Proposal", *Daedalus*, Spring, 1964, p. 610. (Mary Daly, "Social Attitude towards Women", *Dictionary of the History of Ideas*, vol. Ⅳ, p. 529에서 재인용.)

2) A. Lutz, *Crusade for Freedom: Women of the Antislavery Movement*, Boston, 1968, pp. 294-295. (Daly, 앞의 글, p. 529에서 재인용.)

3) Simone de Beauvoir, *The Second Sex*. (Jane English, ed., *Sex Equality*, Prentice-Hall, 1977, pp. 75-76에서 재인용.)

4) Valerie Solanis, "Excerpts from the SCUM Manifesto", Robin Morgan, ed., *Sisterhood is Powerful: An Anthology of Writings from the Women's Liberation Movement*, Vintage Books, New York, 1970, pp. 577-578.

5) Juliet Mitchell, "The Politics of Women's Liberation", *Woman's Estate*, 1971, p. 50. (지은희 역, 「여성 해방 이론의 선구자들(Ⅱ)」, 이효재 편, 『여성 해방의 이론과 현실』, 창작과비평, 1980, p. 46에서 재인용.)

6) Shulamith Firestone, *The Dialectic of Sex*, 1970. (김예숙 역, 『성의 변증법』, 풀빛 출판사, 1983, p. 19에서 재인용.)

7) 같은 책, p. 20에서 재인용.

8) Roberta Hamilton, *The Liberation of Woman: A Study of Patriarchy and Capitalism*. (최민지 역, 『여성 해방 논쟁』, 풀빛출판사, 1982, p. 18에서 재인용.)

9) 같은 책, p. 18에서 재인용.

10) Sheila Rowbotham, *Woman's Consciousness, Man's World*, Pelican Books, 1973; *Woman, Resistance and Revolution*, Vintage Books, New York, 1972.

11) Hamilton, 앞의 책, pp. 135-136. Cf. 이 책에서 해밀턴은 자유주의적 여성 해방을 단순히 '여성 해방'이라고 부르고, 사회주의적 여성 해방을 '마르크스주의'라고 부른다.

12) 같은책, pp. 153-154.

13) 마쯔이 야오리, 김혜영 역, 『무엇이 여성 해방인가』, 백산서당, 1981, p. 52.

14) Morgan, 앞의 책, p. 584.

15) 같은책, p. 605.

16) 야오리, 앞의 책, p. 49.

17) Morgan, 앞의 책, pp. 598-599.

18) 같은책, pp. xxv-xxvi.

19) 야오리, 앞의 책, p. 54.

20) 해방 신학의 의식화 교육에 대하여는 다음을 참조할 것. 황필호, 『이데올로기, 해방 신학, 의식화 교육』, 종로서적, 1985, pp. 135-168.

21) 야오리, 앞의 책, pp. 57-58.

22) 같은 책, p. 60.

23) 최민지, 「한국 여성운동」, 이효재 편, 『여성 해방의 이론과 현실』, 앞의 책, p. 239.

24) Paulo Freire, 채광석 역, 「문화의 행동으로서의 교육」, 김쾌상 역, 『민중교육론』, 한길사, 1979, p. 36.

25) 황필호, 『이데올로기, 해방신학, 의식화 교육』, 앞의 책, pp. 165-166.

26) Jean Bethke Elshtain, "Feminism, Family and Community", *Dialogue*, 1983, p. 30에서 재인용.

27) 같은 글, p. 31.

28) 같은 글, pp. 32-33.

29) 황경식, 『사회 정의의 철학적 기초』, 문학과지성, 1985, p. 36.

30) 여기서 한 가지 토론하지 않은 문제는, 파괴적으로 남성화된 현대는 미래 '희망의 담지자'인 여성을 통해서만 구제될 수 있다는 마르쿠제의 견해다. 그는 남성 해방도 여성 해방의 결과, 부산물, 혹은 전제 조건으로 나타날 것으로 믿는다.

31) Mary Daly, "The Woman's Movement: An Exodus Community", Elizabeth Clark & Herbert Richardsom, eds., *Women and Religion*, Harper & Row, 1977, p. 265.

16. 여성은 노예의 일에 종사한 최초의 인간이다

- 자유로운 여성을 위하여

1. 서양에서의 여자 팔자

"여성은 노예의 일에 종사한 최초의 인간이다. 여성은 노예가 존재하기 이전에 이미 노예였다." 이 말은 엥겔스의 제자였으며 사회주의적 여성 해방론자인 베벨(August Bebel)이 한 말이다.[1] 아프리카의 흑인이 아메리카로 끌려와서 노예 생활을 하기 훨씬 이전부터 여성들은 남성의 노예로 살았다는 것이다.

물론 그의 이러한 주장은 지나친 감도 없지 않으며, 특히 모든 차별의 원인을 경제적인 예속에서 찾은 그의 일반적인 이론과 다소 상충하는 경향도 있다. 그러나 특수한 기간을 제외한 대부분의 인류 역사에서 여성들이 경제적, 성적, 정치적, 종교적으로 지배하기보다는 지배받고 살아 왔다는 사실에 대하여는 변명의 여지가 없다고 하겠다.

우선 서양에서의 여자 팔자를 모건의 입을 통해 생각해 보자.

• 어머니의 뱃속에 있을 때 힘차게 발길질을 하면 어머니는 "이렇게 힘이 있는 것을 보니, 사내임에 틀림없군!"이라고 말한다.

• 태어나서 30초 후에는 분홍색 명찰을 팔에 끼고, 5분 후에는 분홍색 담요에 싸인다.

• 활발히 움직이는 장난감을 좋아하면서도 육아원에서는 인형이 있는 방에 감금된다.

• 앞만 가리는 실내용 어린이옷 대신에 긴 바지를 입어야 한다.

• '착한'과 '예쁜'의 단어를 익힌다.

• 나무에 올라가서 먼 곳을 보려고만 해도 말괄량이로 낙인이 찍힌다.

• 발이 겨우 땅에 닿을 때부터 다리를 오므리고 앉는 법을 배운다.

• 남자들을 미워한다. 그들은 여자들이 할 수 없는 것들을 할 수 있기 때문이다. 그러면서도 남자들을 미워하는 것이 성장의 한 단면이라고 듣는다.

• 동일한 일을 여자가 하면 '버릇없는 행위'가 되고 남자가 하면 '용감한 행위'가 됨을 배운다.

• 아버지가 가끔 화내면 어머니는 한숨만 쉬는 걸 이상히 여긴다.

• 자라서 엔지니어나 박사가 된다고 하면 어른들은 어깨를 움츠린다. 그래서 어머니 혹은 간호사가 된다고 말해야 된다.

• 12세에 다리를 면도하고 싶어도 어머니가 허락하지 않는다.

• 월경에 대하여 아무 말도 듣지 못하여, 첫 경험에 죽는 병에 걸린 것으로 착각한다. 혹은,

• 학교의 친구들에게 모든 것을 들어서, 결국 월경은 더러운 것이라고 믿는다. 혹은,

• 조용한 귓속말로 "그것은 더러운 것이 아니다"라는 말을 어머니

로부터 자세히 들어서, 결국 월경이란 '저주'며 '질병'이며 '지붕에서 떨어진 알'이라고 믿는다.

• 처음에는 자신의 육체에 대한 자랑스러운 마음을 가졌다가 오래지 않아서 환멸을 느낀다.

• 어머니가 '훈련용 브래지어'를 착용하라고 말해서 부끄러워한다. 훈련할 것이라고는 하나도 없음에도 불구하고. 혹은,

• 어머니가 브래지어를 사용하지 못하게 하고, 앞가슴이 다른 아이들의 것보다 커서 뛰어다닐 때는 튀어나와서 앉을 때는 팔을 가슴에 얹어야 하는 수치감을 느낀다.

• 자신의 육체에 대하여 자신감을 가졌다가 점점 증오하게 된다. 키는 너무 크거나 작으며, 몸은 너무 뚱뚱하거나 말라깽이이며, 넓적다리가 너무 굵거나 팔목이 굵고, 귀는 크거나 실 같은 머리카락을 가졌으며, 다리는 굽었거나 무릎이 튀어나왔고, 발가락은 이상하다. 그래서 모든 여자는 사내들이 좋아하지 않는 어떤 부분을 분명히 가지고 있다고 믿는다.

• 여드름, 비듬, 땀을 잘 흘리는 체질 때문에 죽을 지경이 되지만 기적적인 상품에 대한 선전은 전부 거짓말이라는 사실을 발견한다.

• 완숙하지 않은 육체가 잘 드러나서 심판을 받는 여름철을 무서워한다.

• 눈썹을 뽑고, 머리를 표백하고, 겨드랑이를 문지르고, 다이어트를 하고, 생식기의 질에 뿌리는 스프레이를 찾아 헤매고, 손톱을 물어뜯는다. 그러다가 그것도 싫증이 나면 손톱 속의 속살을 찌른다.

• 수학과 역사를 좋아하지만, 남자들이 그런 여성을 좋아하지 않는다는 충고를 듣는다.

• 다른 여자들도 똑똑한 여자를 좋아하지 않는다는 충고를 듣는다.

• 그래서 결국 일부러 성적을 떨어뜨림으로써 다른 아이들이 좋아하게 만든다.

• 다른 여자나 여자 선생을 굉장히 좋아하면서도 그런 감정은 절대로 입 밖에 내지 말라는 충고를 듣는다.

• 처음 춤추러 가서 꿈꾸던 것과는 달리 싫어하게 되고, 그 감정은 그 후에도 계속된다. "나는 춤을 잘 못 추었으며, 펀치 잔을 쏟았으며, 상대가 없어서 벽만 쳐다보고 있었으며(혹은 나는 인기가 있었지만 내가 좋아하는 친구가 벽만 쳐다보고 있었고), 나의 말은 전부 앞뒤가 맞지 않는 것이었다."

• 자신이 바보, 천치, 강아지, 멍청이, 싸구려, 완전히 솜씨 없는 사람이라는 것을 전적으로 확신하게 된다.

• 정열적으로 자위 행위를 하면서 미치거나, 아이를 낳지 못하게 되거나, 갈보가 되거나, 처녀성을 상실할까 봐 고민한다.

• 그러나 정보를 더 얻은 다음엔 자신이 지금까지 음핵에 대한 자위 행위를 했음을 발견하고, 그것은 '옳은 방법'이 아니라고 생각한다.

• 기분좋게 거리를 걸으면서 사람들에게 미소를 지으면 마치 고기 덩어리로 취급하는 희롱을 당한다.

• 어머니와의 첫 번째 인간적인 대화를 통하여, 그녀의 원래 희망이 무너지는 과정을 자세히 들으면서, 인생 · 성 · 남자 · 노동이란 결국 그럴 수밖에 없다는 말을 듣는다. 그래서 그는 이렇게 실패한 어머니를 사랑하면서 미워한다.

• 아버지와의 첫 번째 인간적인 대화를 통하여, 그의 원래 희망이 무너지는 과정을 자세히 들으면서, 여성은 좋은 남자만 만나면 훨씬 쉽게 살 수 있다는 점과 '남자가 여자에게 진정 바라는 것'을 듣는다. 그것은 실패한 사실에 대하여 아내가 남편을 사랑하고 미워하며, 남편은

다시 이 사실에 대하여 아내를 야단치는 것이다.

• 좋아하는 남성과 '어디까지' 가야 하느냐로 고민한다. 그는 나를 더 이상 존경하지 않을까? 오, 하느님, 소문이 나면 어떻게 하나? 혹은, 나는 융통성이 없는 사람인가? 내가 하고픈 짓을 하지 못해서 화가 잔뜩 난다.

• 탐폰을 사용해서 처녀막을 상실할까 봐 고민한다. 그러나 누구에게 묻기는 너무나 부끄럽다.

• 자신의 팬티를 통해 정자가 들어와서 임신이 될 수 있을까를 생각하면서 잠을 못 잔다.

• '하지 않는다'고 해서 화를 낸 남자 친구와 대판 싸움을 한다. 남자는 인정하지 않겠지만, 남자도 겨우 벽을 올라가고 있을 것이라는 생각을 그 남자는 전혀 생각하지 않는다.

• 결국 첫 경험을 하게 되고 자궁과 엉덩이와 넓적다리까지 아프고, 피가 보일 수도 있다. 그것이 헐리우드의 영화 장면과는 다르다는 것을 알게 된다. 그러나 적어도 이제는 숫처녀가 아니라는 사실에 안도감을 갖는다. 그러나 이것이 전부란 말인가? 이런 상상을 하고 있는 중에도 남자는 "너도 했니?"라고 질문한다.

• 낙태 수술의 필요성을 발견한다. 그제야 자신의 남자, 부모, 사회가 여자를 어떻게 생각하고 있느냐는 사실을 처음으로 알게 된다. 어느 때는 이 냉정한 현실을 알고 죽기도 한다.

• 자신이 선택한 직장은 단순한 연구소나 근무처 이상임을 알게 된다. 그리고 '여성적이지 않다'는 감정적 대가를 지불한다.

• 모든 직장에서 여성은 남성보다 더욱 열심히 일하면서도 적은 대우를 받는다는 사실을 발견한다.

• 직장에서 바람을 피우지 않으면 숫처녀의 경지를 벗어나지 못했

다는소리를 듣고, 즐겁게 행동하면 쉬운표적이 된다.

• 남성 부하 직원과 일할 때는 극히 정략적이어야 한다는 것을 알게 된다. 차라리 남성 밑에서 일하는 것이 좋겠다고 생각한다.

• 회사의 최고 책임자로부터 다음에도 — 이것은 굉장히 드문 일이지만— 여전히 파티용 음식 주문을 해달라는 부탁을 받는다.

• 쉽게 접근할 수 있는 산아 제한의 정보를 찾기가 극히 어렵다는 것을 알게 된다.

• 마치 프리스비(일종의 놀이 기구)를 처음 던졌을 때처럼 미끈미끈한 피임약 폼(diaphragm)을 삽입하려고 애를 쓴다. 혹은,

• 피임약을 먹고 뚱뚱해지거나 출혈하거나 그저 비참하게 느낀다. 또는 피임약에 대한 무서운 이야기를 듣고 지독한 공포를 느낀다. 혹은,

• 폭스바겐을 타고 대륙 횡단 여행을 하는 도중에 루프(loop)나 코일(coil)이 빠져나와서 살을 쑤신다.

• 달 표면을 생생히 방영할 수 있으면서도, 간단하고 인간적이고 안전한 산아 제한 방법이 아직 개발되지 않았다는 사실에 대하여 의아심을 갖는다.

• 몇 번의 예물 교환, 예물 구매, 금전에 대한 고민, 초청장, 결혼 면허증 등으로 고생한다. 여성이 원하는 것은 단순히 한 남자와 같이 살려는소박한 희망임에도 불구하고.

• 결혼식에서 "그리고 복종하겠는가?" 라는 표현을 사용하느냐에 대하여 약혼자와 말다툼을 한다.

• 주례가 '남편과 아내'나 '남성과 여성'이라고 표현하지 않고 '남성과 아내'라고 표현해서 몰래 화를 낸다. 그리고 자신의 — 사실은 아버지의— 성을 변경해야 된다는 사실에 분노를 느낀다.

• 결혼식 날에는 새벽 6시에 일어나서 좋아하지도 않는 친척들과 친구들에게 인사를 하고, 너무 오랫동안 면사포를 쓰고 있느라 굉장히 피곤하다. 드디어 여행이 끝났을 때, 자신이 정말 좋아하는지조차 잘 모르는 남자는 빨리 '사랑 만들기'를 하자고 조른다. 내가 그것을 원한다고 해도 우선 14시간 동안 푹 잠을 자고 싶다. 혹은,

• 결혼하지 않고 '자유로운 사랑'으로 그냥 서로 살기로 작정하지만, 이것도 결국 결혼과 똑같다는 사실을 발견한다. 자유로움에 대한 대가는 여자가 지불해야 된다.

• 칼자루를 들고 특별 요리를 만들고, 집안을 청소한다. 그리고 자신은 '훌륭한 가정 주부의 이상'에는 영원히 도달하지 못할 것임을 깨닫는다. 혹은,

• 멋있고 근사한 공동체 생활로 '떨어져서' 베티 크로커(요리책)가 아니라 현미밥을 만드는 히피가 된다.

• 매달 월경 때마다 두통, 진통, 구토증을 경험한다. 보통 남자들이라면 2주일은 쉬어야 할 정도다. 그러나 다른 사람들에게 불편을 주지 않기 위하여 매일 출근한다.

• 남편과의 침대 생활에 싫증을 느낀다.

• 처음에는 오르가슴을 느낀 척 연극을 한다. 실망, 좌절 그리고 해방감. 남자는 어차피 이들의 차이를 모른다.

• 오르가슴을 얻지 못하는 자신에 대한 죄책감을 갖는다. 도대체 나는 무엇이 잘못된 것인가?

• 내가 성행위에서 남편을 싫증나게 했다는 사실을 발견한다. 그래서 더욱 필사적으로 그에게 대든다. 나는 어디서 실패했단 말인가?

• 침대에서 남편이 원하는 게 무엇인가를 알려고 결사적이다. 그러나 자신이 원하는 것을 남편에게 말하지는 않는다.

• 왕관 뒤에 있는 권력자이고 싶어한다. 그러나 결국 남편은 그렇게 훌륭한 사람이 아니라는 것을 발견하거나, 자신의 협조를 필요로 하지 않는다는 것을 발견한다.

• 질투심을 느끼며, 질투심을 느끼는 자신을 증오한다.

• 내가 좋아할 수 있는 책들도 싫어한다. 그가 먼저 읽고 그 내용을 전부 나에게 말하기 때문이다. 영화의 경우도 마찬가지다.

• 다시 학교에 가서 읽고, 어느 클럽에 가입하고, 어떤 일이라도 하고 싶다. 왜 가정은 충분하지 않은가? 나는 도대체 무엇이 문제인가?

• 일하고 돌아와서 다시 일을 시작한다. 시장 바구니를 풀고, 저녁을 짓고, 설거지를 하고, 빨래를 하고….

• 독감에 걸려 죽을 지경일 때 남편이 저녁을 만들면 "감사합니다"라고 말하고 싶다.

• 드디어 임신을 하면 별 개소리를 다 들으면서도 항상 얼굴에 미소를 지어야 한다.

• 거리, 택시, 버스의 남자들이 더 이상 자신을 '추파의 대상'으로 여기지 않는다. 그들은 단지 나를 '종족 번식자'로 인정한다.

• 여성도 원시적 민족들이 느꼈던 대로 즐겨야 한다는 생각을 가슴 깊숙이 간직하고 있다. 그러나 곧 이런 생각에 구토증을 느끼고 두통을 느낀다. 그리고 즐겨야 한다는 생각만 한다고 야단을 맞는다.

• 아이를 낳을 때 남편이 옆에 있기를 바라거나, 자연 순산을 원한다. 그러나 남편은 소망을 들어주지 않는다. 혹은 의사와 병원도 들어주지 않는다. 그래서 결국 혼자 아이를 낳게 된다. 혹은,

• 다행히 남편이 두려워하지도 않고 싫어하지도 않는다. 그리고 의사도 그것을 허용한다. 그래서 남편과 같이 진통을 겪는 행운을 얻는다. 그때 옆의 독방에서 비명을 지르는 여인의 소리를 듣는다.

• 아이를 더 낳아야 할 책임감을 느낀다. 자녀는 남자의 것이며 동시에 아내의 것이다. 그래서 자신의 삶에 대하여는 영원히 책임을 지지 못한다.

• 나보다 젊거나, 자유롭거나, 미혼이거나, 자녀가 없거나, 직장을 가졌거나, 학교에 다니거나, 전문직에 종사하는 다른 여성들을 증오한다. 그리고 그들을 증오하는 자신을 증오한다.

• 지금까지의 유형을 따르지 않으려고 필사적으로 노력한다. 그러면서도 딸에게 "그건 숙녀의 태도가 아니야"라거나 아들에게 "너는 꼭 계집애 같아"라고 말하는 자신을 발견한다.

• 남편이 놀아나는 것을 알고, 도와주려고 하지만 도울 수 있는 방법을 발견할 수 없다.

• 과부가 되거나 이혼을 해서 '그 나이에' 좋은 직장을 얻으려고 노력한다.

• 자녀들의 반항을 절대로 이해할 수 없다고 큰소리치면서도, 마음속으로는 이해한다. 그리고 자신의 인생이 이미 때가 늦었다는 사실에 슬퍼한다.

• 아직도 섹스를 즐기고 싶지만 남편은 웃기는 일이라고 말한다. 다른 남성에게는 감히 접근도 못하고.

• 과부의 신분도 모르고 데이트를 한다고 자녀들이 비웃으면서 생색을 낸다.

• 늙어서 더욱 외로워지고 죽을 때가 된다. 그리고는 "이렇게 되지 않을 수도 있었는데" 라고 말한다.[2)]

2. 동양에서의 여자 팔자

삼종지도(三從之道)를 강요하는 동양에서의 여성의 위치는 더욱 한심할 정도다. 서양에서는 그래도 르네상스 이후에 여권 운동이 시작되어서 100여 년간의 투쟁 끝에 여성 참정권을 획득했으며, 1960년대에 시작한 제 2 기의 여성 해방 운동은 이제 여성의 위치를 단순한 평등이 아니라 인간 해방의 차원에서 전개하고 있다.

그러나 동양에서는 아직도 적극적인 의미의 평등 운동이 전개되지 않았으며, 특히 유교권의 가부장제에 묶인 우리나라는 전통적인 윤리를 그대로 여성에게 강요하고 있는 실정이다. 이런 실례로는 오늘날 우리들이 삶의 지혜를 배울 수 있는 고전으로 간주하는『명심보감』의 부행편(婦行篇)에 잘 나타나 있다.

> 익지서(益智書)에 이르기를, 여자에게는 네 가지 덕행이 있으니, 첫째는 부녀자의 품행이며, 둘째는 부녀자의 용모며, 셋째는 부녀자의 말씨며, 넷째는 부녀자의 솜씨니라. 그러나 부녀자의 품행이 반드시 재주와 명망이 뛰어남이 아니며, 부녀자의 용모가 반드시 얼굴의 아름답고 고움이 아니며, 부녀자의 말씨가 반드시 입담이 좋고 말을 잘하는 것이 아니니라. 부녀자의 품행이란 정조와 절개를 깨끗이 하여 분수를 지키고, 몸가짐을 고루 갖추고, 행동거지를 조심하고, 부끄러움을 알고, 온갖 행실이 법도를 따르는 것이니라. 부녀자의 용모란 어지러운 것을 잘 쓸고 닦고, 옷을 빨아서 깨끗하게 하고, 목욕을 자주 하여 몸이 더럽지 않도록 하는 것이니라. 부녀자의 말씨란 본받을 만한 말을 가려서 하고, 말하지 않을 말을 하지 않고, 말할 때에 말하여 남이 그 말을 싫어하지 않게 하는 것이니라. 부녀자의 솜씨란 오

로지 길쌈을 하고, 베짜는 일을 부지런히 하고, 술빚기를 좋아하지 않으며, 맛있는 음식으로 손님을 잘 대접하는 것이니라.

시인 고정희는 우리나라 여자의 팔자를 이렇게 노래한다.

20년 동안 무심히 까발려진 한강에서
사내들은 모래에 삽질을 하고
사대문안에서는
허울좋은 보도들이
시골 풍년 잔치와 놀아나는 시월.
어인 일인가
조선국 충렬 왕조에 공출나갔던
고려 여자들이 돌아오네
앞산 뒷산 풀섶에
흰 들국향으로 돌아오네
다리 후들거리며 떠나갔던 여자들,
회회아비와 살을 섞고
청국인과 피를 섞고
오랑캐와 넋을 섞어
조선국 사대부 밥줄 지킨 여자들
황천국 하늘이나 떠도는 줄 알았더니
저것 봐라……
으드드득 주저앉은 무릎뼈 흔들며
들국 산국 향으로 돌아오네
청천벽락 때리며 돌아오네

돌아오네
돌
아
오
네
일제치하 끌려갔던 정신대 여자들
이씨 조선 여자들이 돌아오네
가슴 벌럴거리며 실려 갔던 여자들
혀 깨물고 죽을 자유도 없이
토오쿄오와 큐우슈와 고오베로 흩어져
멕시코와 필리핀과 브라질로 흩어져
요강방석이 되고 더러는
횟감이 되고 더러는……
일본이노 좋아데스
조선이노 마라데스
친일이노 매국노 재산 지킨 여자들
구천의 강물로나 사라진줄 알았더니
이 어인 일인가
우두두둑 바스러진 우국지조 흔들며
개망초 들망초 꽃으로 돌아오네

떠 떠 떠
나 나 나
가 가 가
네 네 네

해동천공화국에 사는 여자들
달러 박스낚시질 밥으로 떠나가네
기생관광 산업관광 버들피리 되어
삘닐리리 삘닐리리 보리피리 되어
하이, 하이, 마이 달링
심심산천 도라지꽃으로 웃다가
다국적 기업의 똥물로 흐르다가
이 강산 낙화유수……
사계절이 아름다운 나라
해동천공화국에 사는 여자들,
두당 1백 30만원, 팔려가네
한겨레 한가지로 팔려가네[3)]

우리나라에서의 여성 차별은 전문직에 종사하는 여성에게도 그대로 적용된다. 그리하여 같은 날 입사한 사원이라도 여성의 진급 기간은 남성보다 길게 마련이며, 요즘의 매스컴은 이런 사실을 '여성다움'이라는 이름 아래 더욱 조장하고 있는 실정이다. 이런 뜻에서, 오늘날 자유로운 여성상을 한 번 그려보는 것은 인간 해방의 차원에서도 큰 의의가 있을 것이다. 그러면 이런 세태를 거꾸로 살려고 노력하는 자유로운 여성은 과연 어떤 여성인가?

3. 자유로운 여성은 언제나 자신의 견해를 솔직하게 표현한다

서양인들이 너무 자기 주장을 많이 해서 야단이라면, 동양인들은 너무 자신의 주장을 발표하지 않는 경향이 있다. 물론 이러한 태도는 겸손한 태도로 볼 수도 있다. 그러나 겸손과 자기 비하 혹은 열등 의식은 동일하지 않다. 사람은 언제나 자신의 의견을 솔직하게 표현할 수 있어야 한다. 특히 여성의 경우 '착하다'는 미명 아래 말할 때도 상대방을 쳐다보지 않고, 되도록이면 자신의 견해를 발표하지 않는 것을 미덕으로 여기는 경향이 있다. 그리고 어쩌다가 의견을 발표하면 "암탉이 울면 집안이 망한다" 고 야단을 맞게 된다.

그러나 우리가 이 문제를 일단 여성의 측면에서 고찰한다면, 자신의 의견을 확실히 발표하지 못하는 가장 중요한 이유는 자신의 견해가 틀릴 수도 있기 때문이다. 다시 말해서, 자신이 가진 견해에 대한 자신감이 없기 때문이다. 그러나 사람은 언제나 성장해야 되며, 성장하려면 새로운 지식을 흡수해야 되며, 새로운 지식을 흡수하려면 자신의 무지를 먼저 깨달아야 한다.

진정 알려고 하는 사람은 반드시 한 가지 전제 조건을 받아들여야 된다. 그것은 "나는 아직도 모르는 사람"이라고 고백해야 된다는 사실이다. 이미 모든 것을 안다고 생각하는 사람은 — 철면피 인간은 — 계속 배울 수 있는 가능성을 상실한 사람이다. 그것은 마치 독에 물을 채우려면 먼저 독을 비워야 하는 원리와 비슷하다. 지식이 아닌 잡다한 의견만 가지고 있으면서 스스로 자연, 사회, 국가, 가정에 대하여 모든 것을 알고 있다고 장담하는 사람은 이미 희망을 상실한 사람이다.

진정한 지혜를 추구하는 철학은 전통적으로 "지혜를 사랑한다"는 뜻의 애지(愛智)라고 규정되어 왔다. 그러므로 진정한 애지는 무지(無知)의 자각으로부터 시작되는 것이다. 소크라테스가 "네 자신을 알라"고 외친 이유도 여기에 있다.[4]

무식한 사람은 자신의 무식이 폭로되어야 배우게 된다. 그리고 자신의 무식을 폭로하는 유일한 길은 자신의 견해를 솔직하게 표현함으로써 자신의 견해가 틀리다는 것을 인식하는 것이다. 발표하지 않는 사람은 자신의 현실을 폭로하지 않으며, 자신의 현실을 폭로하지 않는 사람은 영원히 배울 수 없다.

물론 우리는 우리의 무식이 폭로되거나 우리의 무식을 폭로시키는 사람에게 수치감과 분노를갖게 된다. 그러나 그것은 어디까지나 일시적인 일이다. 모르면서 아는 척하고 슬쩍 보내버리면 결국 자신이 모르는 사람으로 남게 된다. 그러므로 자신의 견해를 어느 장소에서나 솔직하게 표현한다는 것은 자신의 잘못을 깨달아서 성장하게 되는 계기가 된다. 우리가 타인의 이목, 사회의 통념, 사조의 흐름 등에관계없이 나의 의견을 솔직하게 발표해야 하는 이유가 여기에 있다.

4. 자유롭게 생각하는 여성만이 자신의 견해를 자유롭게 표현할 수 있다

그러나 우리가 우리의 견해를 솔직하게 표현하지 못하는 더욱 근본적인 이유는 우리들의 사고가 자유롭지 못하기 때문이다. 언어의 표현이란 아무렇게나 지껄이는 행위가 아니다. 진실한 언어는 성숙한 사고로부터 나올수 있다. 우리가 일반적으로 "말하기 전에 두 번 생각하라"고 충고하는 이유도 여기에 있다.

인간은 생각하는 동물이다. 그리하여 파스칼(B. Pascal)은 "인간은 연약한 갈대지만 생각하는 갈대" 라고 말했으며, 근대 서양철학의 시조인 데카르트(R. Descartes)는 "인간은 생각하기 때문에 존재한다" 고 말했다. 우리는 이러한 생각을 쉬운 말로 철학적인 생각이라고 표현할 수 있을 것이다.

그러면 철학적 생각은 "오늘 나는 학교에 가려고 생각한다" 거나 "나는 지난 일을 생각한다"는 표현에 나타난 생각들과는 어떻게 다른가? 진정 자유로운 생각은 일상적인 생각과 어떻게 다른가?

첫째, 자유로운 생각은 본질적인 사고(essential thinking)이어야 한다. 예를 들어서, 궁핍한 가정주부는 떨어져 가는 쌀을 걱정하고, 없어져 가는 김치를 걱정하고, 해어진 옷가지를 걱정하지만, 돈만 있으면 이 모든 문제들을 한꺼번에 해결할 수 있다. 그러므로 이 경우에 가장 근본적이고 본질적인 걱정은 쌀 걱정, 김치 걱정, 옷 걱정이 아니라 돈 걱정이다.

이와 마찬가지로 인생을 살려면 여러 생각을 해야 된다. 어느 버스를 타야 되느냐는 일상적인 생각으로부터 어느 학교로 진학해야 하며, 어떻게 결혼해서 집을 장만하고, 자녀를 몇 명 가져야 되느냐는 수많은 생각을 해야 된다. 그러나 이 모든 생각은 어디까지나 방법론적인 생각들이다. 그러나 철학적인 사고는 이 모든 행위에 어떤 의미가 있으며, 더 나아가서 왜 이런 행위를 하면서 살아야 하느냐고 질문하는 것이다.

철학적인 사고는 단순한 방법론의 질문이 아니라 의미와 이유를 질문하는 것이다. 현대의 분석철학자들이 의미론을 중요시하고, 고대의 아리스토텔레스가 "안다는 것은 바로 원인을 아는 것"이라고 말한 이유가 여기에 있다.[5] 그리고 비트겐슈타인(Ludwig Wittgenstein)이 "이 세상이 어떻게 존재하느냐가 아니라 존재한다는 것 자체가 신비적이다"라고 말한 이유도 여기에 있다.[6]

둘째, 자유로운 생각은 독창적인 사고(original thinking)이어야 한다. 철학도는 고대로부터 현대에 이르는 수많은 철학자들의 사상을 연구한다. 그 이유는 그들의 사상을 이해하는 것 자체가 아니라, 자기 스스로 새롭고 독창적인 사고를 할 수 있는 기틀을 마련하기 위해서다.

누구든지 할 수 있는 생각은 철학적 의견(opinion)이 될 수는 있으나,

진정한 뜻에서의 철학적 지식(knowledge)은 아니다. 그럼에도 오늘날의 많은 철학자들은 플라톤의 사상을 토론하고, 그 플라톤의 사상에 대하여 토론한 다른 철학자들의 사상을 토론하는 것이 바로 철학적인 사고라고 잘못 알고 있다. 그러나 '나의 얘기'는 하지 않고 '남의 얘기'만 가지고 씨름하면서 그것이 마치 철학적인 사고인 양 의기양양한 철학자는 자기 자신의 생각을 갖지 못한 사이비 철학자일 뿐이다.

셋째, 자유로운 생각은 본질적인 문제에 대하여 독창적으로 행해져야 되기 때문에 극히 비판적인 사고(a critical thinking)가 되어야 한다. 어떤 사물이나 행위를 막연히 바라보거나 주마간산 격으로 훑어보지 않고 아주 철저하게 관찰하는 것이어야 한다.

어떤 때는 자신이 가장 소중하게 여기고 있는 신념과 판단과 인생관을 일단 정지시켜야 되고, 어떤 때는 당연하게 보이는 것들을 일단 의심하거나 틀린 것으로 간주할 필요가 있다. 현상학의 시조인 후설(E. Husserl)이 현상학적인 방법론으로서 판단 정지를 주장하고, 데카르트가 이 세상의 모든 것을 — 하다 못해 내가 존재한다는 것까지도 — 의심해야 된다고 주장한 이유가 여기에 있다.[7]

개인이나 사회가 발전하려면 자신에 대한 비판을 더욱 커다란 비판으로 반박하지 않고 그 비판을 자신의 '선생님'으로 취급할 수 있는 아량이 있어야 한다. 공자가 어린아이로부터도 배울 것이 있다고 말한 이유도 여기에 있다. 예를 들어서, 우리나라 국민 전체가 어떤 문제에 대하여 똑같이 생각한다고 가정하자. 그리고 한 마디의 비판도 없다고 가정하자. 이것은 국민 총화가 아니라 전체주의적인 착각에 불과한 것이다. 자유로운 생각은 비판적이다.

한 마디로 진실로 자유롭고 철학적인 생각은 '나만의 생각'이다. 다른 사람의 생각이나 다른 사람도 할 수 있는 생각을 앵무새처럼 지껄이는 것은 나의 생각이 아니다. 그럼에도 우리 주위에 남의 눈에 있는 티를 보면서도 자신의 들보를 보지 못하는 사람이 너무나 많다는 것은 슬픈 사실이 아닐 수 없다.

나의 생각이 없는 사람은 나의 말이 있을 수 없다. 골똘히 생각하지 않은 사람은 자신의 의견이라고 표현할 것이 없다. 그러므로 자신의 의견을 솔직히 표현하지 못하는 이유는, 그 의견이 틀릴지도 모른다는 자신감의 결여에서도 나오지만, 더욱 중요한 것은 자신의 의견이라고 내세울 만한 자신의 생각을 — 본질적이며, 독창적이며, 비판적인 생각을 — 하지 않았기 때문이다.

5. 자유로운 여성은 모든 일을 스스로 결정한다

진실로 자유로운 사람은 자유롭게 생각하고 자유롭게 발표할 뿐만 아니라 자신의 생각에 따라서 자유롭게 행동하는 사람이다. 물론 이렇게 결정된 행동은 다른 사람들의 행동과 다를 수도 있다. 그리하여 다른 사람의 눈총을 받을 수도 있고, 어느 경우에는 비도덕적이거나 반사회적인 행동으로 욕을 먹을 수도 있다. 그러나 진정 자유로운 사람은 모든 일을 스스로 결정하고, 자신의 잘못된 결정에 대하여는 자신이 책임을 진다.

모든 일을 스스로 결정하지 않는 사람은 언제나 그것이 잘못되었을 때 다른 사람에게 핑계를 댈 수 있다. 그는 가난한 집안, 불안한 사회, 약소 국가에서 태어난 것을 비관하기도 한다. 그러나 여기에 바로 군자와 소인의 차이가 있다. 소인은 모든 책임을 밖에서 찾지만 군자는 그 책임을 자신에게서 발견하고 그 잘못을 시정해 나간다.

생각과 언어와 행동은 서로 일치해야 한다. 물론 우리의 생각은 자유로우면서도 그 자유로운 생각을 표현하지 않는 사람보다는 표현하는 사람을 훌륭하게 보아야 할 것이다. 그러나 자유롭게 생각하고 표현하면서도 실제적으로 자유롭게 살지 못하는 사람은 '관념적인 자유주의자'에 불과하다. 사람은 관념의 동물이 아니라 행동의 동물이며, 이념을 먹고 사는 것이 아니라 현실의 빵을 먹고 산다. 그러므로 진실로 자유로운 사람은 먼저 그의 행동이 자유로워야 한다.

스스로 결정하지 않는 사람은 언제나 '너 때문에…'라는 핑계를 댈 수 있는 우물안 개구리의 포근함(?)을 가질 수 있다. 그러나 올챙이는 언젠가는 개구리가 되어야하며, 개구리가 되지 않고 영원히 올챙이로 남을 수는 없는 일이다. 자유로운 생각과 언어는 자유로운 행동에서 만나야 한다. 그리고 자유로운 행동은 우선 자유로운 결정으로부터 나온다.

여기서 모든 일을 스스로 결정한다는 것은 다른 사람의 충고도 듣지 않고 골방 속에서 혼자 결정한다는 뜻이 아니다. 친구, 부모, 선배의 충고를 진지하게 경청하고 심사 숙고하지만 결국 마지막은 내가 결정한다는 의사 주체성을 갖는다는 뜻이다. 의식화 교육의 선구자인 프레이리(Paul o Freire)가 진정한 교육을 선생이 제자에게 지식을 일방적으로 전달하는것이 아닌 '대화의 교육'으로 규정하고, 이러한 교육의 내용인 의식화 교육을 "사람들이 지식의수용자로부터 지식 습득의 주체가 됨으로써, 그들의 삶을 형성하는 사회 문화적 현실을 알게 되고, 또한 그 현실을 변경시킬 수 있는 그들의 능력을 심화시키는 과정" 으로 정의하는 이유도 여기에 있다.[8] 진정 자유로운 사람은 다른 사람의 결정을 따르는 사람이 아니라 자신의 결정을 따르는 사람이다.

6. 자유로운 여성은 모든 일에 책임을 진다

나는 이미 사람들이 자신의 의견을 솔직하게 발표하지 못하는 한 가지 이유는 그 의견이 틀릴지도 모른다고 생각하기 때문이라는 사실을 지적했다. 이와 마찬가지로, 사람들이 모든 일을 스스로 결정하고 행동하지 못하는 이유는 자신의 행동에 대하여 후회할지도 모르기 때문이다. 그러나 인간은 원래 불완전한 존재다. 천사와 악마의 중간에 자리잡고 있는 존재다. 그러므로 항상 옳게 행동할 수만은 없는 존재다.

이렇게 보면, 인간이 실수한다는 사실 자체를 한탄할 일이 아니다. 중요한 것은 실수한 일을 스스로 책임지고 수습함으로써 칠전 팔기의 의지로 발전해 나갈 수 있는 용기를 갖는 일이다. 시행착오라는 말이 있듯이, 인간은 실수를 통하여 성장한다. 실수할 수 없는 사람은 성장할 수 없다. 실수를 한 번도 하지 않고 성장하려는 사람은, 노력 없이 성공을 기대하는 사람이며, 감나무 밑에서 감이 떨어지기를 기다리는 사람이다.

자유란 무엇인가? 그것은 곧 선택한다는 뜻이며, 선택한다는 것은 그 선택에 대한 책임을 진다는 뜻이다. 그리하여 실존주의 철학자인 사르트르는 이런 책임을 지기 싫어하는 우리들이 입으로는 자유를 추구한다고 말하면서도 현실적으로는 자유를 포기하려고 무척 애를 쓴다고 말한다. 그러나 인간은 — 비록 잠시 동안이라도 — 자유를 포기할 수 없도록 정죄받은 존재다. 자유롭지 않을 수 있는 자유 이외의 모든 자유를 소유한 존재다. 그렇다면 피부 빛깔과 같이 떨쳐버릴 수 없는 자유를 포기하려고 노력하는 대신에 자유를 적극적으로 사용하려고 노력하는 것이 더욱 바람직한 일이 아닐까.

오늘날 우리나라에서 '민주주의'나 '통일'이라는 단어는 긍정적인 측면보다는 부정적인 측면을 가진 단어로 이해되는 경향이 있다. '자유'라는 단어도 이와 비슷한 형편에 놓여 있다. 그러나 민주주의, 통일, 자유는 원래 긍정적인 것이었다. 예를 들어서, 프리 섹스라는 개념도 원래는 임신과 성병의 공포로부터의 자유를 가지고 성을 있는 그대로(as it is) 즐기자는 구호였다. 그러나 요즘 프리 섹스란 마치 반도덕적인 행위와 동일시되고 있다. 그만큼 이 사회에 자유가 없다는 반증이리라.

이 사회에서 자유인이 된다는 것은 그만큼 어려운 일일 것이며, 또한 그렇게 어려운 일이기 때문에 더욱 가치있는 일이 될 것이다. 모든 사람은—특히 억압받는 여성들은—자유롭게 생각하고, 자유롭게 발표하고, 자유롭게 결정하고, 자유롭게 행동하고, 자신의 행동에 대하여 책임질 수 있어야 한다.

삶이란 심지에 불을 붙이는 순간부터 종말을 향해 달려가는 촛불과 같다. 그 동안에 순간 순간을 자유롭게 살자.

> 한정된 시간을
> 불태워가도
> 슬퍼하지 않고
> 순간을 꽃으로 향유하며
> 춤추는 촛불[9)]

7. 여성학은 종합 학문이다

자유로운 여성되기를 목표로 가지고 있는 여성학은 학문을 위한 학문이 아니다. 그것은 엄연히 존재하는 남녀 불평등이라는 현실을 개혁하려는 의지로부터 출발한 실천적인 학문이다. 그러나 여성학은 동시에 현실 개혁의 존재 이유를 제공하는 이론적인 학문이다. 이런 뜻에서, 여성학은 종합 학문이다. 현실 개혁과 그 개혁을 위한 이론적 정립은 한 개의 학문으로는 성취할 수 없기 때문이다.

지금까지 우리나라에서 여성학은 인문 학문이 아니라 사회 학문으로 취급되어 왔다.[10] 그리하여 여성학의 구체적인 내용으로는 여성과 사회, 여성과 경제, 여성과 법률, 여성의 사회 참여 등과 같은 사회과학적 접근이 주종을 이루고 있다. 그러나 여성학은 동시에 여성 해방 운동사, 문학 작품에 나타난 여성, 종교 교리에 나타난 여성관과 같은 인문적인 내용을 포함하고 있다. 그러므로 우리는 여성학이 실천적이면서 동시에 이론적인 종합 학문으로 오늘날 기능하고 있으며, 또한 그렇게 되어야 한다는 당위성을 인식할 필요가 있다. 이론이 없는 사회 개혁과 현실에 대한 시각이 없는 이론은 여성학을 사장시키고 말 것이다.

이론적인 학문은 크게 사실적(factual)인 접근, 규범적(prescriptive)인 접근, 종교적(religious)인 접근의 세 가지로 나눌 수 있나. 사회학적인 접근은 사실적인 접근이고, 윤리학과 철학은 규범적인 접근이고, 신학은 종교적인 접근이다. 그럼에도 오늘날 우리나라의 여성학은 이론적인 학문보다는 실천적인 학문으로 취급되고 있다. 그리고 이론적인 학문에 있어서도 사실적인 시각과 종교적인 시각으로 보려는 학자들은 다소 있으나 철학적인 시각은 전무한 상태다. 이제 여성학이 완성되기 위해서는 우리가 이론적인 측면에 대해서도 더욱 관심을 가져야 하며, 더 나아가서 모든 이론적인 시각이 동원되어야할 것이다.

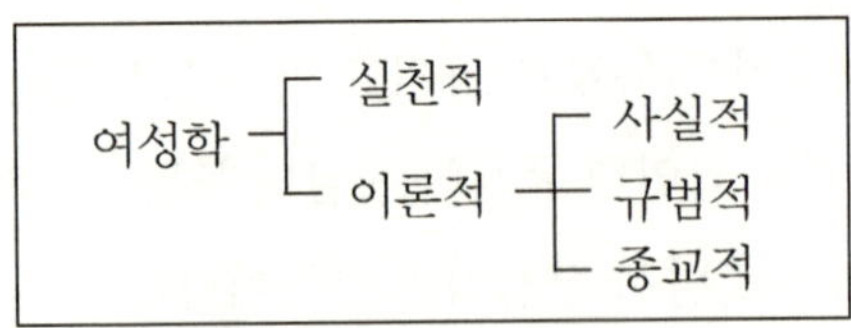

다시 반복하거니와, 여성학은 현실 개혁의 의지에서 출발했으며, 현실 개혁을 목표로 하는 학문이다. 『여성 인터내셔널』(1980. 7)은 여성학의 이런 내용을 다음과 같이 설명했다.

첫째로, 중요한 것은 여성학이 평등을 요구하는 여성 해방 운동에서 생긴 '교육 운동'의 명칭이라는 점이다. 여성학은 여성이 역사적, 제도적으로 차별되어 왔다는 성 차별의 인식에서 출발하여 스스로 차별을 없애기 위한 연구나 교육을 행하는 운동이다. 따라서 연구나 교육에 있어서는 여성 자신의 시각에서 집단으로서의 여성에 초점을 맞추어 모든 사회에서의 중요한 문제로서 성별에 강조점을 둔다.

둘째로, 여성학은 기존의 학문적 범주에 얽매이지 않고 각 분야를 연결하는 간(間)학문적이며 다(多)학문적인(interdisciplinary and multidisciplinary) 성격을 필연적으로 갖는다.

셋째로, 여성학은 일차적으로 고등 교육에서 발전을 보여 왔지만, 모든 교육 환경에서 이루어져야 한다. 그러므로 그 범위는 고등 교육뿐 아니라 유아 교육, 초등 교육, 중등 교육 나아가서는 성인 교육까지 포함한다.[11]

여성학에 대한 이상과 같은 성격 규정은 우리들에게 몇 가지 현실적인 교훈을 제공해 준다.

첫째, 여성학은 단순히 여성에 '대하여' 말하는 것이 아니며, 어느 경우에는 여성을 '위한' 것만도 아니다. 여성에 대한 잡다한 지식의 총체는 여성학이 아니며, 대부분의 여성이 비인간적인 취급을 오히려 원한다고 해서 그들의 비위를 맞추는 학문도 아니다. 그리고 단순히 여성이라고 해서 모두 여성학을 가르칠 수 있는 것은 절대로 아니다. 여성학은 남녀 차별을 개혁하려는 강력한 의지를 가진 사람만이 가르치고 배울 수 있으며, 또한 그러한 의지를 배양하도록 돕는 학문이다.

둘째, 여성학은 우리들이 살고 있는 현실이 평등하지 못하다고 결론을 내린다. 현실이 평등하다면 여성학은 아무런 존재 가치가 있을 수 없다. 그럼에도 지금까지의 사상, 종교, 이데올로기를 미화시키거나 지지함으로써 옛날로 돌아가야 된다는 복고주의적인 태도로 임하는 사람은, 마치 자유라는 이름으로 자유를 앗아가는 사람과 마찬가지로 여성학을 후퇴시키는 사람이다. 여성학에 참여하는 사람들이 자신이 가지고 있는 이성관, 사회관, 국가관, 세계관, 종교관, 이념관을 진정 객관적으로 냉철하게 바라볼 수 있는 '오캄의 면도날'과 같은 냉철한 지성을 필요로 하는 이유가 여기에 있다. 다시 말해서, 여성학은 현실이 미래의 당위성을 결정하는 것이 아니라 당위가 현실 개혁을 통한 미래를 결정한다고 믿는다.

셋째, 여성학은 종합 학문적이어야 한다. 모든 종류의 학문이 여기에 동원되어야 한다는 뜻에서 뿐만 아니라, 이론과 프락시스는 서로 연결될 때에만 각자의 가치를 발휘할 수 있다는 뜻에서, 여성학은 각기 다른 학문을 종합할 뿐만 아니라, 이상과 현실을 종합하는 학문이다. 철학적인 접근이 — 특히 우리나라에서 — 필요한 이유도 여기에 있다.

나는 "I think, therefore I am"의 이론적인 측면과 "I act, therefore I am"의 실천적인 측면이 만나는 여성학이 되기 바란다.[12] 그리하여 현실 개혁의 학문인 여성학이 완성되는 날이 — 그리하여 여성학이 사라지고 오직 인간학만이 존재하는 날이 — 빨리 도래하기를 바란다. 이러한 여성학의 성격은, 선사들이 불경을 불사르기 위하여 열심히 불경을 배우고 묵상하는 경우와 다름이 없다.

생각해 볼 문제들

1. 동서양의 여자 팔자를 생각해 보자.
2. 우리가 우리의 견해를 언제 어디서나 솔직하게 발표하지 않는 두 가지 이유는 무엇인가? 그리고 여기서 오는 불이익은 무엇인가?
3. 자유와 책임의 관계를 소극적인 자유(freedom from)와 적극적인 자유(freedom to)의 차원에서 고찰하라.
4. 개인적인 자유와 사회적인 자유의 관계는 무엇인가?
5. 누가 자유로운 여성인가?
6. 여성학은 분명히 여성에 대한 잡다한 연구의 집합으로 성립되지는 않는다. 그렇다면 여성학의 고유한 영역과 방법론은 과연 무엇인가?
7. 여성학과 인접 학문과의 관계는 무엇인가?
8. "남성 정치학과 여성 정치학은 존재하지 않으며 오직 정치학이 존재할 뿐이다. 이와 마찬가지로, 남성학과 여성학은 존재하지 않는다. 오직 인간학이 존재할 뿐이다." 이렇게 주장하는 사람에게 우리는 어떻게 답변할 수 있는가?
9. 더 나아가서, 인간학을 제쳐 놓고 여성학을 주장하는 것은 오히려 여성을 무시하는 행위라는 주장에 대하여는 어떻게 답변할 수 있는가?
10. '한국적 민주주의'라는 말이 있듯이, 한국의 여성학은 일반 여성학과 과연 달라야 하는가? 그렇다면, 그 이유는 무엇인가?

[주]

1) 이 책, 제13장.
2) Robin Morgan, ed., *Sisterhood is Powerful*, Vintage Books, 1970, pp. 179-188.
3) 고정희, 「가을하늘에 푸르게 푸르게 흘러가는 조선여자들이여」, 『눈물꽃』, 실천문학사, 1968, pp. 136-139.
4) 황필호, 『모든 사랑은 첫사랑이다』, 자유문학사, 1968, p. 37.
5) Aristotle, 『형이상학』, 제1권, 제1장, 980a.
6) L. Wittgenstein, *Tractatus Logico Philosophicus*, 6. 44.
7) 황필호, 『길 위에서』, 종로서적, 1985, pp. 208-209.
8) 황필호, 『이데올로기, 해방신학, 의식화 교육』, 종로서적, 1986, p. 149.
9) 황금찬, 「춤추는 촛불」, 출처 미상.
10) Cf. 정대현, 「여성문제의 성격과 여성학」, 한국여성학회 편, 『한국 여성학』, 이우인쇄사, 1985, p. 136.
11) 한명희, 「여성학의 성격」, 동국대학교 편, 『여성학』, 1986, p. 30에서 재인용.
12) Cf. 황필호, 『분석 철학과 종교』, 종로서적, 1985, p. 30.

Ⅳ. 빛나는 별, 철학에 대하여

17. 죽음도 죽음에 이르는 병이 아니다

- 홀로 있는 외로움, 같이 있는 외로움

1. 완전한 사랑이란 완전한 사랑을 향하는 과정이다

앞에서 우리는 사랑과 결혼의 의미를 생각해 보았다. 그리하여 사랑은 두 사람을 완전히 합일시키는 최고의 예술이라고 말했다. 그러나 우리는 여기서 불완전하고 또한 서로 상이한 두 사람이 과연한 사람으로 합일될 수 있느냐는 고전적인 질문을 하지 않을 수 없다. 과연 두 몸이 한 몸이 되고 두 마음이 한 마음이 될 수 있을까? 그렇다면 우리는 왜 부부는 평생을 살아도 남이라고 말하는가?

아마도 완전 무결한 두 사람 혹은 세 사람의 합일은 인간이 이 세상에 존재하는 한 영원히 불가능할 것이다. 다만완전한 합일을 지향하는 과정과 노력이 있을 뿐이다. 그러므로 육체적으로나 정신적으로 자신의 모든 개성이 사라진 완전한 사랑을 추구하는 젊은이는 영원히 그러한 사랑을 갖지 못하게 될 것이며, 또한 현재 완전한 사랑을 하고 있다고 장담하는 젊은이는 그렇게 착각하고 있을 뿐이다.

완전한 사랑이 불가능하다는 것을 알면서도 완전한 사랑을 피나게 갈구하는 인간, 이것이 바로 인간의 역설적인 참모습이다. 인간은 불완전하다. 그래서 완전을 추구한다. 인간은 유한하다. 그래서 무한을 추구한다. 이런 뜻에서, 사랑이란 이미 객관적으로 존재하는 것이 아니라, 우리가 부단히 '만들어가는 것'이다. 사랑은 밖으로부터 인간에게 주어지는 것이 아니라 인간의 내면에서 솟아나는 것이다.

사랑은 인간의 영원한 과정이다. 여기에 바로 사랑의 위대함이 있다. 인간은 무력하다. 그러나 사랑으로 강건해질 수 있다. 이제 나는 이러한 과정의 중요성을 외로움이라는 측면에서 고찰하겠다.

2. 홀로 있음의 외로움

"인간은 연약한 갈대에 불과하지만 생각하는 갈대"라는 유명한 말을 남긴 프랑스의 철학자 파스칼은 인간이란 홀로 태어나서 홀로 죽어갈 수밖에 없는 존재라고 말한다. 실제로 우리는 남을 대신해서 고생하고, 사랑하고, 미워하고, 질투하면서 살아간다. 그러나 남을 대신해서 태어나거나 남을 대신해서 죽을 수는 없고, 남을 대신해서 천당이나 지옥에 갈 수도 없다. 철저하게 혼자 태어나서 철저하게 혼자 죽어가는 것이 바로 인간의 실존이다. 영원을 기약했던 첫사랑의 깨어짐, 백년 해로를 서약했던 결혼의 파괴, 죽을 때까지 모든 것을 맹세했던 우정의 배반이 인간 역사에 언제나 존재해 왔고 또한 앞으로도 존재할 수밖에 없는이유도 바로 여기에 있다.

인간은 외롭지 않을 수 없다. 외롭지 않으려고 몸부림치면 칠수록 더욱 외로울 수밖에 없는 존재다. 만남은 언제나 헤어짐을 전제로 하고 있으며, 다시 만남도 다시 헤어짐을 완전히 잊을 수는 없다. 그리고 우리는 모두 언젠가는 죽음이라는 마지막 헤어짐에 슬퍼해야 되고, 이 마지막 헤어짐을 극복하려는 인간의 모든 노력도 역시 물거품과 같다는 것을 깨달음으로써 더욱 슬퍼하게 된다. 인간은 혼자다. 처음부터 끝까지 혼자다.

그럼에도 혹은 그렇기 때문에 인간은 외롭지 않으려고 발버둥치면서 이 세상을 살아간다. 인간은 원래 사회적 동물이며 정치적 동물이기 때문에 서로 모여서 사는 것이 아니다. 인간 실존의 외로움을 조금이나마 잊기 위하여 — 더욱 정확히 말하면, 잊는다고 착각하면서 살기 위하여 — 서로 싸우고 질투하면서도 모여 사는 것이다. 인간의 참모습이 외로움이고 그 외로움을 잊으려는 모든 노력이 또한 인간의 참모습이기 때문에 우리는 미워하는 사람, 보기 싫은 놈, 저질 인간, 우리의 자유를 이유 없이 침해하는 놈들과 어울려서 살고 있다.

외로움에 관한 한 인간은 연약한 갈대에 불과하다. 극히 미세한 외로움의 바람이 불어도 몸 전체를 흔들어댈 수밖에 없는 연약한 갈대에 불과하다. 그리고 우리가 외로움을 벗어나려고 애를 쓰면 쓸수록 우리는 더욱 그 외로움의 수렁으로 빠지게 된다. 그것은 마치 곤충이 거미줄을 벗어나려고 몸부림칠수록 더욱 그 그물에 얽히게 되고, 급기야는 죽음을 맞이하는 경우와 다름이 없다.

그러면 홀로 있음(to be alone)이란 무엇인가? 그것은 아무것에도 속해 있지 못한 떨어져 있음(to be separate)이다. 친구, 애인, 남편, 아내, 부모, 절대자, 자기 자신으로부터 떨어져 있는 상태다. 인간은 이렇게 떨어져서 혼자서 살아야 하기 때문에 외로움을 느끼고, 불안하고, 죄책감을 동반하지 않을 수 없다. 사회 심리학자인 에리히 프롬은 이렇게 말한다.

떨어져 있음의 경험이 불안을 만든다. 그 경험이야말로 모든 불안의 근원이다. 떨어져 있음은 인간이 그의 능력을 사용할 수 있는 아무런 힘도 없이 잘려 있음(to be cut off)이다. 떨어져 있음은 우리에게 모든 사물과 사건을 능동적으로 파악하지 못하게 만든다. 이 세상의 침범에 대하여 아무런 대책도 세우지 못하게 만든다. 그러므로 떨어져 있음은 지독한 불안의 근원이며, 불안은 인간에게 수치심과 죄책감을 불러일으킨다.[1]

그러나 연약한 갈대인 인간은 동시에 '생각하는 갈대'다. 그는 어떻게 이 외로움의 수렁을 벗어날 수 있느냐를 생각하기 시작한다. 어떻게 뼈저린 외로움을 조금이라도 감소시킬 수 있느냐를 생각하기 시작한다. 결국 그는 이 외로움을 잊기 위해 홀로 있음(to be alone)을 같이 있음(to be together)으로 대체시켜야 된다고 믿게 된다. 그리고 그는 홀로 있음의 불행을 '외로움'이라고 부르듯이, 같이 있음의 행복을 '즐거움'이라고 부른다.

프롬은 이와 같은 홀로 있음과 같이 있음, 외로움과 행복의 관계를 성서에 나오는 아담과 이브의 이야기로 설명한다. 아담과 이브는 선악의 열매를 따먹었다. 하느님의 명령을 거부했다. 그들 자신을 자연과의 통합에서 이탈시켜서 인간으로 태어났다. 그 순간에 그들은 벌거벗은 것을 알고 부끄러워했다. 자신과 타인을 의식할 때 수치심이 생긴 것이다.

모든 인간은 그들이 서로 떨어져 사는 동안에는 언제나 '영원한 타인'일 수밖에 없다. 언제나 '모르는 사람'일 수밖에 없다. 그러므로 "사랑으로 재결합하지 않고 떨어져 있다는 것만을 의식함이 바로 수치의 근원이며 동시에 불안과 죄책감의 근원이 된다."[2]

3. 같이 있음의 비영속성(非永續性)

그러면 인간은 외로움을 감소, 망각, 극복하기 위하여 구체적으로 어떤 형태의 같이 있음을 추구하는가? 누구와 같이 있음으로써 실존의 본질인 외로움에 대응하려고 하는가? 그리고 어떤 방법으로 같이 있음을 추구하고 있는가?

첫째, 부모와 자식의 사랑을 들 수 있다. 인간은 누구나 가정의 일원으로 이 세상에 태어나서 대부분의 경우에는 언젠가는 자신의 가정을 갖게 된다. 인간은 먼저 부모와 같이 있고 부모를 사랑함으로써 외로움을 잊는다. 그리하여 맹자(孟子)는 부모에 대한 자녀의 사랑은 후천적인 것이 아니라 선천적인 것이며, 모든 자녀는 부모를 사랑해야 된다는 것을 알고 있으며, 또한 그들은 실제로 부모를 사랑한다고 말한다.

어린아이는 아무런 이유 없이 단지 어린아이라는 이유 하나만으로 부모의 무조건적인 사랑을 받으며, 어린아이는 그가 무조건적인 사랑을 받기 때문에 동시에 부모를 사랑한다. 이러한 낭만도 이제는 옛날이야기가 되어가고 있지만, 어린아이에게 젖을 먹이고 있는 여인의 잔잔한 미소를 보라. 통통한 어머니의 젖꼭지를 빨고 있는 어린아이의 천진한 얼굴을 보라. 이것보다 더 위대한 같이 있음이 과연 이 세상에 존재할 수 있겠는가. 그리하여 성서는 어린아이와 같아야 천국에 들어갈 수 있다고까지 말하지 않는가.

그러나 어린아이는 영원히 어린아이로 남아 있을 수가 없다. 어린아이는 자라나야 한다. 인간은 이미 '세계 내의 존재'로 이 세상에 태어나서 시간의 구속을 받아야 하기 때문이다. 그리고 시간의 속성은 끝없이 — 계속해서 — 흘러가는 것이다. 흘러가지 않는 시간은 시간이 아니다. 올챙이는 영원히 올챙이로 남을 수 없고 언젠가는 개구리가 되어야 하는 것과 같이, 어린아이는 곧 어른이 되어야 하고, 어른이 되면 그렇게도 따스했던 어머니의 품안을 떠나야 한다. 한 마디로 자녀는 부모의 품을 떠나 떨어져 있는 존재가 되어야 한다.

이 세상의 모든 여자는 다정스러운 어머니(an affectionate mother)가 될 수 있다. 단지 그녀의 자식이라는 한 가지 이유로 그녀의 자녀를 무조건 사랑할 수 있다. 그러나 이 세상의 모든 여자가 진정으로 사랑하는 어머니(a loving mother)가 될 수 있는 것은 아니다. 그녀가 진정 자녀를 사랑한다는 것은, 그녀의 자녀가 조만간 그녀에게서 떨어져 나가야 하고, 그 떨어져 나감을 눈물을 머금고 도와주고 협력해 주어야 하기 때문이다. 이런 뜻에서 자녀의 독립성과 개체성을 인정하려고 하지 않는 어머니는 다정스러운 어머니일지는 몰라도 진정 자녀를 사랑하는어머니는 아니다.

자녀를 언제나 어린애로 취급하는 부모, 자녀를 언제나 부모의 연장으로 간주하는 부모, 자녀의 떨어짐을 도저히 받아들일 수 없는 부모, 그들은 아직도 자녀에 대한 성숙하지 못한 사랑을 가지고 있는것이다.

자녀의 입장에서도, 언제나 부모의 우산 속에서만 활개를 치고 그 속에서만 삶의 포근함을 찾음으로써 인간의 운명인 시간성을 깨닫지 못하는 자녀는 '어리광 부리는 어른의 애교'는 가지고 있을지 몰라도, 각자의 성(城)을 가진 개체로는 발전할 수 없게 된다. 그리고 부모에 대한 그의 순수한 사랑도 언젠가는 유치한 사랑(infantile love)이 되고 만다. 즉 그는 어른 아이가 되고 마는 것이다. 한 마디로 어린아이는 자라나야 한다. 부모로부터 떨어져야 한다. 부모와 자녀는 영원히 같이 있을 수가 없다. 그러므로 부모와 자식간의 무조건적이며 헌신적인 사랑은 영원할 수 없다.

둘째, 친구간의 사랑을 들 수 있다. 부모와 자식간의 사랑이 무조건적인 데 반하여, 친구간의 우정은 어디까지나 조건적인 사랑이다. 적어도 우정의 최초의 단계에서는 조건적이 아닐 수 없다. 금전적인 도움, 정보를 얻을 수 있는 친구, 지식을 배울 수 있는 친구, 인격을 배양시켜 줄 수 있는 친구가 아니면 우리는 그 사람을 애초에 친구로 여길 수가 없다. 무조건적인 친구란 있을 수 없다.

물론 우정이 무르익어서 상대방을 도와주는 친구도 있을 수 있다. 그러나 그 관계도 부모와 자식간의 사랑과 같이 무조건적일 수는 없다. 그리하여 우리는 "궁핍할 때 도와주는 친구가 진정한 친구(Friends in need are real friends)"라고 말한다.

물론 소년기의 우정이 아닌 성인의 우정은 처음부터 각자의 개체를 인정하는 사랑이기 때문에 반드시 세월이 흘러감에 따라 그 강도가 퇴색해지지는 않는다. 그리하여 부모와 자식의 사랑은 임시적이지만 우정은 영원하다고 주장하는 사람도 있다.

그러나 인간은 언제나 변하는 존재다. 변화 없는 삶은 죽은 삶이다. 인간은 언제나 변하게 마련이고, 오늘 가치 있는 것을 내일은 가치가 없는 것으로 간주할 수도 있다. 친구보다 더욱 귀중하다고 생각되는 명예, 권력, 이성이 나타날 수도 있고, 우정보다는 자신의 생물학적 및 정신적 생존을 더욱 중요한 것으로 여길 수도 있다. 인간의 가치관, 중요성, 인생관, 세계관, 국가관, 이성관은 언제나 변하게 마련이다. 그리고 이렇게 변하는 삶 속에서 우정의 열정이 식어갈 수도 있고, 더 나아가서는 상대방에 대하여 환멸을 느낄 수도 있다.

우리는 언제나 우정의 귀중함을 역설한다. 그것은 우정이 그만큼 지속적이기가 힘들다는 반증이 아닌가. 원칙적으로 우정의 대상은 숫자적으로 제한될 필요가 없다. 나의 자녀만을 사랑하는 부모의 사랑과는 달리, 이 세상의 모든 사람이 나의 친구가 될 수 있다. 그럼에도 우리는

"많은 친구를 가진 사람은 진정한 친구가 없는 사람(The man who has many friends has no friend)"이라고 말하지 않는가. 이 말은 우정의 현실적인 영속성의 불가능을 증명하는 말이 아닌가.

물리적인 시간으로 따지면 우정은 부모와 자녀의 사랑보다 오래 지속될 수 있다. 그러나 우정은 어디까지나 조건적이기 때문에 상변하는 인간의 관념은 언제나 변하게 마련이고, 변하는 관념 속에서 우리의 우정은 깨어지고, 우리는 다시 '남과 남'의 자리로 돌아가기 쉽다. 우정은 영원한 같이 있음이 될 수 없다.

셋째, 이성간의 사랑을 들 수 있다. 어머니와 자녀간의 사랑이 한 몸이 두 몸이 되는 과정인 데 반하여, 이성간의 사랑은—적어도 원칙적으로는—두 몸이 한 몸이 되는 것이다. 그리고 우정이 포괄적인 사랑(inclusive love)이라면 이성간의 사랑은 배타적인 사랑(exclusive love)이다. 수많은 여성과 남성을 전부 사랑할 수 없고 그 중에서 꼭 한 명만을 사랑해야 되기 때문이다.

우리는 한 사람의 줄리엣과 로미오를 찾기에 온 정력을 쏟는다. 진정 사랑할 수 있는 매력있고, 멋있고, 경제력이 있고, 지성적인 이성을 선택하려고 고민하고 눈물짓는다. 그리고 일단 우리의 사랑의 대상이 결정되면 우리가 지금까지 희구해 온 안정, 행복, 사랑, 포근함, 평온함을 얻게 되고, 죽을 때까지 외롭지 않게 지낼 수 있다고 믿는다. 괴로운 선택의 장(章)이 끝나고 행복의 장이 도래할 것이라고 믿는다.

그러나 우리는 과연 우리의 피에로를 발견했다고 장담할수 있을까? 저 사람이 과연 나의 이상적 인간이라는 것을 어떻게 알 수가 있는가? 인간은 다른 인간을 완전히 알 수가 없다. 그저 어느 정도 안다고 생각하고—대부분의 경우에 그것도 착각에 불과하지만—살 뿐이다. 10년을 사귄 애인이 연애의 만족한 대상이었으면서도 결혼의 나쁜 대상이 될 수 있는 이유도 여기에 있다.

더 나아가서 이성간의 사랑은 섹스를 동반하기 때문에 '새로움'에 대한 호기심과 동경심이 깃들어 있다. 그리하여 우리는 종종 섹스와 사랑을 동일시하고, 새로운 상대를 찾아서 영원히 방황하는 돈 주앙이 될 수도 있다. 새로움을 사랑의 본질로 여기는 사람은 언제나 다음 번의 사랑은 새로울 것이라는 환상을 버리지 못한다. 그리하여 '혹시나' 하는 기대는 언제나 '역시나'로 끝나게 마련이다.

특히 이성간의 사랑은 죽음이라는 이별이 오기 전에도 쉽게 깨어질 수 있다. 부모와 자식간의 사랑이나 친구간의 사랑과는 달리 언제나 완전한 사랑을 — 그런 사랑은 존재하지 않는다는 것을 너무나 잘 알면서도 — 추구하기 때문이다.

그러나 인간은 다른 인간을 육체적으로나 정신적으로 완전히 알 수도 없고, 완전히 사랑할 수도 없다. 사랑싸움, 부부싸움, 이혼이 인간의 일상사인 이유가 바로 여기에 있다. 얼마나 이성간의 사랑이, 그 중에서도 가장 밀도가 높아야 할 부부간의 사랑이 허구적이면, 부부싸움은 없는 것보다는 있는 것이 좋다는 역설까지 만들어 놓았겠는가. 이성간의 사랑에도 영속성은 존재하지 않는다.

4. 같이 있음의 더욱 깊은 외로움

나는 지금까지 인간이 외로움을 극복하기 위하여 어떤 형태의 같이 있음을 추구하는가를 간단히 설명했다. 그리고 모든 형태의 같이 있음이 영원하지 않다는 뜻에서 허구적일 수밖에 없다고 결론을 내렸다. 불완전한 인간이 지속적인 사랑을 추구하고 인간 실존의 본질인 외로움을 죽을 때까지 잊겠다고 고집하는 것 자체가 너무나 허무맹랑한 꿈이므로, 인간은 불완전한 상태에서 단편적인 사랑을 경험하고 단편적인 행복에 만족해야 할 것이다. 완전한 사랑은 존재하지 않으며, 외로움에 대한 절대적인 극복은 있을 수가 없기 때문이다. 즉 우리는 같이 있음의 비연속성을 슬퍼하지 말고, 오히려 그것을 우리의 참모습으로 받아들여야 한다.

그러나 조금 더 생각해 보면, 문제가 여기서 끝나지 않는다. 우리는 과연 부모의 곁에 있을 때 언제나 행복한가? 친구와 춤을 추고 술을 마실 때 과연 외로움을 잊을 수 있는가? 사랑하는 연인과의 키스에서 과연 잠시나마 사랑을 느끼는가? 도리어 여러 사람과 같이 일하고 생각하고 행동할 때 더욱 외로움을 느끼지는 않는가?

일반적으로 우리는 같이 있으면 행복해진다고 믿는다. 그러나 실제로는 '그대와 같이 있는 나'와 '나와 같이 있는 그대'가 더욱 외로움을 느끼지 않는가? 너와 같이 있기 때문에 나는 더욱 외로움을 느끼지 않는가? 군중 속의 외로움, 같이 있을 때의 외로움, 그것은 혼자 있을 때의 외로움보다 몇 백 배나 더 짙은 외로움이다. 그리하여 소로우(Henry David Thoreau)도 "우리는 집에 홀로 있을 때보다도 여러 사람과 섞여 있을 때 더욱 외로움을 맛보며, 일하는 사람과 생각하는 사람은 모두 홀로 있는 것"이라고 말한다.

나 자신의 예를 들자. 나는 오랫동안 외국 생활을 하면서 외로움에 대한 일종의 체념을 터득하고 있었다. 에트랑제(異邦人)로서 느끼지 않을 수 없는 슬픔, 괴로움, 외로움, 눈물, 상사병에 대한 자위책을 가지고 있었다. 즉 외국에 사는 한 나는 언제나 외국인일 것이며, 이민족과 사는 한 나는 언제나 영원한 타인일 것이다. 그러나 언젠가는 고국으로 귀환할 것이다. 그때까지는 어쩔 수 없는 이 외로움을 나 혼자서 이겨내야 한다. 탕자가 아버지의 품을 찾을 때까지는 방탕하지 않을 수 없었던 것과 같이. 그러나 나도 언젠가는 고향과 조국에서 지난날의 외로움을 추억으로 간직하면서 외롭지 않은 세월을 보내리라.

굉장한 결심을 하고 12년만에 고국으로 돌아왔다. 그러나 나의 가슴속을 전부 털어놓을 수 있는 친구, 학생, 애인, 선배, 스승은 없었다. 육체와 육체의 단순한 마찰이 아닌 영혼과 영혼의 깊은 대화의 상대자는 없었다. 그러고 보면, 처음부터 너무 커다란 기대를 가졌던 내가 잘못이었다. 인생이란 그저 그렇고 그런 것인데, 왜 나는 어리석게도 조국으로 돌아오면 나의 외로움이 아픈 상처가 사라지듯이 깨끗하게 없어지리라고 생각했던가. 참으로 어리석은 일이었다.

실제로 외국에서의 생활과 한국에서의 생활에는 아무런 차이가 없는 것이다. 그저 인간은 어디를 가든지 외로운 존재로 이 세상을 살아야 하는 것이다.

그럼에도 내가 한국에서 맛보는 외로움은 옛날의 외로움보다 몇 백배나 짙은 것이다. 나는분명히 친구, 학생, 애인, 선배, 스승이 될 수 있는 수많은사람들과 같이 살고 있으면서도 영혼과 영혼이 만나는 대화를 못하고 있기 때문이다. 같이 있음의 외로움, 그것은 혼자 있음의 외로움과는 비교도 되지 않는다. 아우슬란더(Joseph Auslander)는 말한다.[3)]

이제는아무 말도 남지 않았다.
모든 것이끝났다.
탬버린의 음악은 끝나고
클라리온의 나팔도 끝나고
머리를쓰다듬던 사랑도사라지고
다만 어제의외로움으로 되돌아갔구나.

인간은 외로운 존재다. 혼자 있어서 외로운 것이 아니다. 같이 있어도 외롭고, 같이 있으면 더욱 외롭다. 연인이 없을 때보다는 있을 때가 더욱 외롭고, 남편이나 아내가 없을 때보다는 있을 때가 더욱 외롭다. 외로움이란 인간이 영원히 떨쳐버릴 수 없는 고질병이며 페스트인 인간의 분신이다.

5. 홀로 있음과 같이 있음의 관계

나는 이제 홀로 있음, 같이 있음, 외로움, 외롭지 않음의 상관 관계를 논리적으로 다시 한 번 설명하겠다.

첫째, 사람들은 홀로 있음이 외로움의 필요 충분 조건이라고 믿고 있다. 홀로 있으면 반드시 외롭게 마련이고, 홀로 있을 때 외롭지 않다는 것은 모순된 개념에 불과하다고 믿고 있다. 홀로 있으면 외롭고, 외로우면 홀로 있는 것이라는 상념을 가지고 있다. 그러나 이러한 생각은 옳지 않다. 외로움은 홀로 있음에서만이 아니라 같이 있음에서도 유래되기 때문이다. 같이 있을 때 오히려 더욱 외로움을 느낄 수도 있다. 외로움이 곧 홀로 있음이라는 등식은 성립될 수 없다.

둘째, 사람들은 홀로 있음이 외로움의 필요 충분 조건은 되지 못해도 필요 조건은 된다고 믿고 있다. 다시 말해서 홀로 있음이 반드시 외로움을 가져오지는 않지만, 적어도 외로움은 언제나 홀로 있음을 동반한다고 믿고 있다. 우리들이 거의 발악을 하면서 친구들과 술을 마시고, 악착같이 파트너를 찾으려고 애쓰고, 어쩔 수 없는 당위심으로 자녀와 같이 시간을 보내는 이유도 여기에 있다. 술이 외로움의 문제를 완전히 해결해 줄 수 없다는 것을 모르는 사람은 하나도 없다. 그렇다고 해서 술을안 마실수도 없지 않은가. 이것이 바로 우리들의 생활 태도다.

그러나 이런 생각도 잘못된 것이다. 외로움은 혼자 있음에서 나오는 것이 아니라 인간 실존 자체에서 나오는 것이다. 그러므로 우리는 홀로 있음은 외로움의 필요 충분 조건이 될 수 없을 뿐만 아니라 필요 조건도 될 수 없다는 것을 알아야 한다. 혼자 있어서 외로운 것이 아니다. 인간이기 때문에 외로운 것이다.

셋째, 사람들은 같이 있음이 외롭지 않음의 필요 충분 조건이거나 필요 조건이라고 믿고 있다. 그러나 같이 있음과 외로움은 아무런 논리적 상관 관계를 갖고 있지 않다. 같이 있어서 외롭지 않은 것은 아니며, 같이 있어서 반드시 외로운 것도 아니다. 외롭지 않음은 — 만일 그것이 가능하다면 — 홀로 있음이나 같이 있음에서 오는 것이 아니다. 그것은 인간의 실존을 부정 · 거부 · 초월하려고 애쓰지 말고, 인간 실존의 참모습을 솔직하게 받아들여서 승화시켜야만 가능한 것이다.

넷째, 홀로 있음은 같이 있음이 아니며, 같이 있음은 홀로 있음이 아니다. 적어도 물리적으로는 그렇지 않을 수가 없다. 그러므로 홀로 있음과 같이 있음은 반대 개념이다. 그러나 그들이 모순 개념은 아니다. 홀로 있으면 반드시 같이 있지 않은 것이 아니며, 같이 있으면 언제나 홀로 있지 않은 것이 아니다. 홀로 있어도 같이 있을 수가 있고, 같이 있어도 홀로 있을 수가 있다. 이것이 바로 홀로 있으면서 같이 있는 상태(to be alone but together)며, 같이 있어도 홀로 있는 상태(to be together but alone)다.

이제 우리는 외로움에 대하여 어떤 결론을 내려야 하는가? 인간은 외로울 수도 있고 그렇지 않을 수도 있는 존재가 아니다. 인간은 언제나 외로운 존재다. 홀로 있어도 외롭고 같이 있어도 외로운 존재다. 그리고 그 외로움을 떨쳐버리려는 인간의 모든 노력은 허사일 뿐이다. 오히려 그 노력은 — 감행하지 않을 수 없는 노력임에도 불구하고 — 더욱

짙은 외로움을 가져올 뿐이며, 원래의 외로움을 더욱 심화시킬 뿐이다.[4]

6. 외로움, 절망, 죽음에 이르는 병

불행하게도 인간은 그의 짧은 생애를 살면서 여러 가지 병에 시달린다. 감기로부터 불치병인 암에 이르는 온갖 병마에 시달린다. 어떤 병은 쉽게 고칠수 있지만, 어떤 병은 영원히 고치지 못할 수도 있으며, 치유된 다음에도 영원히 지울 수 없는 상처를 남길 수 있다. 그리하여 석가는 태어남, 늙어감, 병, 죽음이 인간의 가장 큰 네 가지 고통이라고 말한다.

그런데 병 중에서 가장 무서운 병은 무엇일까? 그것은 끝까지 고칠 수 없는 병일 것이다. 한 번 걸리면 죽음에 이르는 병, 죽음에 이르고야 마는 병일 것이다. 예를 들어서 우리는 감기의 병균을 정확히 모른다. 그러나 감기 때문에 죽지는 않을 것이라고 믿는다. 그러나 암이나 문둥병은 죽음을 몰고 온다는 것을 알고 있다.

그러면 암이나 문둥병은 죽음에 이르는 병인가? 키에르케고르에 의하면, 암이나 문둥병도 진정한 의미에서의 죽음에 이르는 병은 아니다. 그것들은 우리들의 육체를 죽일 수는 있지만 정신까지는 죽일 수 없기 때문이다. 행복한 문둥병자와 영혼의 즐거움을 노래하는 암환자가 있을 수 있는 이유도 바로 여기에 있다. 그리하여 키에르케고르는 "죽음도 죽음에 이르는 병이 아니다"라고 말한다. 육체의 죽음은 영혼의 죽음이 아니기 때문이다.

예를 들자. 예수의 발에 향수를 뿌리고 머리카락으로 닦아주었던 마리아가 그녀의 형제인 나사로가 병이 들었다고 말했다. 그러나 예수는

"그 병은 죽음에 이르는 병이 아니다"라고 말했다.[5] 그럼에도 나사로는 실제로 죽었다. 그러나 예수는 다시 "우리의 친구인 나사로가 잠자고 있으니, 내가 그곳으로 가서 그를 깨우리라"고 말했다.[6] 나사로에게 있어서 육체의 죽음은 영혼의 죽음이 아니었다. 그리하여 예수는 그의 병이 죽음에 이르는 병이 아니라고 선언했던 것이다.

죽음조차도 죽음에 이르는 병이 아니라면, 과연 무엇이 죽음에 이르는 병일까? 키에르케고르에 의하면, 육체의 죽음을 몰고 오는 병보다 더욱 무서운 병은 바로 절망(despair, hopelessness)이다. "죽음도 죽음에 이르는 병이 아니다. 고뇌, 병, 비참, 재액, 번민, 우수, 비탄과 같은 이 세상의 슬픔도 모두 죽음에 이르는 병이 아니다. 절망만이 죽음에 이르는 병이다. 절망은 병이며 약이 아니다."[7] 왜 절망은 죽음보다 무서운 병인가?

첫째, 절망은 순간에 끝나지 않는다. 한 번만 절망해서 끝나는 것이 아니다. 절망은 영원하다. 그리고 "영원한 것은 다시 돌아온다. 그러므로 인간은 절망하고 있는 순간마다 절망을 더 자초하고 있는 것이다. 절망은 불균형의 결과가 아니다. 절망 자체에 대한 관계의 결과로서 나타나는 것이다."[8]

둘째, 절망은 죽음으로도 끝나지 않는다. 절망의 고뇌는 바로 죽을 수도 없다는 것이다. 그것은 마치 죽음과 싸우면서도 죽을 수 없는 병에 걸린 상태와 비슷하다. 죽음에 이를 정도로 앓기 때문에 오히려 죽을 수가 없는 병이다. 살아날 희망이 없으면서도 죽음이라는 마지막 희망까지도 잃어버린 상태다. 죽음조차 이룰 수 없는 희망의 소멸, 그것이 바로 절망이다. 이런 뜻에서 절망만이 죽음에 이르는 병이다.

"절망한 사람은 절망이 자기를 좀먹어 들어가지 않는다는 위안을 가질 수 없다. 오히려 자기를 좀먹어 들어가지 않는다는 사실이 바로 고뇌가 되며, 그 고뇌는 죄책감을 일으키며, 그 죄책감은 삶에 대한 죄의식을불러일으킨다. 절망하는 사람은 죽을 수도 없다."[9]

셋째, 절망은 삶의 한 가지 혹은 몇 가지 형태에 대한 절망이 아니다. 그것은 존재 자체에 대한 절망이며, 삶의 모든 형태에 대한 절망이다. 어떤 대상에 대한 절망이 아니라, 단순히 살고 있다는 데서 오는 절망이다. 하이데거(M. Heidegger)의 표현을 빌리면 공포와 불안의 차이를 들 수 있다. 공포는 호랑이나 귀신과 같은 비정상적이거나 초인간적인 것에 대한 공포다. 그러나 불안은 대상이 없다. 단지 존재 자체에서 나오는 것이다. 이와 마찬가지로 절망은 단지 살아서 숨을 쉬고 있다는 사실에서 오는 '대상 없는불안'이다.

넷째, 그렇게 무서운 절망은 어디서부터 오는가? 그것은 바로 인간이라면 언제나 느낄 수밖에 없는 외로움으로부터 나온다. 인간은 홀로 있거나 같이 있거나를 막론하고 언제나 외로운 존재다. 그러므로 인간은 홀로 있거나 같이 있거나를 막론하고 언제나 절망을 느낀다. 인간은 인간이기 때문에 외롭고, 외롭기 때문에 절망하고, 절망하기 때문에 죽음에 이르는 병에 걸린다. 그리고 이런 인과의 사슬을 벗어나려는 인간의 모든 노력은 더욱 짙은 외로움과 절망을 초래할 뿐이다.

7. 고적과 고독

그럼에도 우리가 흔히 홀로 있음의 필요성, 홀로 있음의 즐거움, 홀로 있음의 가치성을 주장하는 이유는 무엇인가? 인간이란 원래 외롭고 절망하는 병든 존재며, 이 절망을 극복 · 초월 · 외면하려는 모든 노력이 헛되고 헛된 것뿐인데, 어떻게 홀로 있음의 즐거움을 주장할 수 있는가? 하느님이나 부처님의 은혜를 받아 인간 실존의 근본 문제를 하루아침에 잊어버릴 수 있단 말인가? 그렇지 않으면, 외로움을 느끼고 절망을 느끼는 것 자체가 일종의 환상이란 말인가?

인간의 외로움과 절망은 환상이 아니라 엄연한 현실이다. 그 수렁으로부터 인간을 구원할 수 있는 존재는아무도 없다. '선택받은 인간'은 존재하지 않는다. 보통 인간만이 존재할 뿐이다. 외로움과 절망은 현실이요, 운명이다. 그러므로 구원은— 이런 표현이 가능하다면 — 실존을 외면하거나 극복하거나 초월하려는 데 있지 않다. 오히려 그 실존을 겸허하게 받아들여서 승화시키는 데 있다.

홀로 있음과 같이 있음의 외로움을 동시에 받아들이는 끝없는 고적(孤寂, loneliness)을 느끼면서도, 그 고적을 다시 인간적인 혹은 초인간적인 차원에서 직시함으로써 고독(孤獨, sditude)으로 발전 및 승화시키는 데만구원이 있을 수 있다.

우리는 수많은 고적의 순간을 느끼면서 이 세상을 살아간다. 그러면서도 한 번의 고독의 순간을 소유하지 못할 수도 있다. 고적의 순간이 너무나 외롭고 절망적이기 때문에 그 뒤에 숨어 있는 값진 고독의 순간을 놓치기가 쉽다. 이러한 예로는 오늘날의 젊은이들이 흔히 "혼자 있고 싶다"고 말하면서도 실제로는 애인, 아내, 남편과 같이 있는 상태를 선호하는 이유도 여기에 있다. 그러나 구름 뒤에는 언제나 햇빛이 비추듯이, 외로운 고적의 구름 뒤에는 언제나 외롭지 않은— 결코 외롭지 않은 — 고독의 순간이 기다리고 있다. 그리고 그 행복의 순간은 문을 두드리는 모든 사람에게 그의 참모습을 드러낸다.

그러면 고적과고독의 관계는 무엇인가? 고적은 고독의 절대적인 필요 조건이다. 고적의 외로움을 뼈저리게 느끼지 않은 사람은 고독의 행복을 느낄 수 없다. 외로운 사람만이 즐거운 고독의 순간을 향유할 수 있다. 고적의 외로움을 지나쳐서 고독의 즐거움만 먼저 맛보려는 모든 인간은 더욱 깊은 외로움의 수렁으로 빠지게 마련이다. 아픔이 없는 탄생은존재하지 않는다. 외로움 없는 즐거움은 존재하지 않는다.

이렇게 보면, 인간이 절망이라는 병에 걸릴 가능성과 현실성을 가지고 있다는 것은 커다란 행복이 아닐 수 없다. 인간만이 진실로 절망할 수 있고, 인간만이 진실로 그 절망의 저편에 자리잡고 있는 고독의 즐거움을 맛볼 수 있다.

"절망이라는 병에 걸릴 수 있다는 것은 인간이 동물보다 극히 우수한 장점을 가지고 있다는 뜻이다. 두 발로 서서 걷는다는 사실과는 완전히 다른뜻에서 인간의 우월성을 증명하는 것이다."[10]

절망은 최대의 불행이며 최대의 비참이다. 그럼에도 절망은 인간 최대의 행복이다. 절망 뒤에 숨어 있는 고독의 즐거움을 맛볼 수 있기 때문이다. 다만 절망의 수렁에 빠져서 그 절망 뒤에 있는 고독의 순간을 보지 못하는 한, 인간은 영원히 고적할 뿐이다. 이제 우리에게 필요한 것은 눈을 크게 뜨는 일이다. 절망 뒤에 도사리고 있는 — 그리고 언제나 우리에게 손짓하고 있는 — 고독의 존재를 바라볼 수 있는 거시적인 안목을 기르는 일이다.

인간은 외로운 존재다. 혼자 있어도 외롭고 같이 있어도 외롭다. 그리고 외로움은 절망이라는 병을 낳는다. 이 병은 죽음으로도 고칠 수 없다. 죽음까지도 죽음에 이르는 병을 고칠 수 없다. 그럼에도 절망할 수밖에 없는 인간은 무한히 행복한 존재가 될 수 있다. 고적은 고독의 순간을 보여줄 수 있기 때문이다.

키에르케고르는 이렇게 말한다. "절망은 죽음에 이르는 병이다. 그러나 그 병에 걸린 일이 없다는 것은 최대의 불행이며, 그 병에 걸린다는 것은 참된하느님의 은혜라고까지 말할 수 있다."[11]

생각해 볼 문제들

1. 같이 있음의 세 가지 형태를 설명하라.
2. 홀로 있음과 같이 있음의 관계는 무엇인가?
3. 죽음도 죽음에 이르는 병이 아니라는 말은 무슨 뜻인가?
4. '고적'은 과연 '고독'으로 승화될 수 있는가? 그리고 후자는 반드시 전자를 통해서만 얻을 수 있는 것인가?

[주]

1) Erich Fromm, *The Art of Loving*, Bantam Book, 1967, p. 7.

2) 같은 책, pp. 7-8.

3) Joseph Auslander, *So There Are No More Words*, 1924. 9. 4.

4) Cf. 「전도서」, 1:2-8.

5) 「요한복음」, 11:4.

6) 「요한복음」, 11:11.

7) S. 키에르케고르, 「죽음에 이르는 병」, 조우현 편, 『사람과 사상』, 동명사, 1997, p. 355.

8) 같은 글, p. 363.

9) 같은 글, pp. 364-365.

10) 같은글, p. 359.

11) 같은글, p. 376. Cf. 키에르케고르의 사상에 대하여는 다음을 참조할 것. 황필호, 「키에르케고르의 생애와 사상」, 『문학철학 산책』, 집문당, 1996, pp. 255-275 ; S. 키에르케고르, 황필호 편역, 『철학적 조각들』, 집문당, 1998.

18. 철학자와 시인은 서로 싸울 수밖에 없는가

– 서양 사상사에 나타난 성 개념의 변천

1. 고대: 철학자와 시인은 서로 싸울 수밖에 없다

플라톤의 『향연』에는 '철학자와 시인의 싸움'이라는 표현이 있다. 철학자는 본질적으로 이성으로 로고스를 추구하고, 시인은 근본적으로 로고스보다는 파토스를 추구한다는 뜻이다. 여기서 육체를 벗어난 자유로운 영혼의 진리를 추구하는 철학자는 사랑, 성, 성애와 같은 육체적인 감성의 아름다움을 추구하는 시인과는 전쟁의 상태나 싸움의 상태를 유지할 수밖에 없게 된다. 철학자는 이성 · 영혼 · 금욕을 찬양하고, 시인은 감성 · 육체 · 성욕을 찬미하게 된다.

플라톤은 철저한 이원론자다. 플라톤에 의하면 우리가 살고 있는 이 세계는 현상계(現象界)에 불과하며, 이 현상계는 이데아의 본체계(本體界)의 그림자에 불과하다. 그리고 철학의 궁극적 목표인 지혜의 추구는 현상계를 떠난 본체계를 사랑하고 갈망하는 행위며, 이런 뜻에서 진정한 지혜란 이 세상을 떠난 다음에만 완전히 성취될 수 있는 것이다. 그가 "철학이란 본질적으로 죽음을 연습하는 것"이라고 말한 이유도 여기에 있다.

그리하여 『향연』이라는 대화편에 나오는 파우사니아스(Pausanias)는 영혼에 대한 사랑을 천상의 사랑이라고 말하고 육체의 사랑을 지상의 사랑이라고 말하면서, 우리는 잠시뿐인 후자보다는 전자의 '명예로운 사랑'을 추구해야 된다고 말한다. 그리고 에리시마쿠스(Eryximachus)는 이 명예로운 사랑을 조화의 근거며 선의 보유자라고 말한다.

첫째, 여기서 우리는 철저한 육체와 정신의 이원론(Mind≠Body)을 읽을 수 있다. 심신 동일론에 의하면, 인간은 오직 마음만으로 구성된 존재이든지 완전한 육체의 변형에 불과하다. 그러나 플라톤은 이러한 두 가지 동일론을 전면으로 부정하고 인간을 질적으로 상이한 육체와 정신의 집합체로 보며, 그의 이러한 이원론은 오늘날까지 서양을 지배하는 일반적인 사상으로 받아들여지고 있다. 화이트헤드(A. N. Whitehead)가 지금까지의 서양 철학사는 플라톤 철학에 대한 각주에 불과하다고 말한 이유도 여기에 있을 것이다.

둘째, 이원론을 지지하면서도 육체와 정신의 평등을 주장할 수도 있으며, 정신에 대한 육체의 우월성을 주장할 수도 있을 것이다. 그러나 플라톤은 철저한 정신 우월론(Mind > Body)을 주장한다. 진정한 사랑은 아름다움 자체에 대한 사랑이며, 이러한 사랑은 전혀 육체적일 수가 없다. 그리고 철학적 훈련을 받은 사람만이 이러한 사랑을 추구할 수 있다. 플라톤이 그의 이상 국가에서 시인을 추방해야 된다고 주장한 이유도 여기에 있다. 육체적인 흥분과 육체적인 사랑의 파토스를 그리는 시인은 언제나 젊은이들을 타락시킬 수 있기 때문이다.[1]

그러나 플라톤에게 있어서 사랑은 개별자인 현상계와 보편자인 본체계를 연결하는 일종의 다리다. "지혜는 가장 아름다운 것을 추구하며, 사랑이란 바로 아름다움에 대한 사랑이다. 그러므로 사랑이란 지혜에 대한 사랑이다. 이런 뜻에서, 사랑은 지혜와 무지의 중간에 자리잡고 있다고 말할 수 있다."[2] "사랑이란 육체와 영혼에게 아름다움을 가져다 준다."[3] 그럼에도 일반적으로 플라톤이 육체의 사랑을 가장 낮은 형태의 사랑으로 취급하고 육체적인 성을 멸시했다는 것은 분명한 사실이다.

이와 마찬가지로, 에픽테투스(Epictetus, 50-130)는 성애(sexuality)와 합리성(rationality)은 병존할 수 없다고 주장한다.

> 모든 습관은 거기에 따르는 행위에 의하여 확인되고 강화되게 마련이다. 그러므로 만약 우리가 10일 동안 침대에 누워 있다가 일어나서 긴 산보를 하려면 발에 힘이 빠질 것이다. 우리가 육체적인 정욕에 무너질 때, 우리는 이 단순한 패배뿐만 아니라 우리가 실제로 음란을 키우고 강화시켰다는 사실을 계산해야 한다.
>
> 오늘 나는 아름다운 여인을 보았을 때 "저 여자는 나의 여인이 될 수 있을까?"라거나 "그녀의 남편이야말로 복 받은 사람이다!"라고 말하지 않았다. 그녀가 옷을 벗고 나의 옆에 눕는 상태를 상상하지도 않았다. 그리고 불쌍한 이 여인이 나에게 다가와서 나를 만지고 가깝게 접근하더라도, 나는 정욕을 초월하여 그녀를 정복할 것이다. 이야말로 정말로 자랑할만한 일이다.
>
> 진정 배우는 사람은 이러한 인상에 직면하여 자신을 훈련하는 사람이다. 이것이야말로 위대한 투쟁이며 신성한 임무다. 여기에 왕국, 자유, 평화, 자유로운 영혼이 달려 있다. 이성을 몰아내는 강렬한 감

상의 힘보다 더욱 강렬한 폭풍이 어디에 있겠는가.[4]

2. 기독교: 아내여, 남편에게 복종하라

이상의 그리스 사상은 그 후에 기독교에 흡수되어 성에 대한 기독교 윤리관의 기초를 이룬다. 원래 구약에 나타난 히브리 사상은 영혼뿐만 아니라 육체의 중요성을 인정하고 있다. 이러한 사실은 구약성서 여러 곳에 잘 나타나 있다. 하느님은 자신의 형상대로 사람을 남성과 여성으로 창조했으며, 그들에게 "생육하고 번성하여 땅에 충만하라"고 축복했으며(「창세기」, 1:27-28), 남자는 부모를 떠나 그 아내와 연합하여 "둘이 한 몸을 이루라"고 말했다(「창세기」, 2:24-25). 한 마디로 구약의 사상은 절대로 육체나 성을 금지하지 않았다. 특히 「아가서」에 나타난 성에 대한 묘사는 현대인에게까지 자극적일 정도다.

> 귀한 자의 딸아, 신발을 신은 너의 발이 어찌 그리 아름다운가. 너의 장딴지는 둥글어서 유명한 장인이 만든 구슬 꾸러미 같으며, 너의 배꼽은 포도주로 가득 찬 둥근 잔과 같고, 너의 허리는 백합화의 밀더미와 같고, 너의 유방은 쌍둥이 암사슴과 같고, 너의 목은 상아탑과 같이 아름답고, 너의 눈은 바드랍빔 문 옆에 있는 헤스본의 연못과 같고, 너의 코는 다마스커스를 내려다보는 레바논의 탑과 같구나. 갈멜산이 봉우리를 둘러싸듯이 너의 머리는 너의 왕관이니, 왕은 너의 머리카락의 노예가 되었도다.
>
> 사랑아, 네가 어찌 아름답고 화창한지, 나를 즐겁게 하는구나. 너의 키는 종려나무와 같고, 너의 유방은 그 열매와 같다. 내가 말하기를, 종려나무에 올라가서 그 가지를 잡으려고 했으니, 너의 유방은 포

도송이와 같고, 너의 콧김은 사과 냄새와 같고, 너의 입은 좋은 포도주와 같을 것이로다.

나는 나의 사랑하는 사람에게 속하였노라. 그녀가 나를 사랑하도다. 나의 사랑하는 자여, 우리 함께 들로 가서 동리에서 유숙하자꾸나. 그리고 일찍 일어나서 우리는 포도원으로 가서 포도, 꽃술, 석류꽃이 피었는지를 보자꾸나. 거기서 내가 나의 사랑을 너에게 주리라 (「아가서」, 7:1-12).

물론 구약성서에도 성의 남용을 경고하는 구절이 없지 않다. 「잠언서」(5:1-20)는 "음부로 떨어지는 음녀"를 조심하라고 경고하며, 「시편」(51:5)에는 "어머니가 죄 중에 나를 임신했다"는 표현도 있다. 그러나 일반적으로 구약에 나타난 유대교는 영혼과 더불어 육체의 중요성을 인정하고 있다. 오늘날 유대인들이 세계 어느 곳을 가더라도 악착같이 돈을 벌려고 노력하는 이유도 여기에 있다. 그리고 유대교의 메시아는 정신적인 구원뿐만 아니라 육체의 구원까지 성취시키는 사람이며, 이런 입장에서 볼 때 예수가 메시아가 될 수 없다는 주장은—그들의 논리에 의하면—당연한 일이다.

그러나 히브리 사상의 모태에서 태어난 기독교는 이러한 히브리 사상을 팽개치고 육체와 정신의 이원론과 정신 우월론이라는 그리스 사상을 그대로 채택하고, 거기에다가 철저한 남성 우위 사상(Man > Woman)과 일부일처 사상(One Man, One Woman)을 옹호하는 방향으로 전개되었다. 이것은 물론 결혼하지 않는 것이 최선의 삶이지만, 오히려 그것 때문에 지옥의 삶을 영위하려면 차라리 결혼하는 것이 좋겠다는 사도 바울의 주장을 확대해서 해석한 것이다. 신약성서는 이렇게 말한다.

땅에 있는 지체를 죽이라. 곧 음란과부정과 사욕과 악한 정욕과탐심이니, 탐심은 우상 숭배니라(「골로새서」, 3:5).

내가 너희에게 이르노니, 너희는 성령을 좇아 행하라. 그러면육체의 욕심을 이루지 아니하리라. 육체의 소욕은 성령을 거스르고, 성령의 소욕은 육체를 거스르나니, 이 둘이 서로 대적함으로써 너희의 원하는 것을 하지 못하게 하려 하느니라. 너희가 만일 성령의 인도하시는 바가 되면율법 아래 있지 아니하리라.

육체의 일은 현저하니, 곧 음행과 더러운 것과 호색과 우상 숭배와 술수와 원수를 맺는 것과 분쟁과 시기와 분노와 당파를 짓는 것과 분리함과 이단과 투기와 술취함과 방탕함과 또한 이와 같은 것들이니라. 그리스도 예수의 사람들은 육체와함께 정과 욕심을 십자가에 못 박았느니라(「갈라디아서」, 5:16-24).

물론 이런 표현들은 신약성서의 다른 구절들 — 예를 들면, 「에베소서」, 4:19-20; 「고린도 전서」, 6:9-11; 「마태복음」, 19:4-6; 「고린도 전서」, 7:1-9, 「데살로니가 전서」, 4:1-8; 「디모데 전서」, 4:1-5 등 — 과 마찬가지로 성의 남용에 대한 경고나 결혼의 신성함을 나타내는 것으로 해석할 수도 있다. 그러나 기독교가 일반적으로 그리스 사상에다가 남성 우월적이며 일부일처제의 결혼만을 도덕적으로 용인될 수 있는 남녀 관계를 채택했다는 사실은 중세철학의 대가인 토마스 아퀴나스의 사상에 더욱 잘 나타나 있다.

3. 중세: 출산을 위한 성교만이 도덕적으로 용인될 수 있다

아퀴나스는 『카톨릭 신앙의 진리에 대하여』라는 책에서 성에 대한 그의 견해를 다음과 같이 밝힌다.[5)]

첫째, 남성의 정액 사정이 성교의 본질이다. (여기서 우리는 철저한 여성 비하의 정신을 읽을 수 있다.)

둘째, 도덕적으로 용인될 수 있는 성교는 출산을 위한 것일 뿐이다. (이 기준에 의하면 자위 행위, 피임, 휴식을 위한 성교는 모두 용인될 수 없다.)

셋째, 출산은 성인을 생산시킴으로써 완성된다.

넷째, 성교를 하는 사람은 그가 낳은 아이들을 양육할 수 있는 모든 조건을 갖추어야 한다. (예를 들어서 경제적으로 궁핍한 사람은 아이를 생산할 자격이 없으며, 아이를 생산하지 않는 성교는 두 번째 원칙에 의하여 비도덕적인 행위가 된다.)

다섯째, 부정스럽지 않은 일부일처제의 결혼(an unadulterous monogamous marriage)이 자녀를 양육하는 가장 훌륭한 환경을 제공한다.

여섯째, 여성은 남성보다 열등하다. 여성은 동물의 경우와 마찬가지로 생식의 필요성뿐만 아니라 피지배의 필요성에 의하여 남성을 필요로 한다. 남성은 여성보다 추리 과정이 더욱 완전하며 힘이 더욱 강하기 때문이다.

일곱째, 결혼 생활에 있어서는 남성이 지배자가 되어야 한다.

여덟째, 모든 이혼은 부당하다.

아퀴나스의 견해는 오늘날도 아직 그 위력을 잃지 않고 있다. 결혼이 필요없다는 후기 결혼 문화(a post-marital culture)나 가정 없는 사회(a society without family)를 외치는 여성 해방론자들의 외침에도 불구하고 아퀴나스의 전통은 오늘날 — 특히 카톨릭계에 — 굉장한 영향력을 발휘하고 있다.

물론 그의 사상이 전부 전근대적인 것은 아니다. 아퀴나스는 마치 아내가 남편을 버릴 수 없듯이 남편도 일단 결혼한 다음에는 아내를 버릴 수 없다고 말한다. 그것은 동등인의 결합(an association of the equals)의 원칙에 어긋나며 아내를 노예로 취급하는 행위이기 때문이다. 또한 성교란 자녀의 출산으로 끝나는 것이 아니라 자녀를 훌륭한 성인으로 성장시킬 의무를 가지고 있다는 주장은 오늘날의 우리들에게 좋은 교훈이 될 수 있다. 더 나아가서, 불임증의 여성의 경우는 성교가 죄가 되지 않는다는 예외도 인정하고 있다. 그러나 그의 사상 중에는 재고되고 재인식되어야 할 부분이 굉장히 많다.

첫째, 아퀴나스는 성을 결혼 내에서만 — 그 중에도 일부일처제의 결혼 내에서만 — 허용한다. 그 이유는 성의 궁극적 목표가 출산이며 또한 출산을 전제로 하지 않은 성은 '자연적인 선'에 어긋나는 것이기 때문이다. 그러나 여러 가지 형태의 만남이 가능한 오늘날 이러한 주장은 재고될 필요가 있을 것이다.

둘째, 아퀴나스는 어떤 경우에도 이혼의 타당성을 인정하지 않았다. 자녀의 건전한 교육을 위해서는 부모 공동의 보살핌이 필요하며 또한 이것이 자연의 섭리라는 것이다. 그러나 이러한 주장도 이제 재고될 필요가 있을 것이다.

셋째, 아퀴나스는 분명히 결혼 생활에 있어서 남편이 아내의 지배자(governor)가 되어야 한다고 말한다.

넷째, 아퀴나스의 가장 중심적인 주장은 성의 목적이 반드시 출산이어야 한다는 것이다. 그는 그 이유로 성서의 구절을 인용한다.

동성간의 성교는 절대로 하지 말라. 이것은 가증한 일이다. 그리고 남성은 짐승과 교접하여 자기를 더럽히지 말고, 여성은 짐승 앞에 서서 그것과 교접하지 말라(「레위기」, 18:22-23).

음행을 피하라. 사람이 범하는 죄마다 몸 밖에 있거니와 음행하는 자는 자기 몸에게 죄를 범하느니라(「고린도 전서」, 6:18).

이스라엘 여자 중에는 창기가 있지 못할 것이며, 이스라엘 남자 중에는 동성 연애자가 있지 못할지라. 창기가 번 돈과 개 같은 자의 소득은 어떤 서원하는 일로든지 네 하느님 여호와의 성전에 가져오지 말라. 이 둘은 네 하느님 여호와께 가증한 사람들이니라(「신명기」, 23:17-18).

아퀴나스의 이러한 주장은 성의 다목적성을 무시하는 견해다. 이미 말했지만 성은 아이를 만드는 생식적인 성(a reproductive sex as making baby), 사랑 자체를 만드는 낭만적인 성(a romantic sex as making love), 휴식을 만드는 경기적인 성(a sportive sex as making rest), 즐거움을 만드는 쾌락적인 성(a hedonistic sex as making enjoy), 대화를 하는 인간적인 성(a humanistic sex as making dialogue) 등의 여러 가지 목적을 가지고 있기 때문이다.[6]

4. 칸트와 쇼펜하우어: 성교는 상대방을 수단으로 취급하는 행위다

아퀴나스의 전통은 근대에 들어와서도 그대로 유지되었다. 특히 17-18세기의 철학자들은 독신 생활을 남성의 가장 순수한 삶으로 생각하는 경향이 있어서 성에 대하여는 심각하게 고려조차 하지 않는다. 회의주의적인 반항아로 잘 알려진 흄(David Hume, 1711-1776)까지도 「일부다처제와 이혼에 대하여」라는 글에서, 결혼을 "종족 번식을 목적으로 한 상호간의 동의로 이루어진 연합" 으로 규정하고, 일부다처제와 이혼은 이러한 목적에 어긋난다고 말한다.

칸트(1724-1804)는 1763년에 발표한 「아름다운 것들과 고상한 것들에 대한 느낌에 관한 관찰(Observations on the Feeling of the Beautiful and the Sublime)」에서, 여성의 철학은 이성이 아니라 감각이기 때문에 남성은 여성에 의하여 타락되지 않도록 노력해야 된다고 말하고, 여성은 본질적으로 비합리적이며 윤리는 본질적으로 합리적이기 때문에 여성의 윤리는 옳지 않은 것을 회피하기보다는 보기 흉한 것을 회피하는 것일 뿐이라고 말하고, 성교의 생식적 기능을 재강조한다.

칸트의 이런 태도는 후기 비판 철학에 들어와서도 그대로 유지된다. 다만 심미주의자였던 그는 이제 합리주의적 입장에서 그의 태도를 새롭게 설명하는 과정에서 성의 현대적 해석에 도움이 될 수 있는 몇 가지를 추가한다. 그는 「윤리에 대한 강의」에서 성을 생식의 기능으로 보던 종래의 관념을 깨뜨리고, 성교를 상호간의 자위 행위(a mutual masturbation)로 규정함으로써 성의 근본적인 목표가 오르가슴과 쾌락임을 인정한다.

성교에 참여하는 사람은 상대방을 자신의 쾌락을 증진시키는 수단으로 사용하며, 칸트에게 있어서 상대방을 수단으로 취급하는 것은 비도덕적인 행위다. 그러므로 이러한 비도덕적 성교를 정당화시킬 수 있는 유일한 길은 이기적인 관계를 이타적인 통일로 인도하는 부도덕하지 않은 일부일처제의 결혼의 경우일 뿐이다.

성적 사랑은 사랑받는 사람을 욕망의 대상으로 만든다. 그러므로 욕망이 사라지면 빨아먹은 레몬을 버리듯이 그를 내던지게 마련이다. 물론 성적 사랑은 인간적 사랑과 결합하여 어느 정도의 인간적 사랑을 동반할 수도 있다. 그러나 성은 그 자체로 볼 때 욕망 이상의 아무것도 아니다. 그 자체로 볼 때 그것은 인간성의 타락이다.

그리고 한 사람이 다른 사람의 욕망이 될 때, 도덕적인 관계가 될 수 있는 모든 동기는 끝나게 마련이다. 욕망의 대상이 된 사람은 물체가 되고, 또한 모든 사람은 그를 물체로 취급하거나 그렇게 사용할 수 있기 때문이다.

남성은 여성이 인간이기 때문이 아니라 여성이기 때문에 그녀에게 욕망을 품게 된다. 여성도 인간이라는 생각은 그에게 아무런 관심도 주지 않는다. 그녀의 성만이 그의 욕망의 대상이 된다. 그리하여 모든 남성과 여성은 그들의 인간성이 아니라 그들의 성을 더욱 매력적으로 만들려고 최선을 다하고 있으며, 그들의 행동과 욕망도 모두 성을 지향하고 있다. 인간성은 성에 희생된다.

성적 욕망을 자유롭게 사용할 수 있는 유일한 조건은 전체 인간(a person as a whole)에 대한 권리를 가지고 있을 때다. 그러면 우리는 어떻게 전체 인간에 대한 권리를 획득할 수 있는가? 그것은 내 자신 전체에 대한 권리를 동시에 그에게 줌으로써만 가능하다. 그리고 이러한 일은 결혼 안에서만 일어날 수 있다. 결혼이란 각자가 그들의 동등한 상호 권리를 양도함으로써 상대방에게 자신 전체에 대한 권리를 서로 주고받는 두 사람간의 약속이기 때문이다.[7]

하여간 칸트는 아퀴나스의 전통에 아무런 내용도 변화시키거나 첨부하지 않았으나 그의 논리 전개 과정에서 약간의 새로운 현대적 감각을 제시한다. 첫째로 그는 성교의 본질을 출산에서 찾지 않고 쾌락적이며 이기적인 행위로 규정했으며, 둘째로는 성교를 주체에 의한 객체의 조작으로 이해했으며, 셋째로는 모든 성교는 — 출산을 목적으로 하는 성교까지도 — 두 사람의 이타적인 연합으로만 도덕적으로 용인될 수 있다고 주장한다.

서양 철학의 이단아인 쇼펜하우어(1788-1860)는 인간의 삶에 중요한 몫을 차지하고 있는 성의 문제를 철학자들이 등한시하고 시인에게 내맡겨 왔다는 사실이야말로 '놀라운 일'이라고 말하면서, 이 문제에 대한 새로운 관심을 주장한다. 그리하여 그는 '살려는 의지(will to life)'라는 그의 독특한 철학 체계로 성의 문제를 설명한다.

모든 사랑은 — 그것이 아무리 고상하더라도 — 성적 충동에 근거를 두고 있다. 주관적으로 볼 때 성의 목표는 순수한 쾌락일 뿐이다. 그러나 객관적으로 볼 때 성의 역할은 바로 살려는 의지의 표현이다. 그리고 우리가 여기서 중요하게 여길 것은 주관적인 쾌락이 아니라 객관적인 자손 번식이라는 사실이다. 이런 뜻에서, 결혼이란 근본적으로 미래 지향적이라고 말할 수 있다. 결혼의 본질은 현재에 있는 것이 아니라 개인을 초월한 종족 유지라는 대원칙이 실현되는 앞으로의 세대에서 나타나게 되기 때문이다.

이렇게 보면, 쇼펜하우어의 이른바 혁명적인 과업은 결국 칸트의 주장을 벗어나지 못하고 있다고 말할 수 있다. 그는 단지 성교의 본질을 쾌락에서 찾은 칸트의 주장을 주관성과 객관성의 구별로 재정리했을 뿐이다.[8] 하여간 우리는 사랑의 대상(love object)과 성의 대상(sex object)을 구별하는 현대적 개념의 원천을 이미 칸트와 쇼펜하우어에게서 찾아볼 수 있다.

19세기에 들어와서도 헤겔이나 쇼펜하우어와 같은 철학자들은 전통적인 성의 개념을 그대로 고수한다. 그러나 대부분의 철학자들은 지금까지의 전통에 대하여 맹렬히 비판하거나 이러한 비판에 대하여 다시 전통을 고수하려고 몸부림친다. 그러나 남녀의 평등한 교육권, 평등한 재산권, 결혼 생활에 있어서의 평등권을 최초로 철학적인 체계로 조리있게 제시한 사람은 『공리주의』와 『자유론』으로 우리에게 잘 알려진 J. S. 밀이다.

5. 자연주의: 남녀간의 불평등은 자연의 섭리인가

모든 사회 속에는 문화와 반 문화, 전통과 반 전통이 공존하게 마련이다. 비록 전통과 문화가 득세하는 시기에도 거기에 대항하는 반 전통과 반 문화는 주변 세력으로 병존하게 된다.

18세기부터 시작된 남녀 평등에 대한 반대 사상도 이미 그 사회 속에서 일어나게 되었다. 이러한 반대 사상은 크게 두 가지로 나눌 수 있다. 첫째는 지금까지 내려온 전통을 다시 고수함으로써 여성에 대한 남성의 우위를 주장하는 입장이며, 두 번째는 여성에 대한 남성의 지배가 바로 자연의 섭리라는 자연주의(혹은 자유주의, 자유 연애주의, libertinsim)의 입장이다. 전자의 대표자로는 피히테(Johann Gottlieb Fichte, 1762-1814)를 들 수 있으며, 후자의 대표자로는 사드(Marquis de Sade), 고드윈(William Godwin, 1756-1836), 쇼펜하우어, 니체 등을 들 수 있다.

피히테는 이미 「가정의 권리에 대한 근본적 원칙(Fundamental Principles of the Rights of the Family)」(1795)에서 남성과 여성은 동등한 자유와 이성을 소유하고 있다는 점에서 동등한 권리를 가지고 있지만, 성의근본적인 목표인 출산에 있어서 남성은 능동적인 생산 원칙(an active generative principle)의 역할을 하며 여성은 수동적인 수임자(a passive receptacle)의 역할을 한다는 아리스토텔레스의 견해를 지지한다. 모든 개인은 본질적으로 자기 실현을 추구하는 합리적인 주체다. 그러나 수동성이란 비합리적이며 합리적인 주체의 활동을 저해하는 것이므로, 여성은 성행위를 함으로써 자신을 섬멸시키게 된다. 다시 말해서, 여성은 성행위에 있어서 남성의 수단으로 전락된다. 그리고 이러한 전락은 자신의 궁극적인 목표인 이성의 권위를 포기함으로써만 가능하게 된다.

이렇게 피히테는 칸트의 사상을 그대로 답습한다. 그러나 그는 칸트와 동일한 결론을 지지하면서도, 여성은 본질적으로 남성과 동일하며, 여성의 성 역할이란 근본적으로 비인간적이라는 오늘날의 과격한 여성주의자들과 비슷한 견해를 제시한다. 그리고 "남성은 성교에 있어서 사랑을 느끼는 것이 아니라 성적 충동만을 느낀다"는 그의 입장은 부모의 역할을 필요로 하지 않는 결혼 생활, 성교가 완전히 사라진 사회, 동성 연애 사회와 일치될 수도 있을 것이다. 그러나 그의 근본 사상은 남성 우위적인 것이다.

> 결혼한 여성은 그녀의 모든 권위를 그녀의 남편에 의존하고 있으며 또한 의존하고 있는 것처럼 보인다. 그러나 나는 여기서 내 이론의 가장 중요한 점을 — 그리고 반복될 필요가 있는 점을 — 밝히겠다.

그것은 여성이 그녀에 대한 강제적인 권리를 남편에게 넘겨주는 식으로 남편에게 복종하는 것이 아니다. 다만 복종하고픈 그녀 자신의 계속적인 필연적 소망, 즉 그녀의 도덕 조건이 되는 소망에 의하여 복종한다는 사실이다. 그녀는 원하기만 하면 그녀의 복종을 철회할 자유가 있다. 그러나 중요한 점은 그녀가 자유롭도록 그녀 자신이 합리적으로 원할 수 없다는 것이다.

남편은 아내 자신의 필연적인 의지의 결과로 그녀의 모든 권리를 주관하는 사람이다. 그러므로 아내는 남편이 원하는 한에 있어서만 그 권리들을 주장하고 행사하게 된다.[9]

평등 사상에 대한 비판은 피히테와 같은 전통주의자뿐만 아니라 자연주의자들에 의해서 더욱 활기를 띠게 된다. 그들은 인간이란 자연의 일부이므로 자연의 법칙을 따라서 살아야 한다고 주장하고, 자연의 법칙에 있어서는 언제나 — 예외가 없는 것은 아니지만 — 남성에 대한 여성의 열등성이 주축이 되고 있다는 것이다.

그리하여 자연주의의 슈퍼 스타 마그나 카르타라고 말할 수 있는 사드는 도덕이 자연을 결정하는 것이 아니라 자연이 도덕을 결정한다고 주장하며, 이미 지적한 고드윈의 「정치적 정의」(1793)도 이와 비슷한 주장을 한다. 아마도 그들의 주장은 여성 옹호적으로 해석될 수도 있었을 것이다. 그러나 실제로 자연주의자들의 견해가 반여성적으로 전개되었다는 사실은 의심의 여지가 없다.

19세기에 들어와서 자연주의를 가장 명료하게 표현한 사상가로는 쇼펜하우어와 실존주의 철학자인 니체를 들 수 있다. 쇼펜하우어는 이미 1844년에 쓴 「성애의 형이상학(The Metaphysics of Sex Love)」에서 전통적인 일부일처제의 결혼을 옹호한다. 그러나 1848년 최초의 여성 정치 운동 단체의 창설을 경험한 다음에 쓴 「여성에 대한 논문(Essays on Woman)」에서, 여성이란 종족 번식의 메커니즘으로 사용되도록 자연의 법칙이 정해 놓았으므로, 자녀 생산을 제한하는 결혼은 — 특히 일부일처제의 결혼은 — 폐지되어야 한다고 주장한다. 그리고 그는 일부일처제의 나쁜 점을 지적하기 위하여 당시 사회에 만연되어 있던 수많은 창녀들의 존재를 환기시키면서, 일부다처제야말로 종족 번식 뿐만 아니라 여성 자신을 위하여 가장 좋은 제도라고 주장한다.

여성은 주로 종족 번식을 위하여 존재하며 그 이외의 것을 위해서는 존재하지 않기 때문에, 원칙적으로 개인보다는 종족을 위하여 살게 마련이다. 그러므로 여성은 제 2의 성(sexus sequior), 모든 면에 있어서 제 1의 성보다 열등한 제 2의 성이다. 우리는 그들의 허약한 점을 관심을 가지고 치료해 주어야 한다. 그러나 그들에게 존경을 표현한다는 것은 극히 한심한 일이며, 남성 자신들을 그들 앞에서 저하시키는 일이다.

자연은 인류를 두 가지로 구분했다. 결코 중간을 택하지 않았다. 이 구분은 양극단적이며 서로 반대되는 것이다. 그러나 그들의 차이는 질적인 것이 아니라 양적인 것일 뿐이다.

현재 유럽에서 사용되는 법은 여성을 남성과 동등하게 취급한다. 처음부터 출발이 잘못된 것이다. 우리 사회에서는 일부일처제가 결혼의 법칙이며, 결혼이란 권리를 절반으로 나누어 갖고 의무를 두 배로 증가시키는 것이다. 그러나 법률이 여성에게 제공하는 명예와 특권은 자연이 제공한 것 이상임에 틀림없다.

일부다처제는 여성에게 커다란 이익을 준다. 더 나아가서, 정기적인 병에 걸렸거나 임신하지 못하거나 너무 늙어버린 아내를 가진 남성이 제 2의 아내를 맞이하지 말아야 되는 이유는 하나도 없다. 수많은 사람들이 몰몬교로 개종하는 이유도 비자연적인 일부일처제의 결혼 제도에 대한 반발인 것 같다.[10)]

쇼펜하우어는 고대의 여성이나 동양의 여성관이 옳으며 남녀 동등권을 인정하는 기독교의 윤리는 '어리석음의 극치'라고 비난한다. 이런 비난은 기독교의 사상을 노예 윤리라고 비난한 또 다른 자연주의자인 니체의 사상에도 그대로 나타난다. 니체는 적자 생존의 자연 법칙이 도덕을 결정하는 것이므로 비자연적인 모든 전통과 관습은 깨뜨려버려야 한다고 말한다. 그리고 여성의 진정한 행위는 출산이기 때문에 그 이외의 활동을 하는 여성은 — 예를 들면, 학자인 여성은 — 성적으로 문제가 있는 여성이라고까지 설파한다.

여기서 내가 여성을 안다고 말할 수 있을까? 그것이 바로 나의 디오니소스적인 천재성의 일부다. 누가 알겠는가? 아마도 나는 영원한 여성상에 대한 최초의 심리학자일 것이다. 이미 옛날 이야기가 되었지만, 아이를 낳지 못하는 여성을 — 자녀를 위한 재료를 결여한 '해방된 여성'을 — 제외한 모든 여성이 나를 사랑한다.

그러나 나는 그들에 의하여 갈기갈기 찢어지지 않는다. 완전한 여성은 사랑할 때 언제나 상대방을 갈기갈기 찢어 놓는다. 오, 여성이야말로 얼마나 위험스러운 땅 속을 기어 다니는 조그만 동물인가. 복수를 찾는 여성은 운명까지도 넘어설 수 있다.

여성은 확실히 남성보다 더욱 악하고 더욱 간교롭다(more evil than man, also cleverer). 여성의 훌륭한 속성은 파괴의 형태다. 소위 '아름다운 영혼'이라고 불리는 여성은 생리적으로 비뚤어진 여성이다. 나는 모든 것을 말하지는 않겠다. 그렇다면 나는 의사가 되었을 것이다. 남녀간의 동등한 권리를 위한 투쟁은 실제로 질병의 증상(a symptom of a disease)이다.

사랑에 대한 나의 견해를 들은 일이 있는가? 사랑이야말로 철학자가 다루어야 할 유일한 문제다. 사랑이란 전쟁이다. 본질적으로 양성 간의 지독한 증오일 뿐이다.[11]

우리는 자연주의가 반여성적이 아니라 친여성적으로 전개될 수 있었음을 이미 지적했다. 결국 그것은 자연을 우리가 어떻게 보느냐에 달려 있기 때문이다. 동일한 자연의 상태를 — 이것은 현실적이 아닌 가상적인 자연의 상태지만 — 루소는 조화의 상태로 보았고 토마스 홉스는 투쟁의 상태로 보았던 것이다. 그러나 19세기에 나타난 자연주의는 결국 여성을 차별하는 방향으로 전개되었다. 그리하여 니체는 『짜라투스트라는 이렇게 말했다』의 제18장에서 "여성에게 갈 때는 회초리를 잊지 말라!"고 외쳤던 것이다.

6. 20세기: 성은 다변화되고 있다

지금까지 성은 그 목적에 따라서 토론되어 왔다. 특히 성교의 목적인 생식 혹은 종족 유지라는 근본적인 관념은 거의 그대로 유지되어 왔다. 그리고 진정한 남녀 평등을 주장한 밀과 같은 철학자들은 성 자체보다는 정치적 및 사회적 여건 속에 나타나는 남녀간의 관계를 중심으로 성의 문제를 간접적으로 토론한 경향이 없지 않다.

그러나 20세기에 들어와서 학자들은 성의 문제를 성 자체의 목적이나 기능보다는 성과 연관된 다른 문제들 — 성차, 동성 연애, 성병, 안

락사, 간통, 왜곡된 성의 문제들 — 과 연관해서 토론하게 되었다. 이제 성의 문제는 단답형의 단순한 질문이 아니라 사회학적, 윤리적, 종교적 콘텍스트 속에서 토의되는 다변화 현상을 이루게 되었다.

20세기에 들어와서 성에 대한 문제를 이렇게 종합적으로 취급한 철학자로는 사르트르(『존재와 무』, 1943), 오르테가 이 가세트(『사랑에 대하여』, 1939), 시몬 드 보부아르(『제 2의 성』, 1949), 메를로 퐁티(『지각 현상학』, 1945), 버트란드 러셀(『결혼과 도덕』, 1945) 등을 들 수 있다.

그 중에서 전래로 내려온 '철학자와 시인의 싸움'을 화해시켜서 양자의 역할을 혼자서 성공적으로 수행한 사람으로는 러셀을 들 수 있다. 그는 순수한 철학자이면서도 전쟁, 세금 징수, 정치, 성 윤리와 같은 일상적인 일에 깊은 관심을 가지고 자신의 특유한 자유주의적 철학관으로 비판하고 격려한다.

특히 그는 게으름과 같이 보이는 동양인의 행복론을 찬양하고 청교도적 위선에 사로잡힌 서양의 윤리를 비판했으며,[12] 내세를 위하여 현세를 무시하는 기독교의 성 윤리를 잔인성(cruelty), 비겁성(timidity), 어리석음(stupidity)의 표현이라고 비난한다.

또한 그는 성에 관한 한 가장 좋은 방법은 개방적 교육이라는 사실을 다음과 같은 비유로 설명한다. 기차에 호기심이 있는 어린아이가 있다고 하자. 기차 소리가 나면 귀를 막고 기차가 지나가면 그의 눈을 가린다. 그렇다고 그의 기차에 대한 호기심이 사라질 수 있겠는가.

그러나 오늘날과 같이 성의 문제를 성에 관련된 여러 가지 문제들과 연관해서 다각적으로 토론하게 된 것은 1968년 이후다. 그 이유로는 몇 가지를 들 수 있다. 첫째로 오늘날 미국에 존재하는 수많은 여성 단체 중에서 가장 강력한 조직력을 가지고 있으며 또한 비교적 중도적 입장을— 예를 들면, 법률 개정을 통한 개혁을 — 고수하는 NOW가 1966년에 창설되어 그 영향력을 발휘하기 시작했다. 둘째로 사회적으로는 기존 체제를 부정하는 히피와 동성 연애자들의 발언권이 높아지게 됨으로써 자유 성교와 성차의 문제가 심각하게 대두되었다. 셋째로 정치적으로는 베트남전에 반대하는 평화 운동, 소위 꽃 세대(flower generation)로 대표되는 젊은이들의 조직적 및 비조직적 운동이 지금까지의 윤리관을 재평가하게 만들었다. 넷째로 하나뿐인 세계를 구해야 된다는 생태계 보존 운동이 자연계를 재조명하게 만들었다.

그 결과로「성적인 타락(Sexual Perversion)」(1969) 이라는 네이글(Thamas Nagel)의 자극적인 논문 이후에는 물턴(Janice Moulton), 베이커(Robert Baker), 러딕(Sarah Ruddick), 봐서스트롬(Richard Wasserstrom), 엘리스턴(Fredarick Elliston), 마골리스(Joseph Margolis), 톰슨(Judith Jarvis Thomson), 헤어(R. M. Hare)와 같은 철학자들이 성의 문제를 활발히 논의하고 있다.

성의 문제는 이제 '시인'만의 영역이 아니다. 이제는 우리도 성의 정당성이나 부당성이라는 근시안적 입장을 벗어나서 인간 전체의 콘텍스트에서 토론하는 입장을 택해야 할 것이다. 삶을 위하여 성이 존재하기 때문이다.

우리는 지금까지 서양 사상사에 나타난 성 문화의 변천 과정을 잠시 고찰했다. 여기서 우리는 몇 가지 결론을 얻을 수 있다.

첫째, 유교권에 있는 동양은 극도의 남성 위주의 윤리를 가지고 있으면서도 성에 대한 철학적 논의가 거의 없었다는 사실이야말로 '놀랄만한 사실'이 아닐 수 없다. 물론 동양에도『소녀경(素女經)』과 같은 성전(性典)이 전해 내려오기는 하지만, 이것은 어디까지나 전통에서 벗어난 잡서일 뿐이다. 동양 철학자들은 이 문제에 대하여 새롭게 탐구하기 시작해야 할 것이다.

둘째, 서양에서 사랑이란 원래 육체적 사랑만은 아니었다. 육체에 대한 정신의 우월론을 주장함으로써 육체적인 사랑을 가장 낮은 단계의 사랑으로 간주한 플라톤까지도 사랑을 현상계와 본체계를 연결하는 '다리'로 보았으며, 남부 인도에 펼쳐진 에로틱한 그림들도 단순한 육체적 환희 이상을 묘사한 것이었다. 기독교에서 에로스와 공존할 수 있는 아가페를 말하는 이유도 여기에 있을 것이다.

이렇게 보면, 육체적인 사랑과 정신적인 사랑을 질적으로 다른 사랑으로 생각하는 발상 자체가 플라톤의 이원론으로부터 시작된 잘못된 관념일지도 모르겠다. 정신이 있는 곳에 육체가 있고, 육체가 있는 곳에 정신이 있다. 그리고 이러한 정신 육체의 이원론이 바로 현대인의 자기 정체성에 대한 분열을 가지고 온다고 말할 수 있다.

셋째, 성과 결혼에 대한 윤리는 다분히 지역의 성향과 밀접히 연관되어 있다. 다시 말해서, 우리들이 절대적으로 여기는 모든 윤리도 문화 상대적임을 잊지 말아야 한다. 그 실례로는 오늘날에도 일부다처제의 사회가 엄연히 존재하고 있다는 사실을 들 수 있다. 우리의 기준은— 그것이 무엇이든지간에 — 다른 사회의 윤리를 판단하는 기준이 될 수 없다. 우리가 우리의 기준으로 다른 사람을 판단할 때, 우리는 내 눈에 있는 들보를 보지 못하면서 남의 눈에 있는 티끌을 찾는 실수를 범하기 쉽다.

넷째, 새 술은 새 부대에 담아야 한다. 새 세대는 언제나 새로운 문제를 제기하고, 새로운 문제는 언제나 새로운 해결책을 요구한다. 여기서 우리는 현실 제일주의를 배척하고, 다른 한편으로는 과거 제일주의의 모순점을 인정하는 중용의 지혜를 배워야 할 것이다.

7. 「철학자와 시인은 서로 싸울 수밖에 없는가」를 읽고 : 이은봉의 논평

황 교수는 고대 그리스부터 20세기에 이르기까지의 성 개념을 더듬어가고 있다. 논술의 순서를 따라가 보면, 플라톤은 영육 이원론에서 특히 육체를 경시하고 정신우월주의로 흘렀다는 점을 언급하고, 기독교에서는 비교적 육체적인 면을 중시하고 있었던 구약성경(히브리 사상)에서 그리스적인 영향을 받은 신약성경에 이르러 역시 플라톤적인 정신우월주의가 지배함을 언급하며, 중세기에 이르러 철학 사상의 금자탑을 이룬 토마스 아퀴나스도 대체로 신약성경적인 성 개념을 벗어나지 못했다는 것을 밝히고 있다.

그러나 칸트나 쇼펜하우어에 이르게 되면 성경에서 성행위의 중요한 목적이 되고 있는 출산 개념 이외에 쾌락적인 목적도 가지고 있다고 한다. 그리고 쇼펜하우어나 니체와 같은 자연주의자들도 부당한 남성 우월주의로 흐르고 있다고 한다. 20세기에 이르러서는 특히 1960년대 이후에 많은 여권 운동가들의 자극으로 여러 측면의 성 문제가 있음을 암시했으나 구체적인 언급은 하지 않는다.

이상의 여러 관점을 서술하면서 황 교수 자신이 주장하려는 것은 플라톤의 영육 이원론적인 관점이나 기독교적인 출산 개념과 같은 단일한 목적을 벗어나 성의 다양한 목적이 있음을 용인하는 것이 아닌가 한다. 여기서 나는 토론에 도움이 되게 하기 위해 다음과 같은 몇 가지 문제점을 제기하겠다.

(1) 기독교의 성 개념에서 구약의 출산이나 신약의 정신 우월성만을 본 것은 문제를 너무 단순하게 취급하지 않았는가 하는 점이다. 황 교

수가 적절히 지적하고 있는 것처럼, 구약에서 성의 의미는 일단 남녀가 자식을 낳고 번성하라(「창세기」, 1:28)는 출산 개념이 성의 목적이 되고 있다고 할 수 있다. 그러나 이것은 특히 사제계(司祭系) 전승에서 두드러진 것이요, 야웨계 전승에서는 남녀가 사회를 이루어 살아야 한다는 것을 강조하고 있다. "아담이 혼자 있는 것이 좋지 않으니 그의 일을 도울 짝을 만들어 주리라"(「창세기」, 2:18)는 표현에 잘 나타나 있다. 즉, 낙원에서의 남녀 공동 생활은 알몸이면서도 부끄러운 줄을 몰랐는데, 죄를 범한 후부터 남녀의 관계는 복잡하게 된다.

다시 말하면, 성은 근본적으로 선한 것이었지만 인간이 죄를 범한 이후 분열이라는 죄의 세력에 지배를 받아 이성을 만나면 기쁨을 느끼는 대신 서로가 상대를 소유하려는 이기적 욕구를 느끼게 된다. "남편을 마음대로 주무르고 싶겠지만 도리어 손아귀에 들리라"(「창세기」, 3:16). 성적 충동도 원래는 상대방에게 자신을 전체로서 내주는 것이었는데, 이제는 상대방을 자신이 소유하려는 이기적 충동으로 바뀌게 되었다는 것을 암시한다.

구약에서 결혼을 통한 성적 관계가 좋고 가치 있다는 것은 많은 구절에서 발견할 수 있다. "아름다워라/ 그대, 나의 고운 짝이여/ 너울 뒤의 그대 눈동자/ 비둘기같이 아른거리고/ 머리채는 길르앗 비탈을 내리닫는/ 염소떼"(「아가」, 4:1). "네 님의 남다른 점이 무엇이냐?/ 더없이 아리따운 여인아/ 네 님이 어디가 남다르다고 그런 부탁을 하느냐"(「아가」, 5:9). "그대, 나의 짝은 디르사처럼 아름답고 예루살렘처럼 귀엽구나"(「아가」, 6:4). "젊어서 맞은 아내에게서 즐거움을 찾아라"(「잠언」, 5:18). "너 사람아, 네가 보기만 해도 기뻐지는 네 사랑을 내가 이제 갑자기 앗아가더라도 가슴을 치고 눈물을 흘리며 곡하지 말라"(「에제키엘」, 24:15). "정숙한 아내는 더할 바 없는 매력을 갖고 있어 더 청결함을 어떤 저울로도 잴 수가 없다. 살림살이를 알뜰하게 하는 좋은 아내는 주님의 산에 떠오르는 태양처럼 아름답다. 단정하게 사는 여자의 얼굴은 거룩한 촛대 위의 촛불처럼 빛난다. 꿋꿋하게 서 있는 미끈한 다리는 은대 위에 세운 금기둥과 같다"(「집회」, 26:15-18). "하늘 아래서 허락받은 덧없는 인생을 애인과 함께 끝날까지 즐기며 살도록하여라. 이것이야말로 하늘 아래서 수고하며 살아 있는 동안 네가 누릴 몫이다"(「전도서」, 8:9).

창조된 모든 것을 선하게 보는 기독교가 성을 부정적으로 보지 않았음은 분명한 일이므로 재언할 필요가 없으나, 결혼의 목적이 출산을 통한 자손의 번식만이 아니라 더욱 근원적으로 두 인격이 만나 하나의 공동체를 이루는 것을 지적하고 있다. 예수도 "그들은 이제 둘이 아니라 한 몸이다"(「마태복음」, 19:4-6)라고 하여 부부의 불가해소성을 강조한다. 그러므로 기독교에서 반드시 아이를 낳기 위한 한 가지 목적에서만 성관계를 가지라고 했을 리가 없다. 성은 대상이지만 인격적 대상이었다는 것이 더욱 근원적이 아닌가 한다.

(2) 황 교수는 히브리 사상을 팽개치고 그리스 사상을 받아들인 기독교가 결혼하지 않는 것이 최선의 삶이라는 정신 제일주의적 사상과 남성 우월주의적 사상을 낳았다고 한다. 물론 그리스 사상의 영향을 받은 사도 바울이 가끔 성생활을 반대한 금욕주의자로 오해를 받는 경우가 없지 않지만 오히려 그는 고린도인들이 보여준 금욕에 대한 허황된 바람과는 달리 정상적인 결혼 생활과 성관계의 의무를 강조한다. "서로 상대방의 요구를 거절하지 마십시오. 다만 기도에 전념하기 위해서 서로 합의하여 얼마 동안 떨어져 있는 것은 무방합니다. 그러나 자제하는 힘이 부족하여 사탄의 유혹에 빠질지도 모르니 그 기간이 끝나면 다시

정상적인 관계로 돌아와야 합니다"(「고린도 전서」, 7:5).

바울은 금욕주의자이기는커녕 창조에 의해서 남녀의 성의 차이가 있음을 존중했고, 그 가치를 인정하고 있음을 볼 수 있다. 다만 부부의 공동 생활의 기반이 기도라고 한 것은 기독교인으로서 당연한 입장일 것이다. 성의 차이에서 오는 남성 우월주의라는 입장도 신약적 입장에서는 극복되고 초월되는 것이 아닌가 한다.

"남자나 여자나 아무런 차별이 없습니다. 그리스도 예수 안에서 여러분은 모두 한 몸이 되었습니다"(「갈라디아서」, 3:28). 바울의 이 말은 예수의 출현이 가져온 결정적인 변화로서 남녀가 서로 존중하는 상호관계를 유지하게 하며 성관계에도 그 참된 의미를 부여해 주고 있다. 예수 자신은 독신 생활이 매우 유용할 것임을 인정한다. "하늘나라를 위하여 스스로 결혼하지 않는 사람도 있다"(「마태복음」, 19:12)고 하면서 은근히 높이 평가하고 있으나, 곧이어 "이 말을 받아들일 만한 사람만 받아들여라"(「마태복음」, 19:12)고 하여 아무나 할 수 있는 일이라고 보지 않았다.

그러나 이것을 잘못 해석하여 금욕주의적이라고 해서는 안 될 것이다. 여기서는 창조 때에 주어진 자손 번식의 계명을 초월하는 면을 볼 수 있는데, 구약의 가르침만을 절대시하여 남자와 여자가 실제로 성적 반려자로 결합하지 않으면 인격의 완성에 도달할 수 없다고 단언하는 것은 잘못된 생각이고, 예수 그리스도 안에 집약된 전 인류 공동체 안에서 성의 육체적 행위를 포기하면서까지 하느님과 일치할 수 있다는 차원을 인정한 것이다. 여기서는 남녀의 성의 차별이 아니라 그것을 초월하고 있다.

이와 같은 생각은 성을 멸시하지 않고 신성한 것으로 보는 기독교의 입장과 관련된다. 성을 신성시하는 근거는 하느님의 말씀에 따라 성의 기능을 수행함으로써 창조적인 능력을 발휘한다는 데 있다.

예컨대, 어머니가 된 하와가 "야웨께서 나에게 아들을 주셨구나"(「창세기」, 4:1)라고 표현한 데서 잘 나타난다. 야웨와의 계약을 맺는 할례의 풍습이나(「창세기」, 17:9-14; 「레위기」, 12:3), 출산 후 부정한 자로 여겨져 지성소 출입이 금지된 풍습(「레위기」, 12:6), 제사 전에 성행위를 금지한 풍습(「레위기」, 15:18; 「출애굽기」 19:15), 사제가 알몸으로 제단에 서지 못하는 풍습(「출애굽기」, 20:26), 성기(性器)에 이상이 있는 자는 제단에 설 수 없는 풍습(「신명기」, 23:2) 등도 모두 성에 대한 멸시에서 나온 것이 아니고 신성시에서 나온 규정들이다.

신약에 이르면 구약의 이러한 규정들은 사라지고 있으나 성의 신성시에서 거룩한 개념으로 바뀌고 있는 인상이다. "믿지 않는 남편은 믿는 아내로 말미암아 거룩하게 되고, 또 믿지 않는 아내도 믿는 남편으로 말미암아 거룩하게 되었기 때문입니다. 그렇지 않았다면 여러분의 자녀도 다 깨끗하지 못했을 터인데, 실상은 다 거룩하지 않습니까"(「고린도 전서」, 7:14).

이와 같이 부부 생활 자체가 거룩한 것이라는 사실은 물론 특별히 성관계가 신성한 특성을 지니고 있기 때문이 아니라 남녀 공동체가 한 사회를 이루어 하느님의 백성이 되어 있을 때 그들 안에 성령이 현존하기 때문이다. 이런 문맥에서 부부 생활은 상대방을 성적 대상으로만 생각하지 않고 인격적이어야 함을 강조한다.

"하느님께서 여러분에게 원하시는 것은 여러분이 거룩한 사람이 되는 것입니다. 여러분은 음행을 피하고 각각 존경하는 마음으로 거룩하게 자기 아내의 몸을 대하고, 하느님을 알지 못하는 이교도들처럼 욕정에 빠지지 않도록 하십시오"(「데살로니가 전서」, 4:3-5).

기독교가 특별히 정신 우월주의처럼 보이는 것은 이상과 같은 입장들 때문일 것이며, 또 다음과 같은 구절에서 잘 나타나고 있듯이 성을 욕망의 대상으로 삼았을 때의 격렬한 질타 때문에 성의 다양한 목적에 접근하지 못하고 정신 일변도로 흐른 감을 줄 것이다. "음란한 자, 우상을 숭배하는 자, 간음하는 자, 여색을 탐하는 자, 남색을 탐하는 자, 도둑질하는 자, 탐욕을 부리는 자, 약탈하는 자는 하느님 나라를 차지하지 못합니다"(「고린도 전서」, 6:9).

사도 바울은 인간의 몸은 성령의 궁전이요, 그리스도의 지체라고 보았기 때문에 "그리스도의 몸의 한 부분을 떼어서 창녀의 몸의 지체를 만들어야 되겠습니까? 창녀와 관계하는 사람은 그 창녀와 한 몸이 된다는 것을 모르십니까?"(「고린도 전서」, 6;12-20)라고 했고, "육체의 정욕을 만족시키는 생각은 아예 하지 마십시오"(「로마서」, 13:14)라고 잘라 말했다. 기독교는 이처럼 늘 성을 거룩한 차원에서 보아야 한다는 입장에 있다. 이것은곧 육체적인 존재로서의 인간을 존중해서이지 플라톤처럼 육체는 정신의 무덤이라고 보는 육체의 열등성을 반영한 것은 아니다.

(3) 그밖에 황 교수의 글에서 문제됨직한 것으로 간단하게 다음의 몇 가지 질문을 제기하고자 한다. 그리고 이 글에서 제기한 나의 질문은 황 교수의 글이 지니고 있는 용감하고 혁신적인 내용에 대한 반응 혹은 궁금증일 뿐이며, 나 자신이 성 문제에 깊은 조예가 없다는 것도 밝혀 두고자 한다.

첫째, 아퀴나스가 성관계는 결혼한 부부 관계에서만 허용한 것은 재고해야 한다고 했는데, 그렇다면 아무하고나 성관계를 가져도 좋다는 것인가? 성적 대상도 하나의 '욕망'의 대상이라고 한다면 욕망은 무한한데 그 대상은 한계가 있음으로 해서 치열한 경쟁과 분쟁의 위험이 없다고 볼 수 있는가?

둘째, 기독교가 성의 목적을 반드시 자녀의 출산에만 두고 있지 않다는 생각이 본인의 생각인데, 만약 그것을 받아들일 수 있다면 '사랑 자체를 만드는 낭만적인 성', '휴식을 만드는 경기적인 성', '즐거움을 만드는 쾌락적인 성', '대화를 하는 인간적인 성'도 부부 관계에서 얼마든지 가능한 일이 아닐까?

셋째, 성의 대상이나 욕망에 따라서 이혼도 가능한 것이라고 보는 입장인가? 일부일처제가 지금까지 가장 인간적이고 인격적인 제도라고 생각할 수 없는가? 황 교수는 일부다처제가 현실적으로 있음을 용인해야 한다고 했는데, 현실적으로 일부다처제 사회가 있음을 용인하는 것과 반드시 일부다처제여야 한다는 것은 별개의 문제다. 황 교수는 어떤 입장인가? 또 일부다처제 사회가 이른바 여권 신장이나 여성 해방에 어떻게 도움이 된다는 것인가?

넷째, 출산은 여성의 권리이고 의무라고 보는데, 그렇다면 여성의 고유한 영역이 있음을 용인하는 것이 아닌가? 여성의 이러한 고유성이 여성에게 단점(demerit)으로만 작용했다고 보는 것은 지나친 발상이 아닌가?

다섯째, 남녀의 선천적 성차를 부정한 마가렛 미드가 조사한 자료는 특수한 사회를 대상으로 했다는 난점이 있는데, 오히려 융(Karl Jung)처럼 남녀는 태어날 때부터 어느 정도 성차가 있다고 볼 수는 없는가? 선천적으로 남녀의 성격의 차이가 있다는 것이 반드시 여성에게 불리한 면으로 작용한다고 볼 수는 없지 않을까?

여섯째, 성의 해방과 여성의 해방이 일치할 것이라고 보는가? 오히려 더욱 노예화될 것이라고 보는가?

일곱째, 이 논문에서 황 교수의 결론은 "정신이 있는 곳에 육체가 있고 육체가 있는 곳에 정신이 있다"는 말로 요약된다고 보이는데, 플라톤의 영육 이원론에서 균형을 잃은 육체적 쾌락의 요소를 받아들이자는 것을 암시할 뿐 실상은 별로 큰 의미를 담고 있다고 말할 수는 없는 레토릭이 아닌가?

생각해 볼 문제들

1. 플라톤의 형이상학과 성관(性觀)의 관계는 무엇인가?
2. 아퀴나스의 성관의 특성은 무엇인가?
3. 남녀간의 불평등은 자연의 섭리인가?
4. 20세기에 들어와서 성 담론이 다변화된 이유는 무엇인가?
5. 이은봉 교수의 「논평」을 생각해 보자.

[주]

1) 황필호, "Poetry in Plato's Republic", *Apeiron: A Journal for Ancient Philosophy and Science*, vol. XV, no. 1, 1981, pp. 29-37.

2) Plato, *Symposium*, 204. Cf. 사랑이 지혜를 추구한다는 것은 첫째로 선을 추구하고, 둘째로 선을 자기의 것으로 만들고, 셋째로 선을 영원히 자기의 것으로 만드는 것이다.

3) 같은 책, p. 206.

4) Epictetus, *The Discourse and Manual*, tr. P. E. Matheson, Clarendon Press, Oxford, 1916, pp. 208-209. (Robert Baker & Frederick Elliston, ed., *Philosophy & Sex*, Prometheus Books, Buffalo, 1875, p. 2에서 재인용.)

5) Cf. 같은 책, p. 3.

6) 이 책, 제4장.

7) Immanuel Kant, *Lectures on Ethics*, tr. Louis Infield, Metheun Co., London, 1930, pp. 162-171. (Baker & Elliston, 앞의 책, pp. 9-10에서 재인용.) Cf. 칸트의 이러한 주장은 결혼하지 않는 것이 가장 이상적이라는 사도 바울의 주장에 대한 이론적인 근거로 받아들여질 수 있을 것이다.

8) 후론하겠지만, 그는 일부다처제를 공공연히 주장했다는 점에서 혁명적이라고 말할 수 있다.

9) J. G. Fichte, "Fundamental Principles of the Rights of the Family", *An appendix to the Science of Rights*, Lippincott, Philadelphia, 1869, pp. 440-442.

10) A. Schopenhauer, *Essays on Women*, Simon & Schuster, 1928, pp. 450-455. (Baker & Elliston, 앞의 책, pp. 22-23에서 재인용.)

11) F. Nietzsche, *Ecce Homo*, 제5장.

12) B. Russell, "Eastern and Western Ideals of Happiness", *Sceptical Essays*, Barnes & Noble, 1962, pp. 69-75.

19. 성서를 다시 읽어야 한다

- 기독교의 여성관

1. 교리와 현실의 괴리

이 세상에는 여러 종교가 존재해 왔고 또한 앞으로도 그럴 것이다. 그들은 각기 상이한 교리와 의식을 가지고 있다. 그러나 모든 종교가 가진 공통점 중의 하나는 인간을 '병든 존재'로 본다는 사실이다. 인간이란 불완전한 존재다. 그리고 인간은 불완전할 뿐만 아니라 당장 치료를 필요로 하는 '죽음에 이르는 병'에 걸린 존재다. 그리하여 불교는 모든 인간이 무명에 가려 있다고 말하고, 유교는 인간이 선한 본성을 상실했다고 말하고, 기독교는 원죄를 가지고 태어났다고 말한다.

그러나 이 세상에 존재하는 모든 종교가 가진 두 번째 공통점은 이렇게 중병에 걸린 인간이 다시 소생할 수 있는 '희망의 존재'라는 점이다. 인간은 무명을 떨쳐버리고 깨달은 사람이 될 수 있으며, 인간은 수양을 통하여 상실한 본성을 다시 찾을 수 있으며, 원죄를 가진 인간도 하느님의 자녀가 될 수 있다. 그러므로 인간 완성(human perfectability)은 모든 종교의 공통점이다.

모든 인간이 예외없이 완성될 수 있다는 종교의 이런 주장은 바로 인간 평등으로 연결된다. 민족, 종족, 성별, 국적, 계급의 차이에도 불구하고 모든 인간은 — 미국「독립선언문」의 표현을 빌리면 — 신 앞에서 평등하게 태어났다. 그러므로 남녀 평등이란 새삼스럽게 주장할 필요가 없을 정도로 자명한 모든종교의 진리다.

그럼에도 모든 종교가 예외없이 남녀 불평등의 원칙을 수행해 왔으며, 그 중에도 여성에 대한 남성 우위권만을 실천해 왔다는 것은 극히 경악스러운 일이 아닐 수 없다. 불교, 유교, 기독교를 포함한 모든 제도종교(institutionalized religions)가 지금까지 가부장 제도를 고수해 왔으며, 오히려 샤머니즘과 같은 확산 종교(diffused religions)에서 남녀 평등의 현상이 더욱 두드러지게 나타났다는 엄연한 역사적 사실에 대하여 우리는 놀라지 않을 수 없다.

나는 이 글에서 기독교의 여성관을 교리적인 측면에 한정하여 고찰하겠다. 그러나 독자들은 사회적, 정치적 요건의 중요성을 결코 잊지 말기를 바란다. 대부분의 경우에 모든 철학과 종교는 철학 외적인 요건들과 종교 외적인 요건들에 의하여 그 성격이 규정되고 있기 때문이다.[1]

나는 기독교의 여성관 세 가지를 설명하겠다. 첫째는 남성이 절대적으로 여성을 지배해야 된다는 전통적인 견해며, 둘째는 성서를 문자적으로 해석하는 전통적인 견해를 벗어나서 성서를 남녀 평등의 입장에서 다시 볼 수 있다는 해석학적인 견해며, 셋째는 지금까지 여성 억압의 입장을 옹호하는 데 사용된 성서를 단순히 재해석하는 입장을 벗어나서 완전히 새로운 각도에서 재독(re-reading) 해야 된다고 주장하는 여성신학적인 견해다.

2. 전통적인 견해

남성이 여성을 지배해야 된다는 전통적인 견해는 성서에 나오는 예언자 및 성현의 삶으로부터 지지를 받을 수 있다. 특히 구약성서는 이 사실을 명백히 밝히고 있다.

그리하여「출애급기」에는 여성을 재산의 일부로 매매하기까지 했으며(20:17, 21:4, 21:8),「레위기」에는 여자를 낳은 산모는 부정하기 때문에 몸이 깨끗하게 될 때까지 66일간 집에 있어야 한다고 밝히고 있다(12:4-5). 그리고 일반적으로『탈무드』에는 여성으로 태어나지 않은 남성의 감사 기도가 있으며, 여성에게 모세 5경(토라)을 가르치는 것은 마치 돼지에게 진주를 주는 것으로 간주했으며, 랍비들은 길거리에서 여성과 말하는 것조차 부끄럽게 생각했으며, 남자는 여러 명의 부인을 거느릴 수 있지만 여자는 약혼하고 다른 남자와 관계를 맺으면 간음죄로 돌로 쳐 죽이도록 율법에 정해져 있었다.[2]

그러나 가부장제를 고집하는 전통주의자들이 내세우는 가장 강력한 논리로는 다음의 세 가지를 들 수 있다.

첫째,「창세기」에 나오는 창조 신화와 타락 신화는 남성에 대한 여성의 예속을 뜻한다. 이브는 아담보다 늦게 창조되었으면서도 먼저 타락했다. 그리고 그녀는 아담을 뱀의 유혹에 빠뜨린 선정적인 여인이다. 또한 이브는 원래 아담의 갈비뼈로부터 나온 존재며, 처음부터 남성을 돕기 위하여 창조된 '의존적 존재'다. 그러므로 남성에 대한 여성의 절대적인 복종은 하느님의 창조 목적에 포함된다. 아우구스티누스가 모든 인간은 하느님의 형상을 가지고 태어났지만 남성이 하느님의 형상을 더욱 '규범적'으로 나타낼 수 있다는 점에서 여성보다 우월하다고 주장한 이유도 여기에 있다.

둘째, 이런 사상은 신약에 와서 예수의 단순한 진리를 종교화시키는 데 결정적인 역할을 담당한 사도 바울의 사상에 그대로 전승된다. 그는 「고린도 전서」(11:3, 8-9)에서 이렇게 말한다. "남자의 머리는 그리스도며, 여자의 머리는 남자며, 그리스도의 머리는 하느님이라. 남자가 여자에게서 난 것이 아니라 여자가 남자에게서 났으며, 또한 남자가 여자를 위하여 지음을 받지 않고 여자가 남자를 위하여 지음을 받았느니라." 여기서 우리는 하느님은 예수의 머리가 되고, 예수는 남성의 머리가 되고, 남성은 여성의 머리가 되는 계층적인 상하 복종의 관계를 읽을 수 있다. 또한 이 구절은 창조 신화를 상기시키면서 여성이 본래 남성을 위하여 탄생되었음을 말한다.

셋째, 사도 바울의 이러한 사상은 기독교 신학 체계에 결정적인 역할을 담당한 토마스 아퀴나스에 그대로 전승된다. 그는 결혼 생활에서 남편이 아내의 지배자(governor)가 되어야 하는 것이 자연적인 하느님의 섭리라고 말하며, 성에 있어서도 성의 여러 기능을 무시하고 출산을 위한 성교만을 도덕적으로 용인될 수 있는 행위로 간주하며, 어떤 경우에도 이혼할 수 없다고 잘라 말한다.[3]

오늘날 우리는 아퀴나스의 이러한 사상들이 기독교에 —특히 카톨릭에— 엄연히 살아 있음을 알 수 있다. 그러나 이러한 입장은 원래 육체의 중요성을 인정했던 히브리 사상이 아니라 플라톤으로부터 내려온 정신제일주의적인 그리스 사상이 기독교에 흡수됨으로써 생긴 것이다.[4] 그러나 최근에는 이상과 같은 전통적인 견해에 대한 수정안을 제시하는 해석학자들이 많이 생겨났다.

3. 해석학적인 견해

「창세기」에 나오는 창조 신화는 두 개의 이야기로 구성되어 있다. 첫째는 제사 문서(P 문서)에 속하는 1:1-2:4a에 나오는데, 여기서 인간은 다른 동물과 마찬가지로 여섯 번째 되는 날에 창조되었다. 둘째는 2:4b-25에 나오는 야웨 문서(J 문서) 속에 나오는데, 여기서는 제일 나중에 창조된 첫 번째 이야기와는 달리 인간 창조로부터 시작한다. 그리고 해석학자들은 이 두 개의 이야기가 서로 상반되는 것이 아니라 상부상조의 관계에 있다고 말한다.

(1) 첫 번째 창조 신화에서, 인간은 동물과 같은 날 창조되지만 "우리의 형상을 따라 우리의 모양대로 사람을 만들고"(1:26)라고 표현함으로써 동물과의 엄격한 구분을 나타낸다. 그리고 1:27에는 "하느님이 자기 형상, 곧 하느님의 형상대로 사람을 창조하시되, 남자와 여자를 창조하시고"라는 표현이 있다. 그러므로 우리는 여기서 '하느님의 형상'이라는 어휘의 뜻을 살펴볼 필요가 있다.

첫째, '하느님의 형상'이라는 표현의 의미는 "바다와 고기, 공중의 새, 육축, 온 땅에 기는 모든 것들"을 다스릴 수 있는 인간의 지배권을 나타낸다. 다시 말해서, 인간은 하느님의 대표자로서 땅의 주권자임을 나타낸다. 이러한 사실은 실제로 당시의 제왕들이 그들이 다스리는 영토를 표시하기 위하여 그들의 형상을 세웠던 습관에서 쉽게 알 수 있다.[5)]

둘째, '하느님의 형상'이라는 표현의 의미는 인간 평등이다. 당시에는 제왕들만이 그들의 형상을 만들 수 있었다. 그러나 하느님 앞에서 모든 인간은 제왕과 같은 지위를 부여받았다.

셋째, '하느님의 형상'이라는 표현의 의미는 하느님에 대한 인간의 관계성이다. 여기서 인간은 죄인이지만 하느님의 자녀가 될 수 있는 '가능적 존재'가 된다.

그러면 "사람을 창조하시되, 남자와 여자를 창조하시고"의 뜻은 무엇인가. 여기서 '사람'이라는 단어는 '아담'이라는 히브리 단어인데, 이 단어는 남성과 여성의 구별이 없는 속명을 나타낸다. 일반적으로 'man'이라는 영어 단어가 남녀를 전부 포함한 인간을 나타내는 경우와 같다. 그리고 '남자와 여자'라는 말은 성적인 구별을 나타낸다.

그러므로 첫 번째 창조 신화에서 사람은 처음부터 양성(兩性)으로 창조되었고, 동등하게 하느님의 형상대로 태어났으며, 동등하게 땅의 주인이며, 동등하게 "생육하고 번성하여 땅에 충만하라"(1:28)는 축복을 받았다. 여성이 남성보다 열등하다는 사실을 전혀 발견할 수 없다.

(2) 두 번째 창조 신화는 여러 면에서 첫 번째 신화와 다르다. 첫 번째 신화에서 인간은 하느님의 창조 사업의 완성으로 마지막 날에 창조되었으나, 두 번째 신화는 인간 창조로부터 시작한다. 여기서 하느님의 창조 순서는 인간, 에덴동산, 동물, 남성과 여성의 구별의 순서로 되어 있다. 그리고 첫 번째 인간은 처음부터 남성과 여성으로 창조되지만, 두 번째 신화에서는 사람이 먼저 창조되고 남성과 여성의 구별은 그 후에 발생한다(2:18-24). 두 번째 신화에서 인간은 두 단계로 창조되지만, 남성과 여성의 구별은 동시적인 사건으로 묘사되어 있다.

또한 첫 번째 신화에서 인간은 하느님의 말씀으로 창조되지만, 두 번째 신화에서는 흙으로부터 창조되었다. 특히 두 번째 신화는 "사람이 혼자 사는 것이 좋지 않다"는 여성 창조의 이유가 나와 있으며, 하느님은 '돕는 배필'로 여성을 창조했다. 아담이 동물 중에서는 돕는 배필을 발견할 수 없기 때문이다(2:20).

전통주의자들은 '돕는 배필'이라는 어휘가 남성에 대한 여성의 예속을 나타낸다고 주장한다. 그러나 해석학자들은 이 어휘가 위기에 처한 이스라엘을 향한 하느님의 도움과 같은 적극적인 뜻을 가지고 있다고 주장한다. 이러한 실례로는 「시편」(121편)에 나오는 "내가 산을 향하여 눈을 들리라. 나의 도움이 어디로부터 올 것인가. 나의 도움이 천지를 창조하신 하느님으로부터 오도다"라는 구절을 들 수 있다.

그러므로 두 번째 창조된 이브가 먼저 창조된 아담의 돕는 배필이라는 뜻은 위기에 처한 상황을 도와주는 하느님의 협조와 같은 적극적인 뜻을 가지고 있다.

또한 두 번째 창조 신화는 하느님이 아담을 잠들게 한 후에 그의 갈빗대를 뽑아서 이브를 창조했다고 말한다. 이 구절도 전통적으로는 남성에 대한 여성의 예속을 의미한다고 생각해 왔다. 그러나 해석학자들은 이렇게 말한다.

> 땅에서 취한 흙으로 남자를 창조했다고 해서 남자가 땅에 종속되었다고 추론할 수 없듯이, 남자의 갈비뼈로 여자를 창조했다고 해서 여자의 위치가 남성에게 종속된다고 추리할 수는 없는 것이다. 그런 논리는 창조 질서에 작용되지 않는다. 여기서 이야기의 핵심은 하느님의 창조에서 여성은 동물과 구별되며, 인간은 그와 대등한 위치에서 인격적인 관계를 맺을 수 있는 배필을 필요로 하며, 여자는 그런 뜻에서 남자의 배필이라는 것이다.
>
> 히브리어로 '남자'와 '여자'라는 어휘는 성적으로는 구별되지만 종속을 뜻하지 않는다. 이 창조 신화의 희곡적인 성격을 이해하지 못하는 사람들은 여자가 마지막에 창조되었다는 사실 자체가 열등성을

의미한다고 해석해 왔다. 그러나 이야기의 전체적인 구조의 견지에서 볼 때, 인간 창조로 시작된 하나님의 창조는 그 절정으로 여자를 창조하신 것이다. 여자의 창조는 하나님의 목적을 성취하는 절정의 순간을 의미한다.[6]

(3) 「창세기」 3장에 나오는 타락 신화는 기독교 여성관에 가장 부정적인 영향을 끼친 본문에 해당한다. 여기서 뱀은 먼저 이브를 유혹하여 타락시켰고, 이브는 다시 아담을 타락시켰다. 그리하여 성서는 하나님이 아담을 추궁할 때 "하느님이 주셔서 나와 함께 있게 하신 여자가 그 나무 열매를 나에게 주어서 먹었나이다" 라고 핑계를 대고 있으며 (3:12), 그 결과 이브에게는 "남편이 너를 다스릴 것"이라는 벌을 주었다(3:16). 이 타락 신화에 대하여는 어떤 새로운 해석이 가능한가?

첫째, 히브리어 원전에 의하면, 여기서 뱀이 대화를 하는 대상은 단수가 아니라 복수다. 그러므로 뱀은 이브를 먼저 유혹한 것이 아니며, 아담은 순수한방관자의 입장이 아니라 공동의 참여자가 된다. 타락은 여자만의 행동이 아니라 남녀 공동의 행동이 된다.

둘째, 타락 신화의 요점은 누가 먼저 타락했느냐는 것이 아니라 왜 그들이 타락했느냐는 것이다. 그들은 다같이 "너희가 그것을 먹는 날에는 너희 눈이 밝아 하느님과 같이 선악을 알게 된다"(3:5)는 뱀의 유혹에 의하여 타락했다. 이것은 창조주의 주권과 인간의 피조성을 부정할 뿐만 아니라 평등한 인간 관계가 붕괴되었음을 말한다. 여기서 그들이 남녀 상호간의 파트너십을 붕괴했다고 말할 수 있는 이유는, 이브는 전통적인 여성과는 달리 전혀 남성의 조언을 구하거나 토론하지 않았으며, 아담도 아무런 이의나 반대를 제기하지 않고 뱀의 유혹을 따라갔기 때문이다.

셋째, 하느님은 타락에 대한 추궁을 아담, 이브, 뱀의 순서로 진행한다. 그러나 하느님의 심판은 뱀, 이브, 아담의 순서로 진행된다. "여기서 놀라운 사실은 하느님이 여자나 남자를 저주하지 않았다는 사실이다. 직접 저주를 받은 것은 뱀뿐이다. 하느님은 명령에 불복종한 벌로 여자에게는 해산의 고통을 크게 더 주고, 남자에게는 땅을 경작하는 수고를 더 주었다. 여기서 유의해서 관찰할 것은, 여자에게 향한 하느님의 심판은 어머니로서의 여자의 역할에 관한 것이며, 여자로서의 위치나 권위에 관한 것이 아니라는 사실이다."[7]

넷째, 그러면 왜 성서는 "남편이 너를 다스릴 것"이라고 말했는가? 그 이유는 그들의 지배자와 피지배자의 위치가 창조 신화에 나타난 평등 사상의 타락으로 인하여 발생했음을 나타내는 것이다. 다시 말해서, 이 신화는 당시에 만연되어 있던 가부장적 제도는 하느님의 원래 창조 질서에 의한 것이 아니라 타락 이후에 생긴 것이며, 상호 의존적인 파트너십은 성 중심적 혹은 성 지향적인 관계로 전락되었음을 말한다. 그러므로 여성을 열등한 성으로 보거나 단순한 남성의 내조자로만 보는 견해는 하느님의 창조 질서에 의한 견해가 아니다.[8]

4. 여성신학적인 견해

여성신학은 최근에 대두된 해방신학의 일종이다. 추상적인 기독교의 진리를 직접 현실에 적용시키려면 구체적으로 상황화(contextualize)되어야 한다고 주장하는 해방신학은 그 진리가 구체화되려면 이데올로기라는 도구를 사용하지 않을 수 없다고 말한다. 예를 들어서, "원수를 사랑하라"는 기독교의 명령은 북한에서 남침했을 때 우리가 구체적으로 어떻게 행동해야 되느냐를 말하지 않는다.

그리고 여기서 말하는 여성신학은 신학을 하는 사람이 남성이 아닌 여성이라는 뜻이 아니라 여성의 문제를 특별히 신학적으로 조명한다는 뜻이다. 그러므로 여성신학은 여성과 남성이 다같이 참여할 수 있는 학문이다.

물론 여성신학에는 온건한 입장부터 과격한 입장에 이르기까지의 다양한 견해가 있다. 그러나 그들의 공통된 주장으로는 다음과 같은 몇 가지를 들 수 있다.

첫째, 구약의 야웨와 신약의 하느님은 남성과 여성의 구분을 허용하지 않는 초월적인 존재다. 그럼에도 지금까지의 기독교는 언제나 '아버지'라는 남성상만을 부각시켰다. 그리하여 여성신학자들은 하느님의 여성적인 측면을 강조한다.[9]

둘째, 일부의 여성신학자들은 예수의 모친인 마리아를 완전히 해방된 인간이면서 동시에 하느님의 의지에 전적으로 복종하는 여성의 이상형으로 간주한다. 그녀는 인간의 명예를 버리고 하느님의 뜻에 복종했으며, 예수의 죽음과 십자가에 적극적으로 헌신한 여성이었다.[10]

물론 성서에는 수많은 훌륭한 여성에 대한 이야기가 기록되어 있다. 특히 구약에는 자녀를 낳아서 생명을 전수하는 여성의 역할을 중요시한 경향이 있다. 그리하여 석녀(石女)라는 별명을 가진 아브라함의 아내인 사라는 계략을 써서 아들을 낳았고(「창세기」, 16:1-2), 롯의 딸은 혈통을 보존하려고 근친 상간까지 해서 어머니가 되었고(「창세기」, 19:30-38), 라헬은 남편인 야곱에게 "나도 자식을 낳게 해주세요. 그렇지 않으면 죽어버리겠어요"(「창세기」, 30:1-2)라고까지 하면서 간청했으며, 이브는 첫아들인 카인을 낳고 "야웨께서 나에게 아들을 주셨다"(「창세기」, 4:1)고 기뻐했던 것이다.

신약에 들어와서 예수는 당시에 '인간과 동물의 중간에 위치한 존재'로 취급받고 있던 여성에게 더욱 특별한 자리를 주었다.

그리하여 성서에는 성모 마리아, 엘리자벳, 예언자 안나, 가나안 여인, 나임의 과부, 간음하다가 들킨 여인, 이름 없는 큰 죄인(「마태복음」, 26:6-13), 사마리아 여인(「요한복음」, 4:1-42), 예수를 십자가 밑에까지 따라간 여인들(「누가복음」, 28:49-55), 마르다와 그녀의 동생인 마리아(「누가복음」, 10:38-42), 예수의 모친을 찬미한 여인(「누가복음」, 13:11-17), 허리가 굽은 여인(「누가복음」, 31:11-17), 예루살렘의 여인들(「누가복음」, 23:27-31), 예수의 발에 향유를 쏟으면서 회개한 여인(「마태복음」, 14:1-9; 「요한복음」, 12:1-18) 등의 수많은 여성에 관한 이야기가 등장하며, 예수 자신도 여성을 그의 비유에 등장시키고 있다(「누가복음」, 15:8-10).[11]

그 중에서도 사마리아 여인의 이야기는 예수가 결코 여성을 부정적으로나 품위 없는 존재로 보지 않았다는 사실을 증명하고 있으며, 그의 발에 향유를 뿌린 여인의 이야기에서는 "복음이 전해지는 곳마다 이 여인이 한 일을 기억하게 하라!"(「마가복음」, 14:9) 고 명령함으로써 성서 기록자들을 포함한 대부분의 사가(史家)들이 여성에 대한 기록을 생략하는 풍속을 경계했다고 볼 수 있다.

특별히 두 번째 이야기는 비싼 향유를 팔아서 차라리 가난한 사람에게 주는 것이 좋겠다고 말하면서 그녀를 책망했던 '남성의 계산'과 '여성의 아낌없는 사랑', 가난한 사람에 대한 핑계와 예수의 십자가 죽음을 예비하는 여성의 예지가 대조적으로 잘 설명되고 있다.

이러한 남성과 여성의 대비는, 좋다고 생각한 것을 얻기 위하여 모든 일을 감수하면서 돌진하는 '여성의 극성'을 나타낸 이브와 선악과의 범죄를 비겁하게 은폐(「창세기」, 3:12)하려는 아담의 대비가 은연중에 재현되었다고 볼 수 있다.[12] 이러한 여성의 '극성' 때문에 여인들은 남성

제자들이 전부 도망친 가운데서도 예수의 십자가를 끝까지 따랐으며, 특히 막달라 마리아는 부활한 예수를 최초로 대면하여 그의 부활의 메시지를 사도들에게 전하라는 전령사(傳令使)의 축복까지 받게 되었다(「요한복음」, 22:1-2; 「마태복음」, 28:1-8).

이외에도 신구약 성서에는 여러 명의 여성 이야기가 기록되어 있으며, 특히 예수는 "세금 징수원과 창녀가 먼저 천국에 들어갈 것"(「마태복음」, 21:31)이라고까지 말했다.

그럼에도 여성신학자들이 성모 마리아를 특별히 신앙이 돈독하면서도 해방된 여성의 모델로 간주하는 이유는 무엇인가? 마리아를 인류의 영원한 어머니로 간주하는 것은 — 비록 그 칭호는 예수가 십자가 위에서 사도 요한에게 한 마지막 유언인 "이는 네 어머니다" 라는 말에서 나온 것이라고 하더라도 — 카톨릭의 지나친 견해에 불과한 것은 아닌가? 전통적으로 평화의 모후(母后), 사랑의 어머니, 기쁨의 여인, 인류의 영원한 어머니로서 신령화된 마리아가, 복음이 구체적인 현실 속에서 적용되어야 한다고 주장하는 해방신학과 도대체 무슨 상관이 있는가? 오히려 복음의 사회화와 세속화를 주장하는 해방신학은 마리아의 이러한 비육체적 상징을 배척해야 되지 않을까?

물론 지금까지의 기독교 역사에서 — 특히 카톨릭의 역사에서 — 마리아는 너무나 신령화되어서 그녀의 인간적 측면이 거의 무시되고 있었다. 그러나 성서에 나타난 마리아는 신령한 여인이면서 동시에 육체를 가진 적극적인 여인이며, 더 나아가서 그녀는 가난한 사람을 위한 혁명적 사상을 가진 여인이었다. 이러한 사실은 예수의 수태(受胎)를 알리는 천사에게 "주의 계집종이오니, 말씀대로 내게 이루어지이다!" 라고 수락한 후에 엘리사벳을 방문해서 부른 세기의 노래에 — 「위대한 노래(Magnificat)」에 — 잘 나타나 있다.

내 영혼이 주를 찬양하오며, 내 마음이 하느님 내 구주를 찬양하나이다. 그가 계집 종의 비천함을 돌아 보셨음이라. 보라, 이제부터는 만세에 나를 복이 있다고 말할 것이로다. 능하신 이가 큰 일을 내게 행하셨으니, 그 이름이 거룩하시며 긍휼하심이 그를 두려워하는 자에게 대대로 이르는도다. 그의 팔로 힘을 보이사, 마음의 생각이 교만한 자를 흩으셨고, 권세있는 자를 그 위에서 내려치셨으며, 비천한 자를 높이셨고, 주리는자를 좋은 것으로 배불리셨고, 부자를 빈 손으로 보내셨도다. 그 종 이스라엘을 도우사 긍휼히 여기시고 기억하시되, 우리 조상에게 말씀하신 바와 같이, 아브라함과 그의 자손들에게 영원히 거하시리로다(「누가복음」, 1:46-55).

여기서 마리아는 "내 영혼이 주를 찬양하오며…"로 시작되는 46-48절에서 가난하고 비천한 사람에게 내려 주는 하느님의 선물에 감사를 드리며, "능하신 이가 큰 일을 내게 행하셨으니…"로 시작되는 49-50절에서는 하느님을 완전히 신뢰하는 사람에게 내리는 하느님의 자비를 노래하며, "그의 팔로 힘을 보이사…"로 시작되는 51절에서는 교만한 사람을 멸하는 하느님의 힘을 찬양하는 윤리적인 혁명을—마음의 혁명을— 제창하고 있으며, "권세있는 자를…"로 시작되는 52절에서는 권력이 있기 때문에 민중을 억압할 수 있다고 믿는 사람들을 멸하시는 정치적 혁명을 제창하고 있으며, "주리는 자를…"로 시작되는 53절에서는 배고픈 사람에게 희망을 주는 경제적 혁명을 제창하고 있으며, "그 종 이스라엘을 도우사…"로 시작되는 54-55절에서는 이스라엘 백성에 게 희망과 자비를 약속하는 하느님을 찬양한다.[13]

확실히 마리아는 조용하고, 상냥하고, 자기를 억제하는 온순하고 순종적인 면과 동시에 혁명적이며 투사적인 면을 가지고 있다. 그럼에도 지금까지의 기독교는 마리아의 능동적인 측면을 외면하고 수동적인 측면만을 강조함으로써 여성 차별에 기여하는 결과를 초래하게 되었다. 여성신학자들이 특별히 강조한 것은 지금까지 묵인되어 왔던 마리아의 적극적인 측면이다. 김옥희는 이렇게 말한다.

> 최근에 들어와서 많은 여성들이 남성 성서 주해자들의 매개를 거치지 않고 성서를 여성 자신들에게 적용하기 시작하면서, 오리게네스와 같은 초대 교부들의 사상에 의하여 성모 마리아가 역사 속에서 왜곡되어 왔다는 사실을 깨달았다. 신약에 나타난 마리아는 — 특히 「위대한 노래」를 부른 마리아는 — 굳은 신앙과 지성의 여인으로써 온화하고 신중한 분인 동시에 단호하고 책임감 있는 분으로써 용기와 주도권을 가지고 하느님의 뜻을 이루기 위해서는 죽음까지도 불사할 수 있는 모험적인 여인이다. 그리하여 그녀는 가브리엘 천사의 수태 고지에 대하여 "이루어지이다!" 라고 답변할 수 있었다.
>
> 그러나 이 구절에 대하여 지금까지의 교회 기도서는 '주의 종'이라는 순종의 의미만을 강조하고, 죽음에 대한 두려움을 무릅쓰고 책임 있는 모험으로 하느님의 소명(召命)을 용감하게 수용한 마리아의 단호하고 담대한 수락을 강조하지 않았던 것이다. 지금까지 영원한 어머니로서의 마리아는 수동적인 여성을 특징으로 하는 여인상으로 한정되어 역사 안에서 강조되어 왔던 것이다.[14)]

셋째, 그러나 모든 여성신학자들이 한결같이 강조하는 사실은 보편적인 종교의 진리를 특수화(particularize)시켜야 한다는 것이다. '역사를 초월한 그리스도'와 더불어 '역사 속의 그리스도'를 강조하고, '하느님에 대한 신앙'과 더불어 '하느님을 믿는 신앙'을 강조해야 된다는 것이다. 인간과 역사를 초월한 하느님과 더불어 역사 속에서 실제로 활동하는 하느님을 믿음으로써 억압받는 사람들, 가지지 못한 사람들, 상속받지 못한 사람들이 겪고 있는 성 차별주의, 인종 차별주의, 계급 차별주의, 경제적 착취, 문화적 제국주의, 정치적 탄압으로부터 해방시키는 것을 기독교인의 참된 의무라고 강조한다.[15)]

여기서 일부의 여성신학자들은 성서를 남녀 평등의 입장에서 재해석할 수 있다는 해석학자들의 입장을 넘어서서 성서를 여성의 시각에서 새롭게 재독해야 된다고 주장한다. 이러한 실례로는 1983년에 우리나라를 방문한 바 있는 러셀(Letty M. Russell)을 들 수 있는데, 그녀는 전통적으로 내려온 삼위일체론을 '파트너십의 관계'에서 다시 읽어야 한다고 말한다.[16)]

나는 이제 이런 여성신학의 대표자로서 노트르담 대학교의 신학 교수인 피오렌자(Elisabeth Schussler Fiorenza)의 견해를 소개하겠다. 그녀는 우선 모든 학문과 마찬가지로 신학은 가치 중립적일 수 없다고 말한다. "모든 신학은 의식적으로나 무의식적으로 억압받는 사람들을 위한 것이든지 반대하는 것이다."[17)] 그리고 여성신학은 억압받는 사람들에 대하여 어떤 태도를 취할 수밖에 없는 입장(the advocacy stance)에서 단연코 약자의 편에 서는 신학이다.

물론 오그덴(Schudert Ogden)과 같은 신학자는 신학의 비가치 중립성을 인정하면서도 여성신학의 입장을 비난한다. 그에 의하면, 여성신학은 그들 자신의 입장에 대한 비판적인 반성은 하지 않고, 오직 그들의 기존 입장을 합리화시키고 있기 때문이다.[18)] 그리고 여성신학의 이러한 태도는 기독교의 진리를 증언(witnessing)하기보다는 단순히 신학화(theologizing)시키고 있을 뿐이라고 말한다. 그러나 흑인 신학자인 콘(James Cone)은 오그덴과는 정반대로 "기독교 신학이 이 시대에 맞는 복음의 의미를 추구하는 것이라면, 그것은 해방을 출발점으로 해야 하며, 그렇지 않으면 한심한 이야기나 신성 모독이 될 뿐"이라고 주장한다.[19]

이렇게 정반대되는 두 가지 입장에 대하여 우리는 어떤 태도를 취해야 하는가? 다시 말해서, 신학의 '중립성'과 '입장'은 반드시 모순되는 개념인가? 그렇지 않으면 그들은 서로 공존할 수 있는가? 이 문제를 해결하기 위하여 피오렌자는 먼저 지금까지의 신학을 세 가지 유형으로 설명한다.

첫째는 '교리적인 모범례(the doctrinal paradigm)'라고 부를 수 있는 신학인데, 여기서 신학자들은 하느님의 계시와 교회의 전통을 교리적으로 받아들임으로써 실제로는 현실을 외면하는 반역사적인 신학을 전개한다.

둘째는 '역사적-비판적 주석의 모범례(the paradigm of historical-critical exegesis)'라고 부를 수 있는 신학인데, 여기서 신학자들은 객관적이면서도 과학적인 세계관을 가지고 가치 중립적인 신학을 한다고 주장한다.

셋째는 '해석학적-내용적 모범례(the hermeneutical-contextual paradigm)'라고 부를 수 있는 신학인데, 여기서 신학자들은 역사적-비판적 입장을 받아들이면서도, 다른 한편으로는 그 태도에다가 해석학적인 입장을 추가해야 된다고 주장하고, 구체적인 방법으로는 형식 비평(form criticism)과 편집 비평(redaction criticism)을 동시에 사용한다.

피오렌자는 첫 번째와 두 번째 신학은 가난한 사람에 대한 '입장'을 포기하는 신학이라고 단정한다. 그리하여 그녀는 해석학적 신학의 대표자인 세군도(Buan Luis Segundo)의 사상을 집중적으로 토론한다.

그러나 그녀는, 신학의 진정한 의미는 해방에 관한 우리들의 학습 과정(an educational process)이라고 주장하는 세군도의 입장은, 결국 신학에 대한 또 다른 신학이라는 이중적 배움(a second level learning)이 왜곡될 수 있다는 사실을 인식하지 못하고 있다고 비난한다. 다시 말해서, "성서가 지금까지 그리고 오늘날에도 사회적, 문학적, 계급적 성 차별주의로부터 여성의 평등과 자유를 획득하는 일에 방해꾼이라는 사실"을 인식하지 못하고 있다고 비난한다.[20] 그녀가 그녀의 딸이 태어나서 세례를 받을 때 다음과 같이 발설한 이유도 여기에 있다. "나의 딸은 억압의 세계 속에 태어났다. 나의 딸은 차별의 사회 속에 태어났다. 나의 딸은 불평등의 교회 속에 다시 태어났다."

지금까지 교회는 여성을 차별해 왔으며, 성서는 여성 차별의 근거를 제공해 왔다. 그리하여 피오렌자는 1895년과 1898년에 발표된 스탠턴(Elizabeth Cady Stanton)의 『여성의 성서(*The Woman's Bible*)』를 집중적으로 토론하면서, 여성신학은 이제 과거로부터 내려온 교회와 성서를 단순히 남녀 평등의 입장에서 재해석하는 태도를 극복하고 완전히 여성적인 시각에서 다시 읽어야 한다고 주장한다.[21]

여기서 여성신학은 ― 스탠턴이 주장했듯이 ― 첫째로 성서 해석은 본질적으로 정치적인 행위가 되어야 하며, 둘째로 성서는 '더욱 높은 비평'에 의하여 수정되어야 한다는 입장이 된다.

이러한 입장에 서서 피오렌자는 자신의 비판적 여성신학을 '해방적 실천의 모범례(the paradigm of emancipatory praxis)'라는 네 번째 유형으로 제시한다. 그러면 이 해방적 신학은 해석학적 신학과 어떤 차이점이 있는가?

첫째, 해방적 신학은 성서나 성서적인 신앙을 인간 교육 과정의 전체로 인정하지 않는다. 성서와 신앙은 다른 근거들과 병행하여 이해되어야 한다. 그리하여 우리는 이런 질문을 심각하게 고려해야 한다. 예수는 과연 페미니스트였는가? 그리고 나사렛의 예수는 과연 오늘날 여성 운동의 모델이 될 수 있는가?

둘째, 성서적인 전통에 대한 재평가와 성서에 대한 적절한 해석의 기준은 성서 자체에서 얻을 수 없다. 그것은 여성과 억압받는 사람들의 자유에 대한 투쟁을 통해서만 형성될 수 있다. 다시 말해서, 성서에 대한 진정한 시각은 보편적이 아니라 특수적이어야 한다. 어떤 '입장'을 고수한다는 뜻에서 특수성을 가져야 한다.

셋째, 성서는 진리와 계시의 근원일 뿐만 아니라 폭력과 지배의 근원일 수도 있다. 그러므로 우리는 성서를 원형(archetype)으로 읽지 말고 표준(prototype)으로 읽어야 한다. 여기서 비판적이면서도 해방적인 여성신학은 성서의 진리와 역사를 연결하려는 해석학적인 입장을 지나서 성서의 해석에 대한 비판적인 모범례의 — 이념적인 비판의 — 단계로 돌입하게 된다.[22]

지금까지 나는 기독교의 여성관을 전통적인 견해, 해석학적인 견해, 여성신학적인 견해의 세 가지로 설명했다. 처음의 두 가지 견해가 교회의 권위와 성서의 진리를 그대로 고수하려는 입장이라면, 여성신학의 견해는 그것을 비판적으로 수용하려는 견해다.

여기서 우리는 여성신학의 비판적인 견해가 쉽게 교회 자체를 비판하는 것으로 오해되기 쉽다는 것을 곧 알 수 있다. 여성신학자들이 한결같이 주장하는 내용 중의 하나는, 여성화 · 민주화 운동은 사회보다는 교회 내에서 더욱 비참한 상태에 있으며, 이런 뜻에서 여성의 민주화 운동은 먼저 교회의 자발적인 의지 표시가 선행되어야 한다는 것이다. 한때 종교 재판이라는 파문을 던졌던 보프(Leonardo Boff) 신부의 경우도 이런 맥락에서 이해할 수 있다.[23]

5. 기독교의 평등성

우리는 민주주의라는 이름 아래 자행되고 있는 전체주의와 사랑이란 이름의 독재적인 횡포를 잘 알고 있다. 그러나 영혼의 궁극적 문제를 해결해 주고 삶에 의미를 부여해야 할 종교가 평등한 교리와 불평등한 현실의 괴리를 극복하지 못했다는 것은 그야말로 슬픈 사실이 아닐 수 없다. 마르크스가 종교를 '민중의 아편'이라고 말한 이유도 여기에 있으리라. 이 괴리를 어떻게 설명할 수 있는가?

첫째, 그것은 모든 종교가 엄연한 사회적 산물이므로 당시 사회의 이념을 포용 및 배척하지 않을 수 없다는 상식을 저버렸기 때문에 생긴 것이다. 예를 들어서, 기독교가 에스키모가 사는 북극 지방에서 태어났다면, 씨 뿌리는 사람의 비유는 성서에 없었을 것이며, 그 대신에 고래 잡는 사람의 비유가 있었을 것이다. 이스라엘은 비옥하지는 않지만 농사를 짓고 사는 사람들이 있었기에 이런 비유가 가능했던 것이다. 그러므로 모든 종교는 문화 상대적임을 잊지 말아야 한다.

둘째, 성서에는 분명히 남녀 평등을 지지할 수 있는 구절도 있고, 더 나아가서는 남성에 대한 여성의 우위성을 지지할 수 있는 구절도 없지 않다. 그럼에도 기독교가 성서에 대한 일방 통행적인 해석, 즉 남성 우위적으로만 이해해 왔다는 뜻에서의 일방 통행적 해석만을 고집한 근본적인 이유는, 기독교가 현실에 대한 비판능력을 결여하고 있었기 때문이다. 기독교의 위대한 선지자들은 모두 현실과 체제의 비진리를 목숨을 내걸고 배격한 사람들이었다.[24)]

기독교의 평등 사상은 지금까지 남녀 평등을 주장했던 모든 기독교인들이 신앙의 마그나 카르타로 인정한 다음의 성경 구절에 잘 나타나 있다.

> 너희는 유대인이나 그리스인이나, 종이나 자유인이나, 남자나 여자에 관계없이 모두 그리스도 예수 안에서 하나이니라(「갈라디아서」, 3:28).

우리는 구약의 완성인 신약의 중심 인물인 예수가 당시의 철저한 가부장 제도에 반대하여 남녀 평등의 행동을 직접 실천했으며, 창녀나 세금 징수원과 같은 억압받는 사람들, 상속받지 못한 사람들, 가난한 사람들의 친구였다는 것을 잘 알고 있다.[25] 일부의 과격한 여성신학자들이 성서로부터 이브의 탄생과 같은 성 차별 언어(sexist language)를 제거해야 된다고 주장하는 이유도 여기에 있다.[26]

생각해 볼 문제들

1. 모든 종교의 두 가지 공통점은 무엇인가?
2. 남성이 여성을 지배해야 된다는 전통적인 견해의 근거는 무엇인가?
3. 「창세기」에 나오는 첫 번째 창조 신화와 두 번째 창조 신화의 차이점은 무엇인가?
4. 타락 신화에 대한 해석학적 견해를 설명하라.
5. 여성에 대한 여성신학자들의 공통된 견해는 무엇인가?
6. 마리아는 과연 해방된 여성의 모델이 될 수 있는가?
7. 피오렌자의 해방적 신학의 내용은 무엇인가?
8. 성서를 '재독'해야 된다는 여성신학자들의 신학적 문제점으로는 어떤 것을 고려할 수 있을까?

[주]

1) Frederick Copleston, *Philosophies & Cultures*, Oxford University Press, 1980, pp. 5-6.

2) 이인복, 「여성의 恨, 아픔, 치욕」, 『기독교사상』, 1983년 9월호, p. 99; 이우정, 「여성과 인권」, 기독교사상 편, 『한국의 정치 신학』, 대한기독교서회, 1984, pp. 185-186.

3) 이 책, 제18장.

4) 이 책, 제18장.

5) 장 상, 「성서의 여성관」, 『한국의 정치 신학』, 앞의 책, p. 152.

6) 같은 글, pp. 154-155. (나는 원문을 약간 수정해서 인용했음을 밝힌다.) 이런 주장은 "Save the best for the last!"라는 속담을 상기시킨다.

7) 같은 글, p. 155.

8) 김상화, 「여자는 교회에서 잠잠하라는 바울의 말에 관하여」, 『기독교 사상』, 1984년 11월호, pp. 230-237; 서강대 신학연구소 편, 『하나의 믿음』(1965년에 발표된 제2차 바티칸 공의회 폐회 메시지), 분도출판사, 1979, pp. 481-500, 567-584; 대전신학대 편, 『카톨릭 신앙 입문: 화란 교리서』, 1983, pp. 459-490.

9) Henriette Katoppo, "Asian Theology: An Asian Woman's Perspective", Virginia Fabella, ed., *Asia's Struggle for Full Humanity*, Orbis Books, 1980, pp. 147-149; 이우정 편, 『여성을 위한 신학』, 한국신학연구소, 1985, pp. 17-90; 박순경, 「성령의 役事와 여성 해방」, 『한국의 정치 신학』, 앞의 책, pp. 198-200.
전혀 다른 시각에서 예수의 여성상을 강조한 일본의 소설로는 遠藤周作의 『예수의 생애』와 『침묵』을 들 수 있다. 이 점에 대하여는 다음을 참조할 것 황필호, 『엔도 슈사꾸의 종교소설 읽기』, 신아출판사, 2002.

10) Coro Ferro, "The Latin American Woman: The Praxis and Theology of Liberation", Sergio Torres & John Eagleson, eds., *The Challenge of Basic Christian Communities*, Orbis Books, 1981, p. 35; Katoppo, 앞의 글, pp. 149-150.

11) 김옥희, 「성서 안에 나타난 여인상」, 제18회 ICPA 정기 연구발표회, 1986. 5. 28, pp. 4-7.

12) 같은 글, pp. 8-10.

13) 같은 글, pp. 12-13.

14) 같은 글, p. 14. (나는 원문을 약간 수정하여 인용했음을 밝힌다.)

15) 황필호, 『이데올로기, 해방 신학, 의식화 교육』, 종로서적, 1985, p. 47.

16) 서광선, 「러셀과의 대화: 여성의 해방과 신학」, 『기독교 사상』, 1983년 6월호, pp. 119-128.

17) Elisabeth Schussler Fiorenza, "Toward a Feminist Biblical Hermeneutics; Biblical Interpretation and Liberation Theology", Brian Mahan & L. Dale

Richesin, eds., *The Challenge of Liberation Theology*, Orbis Books, 1981, p. 93.

18) Schubert M. Ogden, *Faith and Freedom: Toward a Theology of Liberation*, Nashville, 1979, p. 116.

19) James Cone, *God of the Oppressed*, New York, 1975, pp. 51-52.

20) Fiorenza, 앞의 글, p. 103.

21) Cf. Ferro, 앞의 글, p. 34.

22) Fiorenza, 앞의 글, p. 108.

23) Cf. Leonardo Boff, *Way of the Cross, Way of Jesus*, 이현주 역, 『십자가의 길, 정의의 길』, 종로서적, 1986.

24) 그들의 생애에 대하여는 다음을 참조할 것. Henry L. Thomas, 황필호 역, 『위대한 종교가들』, 종로서적, 1985.

25) 이러한 주장의 성서적 근거에 대하여는 다음을 참조할 것. 황필호, 『이데올로기, 해방신학, 의식화 교육』, 앞의 책, pp. 56-57.

26) Elizabeth Cady Stanton, *The Woman's Bible*(American Woman's Series: Images and Reflections), New York, 제1권(1895), 제2권(1898).

20. 파사현정의 자세를 가져야 한다

- 불교의 여성관

1. 머리말

석가는 카스트 제도로 고착화되어 있는 사성 차별과 남녀 차별을 반대하는 평등 교단을 만들었고, 여성 출가를 허용하여 남녀 평등을 구현했다.

첫째, 당시 브라만 계급은 브라만 신의 입으로부터 태어났으며, 왕족이나 무사로 구성된 크샤트리아 계급은 그의 배꼽으로부터 태어났으며, 평민인 바이샤 계급은 그의 무릎으로부터 태어났으며, 노예인 수드라 계급은 그의 발바닥으로부터 태어났다고 믿고 있었다. 태어날 때부터 이미 종성(種姓)이 결정되어 있다는 것이다. 그러나 석가는 모든 사람이 법 앞에 평등하며, 사람의 귀천(貴賤)은 태어남이 아니라 그가 이룩한 과거 및 현재의 업(業)에 달려 있다고 설파했다.

둘째, 당시는 일부다처주의가 유행하고 있었으며, 여성에게도 사성의 구별은 있었으나 주로 남성의 부속품으로 취급되었으며, 이상적 생활로 간주되고 있던 학습기, 가주기, 임서기, 유행기의 구별도 여성에게는 허용되지 않았다. 그러나 석가는 해탈의 길을 여성에게도 허락했으며, 결국에는 여성 출가까지 허용했다. 이런 뜻에서 우리는 석가를 '인류 역사상 최초의 페미니스트'라고 부를 수 있다고 해주(海住) 스님은 말한다.

석가의 평등 사상 건립은 그의 전 생애가 교화와 전도로 일관되고 있음에 잘 드러난다. 그가 최초로 제자들에게 전도하러 떠나보내면서 한 선언도 "만인의 이익과 안락을 위해 가라!"는 말씀이었다. 그 만인에 여성이 제외된 것은 결코 아니었다. 이런 뜻에서, 석가를 인류 역사상 최초의 페미니스트라고 해도 과언이 아니리라.

그의 이런 정신은 후에 "누구에게나 불성이 있다(一切衆生 悉有佛性)", "우리 모두 다 함께 성불하자(自他一時成佛道)" 등의 대승 사상으로 다시 꽃피게 되었다. 연기의 법칙 속에서 남녀의 차별상이 무자성공(無自性空)임을 철저히 자각함으로써 남녀가 평등한 무진 연기 속에서 복된 삶을 건립해 가도록 한 것이다. 주종(主從)이 따로 있는 것이 아니라 모든 존재는 낱낱이 평등한 자격으로서의 각기 다른 역할을 가지고 있다는 사상이 바로 대승 보살도인 것이다. 인간은 그 보살행을 통해서 해탈에 이르고 성불하는 것이며, 본래 자신 속에 갈무리된 무한한 가능성인 불성을 계발해 나가는 것이다.[1]

2. 팔경계

그럼에도 불경 속에는 여성 차별적으로 보이는 구절과 주장이 굉장히 많으며, 또한 이런 주장은 지금까지 그대로 용인되고 있는 듯이 보인다. 비구니가 지켜야 할 계율이 비구가 지켜야 할 계율보다 훨씬 많다는 사실도 이런 점을 뒷받침하는 듯하다.

우선 팔존사법(八尊師法), 팔중법(八重法), 팔불가월법(八不可越法), 팔진형수불가과법(八盡形壽不可過法), 비구니팔중법(比丘尼八重法) 등의 여러 가지 이름이 있지만 일반적으로 그냥 팔경법(八敬法)이라고 불리는 계율의 내용은 다음과 같다.

① 비록 백세 비구니일지라도 새로 계를 받은 비구를 보면 마땅히 일어나서 맞이하고 예배하며, 깨끗한 좌복을 펴서 앉기를 청하고,

② 비구니는 비구를 욕하거나 꾸짖지 말며, 파계(破戒), 파견(破見), 파위의(破威儀)라고 비방하지 말며,

③ 비구니는 비구의 죄를 드러내거나 기억시키거나 자백시키지 못하며, 그들이 죄를 찾는 일이나 설(說)하는 일이나 자자(自恣)하는 일을 막지 못하며,

④ 비구니가 되려는 식차마나(式叉摩那)가 계를 배워 마치면 비구에게서 대계(大戒)를 받아야 하며,

⑤ 비구니가 교단에 남겨 두는 승잔죄(僧殘罪)를 범하면 마땅히 이부승(二部僧) 중에서 보름 동안 근신 참회하는 마나타(摩那埵)를 행해야 하며,

⑥ 비구니는 비구에게 교수를 청해야 하며,

⑦ 비구니는 비구가 없는 곳에서는 안거(安居)하지 못하며,

⑧ 비구니가 안거를 마치면 마땅히 비구 중에서 근경식(根境識)의 삼사(三事)를 구해야 할 것이니, 즉 보고 듣고 의심한 것에 대하여 자자(自恣)해야한다.

또한『사분률(四分律)』의 계본(戒本)에 의하면, 비구는 250조의 계율을 지키지만 비구니는 그보다 98조가 더 많은 348조를 지키도록 되어 있다. 물론 대승 불교에 들어와서 남존 여비 사상이 상당히 완화된 것은 사실이지만, 일반적으로 비구는 우바세(남자 평신도)와 우바이(여자 평신도)에게 다같이 설법할 수 있으나 비구니가 평신도 특히 우바세에게 설법하는 일은 극히 드문 일이다. 이런 사실은 분명히 여성 차별적이라고 하지 않을수 없다.

그러나 해주(海住)는 팔경계뿐만 아니라 정법오백년감소설(正法五百年減小說)과 여인오장설(女人五障說) 등은 모두 잘못된 해석이라고 주장한다. 그 이유는 무엇인가?

첫째, 팔경계는 불멸 후 5백 년경에 이루어진 것으로서 부파불교 시대 말기에 당시의 교단 상황을 반영하여 성립된 것이다. 즉 팔경계는 부파말기의 교단 사정이 석가 당시의 일로 소급해서 기술된 것이다.

둘째, 여성은 여래(如來), 전륜성왕(轉輪聖王), 제석천왕(帝釋天王), 마왕(魔王), 대범천왕(大梵天王)이 될 수 없다는 여인오장설은 일반적으로 석존이 직접 예언한 것으로 알려져 있지만, 이것도 불멸 후 5백 년경에 이루어진 것으로서 당시의 어려운 교단 상황을 '비구니에게 그 허물을 씌운 것'이다. 즉 여인오장설은 적어도 불교 교단이 단일 전승을 전하고 있을 때는 존재하지 않았으며, 그후 부파가 분열된 후에 여러 경전과 각 부파 특유의 율장에 첨부된 것이다.

부파 말기 교단의 혼란상에 대한 책임을, 그 당시 다른 교단 내지 인도 사회의 여인 멸시 풍조에 의해 여인에게 허물을 씌워 비구니의 출가에 전가시키고 있음을 알 수 있다. 그것은 아난 존자의 권청(勸請)에 대한 가섭 존자의 반응에서도 잘 드러난다. 제1결집 때 전 대중이 원함에도 불구하고 가섭 존자만이 아난 존자를 결집에 참여시킬 수 없다고 한 이유로서 10여 가지 죄목이 결집의 자료에 보이고 있다. 결집에 있어서 교법을 송출한 아난의 비중은 두말할 필요도 없다. 그럼에도 굳이 아난을 반대한 그 이유 중 첫째 죄목이 '여인을 출가케 한 죄'였다. 아난은 스스로 죄가 된다고 생각하지는 않았으나 참회하고 결집에 참여할 수 있게 된 것이었다. 이 사실만 보더라도 그후 가섭에 의해 통솔된 보수적 교단이 비구니 대중을 어떻게 대하였음을 짐작할 수 있으니, 불멸 후 비구니와 비구의 이부중(二部衆) 사이가 별로 화목하지 못하였음을 시사하고 있다.[2]

셋째, 여인오장설의 여인불성불설(女人不成佛說)에서 나온 전여신설(轉女身說) 혹은 변성남자성불설(變成男子成佛說)은 제발다 교단에서 전해져 오던 것이 『법화경』의 제바달다품에 수록되면서 함께 수용된 것이다.

넷째, 『무량수경』에는 "설사 내가 부처가 될 수 있다고 하더라도, 시방무량(十方無量) 불가사의 제불세계에 있는 여인이 나의 이름을 듣고 환희하여 보리심을 일으켜 여자의 몸을 싫어하고서도 목숨이 다한 뒤에 다시 여인상(女人像)이 된다면, 나는 정각(正覺)을 이루지 않겠습니다"라는 내용의 전여신원(轉女身願) 혹은 여인왕생원(女人往生願)이 있는데, 이것도 여성 차별에서 나온 사상이 아니라 단지 남성보다 생리적 고통이 많은 '여신(女身)의 고통을 없애주려는 자비심'에서 나온 것이다.

『무량수전』에 의하면, 여인왕생원은 여자가 여자 몸을 싫어하여, 다시는 여자가 되지 않길 원하는 것이다.

> 그런데 여자가 왜 여자 몸을 싫어하게 되는가에 대해서는 약사여래의 본원에 의해 짐작된다. 『약사여래본원공덕경』에 "내가 내세에 보리를 얻었을 때 만약 여인이 있어 여자의 온갖 나쁜 것 때문에 쫓기고 괴로워하여 극히 싫어하는 마음이 나서 여자 몸을 버리고자 원한다면, 나의 이름을 듣기만 하여도 모두 여자 몸을 바꾸어 남자가 되게 하고, 장부상을 갖추며, 무상 보리를 증득하게 될 것을 원한다"고 되어 있다.
>
> 그런가 하면 아촉불국에 태어난 여인은 그 덕이 매우 수승하여 임신이나 생육 시에도 모자(母子)가 편안하여 더러움이 없으니, 이는 모두 부동(不動) 여래의 본원력 때문이라고 하였다. 따라서 이런 본원은 여자만이 가지는 고통의 해결이라고 보아야 할 것이다.[3]

또한 『대아미타경』에는 "나의 나라에는 여인이 없고, 나의 나라에 태어나는 여인은 모두 남자로 변하기를 바란다"는 내용의 극락여인부재설(極樂女人不在說)이 있는데, 해주는 이것도 남자와 여자라는 '상대적 차별을 떠나야 진정한 즐거움을 누릴 수 있다'는 뜻으로 해석해야 된다고 말한다. 결국 해주에게 있어서 불교의 부정적 여성관은 '이미 2천년 전에 사상적으로 해결을 본 문제들'이라는 것이다. 나는 그의 이런 주장에 대하여 논리성, 해석과 실천의 관계, 몸의 측면에서 세 가지 보완되어야 할 점을 지적하겠다.

3. 논리의 문제

우선 해주의 네 가지 주장에 대하여는 더욱 철저한 논리가 필요한듯하다. 예를 들면, 그는 여인오장설은 석존 자신이 설한 것이 아니라 후대에 나온 것으로 추정할 수 있는 이유로 두 가지를 든다. 하나는 이 이론의 근거가 될 수 있는 경전들의 기록이 서로 약간씩 다르다는 것이다. 어느 곳에서는 "여자가 출가하여 비구니가 되면, 사문(沙門)에 대한 외도들의 공경도(恭敬度)가 떨어져서 정법(正法)이 1천 년 갈 것이 5백 년으로 감소된다"고 기록되어 있고, 다른 곳에서는 5백 년 감소설과 상관없이 여인오장설을 출가문헌의 말미에 첨부해 놓고 있으며, 또 다른 곳에서는 감소설은 없고 "단지 여자들이 출가하면 정법이 오래 가지 못하고, 만일 여자들이 출가하지 않는다면 불법이 5백 년 더 존속할 것"이라고 언급하고 있다.

그러나 이런 사실과 "정법이 5백 년밖에 못 산다는 말은 부파 교단의 교세가 불멸 후 5백 년경에 쇠퇴할 것이라는 말로 미루어 짐작할 수 있다"는 주장과는 — 비록 이런 해석이 정당하다고 해도 — 아무런 논리적 관계가 없으며, 여인오장설이 부파 말기에 나왔을 것이라는 현실적 가능성은 있으나 바로 그 시기에 나왔다는 논리적 증거는 될 수 없다.

또한 해주는 석존이 직접 여인오장설을 설하지 않았다는 '결정적인 단서'는 바로 "여인은 여래가 될 수 없다"는 말이라고 주장한다. "석존 재세시(在世時)부터 부파 교단에 이르기까지, 제자들은 그 누구도 여래(如來)로 불리지 않았다. 여자들만이 아니라 남자들도 그때까지는 수행의 극과(極果)가 아라한(阿羅漢)이었다".[4]

이 주장은 분명히 어느 정도의 설득력을 가지고 있다. 그러나 우리는 여기서 여러 가지 문제를 제기할 수 있다. 여래와 아라한의 본질적인 차이점은 무엇인가? 우리는 그들을 단지 대승 불교와 소승 불교의 궁극적 목표의 차이라고 쉽게 단정할 수 있는가? 그럼에도 왜 오늘날 많은 불교인들이 여인오장설을 석존 자신이 예언한 것이라고 믿고 있는가? 이렇게 보면, 여인오장설의 내용은 석존 재세시부터 존재해 왔으며, 단지 그 표현에서 약간의 차이가 있는 것은 아닐까?

논리성의 문제는 여기서 끝나지 않는다. 만약 우리가 해주의 주장을 받아들인다면, 그것은 곧 현재 우리가 가지고 있는 경전 중에도 위경(僞經)이 존재한다는 주장을 함유한다. 그렇다면 과연 정경과 위경을 구별할 수 있는 근거는 무엇인가.

기독교에서도 이것은 심각한 문제였다. "기독교가 처음 발생했을 때 구약은 이미 만들어져 있었기 때문에 별로 문제가 없었다. 그러나 수없이 많은 새로운 문서 중에서 신약을 만드는 일은 그리 쉬운 일이 아니었다. 오늘날 우리가 가지고 있는 신약성서 이외에도 히브리 복음, 빌립보 복음, 베드로 복음, 사도의 추억론, 빌라도의 죽음, 성모 승천, 마태의순교 등 수많은 문서가 있었기 때문이다."[5]

그러나 기독교는 '사도의 권위(an apostolic authority)'라는 분명한 원칙을 가지고 있다. 즉 초대 교회는 먼저 예수의 12제자와 그들의 근처에서 자라난 교회들로부터 문서를 수집했다. 그러므로 현재 우리가 가지고 있는 신약성서가 추가될 수 있는 유일한 방법은, 우리가 이 원칙에 벗어나지 않는 원본을 — 즉 「마가복음」의 잃어버린 부분이나 사도 바울의 또 다른 서간문 등을— 발견하는 길이 있을 뿐이다.

불교의 경전 탄생 경위는 이보다 훨씬 복잡하다. 역사적으로 경전은 두 번에 걸친 결집(結集)의 결과로 만들어졌다고 알려져 있다. 그러나 불교는 동시에 새로운 곳으로 전파되면서 언제나 그곳에 맞는 새로운 경전을 만들지 않았는가. 그래서 중국에서는수많은 경전이 탄생했으며, 그 결과 오늘날 우리는 기독교의 66권의 성서에는 비교도 되지 않는 8만 대장경을 갖고 있다. 이렇게 보면, 해주의 주장은 수많은 새로운 문제들을 야기한다.

또한 전체적인 입장에서 볼 때, 해주는 분명히 팔경계, 여인오장설,

전여신설, 여인왕생원 등에 대하여 비판적이다. 그러나 세부분에 들어가서 해주는 전여신설이나 여인왕생원이 오히려 생리적으로 고통이 많은 여성의 고통을 보호해 주려는 자비심에서 나온 것이라고 두둔한다. 이것도 논리적으로는 맞지 않는다.

4. 해석과 실천의 문제

사회학자 만하임의 말을 빌릴 필요도 없이, 모든 사람과 그 사람이 만든 종교는 존재 구속성을 갖는다. 예를 들어서, 기독교의 성서에는 씨 뿌리는 사람의 비유가 나오는데, 그것도 기독교가 탄생한 중동 지방이 비록 '젖과 꿀'이 흐르는 비옥한 땅은 아니지만 농사를 짓고 있었기 때문이다. 만약 기독교가 북극 지방에서 탄생했다면, 성서에는 씨 뿌리는 사람의 비유는 없었을 것이다.

이런 입장에서 볼 때, 우리는 여인오장설은 원래부터 있었던 것도 아니고 중기 이후의 대승 불교에도 없지만 부파 불교의 말기와 대승 불교의 초기에 '잠깐 제기된 주장'이라고 볼 수 있다. 그 시기에는 여성의 지위가 가정적으로나 사회적으로 극히 열악했기 때문이다. 모든 텍스트(text)는 콘텍스트(context) 속에서 읽을 수 있으며 또한 그렇게 읽어야 한다.

그러나 우리는 이 문제를 여기서 끝내지 말고 좀더 현실 속으로 끌어들여야 한다. 어느 경전도 당시의 사회상을 전혀 받아들이지 않을 수 없겠지만, 우리는 여기서 한 걸음 더 나아가서 그 후에 그 경전의 내용이 현재까지 어떻게 응용되고 있는지를 관찰해야 한다. 예를 들어서 오늘날 이슬람교는 한 명의 남성이 네 명의 여성과 결혼할 수 있다는 전근대적 사상을 담고 있다고 맹렬한 비판을 받고 있다. 그러나 우리는 여기서 세 가지를 신중히 고려해야 한다.

> 첫째로 당시에는 결혼 계약이 전혀 지켜지지 않고 있었으며, 여성은 마치 재산의 일부분으로 인정되고 있었다. 이런 상황에서 마호메트는 ① 결혼을 통해서만 성교를 할 수 있고, ② 결혼하려는 남자는 먼저 여성의 동의를 얻어야 하고, ③ 결혼서약을 충실히 지켜야 한다는 계율을 제창함으로써, 당시 여성의 지위를 상당히 향상시킨 것이다.
>
> 둘째로 전쟁이나 남편의 병사(病死)와 같은 특수한 상황에 처했을 때, 마호메트는 허구적인 이상에 근거를 둔 윤리관을 물리치고, 오히려 시대에 적합하도록 네 명까지의 아내를 가질 수 있다고 허락한 것이다.
>
> 셋째로 한 명 이상의 아내를 거느릴 때도 "네가 그들을 평등하고 정의롭게 상대(to deal equitably and justly)할 수 없다면, 차라리 한 명의 여인과 결혼하라"는 계율을 내세움으로써, 마호메트는 정의와 평등의 원칙을 준수하려고 한 것이다. 일부의 학자들이 이슬람교의 이상적 결혼관은 처음부터 일부일처제였다고 주장하는 이유도 여기에 있다.[6]

마호메트의 이런 조치는 당시로서는 획기적인 남녀 평등의 조건이었다. 이것은 분명한 일이다. 그러나 오늘날까지 그 계명이 그대로 존속되고 있다는 것은 이제 수치가 아닐 수 없다. 한 마디로, 상황에 의한 경전 해석은 그 자체로 끝나는 것이 아니라 그 이후의 실천적 수행 과정에서 수정되고 보완되어야 그 해석이 힘을 얻는다.

예를 들어서, 하버드 대학원에서 종교철학을 전공했으나 현재 숭산

(崇山) 행원(行願) 큰스님의 제자로 수행하고 있는 현각(玄覺)은 '그 이후의 실천적 수행 과정'을 이렇게 설명한다. "부처님은 여성의 출가를 허용하면서 많은 문제가 나오리라는 것을 알고 있었다. 그래서 여성들에게는 좀더 많은 계율을 줘 인도 사회가 급격한 혼란에 빠지지 않도록 한 것이다. 지금은 그때와는 양상이 다르다. 만약 석가모니 부처님이 내일 아침 뉴욕의 거리에 나타나 비구니는 비구에 절대 복종해야 한다고 가르치신다면 아마 데모가 일어날 것이다. 그렇다고 부처님의 가르침의 본질이 바뀐 것은 결코 아니다."[7]

또한 안옥선은 불교의 성 평등주의를 불성, 근기, 공, 연기, 무아의 개념으로 설명하면서 이렇게 결론을 내린다.

> 성(별)에 관한 불교의 입장을 압축하고 있는 "성(별)은 있는 것도 아니며 없는 것도 아니다" 라는 말을 필자는 이렇게 이해한다. 실체적, 절대적 여성(성)과 남성(성)은 존재하지 않으나 관계적, 가변적 성(별)은 존재하며, 성(별)에 대한 불교 입장의 핵심은 성(별)의 실체화, 양분화, 획일적 적용에 대한 비판에 있다. 근기에 기초한 개성과 연기적 상황 속에서 성(별)은 늘 가변적이라고.
>
> 특히 성별에 관하여 불교는 자아의 주체적 선택을 허용한다. 불교적 관점에서 볼 때, 나는 여성성을 선택할 수도 있고 남성성을 선택할 수도 있다. 성별은 나의 개성, 근기에 따른 선택의 문제이기도 하고, 연기적 상황에 대한 나의 해석이며 나의 대응 방식의 문제이기도 하기 때문이다. 이렇게 개성뿐만 아니라 상황까지를 고려한 관점에서 볼 때, '나'라는 존재는 여성성과 남성성이라는 두 개의 스펙트럼 중 어느 하나에 속해 있는 것이 아니라 이 양자가 통합되어 있는 하나의 스펙트럼 안에 있다. 나의 개성이 여성성에 가까울지라도, 나는 상황

의 요청에 따라서 남성성을 드러낼 수도 있다. 불교적 관점에서 온전한 인간성은 어느 한 쪽의 성(별)만을 고수하는 단성성(單性性)이 아니라 양쪽의 성(별)을 겸비한 양성성(兩性性)이다.[8]

안옥선의 이런 주장은 분명히 어느 정도의 논리성을 가지고 있다. 그러나 우리는 이 논증에 대해서도 여러 가지 의문을 제기할 수 있다. 우선 그녀 스스로 인정하듯이, 불경에는 수많은 반여성적 내용이 담겨 있다. 이것을 단순히 "그것은 불타의 원래 사상이 아니다"라고 팽개칠 수 있는가. 솔직히 말해서, 이런 반여성적 내용은 다른 어느 종교의 경전보다 불경에서 더욱 심한 듯이 보이며, 이런 반여성적 표현은 후대보다는 불타 시대 및 원시 불교 시대에 더욱 성행했다. 또한 그녀는 모든 사람이 양성성을 가져야 한다고 말하는데, 이런 주장이 과연 불교의 불이(不二)사상과 일치하느냐는 문제도 제기할 수 있다.

그러나 가장 중요한 문제는 실천에 관한 것이다. 백보를 양보해서 그녀의 주장이 전부 옳다고 하자. 그런데 왜 불교는 지금까지 이런 불평등한 성 차별 언어를 추방하지 못하고 있는가? 해석도 중요하지만, 더욱 중요한 것은 실천이다.

5. 몸의 문제

요즘 서양에서는 몸에 대한 논의가 요원의 불처럼 번지고 있으며, 특히 여성주의 계열에서는 다시 여성의 몸에 나타나는 모성성(母性性)에 대한 재해석이 거의 유행처럼 번지고 있다. 왜 이 시점에서 다시 몸이 문제가 되는가? 그것은 한 마디로 "나는 생각하기 때문에 존재한다"는 데카르트의 명제로부터 나온 코기토의 절대 권력을 해체하고 그 자리에 몸의 중요성을 다시 회복시키려는 것이다. 즉 '의식의 용도 폐기'를 통해 '몸의 복권'을 시도하려는 것이다.

> 데카르트의 발명품인 코기토는 지금까지 세계 해석의 출발점이자 근대적 자아 구축의 든든한 토대였다. 그러나 서양 모더니티의 핵심이기도 했던 코기토가 최근 '서양 철학의 흔들바위' 내지는 애물단지로 변해버렸다는 사실은, 인문학적 가치에 무심한 장삼이사(張三李四)라도 관심을 둬야 할 사안이다.
>
> 그 동안 몸은 서양 주류 철학의 담론에서 고아 신세였다. 좋게 말해도, 그것은 '해독되지 않은 어두운 동굴'에 불과했다. 데카르트의 코기토 이래, 의식에 대한 편애가 이뤄지면서 불가피했던 왜곡 현상이었다. '가분수 머리'가 문제가 아니었다. 코기토주의는 남성 우월주의와 서양 우월주의로 치달았고, 차이와 다양성의 가치를 용납하지 않았으며, 타인을 위한 '배려의 윤리'를 배제했던 것이다.[9]

왜 서양의 여성주의는 다시 몸을 재해석해야 된다고 주장하는가? 그 이유는 이렇다. 오늘날 여성 운동가들은 단지 남성과 여성의 생리적 차이(distinction)가 차별(discrimination)의 근거가 되지 말아야 한다는 전통적인 견해에 머물지 않는다. 이제 몸은 더 이상 인간화의 방해 요소가 아닐 뿐만 아니라 오히려 생명 탄생이라는 생산성을 함유하는 적극적 요소가 된다는 것이다.

> 몸에 대한 통념은 이제까지 여성에게 억압적이었다. 여성의 신체적 기능에 대한 통념은 여성의 전인적(全人的) 기능에 대한 평가로 연결되어, 여성의 사회적 열등성을 주장하는 근거가 되어 왔다. 또한 남

성이 주체가 되어 여성을 객체로, 또 성적인 존재로 대상화하는 것이 당연시되어왔다. 이로 인해 여성에게 외모란 가장 중요한 평가 기준이 되기도 했는데, 이것은 여성을 비인간화시키는 한 실례라고 할 수 있다.

남성과 다른 여성만의 생리적 특징인 임신, 출산 등은 인간의 문제이기보다는 여성의 문제로 간주되고, 또 쉽게 '동물적' 문제로 개념화된다. 따라서 '인간적' 활동을 추구하는 여성에게는 생리적 특징이 방해 요소 내지는 역기능적인 것으로 작용한다는 고정 관념이 남녀 모두에게 존재한다.[10)]

"여성의 모성성이 기존의 병든 문명을 치유할 커다란 잠재력을 가지고 있다"는 주장은 이미 19세기경부터 서구의 여성 운동가들에 의해 추진되어 왔다. 그래서 버지니아 울프는 1916년에 쓴 어느 편지에서 "이 어처구니없는 반역적 남성들의 연극(전쟁) 속에서 또 하루를 보내야 할 것인가?"라고 탄식했으며, 마가렛 미드는 여성이 주도하는 국가는 자연히 생명에 관심을 가질 것이기 때문에 남성이 주도하는 국가보다 덜 폭력적이고 덜 제국주의적일 것이라고 말했다.[11)]

이런 주장은 그 후에 그것이 오히려 성 차별적이라고 간주되기도 했으며, 여성들이 남성만큼 사회로 진출만 하면 모든 문제가 해결된다고 믿기도 했다. 즉 남성과 여성을 구별하는 것 자체가 바로 차별이라고 믿었다. 그러나 최근에 들어와서 여성의 개인적 권리 신장만 강조해 왔던 여성 운동에 대한 회의가 다시 고개를 들기 시작했으며, 이 와중에서 모성성을 중심으로 한 성차에 대한 재해석과 여성주의적 문화 운동에 대한 논의가 다시 시작되었다.

오늘날의 한국 불교는 과연 이런 시각을 가지고 있는가? 그렇지 않다면, 그런 시각에 대한 대안을 제시하고 있는가? 혹시 불교에서는 아직도 몸, 특히 여성의 몸은 동정받아야 할 대상으로만 간주되고 있는 것은 아닐까? 나는 여기서 불교가 몸의 중요성을 꼭 받아들여야 된다고 주장하는 것이 아니다. 다만 그렇게 생각하는 사람도 있어야 한다는 것이다. 그것이 바로 건전한 민주주의적 법칙이다.

나는 기독교의 성서를 읽는 세 가지 방향을 제시한 일이 있다. 첫째는 여성 차별적으로 읽는 전통적인 접근이며, 둘째는 남녀 평등적으로 재해석하여 읽는 접근이며, 셋째는 아예 성서를 재구성하여 읽어야 한다는 여성신학적 접근이다.[12] 내가 보기에 우리나라 불교계에는 첫 번째 시도와 두 번째 시도는 있어도 완전히 여성주의적 입장에서 접근하는 세 번째 시도는 별로 없는 듯이 보인다. 나의 잘못된 판단이기를 바란다.

6. 파사현정의 자세

나는 "종교는 완전하지만 종교인은 불완전하다"는 명제를 믿는 사람이다. 모든 종교의 진리는 절대적이지만 그 절대적 진리를 실현하는 종교인의 주장은 상대적일 수밖에 없기 때문이다. 그래서 진정 불교나 기독교를 사랑하는 사람은 자신의 종교가 과거나 현재에 진리를 왜곡시켰거나 혹은 왜곡시키고 있는 부분을 과감하게 비판할 수 있어야 한다. 친일파 불교인과 기독교인에 대한 참회가 여기에 속한다.

불교인이나 기독교인이라고 해서 불교와 기독교의 모든 과거를 변호해야 되는 것은 아니다. 오히려 과거의 잘못을 솔직히 인정하는 파사현정(破邪顯正)의 자세를 가져야 할 것이다. 그러나 대부분의 종교인들은 자신이 속해 있는 종교의 모든 부분을 정당화시켜야 된다고 생각하고 있는 실정이다.

다행히 해주는 이런 실수를 범하지 않는다. 그는 불교의 남녀 평등적 측면뿐만 아니라 여성 차별적 측면도 솔직히 보고한다. 예를 들어서, 해주는 팔경계를 구족계의 바일제(波逸提) 목차와 비교 설명하며, 『옥야경』에 나오는 여성의 삼장(三障)과 십악(十惡)을 설명한다. 삼장(三障)의 내용은 여성은 ① 어려서는 부모의 장애가 되고, ② 결혼해서는 남편의 장애가 되고, ③ 나이가 들면 아들에게 장애가 된다는 것이다. 십악(十惡)의 내용은 여성은 ① 태어날 때 부모가 기뻐하지 않으며, ② 양육하는 재미가 없으며, ③ 시집갈 때 예를 잃을까 걱정되며, ④ 곳곳에서 사람을 두려워하고, ⑤ 부모와 이별하며, ⑥ 다른 문호에 의탁하며, ⑦ 회임이 어렵고, ⑧ 아이를 낳을 때 힘들고, ⑨ 항상 남편을 두려워하고, ⑩ 항상 자재(自在)를 얻지 못한다는 것이다.

또한 해주는 『불설초일명삼매경』에 나오는 여인오장설의 이유로 여자는 ① 악하고 교태(嬌態)가 많은 까닭에 여래가 될 수 없고, ② 음란방자하여 절제가 없는 까닭에 제석천왕이 될 수 없고, ③ 경만 불손하고 정교를 훼실하는 까닭에 마천왕이 될 수 없고, ④ 숨기는 태도가 84가지나 되어 청정행(淸淨行)이 없는 까닭에 성제(聖帝)가 될 수 없고, ⑤ 색(色)에 집착하고 겉모양과 속마음이 다른 까닭에 부처가 될 수 없다는 내용도 설명한다.[13]

그러면서도 그녀는 파사현정의 자세보다는 "석존의 여성관도 긍정적 측면과 부정적 측면이 다 있는 것처럼 보이지만, 면밀히 살펴보면 부정적 측면은 부처님의 근본 정신에 맞지 않는 견해며, 그것은 석존 당시 인도 사회에서의 여성의 지위를 반영한 것"이라고 말한다.[14]

끝으로 해주는 우리나라 여성 불교인들이 불교에 기여하고 있는 부분을 네 가지로 설명한다. 첫째로 그들은 이른바 '치마 불교'로 불리는 기복(祈福) 신앙을 구복(求福) 신앙 혹은 작복(作福) 신앙의 형태로 변경시키고 있으며, 둘째로 그들은 중생(衆生)에 회향(廻向)하고 보리(菩提)에 회향하고 실제(實際)에 회향하려는 회향 정신을 향상시키고 있으며, 셋째로 그들은 불교 문화 발전에 이바지하고 있으며, 넷째로 특히 비구니들의 활동이 일취월장하고 있다.

> 비구니 스님들의 수행과 포교로 한국 불교의 새 바람이 일고 있다. 비구니들도 비구와 동등하게 성직자의 자격으로 의식을 집전해 왔다.
>
> 또한 그들은 여러 선원과 여법한 수행 도량에서 정진하고 있으며, 대학으로 승격된 전통 강원과 중앙승가대학, 동국대학교, 외국 선원 등지에서 교학 연구에 여념이 없으며, 교단 영위와 가람 수호와 복지 사업과 국내외 포교 활동 등에 전력을 쏟고 있다. 최근에는 '전국비구니회'라는 전국적인 모임을 결성하여 재가 운동을 지도하면서, 각 분야에서 현대적 불사를 뒷받침하고 있다.[15]

'여성적(feminine)'과 '여성주의적(feministic)'은 동일어가 아니다. 여성주의는 단순히 여성에 대하여 말하는 것이 아니며, 어느 경우에는 여성을 위한 것만도 아니다. 그것은 우선 우리들이 살고 있는 현실이 평등하지 않다는 대전제로부터 출발한다. 현실이 평등하다면 여성주의나 여성학은 존재할 가치가 없다.

다시 말해서 "지금까지의 인간학은 바로 남성학이었다. 그것은 남성 위주의 인간학이었다. 역설적으로 들리겠지만, 따라서 여성학도 앞으로는 있어서는 안 될 학문이 되어야 한다. 여성학의 본래 목표인 진정한 남녀 평등이 달성되고, 여성학도 언젠가는 사라지고 인간학만이 남아야하리라."[16] 이런 뜻에서, 여성주의는 다음의 세 가지를 주장한다.

첫째, 여성의 적은 남성이다.
둘째, 여성의 적은 여성이다.
셋째, 여성의 적은 사회다.

여기서 첫째 명제는 여성 차별의 주체가 남성이라는 사실을 폭로하고, 둘째 명제는 그 여성 차별을 그대로 유지시키는 주체는 바로 여성이라는 사실을 폭로하고, 셋째 명제는 이런 여성 차별은 의식적인 차원뿐만 아니라 구조적인 제도의 개선과 병행되어야 한다는 사실을 폭로한다.[17] 여성주의가 파사현정의 태도를 취해야 되는 이유가 여기에 있다.

파사현정의 태도를 지킨 기독교인으로는 김교신(金教臣, 1901-1945)을 들 수 있다. 그는 이미 1927년 2월에 쓴 「한양의 딸들아」에서 이렇게 말한다.

> 나는 나를 낳아 준 어머니의 품속에서 자랐고, 농(農)을 주업(主業)으로 하는 소박한 이웃 사이에 살면서 듣고 보고 하였다. 그리고 이렇게 생각하였다.
>
> "조선을 망하게 한 것은 남성들이었다. 남성 자신은 멸망하여 다시 소망이 있는 것 같지 않다. 그러나 조선의 여성은 세계에 무비(無比)이리라. 조선의 희망은 과연 그 특유한 조선적인 여성의 장점에 있으리라."[18]

또한 김교신은 1934년에 쓴 『무용(無用)한 홍분』에 있는 「A의 이혼」

이라는 원고지 2매 정도의 글에서 이렇게 말한다.

> 만사(萬事)를 차치하고라도 기어코 결심한 일을 이행한다면 그 심지(心志)가 연약하지 아니함을 치하(致賀)하거니와, 이혼하려거든 40년 가까운 조강지처를 축출하기보다 군(君) 자신이 출가(出家)하라. 연애에 열중하려거든 재산에 냉담하라. '연애도 재산도'라는 것은 그 심지가 너무 복잡하지 않은가.
>
> 하물며 군에게는 가장 유리한 조건으로, 그녀에게는 전연 낭패(狼狽)의 조건으로 이혼 신청서에 동의를 얻기 위하여, 밤마다 밤마다 골방에 몰아넣고는 마치 군국주의 제국(帝國)이 약소 민족을 향하여 강제 조인을 위협하듯 하니, 군의 소지(素地)도 비열하다 아니할 수 있을까. 군에게 도덕을 설교하지 않는다. 다만 군보다 약하고, 학식이 없고, 변재(辯才)가 없고, 악의 없이 울고 있는 약자(弱者)에게 정의(正義)를 호소할 뿐이다.[19]

이 글에는 최근에 개정된 가족법 개정 운동의 효시라고 할 정도의 여성주의적 시각이 절묘하게 나타나 있으며, 동시에 "마치 군국주의 제국이 약소 민족을 향하여 강제 조인을 위협"한다는 표현으로 당시 일본 제국주의 정책을 통박하는 은유까지 담고 있다. 여성주의 문학의 백미(白眉)가 아닐 수 없다.[20] 불교의 남녀 평등을 주장하는 사람들도 이런 적극적인 실례를 제공하면 더욱 설득력이 있을 것이다.

7. 맺음말

모든 종교는 원칙적으로 남녀 평등을 주장한다. 적어도 그렇게 해석될 수 있다. 그러나 역사적으로 여성을 차별하지 않은 제도 종교는 하나도 없다. 이것은 대부분의 종교가 바로 여성 신도들에 의해 유지해 왔다는 사실을 감안하면, 참으로 놀라운 일이 아닐 수 없다. 이런 역사적 사실의 측면에서 보면, 우리는 먼저 남성으로 태어나야 깨달음을 얻는 것이 아니라 모든 남성은 먼저 여성으로 태어나야 깨달음을 얻을 수 있다고 주장할 수도 있다.

하여간 나는 '남성보다 여성이 더욱 종교적'이라고 생각한다. 모든 종교가 공통적으로 가지고 있는 절대 원칙이나 절대자에 대한 순전(純全)한 의지, 그런 삶을 위한 끝없는 인고(忍苦)의 삶, 그리고 새로운 생명을 탄생하는 생명 사상과 살생보다 방생을 기원하는 평화 사상 등은 아무래도 남성보다 여성에서 더욱 쉽게 찾을 수 있기 때문이다.

물론 이런 나의 주장은 어떤 통계의 결과로 얻은 것은 아니다. 다만 우리는 이렇게 추측할 수 있겠다. 만약 우리가 종교의 진리를 남성적 언어보다 여성적 언어로 표현해 왔다면, 지금까지의 종교의 역사는 훨씬 갈등보다 화합이 강조되었을 것이라고.

그리고 만약 이런 추측이 가능하다면, 우리는 한 걸음 더 나아가서 종교의 진리는 남성성보다는 여성성과 더욱 밀접히 연관되어 있다고 말할 수 있지 않을까. 마치 관세음보살이 원칙적으로는 비남비녀(非男非女)지만 대개 아름다운 여성상으로 나타나듯이.

이렇게 생각하는 작가로는 이미 우리나라에도 잘 알려져 있는 엔도 슈사쿠(遠藤周作, 1923-1996)를 들 수 있다. 그는 그의 마지막 작품인 『깊은 강』에서 모든 사람을 받아들이는 갠지스 강을 어느 안내원의 입을 통해 '어머니의 강'으로 설명한다. "이 어머니의 강은 성스럽습니다. 금빛 찬란한 햇빛이 어둠을 가르는 순간, 약속이나 한 듯이 이 거리에 모여든 순례자들이 가트(강으로 내려가는 계단)로 몰려갑니다. 그들은 앞다투어 이 어머니의 강에 몸을 담급니다. 이 어머니의 강은 살 사람도 죽을 사람도 모두 받아들입니다."[21]

엔도에 의하면, 기독교는 '하느님 아버지'의 측면과 '하느님 어머니'의 측면, 즉 진노의 하느님과 사랑의 하느님이라는 두 측면을 가지고 있다. 그런데 일본에 들어온 기독교는 철저한 하느님 아버지로서의 기독교였고, 그래서 어머니의 땅인 일본에서 뿌리를 내리지 못하게 되었다는 것이다. 비록 일본은 우리나라보다 기독교를 훨씬 빨리 받아들였고, 또한 기독교가 한때는 전국을 풍미했음에도 불구하고.

마티(Francis Mathy)는 엔도의 「아버지 종교, 어머니 종교」라는 글을 이렇게 평한다.

> 엔도는 이 글에서 말한다. "우리가 구약에 대해서는 여러 가지 말을 할 수 있겠지만, 그리스도는 신약에서 여성적인 요소, 즉 기독교는 역시 어머니의 종교라는 점을 추가했다. 신약에 나오는 수많은 주인공들은 모두 '타락'했거나 혹은 그런 부류에 속한다고 부를 수 있기 때문이다." 여기서 인간에 대한 부드러우면서도 무조건적인 사랑은 아버지보다는 어머니가 된다. 일본인을 기독교인이 될 수 있게 하고, 일본인을 진흙탕 늪지에서 구원할 수 있는 것은 그리스도의 어머니적인 사랑(maternal love)이다.[22]

그럼에도 지금까지의 인류 역사는 여성 차별의 역사였다. 그래서 엥겔스의 제자로 사회주의적 여성 해방을 외친 베벨은 "여성은 노예의 일에 종사한 최초의 인간"이라고 말했다. 아프리카의 흑인들이 신천지로 끌려와서 노예 생활을 하기 훨씬 이전부터 여성은 남성의 노예로 살았다는 것이다.

삼종지도(三從之道)를 강요하는 동양에서의 여성 차별은 더욱 한심할 정도다. 특히 유교권에 속하는 동양 사회에서는 여성 차별에 대한 진지한 논의조차 없었다는 '놀라운 사실'을 숨길 수 없다.

그리고 우리나라에서의 여성 차별은 — 겉으로 나타난 수많은 남녀 평등적인 개혁 조치에도 불구하고 — 의식적으로는 더욱 깊어지고 있으며, 그럼에도 대부분의 남성들은 "여성은 여성다워야 한다"는 명제를 주장함으로써 이 차별을 외면하고 있으며, 일부의 여성들은 이렇게 기득권을 행사하는 남성의 힘에 기생(寄生)하는 데 만족하고 있는 실정이다.[23] 이런 배경에서 출발한 유교와 불교는 이 엄연한 비진리의 타파에 전력을 기울여야 할 것이다.

생각해 볼 문제들

1. 팔경계의 내용을 설명하라.
2. 한 명의남성이 네 명의 여성과 결혼할 수 있다는 마호메트의 선언이 가지고 있던 당시의 남녀 평등적 성격은 무엇인가?
3. 종교 텍스트의 해석과 실천의 관계를 설명하라.
4. 요즘 서양에서는 몸에 대한 논의가 요원의 불길처럼 번지고 있다. 그 이유는 무엇인가?
5. '여성적'과 '여성주의적'의 차이는 무엇인가?
6. 김교신의 남녀 평등론을 설명하라.
7. 엔도 슈사쿠의 사상을 설명하라.

[주]

1) 전해주, 『불교교리 강좌』, 불광출판부, 1993, p. 212. (나는 이 글에서 원문을 약간 수정하여 인용한다.)

2) 같은 책, p. 220.

3) 같은 책, p. 228.

4) 전해주, 「불교와 여성: 불교 여성관의 변천」, 강남대 세미나(1999. 6. 7), pp. 7-8.

5) John Hick, 황필호 역, 『종교철학 개론』, 종로서적, 1980, p. 112.

6) K. Jaspers, 황필호 역, 『소크라테스, 공자, 석가, 예수, 모하메트』(개정판), 강남대, 2001, p. 326, 각주 18번.

7) 현각, 『만행』, 제2권, 열림원, 1999, p. 208; 213.

8) 안옥선, 「불교의 성 평등주의」, 『철학과 현실』, 2000년 가을호, p. 180.

9) 조우석, 「의식으로부터 몸을 해방하라」, 『동아일보』, 1999년 6월 3일.

10) 장필화, 『여성, 몸, 성』, 또하나의문화, 1999, p. 133.

11) 조혜정, 『한국의 여성과 남성』, 문학과지성사, 1988, p. 334.

12) 이 책, 제19장; Cf. 황필호, 『철학적 여성학』, 종로서적, 1986, pp. 259-277.

13) 전해주, 「불교와 여성」, 앞의 글, p. 7.

14) 같은 글, p. 2.

15) 전해주, 『불교교리 강좌』, 앞의 책, pp. 247-248. 그러면서도 해주는 두 가지 보완점을 지적한다. 첫째는 비구니의 활동을 더욱 촉진시키기 위한 제도의 개편이며, 둘째는 여성 불자들이 불교의 사회화와 현실화에 더욱 주도적 역할을 할 필요가 있다. 같은 책, p. 248.

16) 같은 책, p. 209.

17) 황필호, 『우리 수필 평론』, 집문당, 1997, p. 144.

18) 김교신, 『생명의 계단』, 범우사, 1979, p. 100.

19)) 같은 책, p. 46.

20) 황필호, 『우리 수필 평론』, 앞의 책, p. 147.

21) 엔도 슈사쿠, 이성순 역, 『깊은 강』, 고려원, 1994, p. 215.

22) Francis Mathy, "Shusaku Endo: The Second Period", 출처 불명, pp. 215-216.

23) 황필호, 『우리 수필 평론』, 앞의 책, pp. 143-144.

맺음말 : 만남의 원칙

이 책의 머리말은 '꽃과 별의 만남'이다. 사랑과 철학은 서로 만나야 한다는 뜻이다. 이 책의 맺음말은 '만남의 원칙'이다. 만남의 구체적 원칙을 제시하려는 뜻이다.

1. 사람은 만남의 존재다. 모든 일은 만남에서 시작된다.

2. 만남은 좋을 수도 있고 나쁠 수도 있다. 그러나 나쁜 만남도 만나지 않는 것보다 좋다. 자꾸 만나면 좋은 만남이 된다.

3. 우리들의 대부분 만남은 만남이 아니거나 나쁜 만남이다.

4. 사람은 자연과 만나고 사람과 만나고 궁극적 실재와 만난다. 그러나 사람은 먼저 사람과 만나야 한다. 자연이나 궁극적 실재와의 만남도 결국 사람과의 만남을 위한 것이다.

5. 사람과 만나려는 사람은 우선 자기 자신과 만나야 한다.

6. 사람은 미추(美醜)와 만나고 선악(善惡)과 만나고 성속(聖俗)과 만난다.

앞의 것들과의 만남은 좋은 만남이지만 뒤의 것들과의 만남은 나쁜 만남이다. 그러나 앞의 것들만 만나려는 사람은 아무것도 만나지 못한다. 미는 추를 통해 나타나고, 선은 악을 통해 나타나고, 성은 속을 통해 나타난다.

7. 사람이 미추와 만나면 예술이 생기고, 선악과 만나면 철학이 생기고, 성속과 만나면 종교가 생긴다.

8. 예술은 감성으로 만나고, 철학은 이성으로 만나고, 종교는 심성으로 만난다. 그러나 감성과 이성과 심성은 서로 떨어져 있지 않다.

9. 예술, 철학, 종교를 '아는 것'과 '하는 것'은 전혀 다르다. 앎의 목적은 지식이며, 함의 목적은 삶이다.

10. 그러므로 진정 사람과 만나려는 사람은 예술, 철학, 종교를 하는 사람이 되어야 한다.

저자 황필호

서울대학교 문리과대학 종교학과(학사)와 미국 오클라호마대학교 철학과(석사·박사), 미국 세인트존스대학교 교육학과(석사)를 졸업한 뒤, 덕성여자대학교와 동국대학교 철학과 교수를 거쳐, 현재는 강남대학교 신학부 소속 종교철학 전공 대우교수로 있으며, 사단법인 생활철학연구회의 이사장으로 봉직하며, 수많은 텔레비전 프로그램에 출연해 왔다.
저서와 역서로는 『서양종교철학 산책』, 『통일교의 종교철학』, 『중국종교철학 산책』, 『철학적 여성학』, 『우리 수필 평론』, 『영어로 배우는 철학』, 『한국 철학수필 평론』, 『인문학·과학에세이』, 『종교철학 에세이』, 『한국 무교의 특성과 문제점』, 『데이비드 흄의 철학』, 『엔도 슈사꾸의 종교소설 읽기』, 『베단타·예수·간디』, 『석가와 예수의 대화』, 『소크라테스, 공자, 석가, 예수, 모하메드』, 『비폭력이란 무엇인가』, 『나도 아름답게 나이 들고 싶다』, 『종교변호학·종교학·종교철학』, 『종교철학 11강좌』 등의 50여 권이 있다.

여성철학 개론

지은이 황필호

1판 1쇄 발행 2006년 6월 20일
1판 1쇄 인쇄 2006년 6월 25일

발행처 철학과현실사
발행인 전춘호

등록번호 제1-583호
등록일자 1987년 12월 15일

서울특별시 서초구 양재동 338-10호
전화번호 579-5908
팩시밀리 572-2830

ISBN 89-7775-574-3 03190
값 20,000원